Walter Schlenker · Glaubwürdig Christ sein

Walter Schlenker

Glaubwürdig Christ sein

Bibel und Bekenntnis heute

Kreuz Verlag Stuttgart · Berlin

CIP-Kurztitelaufnahme der Deutschen Bibliothek

Schlenker, Walter
Glaubwürdig Christ sein: Bibel u. Bekenntnis heute. –
1. Aufl., (1.–5. Tsd.). – Stuttgart, Berlin: Kreuz Verlag, 1977.
ISBN 3-7831-0480-7

1. Auflage (1.–5. Tausend)

Gestaltung: Hans Hug
Umschlagfoto (Rosette, Straßburger Münster): Luis Demeler
Gesamtherstellung: Ebner, Ulm
ISBN 3 7831 0480 7

Inhalt

Zweiter Fragenkreis: Von der Freiheit zum Beten

Dritter Fragenkreis: Einweisung in die Freiheit – die zehn Gebote Gottes

Vierter Fragenkreis: Das Wort und die Zeichen

Fünfter Fragenkreis: Die christliche Hoffnung

Vorwort

Über die Entstehung, die Absicht und den Aufbau dieses Buches

Der Regen muß auf den Boden kommen. Das heißt in unserem Fall: Theologische Erkenntnisse dürfen nicht auf Theologenkreise beschränkt bleiben. Sie sollen die Gemeinde erreichen. Es ist ein Jammer, daß viele gute Veröffentlichungen im Bereich der Kirche mit so vielen Fremdwörtern durchsetzt und so sehr in der Fachsprache gehalten sind, daß sie nur von einem kleinen Kreis der Eingeweihten gelesen werden können. In diesem Buch ist der Versuch gemacht, so allgemeinverständlich zu schreiben, daß die Theologie wirklich die Gemeinde erreichen kann. Das hängt auch mit der Entstehung dieses Buches zusammen. Ursprünglich wollte ich nur Leitlinien für die inhaltliche Gestaltung des Konfirmandenunterrichts im Bereich meiner Gemeinde erarbeiten. Ich machte einen Entwurf und schickte ihn an etwa 40 befreundete Kollegen. Durch ihr Echo, ihre Kritik und ihre Anregungen bin ich Schritt für Schritt dazu geführt worden, eine grundlegende Darstellung der sogenannten »Hauptstücke« des christlichen Glaubens und also eine Art Glaubenslehre für Laien zu schreiben.
Wenn ich die kirchliche, geistige und gesellschaftliche Lage richtig beurteile, dann geht es auch heute um die Grundfragen unserer Existenz. Wenn wir nach einer Antwort suchen, stoßen wir auf den, der gesagt hat: »Ich bin das Licht der Welt. Wer mir nachfolgt, wird nicht wandeln in der Finsternis, sondern wird das Licht des Lebens haben.« Es war mein Bemühen, etwas von diesem lichtvollen, ermutigenden, welterfassenden und weltgestaltenden Charakter des Evangeliums sichtbar zu machen.
Allgemeine Kirchlichkeit und formelle Zugehörigkeit zur Kirche befriedigen viele Christen nicht. Sie sind zwar getauft, waren im Religionsunterricht und haben sich konfirmieren lassen. Vielleicht

haben sie sich kirchlich trauen und schon wieder ihre eigenen Kinder taufen lassen. Aber einen echten Zugang zur christlichen Botschaft und ein tieferes Verständnis des Glaubens haben sie nicht gefunden. Sie sind nie recht gewahr geworden, was der christliche Glaube eigentlich zu bieten hat, wie er ihr Leben und Handeln beleuchten und befruchten kann. Ihnen soll dieses Buch in besonderer Weise gewidmet sein. Wir brauchen dabei heute nicht nur die Information. Wir brauchen auch das Gespräch: Eltern sollten mit ihren Kindern über Glaubens- und Lebensfragen reden können. Kinder sollten ihre Eltern fragen können, ohne fürchten zu müssen, einfach abgewiesen zu werden. Darüber hinaus ist dieses Buch auch als Arbeitsbuch entworfen. Es bietet Gesprächs- und Hauskreisen, Gemeindeseminaren, aber auch Jugendkreisen und Arbeitsgemeinschaften Material zu Gesprächen über den Glauben und die Verantwortung der Christen in Kirche und Welt. Nicht zuletzt ist an die Aufgabe der sogenannten Erwachsenenbildung gedacht. Wenn sie ernsthaft angegangen werden soll, muß es in den Seminarveranstaltungen zu fundierten Gesprächen über die Grundfragen des Lebens kommen. Dieses Buch schafft die Voraussetzungen dafür, auch dann, wenn man in manchen Fragen durchaus zu anderen Ergebnissen kommt.
Wir bieten verhältnismäßig viele Zitate. Sie sollen das Gespräch anregen, auf die Bücher hinweisen, denen sie entnommen sind, und den weiten Rahmen der Diskussion aufzeigen. Durch biblische Texte und Bezüge wollen wir den Zugang zur viel zuwenig bekannten Welt der Bibel erschließen.

Dieses Buch ist von Erfahrungen geprägt, die ich schon in meiner achtjährigen Tätigkeit als Religionslehrer in Nagold im Schwarzwald gemacht habe. Es ist dann aber aus dem lebendigen Umgang mit den Gliedern der Kirchengemeinde Kemnat bei Stuttgart entstanden. Das unvollendete Manuskript hat mich nach Tuttlingen begleitet, wo ich den Dienst in der Stadt und im Kirchenbezirk übernommen habe und die Arbeit abschließen konnte.
Ich danke den Kollegen in Tuttlingen und im Kirchenbezirk, ebenso den Kemnater Kirchengemeinderäten für ihr Verständnis und die Unterstützung meiner Arbeit. Frau Ruth Heinz und Frau Margot Geiger haben das Manuskript mit persönlichem Engagement geschrieben. Pfarrer Paul Dieterich, jetzt in Ravensburg, gab mir manche Anregungen für die Bearbeitung der Gebote. Frau Ilse Conrad aus Korntal und mein Freund Hans Rücker, der in Epfendorf bei Rottweil seinen Ruhestand verbringt, haben mich bei der Endfassung des Manuskripts mit Rat und Tat wesentlich unterstützt. Ihnen allen möchte ich herzlichen Dank sagen.

Der Aufbau dieses Buches ist bestimmt durch die Erkenntnis, daß in der Mitte des christlichen Glaubens das Wort und Werk Jesu von Nazareth steht. Das ursprüngliche Glaubensbekenntnis bestand aus den Worten: »Jesus Christus ist der Herr.« So reden wir zunächst von ihm und erst dann vom Thema Schöpfer und Geschöpf, vom Heiligen Geist, vom Leben der Kirche, vom Gebet, von den Geboten, von Predigt, Taufe und Abendmahl und von der christlichen Hoffnung. Auf unserem Weg durch diese Themen wird eine Fülle von aktuellen Problemen zur Sprache kommen. Es dürfte dabei deutlich werden, warum wir unsere Darstellung des christlichen Glaubens unter das Stichwort »Freiheit« stellen.

Walter Schlenker

ERSTER TEIL:

Jesus Christus – der Einzigartige

I. Unser Leben steht unter einem guten Vorzeichen

Wir sind in diese Welt hineingeboren worden. Wir sind nicht gefragt worden. Wir konnten uns unsere Eltern nicht aussuchen, auch nicht unsere Hautfarbe, und ebensowenig unser Geschlecht und die Grundbedingungen unseres Körperbaus. Wir sind geboren mit je besonderen Begabungen und Veranlagungen und müssen lernen, in dem uns gesteckten Rahmen das Beste daraus zu machen. In vielfacher Hinsicht müssen wir erkennen: Wichtige Entscheidungen sind ohne unser Zutun gefallen. Mit ihnen müssen wir zurechtkommen, wenn wir uns nicht sinnlos an ihnen aufreiben wollen. Wir müssen lernen, die Grundgegebenheiten unseres Daseins zu bejahen. Ein Neger kann seine Haut nicht weiß machen; wer als Kind armer Eltern geboren ist, kann nicht ein Leben lang darüber jammern, daß er als Millionärssohn ganz andere Voraussetzungen gehabt hätte. Es ist auch falsch, wenn wir innerlich dagegen rebellieren, daß andere Menschen in mancher Hinsicht begabter oder schöner oder stärker und gesünder sind als wir. Bestimmte Grundwerte sind uns also vorgegeben. Trotzdem und gerade deshalb ist es ganz wichtig, was wir selbst aus den uns verliehenen Gaben machen, in welcher Weise wir die uns gegebenen Möglichkeiten nützen und wie wir uns in dem uns gesteckten Rahmen bewegen.
Auch die biblische Botschaft verkündigt uns eine Grund- und Urentscheidung, zu der wir nicht befragt worden sind und die für uns alle von größter Wichtigkeit ist: Unser Leben ist dadurch bestimmt, daß Gott diese Welt geliebt hat, daß Jesus Christus unser Mitmensch und Bruder geworden ist. Die christliche Botschaft sagt, daß diese Urentscheidung eindeutig erfreulich, lichtvoll und gut für uns ist und daß wir uns über sie uneingeschränkt freuen

können und sollen. Die frohe Botschaft vom Kommen Jesu Christi bedeutet, daß unser Leben von vornherein unter einem guten Vorzeichen, unter einem guten Stern steht. Ob wir im Sternzeichen des Fisches, des Stieres oder der Waage geboren sind, ist unwichtig. Allein wichtig ist, daß der Stern von Behtlehem auch über unserem Leben leuchtet, daß Jesus von Nazareth dieses Leben auf sich genommen und ertragen hat und uns als Bruder, Helfer, Freund und Führer an die Seite getreten ist.

Als Christen glauben wir: Wer den Menschen abgesehen von diesem Geschehen verstehen, analysieren und beschreiben will, sieht ihn nicht richtig. Wer den Menschen »Gott-los« betrachtet, sieht das Wesentliche nicht. Wir sind nicht Produkte des Zufalls, hineingesetzt in eine fremde, feindliche Welt. Unser Leben steht unter einer göttlichen Bestimmung und erhält seinen eigentlichen Wert und Sinn durch eine Vorentscheidung, die Gott zu unseren Gunsten gefällt hat. Wir sind zu Gottes Bundesgenossen bestimmt. In Jesus von Nazareth ist Gott uns Menschen nahe gekommen. Wir sind Gottes Freunde, wir sind Gottes Kinder.

II. »Das Reich Gottes ist herbeigekommen!« – Was heißt das?

Am Anfang steht eine seltsame Gestalt. Es ist »Johannes der Täufer«. Er verkündigt das Kommen der Herrschaft Gottes. Die Menschen können nicht bleiben, wie sie sind. Sie müssen sich ändern. Niemand kann sich darauf berufen, daß Gott mit ihm zufrieden sein müsse, weil er zu seinem erwählten Volk (Israel) gehört. Jeder muß sich entscheiden, muß anders werden. Sonst verfällt er dem Gericht. So lautet die Botschaft von Johannes dem Täufer.

Dann kommt Jesus. Der Evangelist Markus berichtet:

»Nachdem aber Johannes gefangengesetzt worden war, kam Jesus nach Galiläa und predigte das Evangelium Gottes und sprach: Die Zeit ist erfüllt, und das Reich Gottes ist herbeigekommen. Tut Buße und glaubt an das Evangelium!« (Markus 1,14.15).

Im Lukasevangelium heißt es nur:

»Und Jesus kam in der Kraft des Geistes wieder nach Galiläa, und die Kunde von ihm durchlief die ganze Gegend« (Lukas 4,14).

Das Lukasevangelium gibt Auskunft darüber, was es bedeutet, wenn Jesus sagt, daß »die Zeit erfüllt ist«. Denn es berichtet sofort von dem Auftreten Jesu in seiner Vaterstadt Nazareth. Er geht in die Synagoge, läßt sich die Schriftrolle mit der Botschaft des Propheten Jesaja reichen und liest:

»Der Geist des Herrn ruht auf mir, weil er mich gesalbt hat, den Armen das Evangelium zu verkündigen; er hat mich gesandt, den Gefangenen zu verkünden, daß sie frei sein sollen, und den Blinden, daß sie sehen werden, und den Unterdrückten, daß sie frei und ledig sein sollen« (Lukas 4,18; vgl. Jesaja 61,1.2).

Und dann sagt Jesus: »Heute ist dies Wort der Schrift vor euren Ohren erfüllt.«

Das heißt also: Die Zeit ist erfüllt, indem Jesus auftritt und sich als der Erfüller der prophetischen Botschaft vorstellt. Jetzt gibt es frohe Botschaft für die Armen, Heilung für zerstoßene Herzen, Freiheit für Gefangene, Erleuchtung für Blinde und Freude für Unglückliche. Das ist mein Auftrag, sagt Jesus, dieses Geschehen anzukündigen und einzuleiten. Denn mit mir und durch mich kommt das Reich Gottes unter die Menschen. Mit seinem Auftreten und seinen Reden greift Jesus die alte Reich-Gottes-Hoffnung auf und zeigt: Gott will unter den Menschen sein Reich aufrichten, aber nicht eine Herrschaft der Unterdrückung und Unfreiheit, sondern eine Herrschaft der Liebe, die zu Frieden, Freude und Freiheit führt. Dabei könnte der Ausdruck »Himmelreich«, den Matthäus verwendet, das Mißverständnis nahelegen, als ob dieses Reich irgendwo in den Wolken zu suchen sei. So ist es aber nicht gemeint. Die frommen Juden wollten nur den Namen »Gott« möglichst vermeiden, um ihn ja nicht zu mißbrauchen (2. Gebot!). Deshalb hat Matthäus wie sie vom »Reich der Himmel« geredet und damit nicht ein abgegrenztes Gebiet in den Wolken, sondern die »Herrschaft Gottes« auf dieser Erde gemeint.

Es muß mit Nachdruck betont werden, daß das »Reich Gottes« in der Verkündigung Jesu durchaus weltbezogen gemeint ist. Wir haben im theologischen Denken und in der kirchlichen Vorstellungswelt die Botschaft vom Reich Gottes immer wieder von der Erde abgesetzt und in den Himmel gehoben. Wir haben uns zwar mit Recht gegen den naiven, optimistischen Gedanken gewehrt, als würde es der menschlichen Güte, dem Erfindergeist und der Technik gelingen, die Erde immer vollkommener und die Menschen immer besser zu machen und so das Reich Gottes herbeizuführen. Wir haben mit Recht den Fortschrittsglauben verworfen. Wir haben darauf hingewiesen, daß nicht der Mensch, sondern Gott selbst das Reich Gottes heraufführen werde und alle menschlichen Anstrengungen das Reich Gottes, das »Paradies auf Erden«, nicht herbeizwingen können.

Wir sind aber damit der ursprünglichen Botschaft Jesu von dem auf Erden anbrechenden Reich Gottes ausgewichen. Gewiß enthält die Botschaft der Propheten sogenannte utopische Elemente wie die Worte über den Tierfrieden (Jesaja 11,6–8). Dies darf genausowenig unterschlagen werden wie spätere Aussagen Jesu von der Wiederkunft und wie die Andeutungen der Offenbarung des Johannes über das in Katastrophen sich ankündigende Ende der Welt. Aber es ist gar kein Zweifel, daß Jesus die auf das Irdische bezogene Ankündigung des Propheten Jesaja aufgegriffen hat, um in ihr das anzusagen und auszusprechen, was jetzt durch ihn nach dem Willen Gottes auf dieser Erde zu geschehen hat. Jesus hat sein Wirken erst als einen Anfang verstanden. Er erwartete eine baldige Vollendung und ein vollkommenes Offenbarwerden der Herrschaft Gottes in naher Zukunft. Diese Nah-Erwartung hat sich so nicht erfüllt. Damit ist aber seine Botschaft vom Reich Gottes nicht hinfällig geworden. Er hat auch ausdrücklich verboten, »Zeit und Stunde auszurechnen«, und gesagt, selbst er kenne den genauen Termin nicht. Die Herrschaft Gottes ist *noch* nicht vor aller Augen offenbar. Aber sie hat *doch schon* angefangen. Alle Augen, alle Worte und Taten müssen auf sie ausgerichtet werden. Jesus selbst weist (Matthäus 4,16) zum Verständnis seines Auftrags auf die Botschaft des Propheten Jesaja hin:

»Das Volk, das im Finstern wandelt, sieht ein großes Licht,
und über denen, die da wohnen im finstern Lande,
scheint es hell.
Du weckst lauten Jubel,
du machst groß die Freude...
Denn du hast ihr drückendes Joch,
die Jochstange auf ihrer Schulter und den Stecken
ihres Treibers zerbrochen...
Denn jeder Stiefel, der mit Gedröhn dahergeht,
und jeder Mantel, durch Blut geschleift,
wird verbrannt und vom Feuer verzehrt.
Denn uns wird ein Kind geboren,
ein Sohn wird uns gegeben,
und die Herrschaft wird auf seiner Schulter sein,
und er wird heißen Wunder-Rat, Gott-Held,
Ewig-Vater, Friede-Fürst;
auf daß seine Herrschaft groß werde
und des Friedens kein Ende sei...« (Jesaja 9,1–6).
Es wird einer kommen, und
»auf ihm wird ruhen der Geist des Herrn,
der Geist der Weisheit und des Verstandes,
der Geist des Rates und der Stärke,
der Geist der Erkenntnis und der Furcht des Herrn...
Er wird mit Gerechtigkeit richten die Armen
und rechtes Urteil sprechen den Elenden im Lande...
Gerechtigkeit wird der Gurt seiner Lenden sein
und die Treue der Gurt seiner Hüften...

Man wird nirgends Sünde tun noch freveln
auf meinem ganzen heiligen Berge.
Denn das Land wird voll Erkenntnis des Herrn sein,
wie Wasser das Meer bedeckt« (vgl. Jesaja 11,1–9).

Hier wird sichtbar, was der Wille Gottes ist und wie das Ziel Gottes für die Welt aussieht. Diesem Ziel will Jesus dienen. Sein Lebensziel ist identisch mit dem Ziel Gottes, auf das Jesus seine Jünger auch mit dem »Vaterunser« (Matthäus 6,9–13) hinweist:
Daß sich das Reich Gottes auf Erden ausbreite und Gott als unser Vater erkannt werde,
daß der Name Gottes geheiligt werde,
daß der Wille Gottes auf Erden geschehe,
daß Menschen die Vergebung der Schuld von Gott empfangen,
daß Menschen einander vergeben lernen,
daß sie aus der Macht des Bösen befreit werden,
daß das Unrecht auf Erden aufhöre,
daß die Menschen aus der Finsternis ins Licht kommen,
daß Armut und Ausbeutung, Jammer und Elend ein Ende finden,
daß die Unterdrückten frei werden,
daß das Joch und die Ruten der Sklavenhalter und Treiber zerbrochen werden,
daß der Friede geschaffen werde
und die Soldatenstiefel
nicht mehr dröhnen,
daß Menschen lernen, brüderlich miteinander umzugehen,
daß sie ihre Vorurteile aufgeben und von Verkrampfung, Gesetzlichkeit, Selbstgerechtigkeit und Anmaßung frei werden,
daß die Verachteten und Ausgestoßenen nicht im Abseits bleiben,
daß die Gewaltmenschen aus ihrem Gewaltdenken erlöst werden,
daß die Heuchler nicht in ihrem Scheinleben ersticken,
daß die Verzweifelten und Hoffnungslosen neuen Mut
und neue Zuversicht fassen,
daß Menschen sich aneinander freuen können,
daß sie zum Frieden mit Gott kommen,
daß sie die Kerker ihrer Selbstherrlichkeit verlassen können,
daß die verlorenen Söhne und Töchter heimfinden
in die offenen Arme des göttlichen Vaters,
daß Menschen die Gegenwart des Geistes Gottes
in ihrem Leben erfahren,
daß Menschen dem Evangelium glauben und also lernen,

auf Gott zu vertrauen,
daß Vernunft und Weisheit herrschen,
daß der Geist des Herrn die Menschen stark
und zuversichtlich mache,
daß nicht Ratlosigkeit, Verwirrung und Dummheit regieren,
daß sich die Erkenntnis Gottes und seines gnädigen Willens
unter den Menschen ausbreite,
daß die Blinden zum Sehen, die Tauben zum Hören,
die Lahmen zum Gehen kommen,
daß die Verschlossenen und Verstockten offen werden für Gott.
Dazu ist Jesus von Nazareth gekommen. Dafür setzt er sich ein.
Das ist der Sinn und das Ziel seines Lebens und seiner Sendung.
Das ist auch der Inhalt seiner Botschaft. Die Herrschaft und das Reich Gottes ist den Menschen nahe gekommen und will sich unter uns ausbreiten.
Das Reich Gottes mag unscheinbar und winzig erscheinen. In der Winzigkeit ist aber die Größe, in der Unscheinbarkeit die Kraft verborgen.

Dies zeigt Jesus im Gleichnis vom Senfkorn (Matthäus 13,31). Im Gleichnis vom Sauerteig (Matthäus 13,33) macht er deutlich: Die Wirkkraft ist nicht bei dem großen Haufen Mehl, sondern bei dem bißchen Hefe oder Sauerteig. Jesus vergleicht das Reich Gottes mit einem Schatz im Acker, den ein Mensch findet und für den er alles einsetzt, oder mit einer kostbaren Perle, die es wert ist, daß man um ihretwillen alle Habseligkeiten opfert (Matthäus 13,44–46). Damit beschreibt er den rückhaltlosen Einsatz, den Gott fordert. Solch bedingungsloser Einsatz ist geprägt und begleitet von der großen Freude dessen, der die neuen Maßstäbe und den Auftrag Gottes als das höchste Gut entdeckt hat.
Die Herrschaft Gottes ist jetzt noch verborgen. Noch kann ihr widersprochen werden. Noch führen die Gottlosen das große Wort, und wer nach Gottes Willen fragt, kann die deprimierende Erfahrung vom äußeren Wohlergehen der Gottlosen machen, die schon vom Beter des 73. Psalms (Vers 3–12) so anschaulich beschrieben wird. Der Unglaube und die Gottlosigkeit haben aber keine Zukunft. Die Glaubenden sollen jedoch das Gericht Gottes nicht vorwegnehmen wollen. Sie sollen nicht selbst das Unkraut vom Weizen trennen. Das letzte Urteil und Gericht bleibt Gott vorbehalten (Gleichnis vom Fischnetz und vom Unkraut unter dem Weizen – Matthäus 13). Noch lebt die Welt unter der Geduld Gottes. Noch ist Umkehr möglich.

Das Ziel Gottes mit der Menschheit ist eine neue Erde, ein neuer Mensch, geänderte Verhältnisse und geänderte Menschen. Deshalb verbindet Jesus mit der frohen Botschaft vom Kommen der Herrschaft Gottes den Ruf zur Umkehr und zur Nachfolge. Der Ruf »Tut Buße und glaubt an das Evangelium« (Markus 1,15) fordert ein Umkehren und Umdenken, eine Hinwendung zu den neuen

Maßstäben der Herrschaft Gottes und eine Neuorientierung des gesamten Lebens. Jesus ruft Menschen: »Folget mir nach!« Sie stehen auf, verlassen ihre Netze und folgen ihm. In dieser Nachfolge geschieht die Umkehr, die wahre Bekehrung. Nachfolge ist ein Lernprozeß, den Jesus denen zumutet, die sich von ihm rufen lassen (vgl. Markus 1,16–20; 2,13–17; Matthäus 8,18–27). Das Reich Gottes ist mitten unter euch, sagt Jesus (Lukas 17,21). In ihm ist es schon da. Er tritt vor die Menschen und ruft sie auf, der Kraft und Nähe Gottes zu vertrauen und ihm nachzufolgen. Eine neue Gemeinschaft soll entstehen. Eine Jüngerschaft soll das Reich Gottes ausbreiten. Eine Oase des Lebens soll sich bilden mitten in der Wüste, in der die Menschen verdursten, wenn sie nicht von der Oase das Wasser des Lebens holen und sich der neuen Gemeinschaft anschließen.

Mit dieser Botschaft des Neuen wird Jesus, der wahrhaft freie Gottesmensch, allerdings zum Störenfried und Unruhestifter in einer Welt, die an alten Gesetzen, an alten Ordnungen, Vorstellungen, Wertmaßstäben, Herrschaftsverhältnissen, Besitzverhältnissen, an Prestigedenken, rassischen, sozialen und religiösen Vorurteilen, Unrecht und profitorientierter Unterdrückung festhalten will. Wir zeigen nun an Beispielen die Freiheit Jesu, in der er das Neue mitten im Alten verkündigt und praktiziert. (Wir können hier auf unterschiedliche Akzente bei den synoptischen Evangelien nicht eingehen. In den wesentlichen Aussagen stimmen die Quellen überein.)

III. Zeichen des Neuen mitten in der alten Welt

1. Die Freiheit Jesu von der Gesetzlichkeit – sein Widerspruch gegen festgefahrene Religiosität

Jesus hat viele kultische und rituelle Gesetze seiner Umwelt in Frage gestellt und durchbrochen. Er hat die *Fastengebote* übertreten und die Bestimmungen über *rituelle Waschungen,* über »rein und unrein« nicht eingehalten. Er hat die zentralen, im Volk tief verankerten *Sabbatgebote* in souveräner Freiheit übertreten und sich über die Autorität des Mose hinweggesetzt. Jesus hat am Sabbat nicht nur selbst geheilt, sondern auch den Jüngern gestattet, Ähren auszuraufen (eine ebenfalls am Sabbat verbotene Arbeit). Das waren alles Herausforderungen an die Hüter des Gesetzes und der religiösen Sitte. Warum? Jesus verkündet damit, daß Gesetze, Satzungen und behördliche Bestimmungen nur soweit berechtigt sind und nur soweit eingehalten werden müssen, als sie dem Menschen dienen. Jesus lehnt alles ab, was den Menschen bedrückt, vergewaltigt und unfrei macht. Er gibt seinen Hörern damit einen Maßstab von großer Tragweite in die Hand. Er ruft zum Widerstand gegen die »Menschensatzungen« auf. Seine Verkündigung führt zum eigentlichen Willen Gottes zurück. Die direkteste Herausforderung und größte Störung von Ruhe, Ordnung und Gesetz war aber die sogenannte *Tempelreinigung*. Jesus hat durch das Umstürzen der Tische der Händler und Wechsler und das Vertreiben der Opfertiere das »religiöse Empfinden« vieler Leute verletzt und die für die öffentliche Sicherheit verantwortlichen Organe gegen sich auf den Plan gerufen.

Ergänzungen und Fragen zum Gespräch:

1. Es kam in den letzten Jahren wiederholt zu Störungen von Gottesdiensten durch Demonstranten. Wogegen und wofür ist dabei demonstriert worden?
2. Was wissen wir vom Protest des Propheten Amos gegen die Gottesdienste seiner Zeit? (Vgl. Amos 5,21–24.)

3. Unter welchen Umständen sind im Gottesdienst einer christlichen Gemeinde Widerspruch und Einspruch berechtigt? Können wir uns vorstellen, daß die Predigt unterbrochen wird und sich dann nicht ein peinlicher Klamauk, sondern ein sachgemäßes Gespräch ergibt?

2. Die Freiheit Jesu zum Ernstnehmen von Frauen und Kindern

Jesus hat Frauen als Gesprächspartner ernst genommen und sie von der Nachfolge nicht ausgeschlossen, zum Beispiel die samaritanische Frau am Jakobsbrunnen (Johannes 4), die Schwestern Maria und Martha (Lukas 10,38–42), die Frau, die ihn salbte (Matthäus 26,6–13), Maria Magdalena, Johanna und Maria, des Jakobus Mutter (Lukas 24,10). Jesus hat damit faktisch der Anschauung seiner Zeit widersprochen, die Frau könne nur über den Mann ein Gottesverhältnis bekommen. Noch heute kann ein israelitischer Gottesdienst nicht stattfinden, wenn nicht wenigstens zehn Männer anwesend sind. Frauen zählen nicht. In den frühen christlichen Gemeinden sind die Frauen dann freier geworden, manche aber haben die neue Freiheit in Ekstase übertrieben, so daß Paulus schrieb: »Das Weib schweige in der Gemeinde« (1. Korinther 14). Leider ist später gerade dieses zeitbedingte Sätzchen – gegen die Grundtendenz Jesu – zum Zentralwort der christlichen Männergesellschaft geworden!

In derselben Linie steht die Zuwendung Jesu zu den verachteten, als Last empfundenen palästinensischen Straßenkindern. Ihm geht es nicht um Sentimentalität, sondern um ein neues Ernstnehmen ihrer Existenz und Situation.

Als sich die Jünger untereinander streiten, weil jeder der Größte sein möchte, heißt es: »Und Jesus nahm ein Kind, stellte es mitten unter sie, herzte es und sagte zu ihnen: Wer ein solches Kind in meinem Namen aufnimmt, der nimmt mich auf; und wer mich aufnimmt, der nimmt nicht mich auf, sondern den, der mich gesandt hat« (Markus 9,36.37).

Ebenso wird von einer feierlichen Kindersegnung erzählt: »Und sie brachten Kinder zu ihm, damit er sie berühren sollte. Die Jünger aber fuhren diese Leute an. Als aber Jesus das sah, wurde er unwillig und sagte zu ihnen: Laßt die Kinder zu mir kommen und hindert sie nicht daran, denn Menschen wie ihnen gehört das Reich Gottes. Wahrlich, ich sage euch: Wer das Reich Gottes nicht empfängt wie ein Kind, der wird nicht hineinkommen. Und er herzte sie, legte ihnen die Hände auf und segnete sie« (Markus 10,13–16).

Ergänzungen und Fragen zum Gespräch:

1. Was wissen wir von der Lage der Frauen in den vom Islam geprägten Ländern? In Afrika?
2. Seit 1949 ist bei uns die Gleichberechtigung der Frau gesetzlich verankert. Wo gibt es heute noch Benachteiligungen? Welche Rolle spielen die Frauen in der Familie, im Berufsleben, in der Gemeinde, in der Kirchengemeinde, in der Landeskirche und in der Politik?!
3. Was kann heute das Wort bedeuten: »Die Frauen seien untertan ihren Männern als dem Herrn«? (Vgl. Epheser 5,21–33.)
4. Man hat unsere Zeit das »Jahrhundert des Kindes« genannt. Inwiefern stimmt das, inwiefern nicht?
5. Inwiefern kann das Eintreten Jesu für die Frauen und Kinder für uns heute von Bedeutung sein?
6. Zitate: »Vor Jesus selbst kommt nirgends auf der Welt der Fall vor, daß man die Kindheit als menschlichen Wert, als Beispiel der Menschlichkeit darstellt« (*Machovec,* Jesus für Atheisten, S. 117).
»Das Kind ist imstande, von einem einzigen Phänomen so fasziniert zu werden, wie Jesus fordert, vom Königreich Gottes hingerissen zu sein« (*Machovec,* a.a.O., S. 119).

3. Die Freiheit Jesu vom Besitzdenken und vom Geiz

Jesus hat keinen eigenen Besitz angestrebt. Er sagt: »Die Füchse haben Gruben, und die Vögel unter dem Himmel haben Nester; aber der Menschensohn hat keine Stelle, wo er sein Haupt hinlegen kann« (Matthäus 8,20).
Er sagt zu einem jungen Mann, der viele Güter hatte: »Gehe hin, verkaufe, was du hast, und gib's den Armen, dann wirst du einen Schatz im Himmel haben; und komm und folge mir nach!« (Matthäus 19,21.)
Er sagt in der Bergpredigt zu den Jüngern: »Ihr sollt euch nicht Schätze sammeln auf Erden, wo sie die Motten und der Rost fressen und wo die Diebe einbrechen und sie stehlen... Denn wo euer Schatz ist, da ist auch euer Herz... Niemand kann zwei Herren dienen: Entweder er wird den einen hassen und den andern lieben, oder er wird an dem einen hängen und den andern verachten. Ihr könnt nicht Gott dienen und dem Mammon... Darum sollt ihr nicht sorgen und sagen: Was werden wir essen? Was werden wir trinken? Womit werden wir uns kleiden? Denn nach dem allem trachten die Heiden. Euer himmlischer Vater weiß ja, daß ihr das alles braucht. Trachtet zuerst nach dem Reich Gottes und nach seiner Gerechtigkeit, so wird euch das alles zufallen« (Matthäus 6,19–33).

Er sagt: »Seht zu und hütet euch vor aller Habgier; denn niemand lebt davon, daß er viel besitzt« (Lukas 12,15). Und dann erzählt er die Geschichte vom reichen Kornbauern, der ein Narr ist, weil er meint, sich mit seinem Reichtum sichern zu können, dabei aber versäumt, sich auf das Entscheidende vorzubereiten; der sich Schätze sammelt, aber nicht reich ist in Gott (vgl. Lukas 12,13–21).

Ein anderes Mal erzählt Jesus ein Gleichnis, wie der Reichtum blind macht für die Not des Mitmenschen (vgl. Lukas 16,19–31). Schließlich wird das Wort Jesu überliefert: »Wahrlich, ich sage euch: Ein Reicher wird nur schwer ins Himmelreich kommen... Es ist leichter, daß ein Kamel durch ein Nadelöhr geht, als daß ein Reicher ins Reich Gottes kommt.« Als die Jünger entsetzt fragen, wer denn überhaupt gerettet werden könne, sagt Jesus: »Bei den Menschen ist's unmöglich; aber bei Gott ist alles möglich.« (Vgl. Matthäus 19,23–26.)

Jesus hat zwar offensichtlich kein Programm zur Lösung der wirtschaftlichen und sozialen Probleme entwickelt. Daraus kann man aber nicht folgern, daß seine Äußerungen in dieser Frage für unsere heutigen Probleme nichts bedeuten. Denn Jesus hat gezeigt, daß Geld, Hab und Gut nichts Wertneutrales sind. Eine große Verführungsmacht geht von ihnen aus. Der Mammonismus ist seit uralter Zeit eine umfassende Ersatzreligion. Wir dienen dem Mammon, wo wir Gott dienen sollten. Wir hängen unser Herz an den Besitz und verteidigen »unsere heiligsten Güter«, indem wir unseren Profit und unser Einkommen verteidigen. Die Völker morden sich, um Absatzmärkte und Rohstoffquellen zu erlangen oder zu verteidigen. Verwandte werden zu erbitterten Feinden wegen Erbstreitigkeiten. Der Neid kann Menschen wie ein Geschwür innerlich zerfressen.

Ergänzungen und Fragen zum Gespräch:

1. Wie steht es mit dem Reichtum der Kirche? Das Mönchtum ist als Protestbewegung gegen eine verweltlichte, reiche Kirche entstanden. Ist es recht, wenn die Kirche ihr Geld durch staatlichen Kirchensteuerabzug erhält? Können sich Pfarrer für ihren Dienst bezahlen lassen wie Beamte, z.B. Lehrer?
2. *Karl Marx* hat gesagt: »Es ist das gesellschaftliche Sein, das das Bewußtsein bestimmt.« Ist das wahr? Wird unser Denken dadurch bestimmt, ob wir Vermögen, Aktien, Sparkonten und Häuser haben?
3. Wie stellen wir uns eine Lösung des Weltproblems Hunger vor? Können wir als Christen und Bürger etwas Vorwärtsweisendes tun? *Hélder Câmara,* Erzbischof von Olinda e Recife in Brasilien, wird vom Volk »Bischof der Armen und Unter-

drückten« genannt, während manche Großgrundbesitzer in Brasilien ihn als »Kommunisten« beschimpfen.

Er sagt: »In meiner Kindheit dachte ich zuweilen, daß Christus vielleicht übertrieben hatte, als er von der Gefahr des Reichtums sprach. Heute weiß ich, daß es sehr schwierig ist, reich zu sein und Mensch zu bleiben. Das Geld bedeckt gewöhnlich die Augen mit gefälligen Schuppen und läßt den Menschen zu Eis werden (die Hände, die Augen, die Lippen und das Herz werden gefährlich kalt). Ich bin daher zutiefst überzeugt, daß es demokratisch und christlich ist, der menschlichen Schwäche durch einen ausgeglichenen, entschlossenen und gerechten moralischen Druck auf der Grundlage einer gewaltlosen Aktion nachzuhelfen« (Revolution für den Frieden, Herder-Bücherei 356, S. 169).

Nach offiziellen Statistiken der Vereinten Nationen

- ☐ sterben jährlich 40 Millionen Asiaten, Afrikaner und Lateinamerikaner an Hunger. Die Vereinten Nationen haben gefordert, daß jedes entwickelte Land jährlich 1% seines Bruttosozialprodukts aufbringen sollte. Ein Prozent! Aber nicht einmal das wurde jemals erreicht: 1961 kam die Gesamtheit der entwickelten Länder auf 0,87%, aber schon 1964 fiel dieser Prozentsatz auf 0,66%;
- ☐ gibt es in Europa einen Arzt auf je 1000 Einwohner; in Ghana einen auf je 18000, in Indonesien einen auf 71000, im Sudan einen auf je 80000 Einwohner;
- ☐ stirbt in Brasilien alle 42 Sekunden ein Kind, sterben 85 je Stunde, 2040 Kinder jeden Tag.

4. Die Freiheit Jesu zum Überschreiten der nationalen und religiös-moralischen Grenzen

Die Geschichte vom kanaanäischen Weib zeigt, daß sich Jesus zuerst zum Volk Israel gerufen wußte. Aber er hat dann der Frau geholfen und die völkische, rassische und religiöse Grenze bewußt überschritten (Matthäus 15). Beim Hauptmann von Kapernaum preist er den großen Glauben, wie er ihn in Israel nicht gefunden hat (Matthäus 8). Von den Hecken und Zäunen werden sie kommen, vom Morgen und vom Abend, von Mitternacht und von Mittag, um am Reiche Gottes Anteil zu haben (Lukas 13 und 14). Damit schafft er in der Geschichte seines Lebens und Handelns die Voraussetzungen dafür, daß sich Paulus später von der Verengung des Horizontes auf das Volk Israel befreien und sich der ganzen Heidenwelt zuwenden konnte. Der Messias Israels ist nicht nur ein jüdisch-nationaler Rabbi, und er ist kein Siegeskönig Israels, der die Heidenvölker zerschmettert. Der Jude Jesus ist durch Gottes Tat und nach göttlicher Bestimmung der Herr und Retter der ganzen Welt. Damit wird allem religiös begründeten Nationalismus und allem nationalistischen Erwählungsbewußtsein eine klare Absage erteilt.

Eine gesellschaftliche Herausforderung ersten Ranges war die Art und Weise, wie Jesus sich den Zöllnern gegenüber verhielt, diesen Geldmenschen und »Vaterlandsverrätern«, die mit der verhaßten römischen Besatzungsmacht zusammenarbeiteten. Man muß sich vorstellen, was dies für national-religiös denkende Juden bedeutete, wenn sie erleben mußten, wie vorbehaltlos Jesus Leute mit einer solchen Vergangenheit in seinen engsten Kreis aufnahm.
»Und da Jesus von dannen ging, sah er einen Menschen am Zoll sitzen, der hieß Matthäus; und sprach zu ihm: Folge mir! Und er stand auf und folgte ihm. Und es begab sich, als er zu Tisch saß im Hause, siehe, da kamen viele Zöllner und Sünder und saßen zu Tische mit Jesus und seinen Jüngern. Da das die Pharisäer sahen, sprachen sie zu seinen Jüngern: Warum isset euer Meister mit den Zöllnern und Sündern? Da das Jesus hörte, sprach er: Die Starken bedürfen des Arztes nicht, sondern die Kranken. Gehet aber hin und lernet, was das ist (Hosea 6,6): ›Ich habe Wohlgefallen an Barmherzigkeit und nicht am Opfer.‹ Ich bin gekommen, die Sünder zu rufen und nicht die Gerechten« (Matthäus 9,9–13).
Wer wissen will, was Haß gegen sogenannte »Vaterlandsverräter« ist und wie es denen ergeht, die mit der Besatzungsmacht zusammengearbeitet haben, muß sich über die Vorgänge und Tragödien informieren, die sich 1944 und 1945 in Frankreich und anderswo abgespielt haben, wo sich die Volkswut an den sogenannten »Kollaborateuren« ausgetobt hat. *Margret Boveri* schreibt in ihrem Buch »Der Verrat im 20. Jahrhundert« vom Schicksal des alten norwegischen Nobelpreisträgers für Literatur *Knut Hamsun:*

»In Norwegen kam 1945 ein alter, fast tauber Mann in Zwangsaufenthalt unter Polizeiaufsicht. Niemand sprach mit ihm. Die drei Krankenschwestern verschütteten absichtlich seinen Kaffee, seine Suppe. Er wollte ihnen erklären, daß er niemand umgebracht habe, nichts gestohlen, kein Haus in Brand gesteckt. Sie hörten nicht zu und gaben ihm keine Antwort. Ein Jahr später, in der psychiatrischen Klinik, wußte er schon etwas mehr: ›Ich bin mit der Polizei gekommen, ich bin Gefangener, ich bin Landesverräter, wissen Sie.‹ «
Von Frankreich, Holland und Belgien sagt sie:
»Unter der ›Jurisprudenz der Säuberung‹ waren in Frankreich im Jahre 1946 mehr als eine halbe Million Menschen verhaftet worden, die mit einer Anklage auf Verrat rechnen mußten; 160000 Prozesse sind abgerollt. Nach amerikanischer Schätzung fielen 100000 Franzosen der Libération zum Opfer – mehr Tote, als Frankreich auf dem Schlachtfeld oder in der Gefangenschaft zu verzeichnen hatte. In Belgien ist es zu 600000 Prozessen und Untersuchungen gekommen, in Holland zu 130000.«

Es war für seine Landsleute und Volksgenossen eine harte Zumutung und ein Verhalten, das Jesus in ein politisches Zwielicht brin-

gen mußte, wenn er sich so frei und vorbehaltlos den verrufenen, verdächtigen, verhaßten Zöllnern zuwandte. (Vgl. auch Lukas 19,1–10: die Begegnung Jesu mit dem Zöllner Zachäus.)
Nicht minder aufregend für seine Umwelt war, daß Jesus so rücksichtslos die Schranken zu den moralisch und gesellschaftlich Ausrangierten durchbrach, zu den Huren und zu den als gottlos und unfromm geltenden »Armen«.
Die eigene Entschiedenheit und die hohe Anforderung, die Jesus an sich selbst gestellt hat, hielt ihn nicht davon ab, gegenüber anderen eine überraschende Nachsicht und Großzügigkeit zu üben. *Milan Machovec* schreibt dazu:

»Fürchten wir uns nicht, offen zu sagen, was die kirchliche Tradition aus Schamhaftigkeit unübersetzt oder ›halbübersetzt‹ gelassen hat, daß sich hinter Jesu Kontakten mit ›Zöllnern und Sündern‹ eigentlich die Tatsache versteckt, daß er – zur schockartigen Erschütterung der Frommen – nicht zögerte, mit Freudenmädchen und Kollaboranten zu tafeln, daß er mit Beamten der römischen Verwaltung verkehrte (vgl. Markus 2,15 par.; Matthäus 8,10 par.), daß er sich zu Magdalena herabließ, die ohne Zweifel ursprünglich dem ältesten Gewerbe der Welt nachging und darüber hinaus wahrscheinlich hysterisch war, trieb er ihr doch sieben böse Geister aus (Lukas 8,2)« (Jesus für Atheisten, S. 134).

Es gibt keinen Zweifel daran, daß Jesus den rechtschaffenen, gesetzestreuen, anständigen Menschen viel zugemutet hat. Wer einen Gott verkündigt, der seine Gnade bedingungslos solchen Leuten zuwendet, der ist gefährlich! In diesem Zusammenhang verlieren auch die Gleichnisse Jesu vom verlorenen Schaf, vom verlorenen Groschen und vom verlorenen Sohn (Lukas 15) den idyllischen, harmlosen, gemütvollen Charakter. Die Reaktion des älteren Bruders in der Geschichte vom verlorenen Sohn ist nur allzu gut verständlich!

Ergänzungen und Fragen zum Gespräch:

1. War Jesus nicht töricht, daß er sich nachsagen ließ, er sei »ein Fresser und Weinsäufer, der Zöllner und Sünder Geselle« (Matthäus 11,19)? Hätte er nicht bedenken müssen, daß ein so zweifelhafter Ruf seiner Sache und der Sache Gottes schaden würde? Was war die Sache Gottes, die Jesus in seiner Zuwendung zu diesen Fremden oder diesen Gescheiterten sichtbar machen wollte?
2. Kann das Verhalten Jesu auf unseren Umgang mit Farbigen, mit Gastarbeitern und mit Andersgläubigen übertragen werden?
3. Wie ist unser Verhältnis zu den Strafentlassenen? Zu den Süchtigen? Zu den durch eigene Schuld Gestrandeten?
4. *Jürgen Moltmann* hat in einem Vortrag am 19.10.1974 in Stuttgart gesagt: »Jesus verkündigte eine neue Gerechtigkeit; nicht mehr die Gottesgerechtigkeit nach dem Gesetz, das jedem das Seine gibt, sondern das schöpferische Recht der

Gnade, das Ungerechte gerecht macht und Hoffnungslosen eine neue Zukunft des Lebens gibt. Jesus stellte sich damit über die Autorität des Mose und stellte das Erbarmen über den armen Menschen höher als die Beachtung der heiligen Vorschriften...

Haben wir das Gesetz vor Augen, dann beurteilen wir die Menschen immer nur nach ihren Taten. Haben wir Jesus vor Augen, dann beurteilen wir Menschen nach ihren Leiden. Dann sind die Sünder und Zöllner nicht Verbrecher, sondern, wie das russische Volk über die Sträflinge sagte, ›die Unglücklichen‹. Das Evangelium ist wundervoll. Es spricht über uns und die anderen so, wie wir wirklich sind. Es richtet nicht die Schuld, sondern sieht im Schuldigen den unglücklichen, leidenden Menschen. Darum unterdrückt uns das Gesetz, das Evangelium befreit uns...

Eine Kirche, die von der Gnade Jesu lebt, bricht mit der Moral und den Gesetzen der etablierten Gesellschaft und begibt sich mit Jesus ›in schlechte Gesellschaft‹ (Adolf Holl). Sie wird lieber den Vorwurf ertragen, selbst ›unmoralisch‹ zu sein, als die ›Unglücklichen‹ zu verdammen und auszuschließen. Sie wird lieber zum ›Verräter‹ der heiligsten Güter der anständigen Gesellschaft als zum Verräter der befreienden Gnade Jesu und der Unglücklichen, die sie brauchen. Sie findet in Jesus keinen Grund, die Idole und Gesetze der guten Gesellschaft zu verteidigen. Sie findet in Jesus allerdings auch keinen Grund, die Rebellen, ihren Haß und ihre Gewalttaten zu rechtfertigen. Sie findet in Jesus nur Grund, die Unglücklichen zu lieben, in ihrer Gemeinschaft selbst unglücklich zu werden, um das Glück Jesu zu erfahren.«

5. Die Freiheit Jesu zur Brüderlichkeit und zum Dienst

Wo Menschen beieinander sind, taucht die Frage auf, welcher der Größere und der Bessere ist. So war es auch bei den Jüngern. Jesus hat dieses Streben nach Selbsterhöhung verurteilt. Er hat seine Jünger zur Brüderlichkeit gerufen und gezeigt, daß echte Größe darin besteht, daß einer dem anderen dient. »Ihr wisset, daß die weltlichen Fürsten ihre Völker niederhalten, und ihre Mächtigen tun ihnen Gewalt. Aber so soll es nicht sein unter euch; sondern wer groß sein will unter euch, der sei aller Diener; und wer unter euch will der Erste sein, der sei aller Knecht. Denn auch des Menschen Sohn ist nicht gekommen, daß er sich dienen lasse, sondern daß er diene und gebe sein Leben zu einer Erlösung für viele« (Markus 10,42–45).

Ebenso hat Jesus der Ehrsucht der Pharisäer und Schriftgelehrten und dem natürlichen Drang nach Selbsterhöhung die symbolische Handlung der Fußwaschung (Johannes 13) entgegengestellt und dabei sichtbar gemacht, daß es nicht ums Herrschen, sondern ums Dienen geht. Seine Freiheit ist die geschichtliche Grundlage für große politische Bewegungen geworden. »Freiheit, Gleichheit, Brüderlichkeit«: Das war die Losung der Französischen Revolution. Diese Losung ist zwar schon im Geschehen der Revolution und bis heute vielfach verraten und vergessen worden. Aber sie hat ihren letzten Ursprung durchaus in der Verkündigung Jesu vom kommenden Reich Gottes, das wir jetzt schon mit unserem Verhalten hindern oder fördern.

Von Jesus sind wichtige Impulse ausgegangen für das, was man heute Demokratisierung nennt: »Die christliche Kirche ist eine Gemeinde von Brüdern« (3. Barmer These). Deshalb waren die katholische Entwicklung zum Bischofsamt und Papsttum, aber auch die lutherische Ausprägung einer Pastoren- und Behördenkirche fragwürdige Entwicklungen. Die von Johannes Calvin geprägten reformierten Kirchen haben diese Tendenz Jesu besser aufgegriffen. Sie haben dann auch die Wege zu einem demokratischen Staatswesen gewiesen, wo der einzelne viel persönliche Freiheit, aber ebenso auch Verantwortung und Pflichten gegenüber der Gemeinschaft hat.

Ergänzungen und Fragen zum Gespräch:

1. *Dostojewski* hat in seiner Legende vom Großinquisitor Iwan Karamasow sagen lassen, Jesus habe den Menschen zuviel Freiheit zugemutet. Die Menschen seien aber primitiv. Sie brauchten eine Diktatur, die ihnen Brot und Unterhaltung verschaffe und ihnen die Qual der Entscheidung abnehme. Nur dann seien sie glücklich! Wie beurteilen wir diese These?
2. In welchem Verhältnis steht das persönliche Streben nach Freiheit und Glück zum Wohl der Gemeinschaft?
Ist der Satz wahr: »Gemeinnutz geht vor Eigennutz!«?
Wie äußert sich christliche Freiheit angesichts der vielfältigen Aufgaben in Staat und Gesellschaft? Was sagt in diesem Zusammenhang die sogenannte »Goldene Regel« (Matthäus 7,12)?

6. Die Freiheit Jesu zur Wahrhaftigkeit

Jesus hat sich mit aller Schärfe gegen die Kluft zwischen Wort und Tat, gegen Heuchelei und Unwahrhaftigkeit gewandt. Das Aufbauen einer Fassade und das Aufrechterhalten eines korrekten, äußerlichen Scheines war ihm ein Greuel. Frömmelei und Scheinheiligkeit hat er hart angegriffen. So sagt er:

»Wenn du nun Almosen gibst, sollst du es nicht vor dir ausposaunen lassen, wie die Heuchler das in den Synagogen und auf den Straßen tun, um von den Leuten gepriesen zu werden...«

»Und wenn ihr betet, sollt ihr es nicht wie die Heuchler tun, die gern in den Synagogen und an den Straßenecken stehen und beten, damit sie von den Leuten gesehen werden...«

»Wenn ihr fastet, sollt ihr nicht sauer dreinsehen wie die Heuchler, denn sie verstellen ihre Mienen, um sich vor den Leuten mit ihrem Fasten zu zeigen...« (Matthäus 6,2–18).

»Nehmt euch in acht vor den falschen Propheten, die in Schafskleidern zu euch kommen, darunter aber reißende Wölfe sind. An ihren Früchten sollt ihr sie erkennen...

Es werden nicht alle, die zu mir sagen: Herr, Herr! in das Himmelreich kommen, sondern nur die, die den Willen meines Vaters im Himmel tun« (Matthäus 7,15–21).

»Weh euch, Schriftgelehrte und Pharisäer, ihr Heuchler, die ihr die Becher und Schüsseln äußerlich reinigt, im Innern aber sind sie voll Raub und Gier..., die ihr wie die übertünchten Gräber seid, die von außen hübsch aussehen, aber innen voller Totengebeine und lauter Unrat sind! So auch ihr: Von außen scheint ihr vor den Menschen fromm, aber innen seid ihr voller Heuchelei und Auflehnung gegen das Gesetz« (Matthäus 23,25–28).

In der heutigen Zeit haben wir es weniger mit religiöser Heuchelei zu tun als mit einem nach außen gewandten, aufpolierten, aufgeschminkten Leben, wo einer dem andern durch Angeberei imponieren will. Diesem hochmütigen, stolzen Gehabe, mit dem man an allen echten Problemen des Lebens und Nöten der Welt vorbeilebt, hat schon der Prophet Jesaja das Gericht Gottes angekündigt:

»So hat der Herr gesprochen: Weil die Töchter Zions stolz sind und gehen mit aufgerecktem Halse, mit lüsternen Augen, trippeln daher und tänzeln und haben kostbare Schuhe an ihren Füßen, deshalb wird der Herr den Scheitel der Töchter Zions kahl machen, und der Herr wird ihre Schläfe entblößen. Zu der Zeit wird der Herr den Schmuck an den kostbaren Schuhen wegnehmen und die Stirnbänder, die Spangen, die Ohrringe, die Armspangen, die Schleier, die Hauben, die Schrittkettchen, die Gürtel, die Riechfläschchen, die Amulette, die Fingerringe, die Nasenringe, die Feierkleider, die Mäntel, die Tücher, die Täschchen, die Spiegel, die Hemden, die Kopftücher, die Überwürfe. Und es wird Gestank statt Wohlgeruch sein und ein Strick statt eines Gürtels und eine Glatze statt lockigen Haars und statt des Prachtgewandes ein Sack, Brandmal statt Schönheit« (Jesaja 3,16–24).

Den Männern gelten entsprechend die Weherufe des Propheten in Kapitel 5. Dort heißt es auch: »Weh denen, die Böses gut und Gutes böse nennen, die aus Finsternis Licht und aus Licht Finsternis machen, die aus sauer süß und aus süß sauer machen!« (Jesaja 5,20.)

Jesus will uns dazu ermutigen, daß wir von einem verlogenen Leben freikommen! Wir meinen oft, wir müßten einander das Theater des intakten Lebens, der vorbildlichen, geordneten Familie und der untadeligen Gesellschaft vorspielen. Es hat verheerende Auswirkungen, wenn wir nicht die Freiheit gewinnen, vor Gott und den Menschen auch unser Versagen, unsere Schwächen, unsere Nöte und Ängste einzugestehen. Es ergibt eine unmenschliche Atmosphäre, wenn wir meinen, wir müßten uns immer als strahlend, erfolgreich, gesund, vital und tatkräftig darstellen, damit uns ja niemand als Versager und als lebensuntüchtig abstempeln könnte. Diese falsche Lebenshaltung erzeugt Neurosen, raubt uns den Schlaf und läßt uns nicht zur Bejahung unserer Grenzen und – im Fall eines schuldhaften Versagens – nicht zum Eingeständnis unserer Schuld finden. Nichts kann ein Menschenleben so sehr belasten wie uneingestandene und also auch unvergebene Schuld, mit der wir die Last der Vergangenheit in der Gegenwart herumschleppen müssen. Jesus fordert seine Jünger auf zur Bemühung um schlichte Wahrhaftigkeit im Reden und Tun. Deshalb wendet er sich auch gegen die in seiner Zeit weit verbreitete Unsitte des Schwörens, die eigentlich davon ausgeht, daß der Mensch im Normalfall die Unwahrheit sagt, lügt und betrügt und daß er deshalb durch feierliche Beteuerungen und bedingte Selbstverfluchungen zum Ausdruck bringen muß, daß man sich diesmal – ausnahmsweise! – auf sein Wort verlassen kann.
Jesus sagt: »Ihr habt gehört, daß den Alten gesagt worden ist: ›Du sollst keinen Meineid schwören und sollst dem Herrn deinen Eid halten!‹ Ich aber sage euch, daß ihr überhaupt nicht schwören sollt... Eure Rede aber sei: Ja, ja; nein, nein. Was darüber ist, das ist vom Übel« (Matthäus 5,33–37).

Ergänzungen und Fragen zum Gespräch:

1. Wo sind im Umkreis unseres Lebens die Unwahrhaftigkeit, das Schwindeln, das Verwenden von Halbwahrheiten und lügenhaften Ausreden eingebrochen?
2. Jesus ermutigt uns zur Wahrhaftigkeit auch dann, wenn dies für uns Nachteile bringt und wir als dumm verlacht werden. Wo können wir mit solcher Wahrhaftigkeit in Schwierigkeiten kommen?
3. Welche Bedeutung hat die Wahrhaftigkeit für unser Zusammenleben mit der Familie, in der Schule, mit Freunden und Kollegen?
4. Der Staatsmann *Machiavelli* hat geschrieben, ein Fürst und Politiker könne nach der Wahrhaftigkeit nicht viel fragen, weil er vor allem auf seinen Vorteil und also auf die Erhaltung und Vergrößerung der politischen Macht bedacht sein müsse. Aber es sei natürlich zweckmäßig, daß alles Reden des Politikers den Schein der Tugend, der Frömmigkeit, Redlichkeit und Wahrhaftigkeit habe. Wie ist diese Ein-

stellung zu beurteilen? Kann ein Politiker, der an der Macht bleiben will, sagen, was er denkt, und den Wählern unbequeme »Wahrheiten« zumuten? Muß er nicht zuerst darauf bedacht sein, ja keine Stimmen zu verlieren?
Welche Aufgaben hat die Kirche in diesem Bereich, wo es um unangenehme Erkenntnisse geht? Darf sie sich einem öffentlichen Streit aussetzen? Darf es dabei in der Kirche unterschiedliche Meinungen geben und sollen diese öffentlich vertreten werden?

7. Die Freiheit Jesu zur Nächstenliebe und zur Vergebung

Der Begriff der Nächstenliebe kommt in den Evangelien kaum vor. Aber die Zuwendung zum Mitmenschen ist für die Botschaft Jesu und für sein eigenes Verhalten von zentraler Bedeutung. Die bekannteste Stelle, in der das Gebot der Nächstenliebe ausgesprochen wird, ist das sogenannte Doppelgebot der Liebe (Matthäus 22,37–39). Dieses besteht aus zwei Zitaten aus dem Alten Testament. Im dritten Buch Mose heißt es:
»Wenn du dein Land aberntest, sollst du nicht alles bis an die Ekken deines Feldes abschneiden, auch nicht Nachlese halten. Auch sollst du in deinem Weinberg nicht Nachlese halten noch die abgefallenen Beeren aufheben, sondern dem Armen und Fremdling sollst du es lassen; ich bin der Herr, euer Gott...
Du sollst deinen Nächsten nicht bedrücken noch berauben. Es soll des Tagelöhners Lohn nicht bei dir bleiben bis zum Morgen.
Du sollst dem Tauben nicht fluchen und sollst vor den Blinden kein Hindernis legen, denn du sollst dich vor deinem Gott fürchten; ich bin der Herr...
Du sollst deinen Bruder nicht hassen in deinem Herzen...
Du sollst dich nicht rächen noch Zorn bewahren gegen die Kinder deines Volkes. Du sollst deinen Nächsten lieben wie dich selbst; ich bin der Herr« (3. Mose 19,9–18).
Jesus kennt also das Gebot der Nächstenliebe aus der alttestamentlichen Überlieferung. Er nimmt dieses Gebot aber so sehr hinein in seine eigene Existenz, daß man vielfach versucht hat, in der liebenden Mitmenschlichkeit das Charakteristische der Person Jesu zu sehen. Wir denken daran, wie er sich den verachteten Frauen und Kindern zuwendet, wie er den Zöllnern, den Ausrangierten, den Haltlosen, den Leuten aus dem armen, unwissenden, religiös verkümmerten Landvolk begegnet, wie er sich an Blinde, Aussätzige, Leidende, Verelendete hingibt. Diese Zuwendung zum leidenden Mitmenschen ist für Jesus eine eindeutige Folge seines Gottesverhältnisses und Gottesverständnisses. Denn Gott ist

für Jesus nicht zuerst Richter und Rächer, sondern Erlöser und Befreier, Vater und Freund, der sich über Menschen erbarmt.
Im Gleichnis vom verlorenen Sohn (Lukas 15) zeichnet Jesus nicht nur das Bild des Menschen, der auszieht, seine Freiheit und Unabhängigkeit zu gewinnen, und schließlich in erbärmlicher Knechtschaft und Verlassenheit endet. Er stellt seinen Hörern vor allem die großartige Liebe, Vergebungsbereitschaft und Zuwendung des Vaters vor Augen, der den Verlorenen ohne Vorhaltungen aufnimmt und in die Arme schließt. In der Gestalt des verhärteten Bruders zeigt Jesus schließlich, wie undankbar und gnadenlos sich der Mensch verhält, der nicht zur Liebe und Vergebung bereit ist und sich von der Güte und Freude des göttlichen Vaters nicht anstecken läßt.
Noch stärker ist der Ruf zur Liebe und Vergebung gegenüber dem Mitmenschen in der Gleichnisgeschichte vom sogenannten Schalksknecht (Matthäus 18,21–35). Der König erläßt einem Knecht eine Schuld von zehntausend Pfund. Dieser von der Schuld befreite Mann geht aber zu einem seiner Mitknechte, der ihm nur hundert Silbergroschen schuldet, packt ihn, würgt ihn und läßt ihn ins Gefängnis werfen, weil er nicht bezahlen kann.
Die Gleichnisgeschichte zeigt die ganze Schändlichkeit und Nichtswürdigkeit des Menschen, der die Vergebung und Liebe Gottes in so großem Maße erfährt und annimmt und dabei nicht bereit ist, im mitmenschlichen Bereich etwas von dieser Liebe und Vergebung nachzubilden und weiterzugeben.
Ist der väterliche Gott der Maßstab und das Gegenüber des Menschen, dann ist auch der Maßstab für unseren Umgang mit den Mitmenschen gegeben. Unser Tun soll sich nicht ausrichten am Verhalten unserer Mitmenschen, sondern am großzügigen Verhalten des »Vaters im Himmel«. »Denn er läßt seine Sonne aufgehen über die Bösen und über die Guten und läßt regnen über Gerechte und Ungerechte.« Nächstenliebe ist also nicht ein positives Verhalten gegenüber sympathischen Menschen, nicht ein freundlicher Umgang mit Gesinnungsgenossen und Verwandten, mit Sportkameraden und Arbeitskollegen. Nächstenliebe braucht als wesentliches Element die Vergebung und das Offensein gerade auch für den Unsympathischen und Nicht-Liebenswürdigen. »Wenn ihr die liebt, die euch lieben, was werdet ihr für Lohn haben? Tun das nicht auch die Zöllner? Und wenn ihr nur zu euren Brüdern freundlich seid, was tut ihr da Besonderes? Tun das nicht auch die Heiden?« (Matthäus 5,45–47.)

In der bekannten Erzählung vom barmherzigen Samariter (Lukas 10,25–37) zeigt Jesus, daß die Nächstenliebe den vom Egoismus geprägten Umkreis der verwandtschaftlichen, freundschaftlichen und völkischen Beziehungen überschreitet und sich von der Not des leidenden, verfolgten, gequälten Mitmenschen zur Hilfe herausfordern läßt. *Martin Luther King* sagt: »Eine der großen Tragödien der Menschheit auf dem Zug durch ihre Geschichte war die Beschränkung der Fürsorge auf Stamm, Rasse, Klasse oder Nation.« Jesus macht deutlich, daß wahre Nächstenliebe die gruppengebundene Haltung überwindet.

Schließlich ist es nichts anderes als eine radikale Herausforderung zur Nächstenliebe, wenn Jesus in der großen Rede vom Weltgericht sich selbst mit dem notleidenden Menschen identifiziert und die Entscheidung über die ewige Annahme oder die Verwerfung des Menschen von der Frage abhängig macht, wie der einzelne mit dem unbekannten notleidenden Mitmenschen umgegangen ist. Jesus macht die Sache der hungrigen, durstigen, heimatlosen, entblößten, kranken und gefangenen Menschen zu seiner eigenen Sache. Deshalb sagt er in der Rede: »Wahrlich, ich sage euch: Was ihr einem von diesen meinen geringsten Brüdern getan habt, das habt ihr mir getan – was ihr einem von diesen Geringsten nicht getan habt, das habt ihr auch mir nicht getan« (Matthäus 25,40.45).

Ergänzungen und Fragen zum Gespräch:

1. Im Gespräch über die Verantwortung der Christen ist der Begriff des »fernen Nächsten« geprägt worden. Was ist damit gemeint?
2. Worin besteht der Unterschied zwischen Mitleid und Mitleiden?
3. Angesichts der Verfolgung der Juden durch die Machthaber des Dritten Reiches ist in ganz Europa deutlich geworden, daß Nächstenliebe eine gefährliche Sache sein kann. Gibt es heute andere gefährliche Herausforderungen zur Nächstenliebe?
4. *Sören Kierkegaard* hat gesagt: »Die Parabel vom barmherzigen Samariter kann in folgenden Bildern verstanden werden: Erstens: Ich bin der Priester und Levit; zweitens: Ich bin es, zu dem gesagt wird: Geh hin und tu desgleichen (10,37); drittens: Ich bin es, der unter Räuber (die Macht der Sünde; oder daß ich nicht nach diesem Evangelium gehandelt habe) gefallen ist, und Christus ist der Samariter.«

8. Die Freiheit Jesu vom Gewaltdenken – seine Bereitschaft zur Feindesliebe und zum Leiden

Das Volk der Juden war unterworfen. Die Römer waren die Besatzungsmacht und hatten zu befehlen. Konnten die Juden dies hin-

nehmen? Sie wußten sich doch von Gott auserwählt und berufen. Sie hatten viele Verheißungen des Sieges über die Heiden. Mußten sie nicht auf einen Messias, einen von Gott gesandten Retter warten, der alle Feinde vernichten würde? Mußten sie sich auf diesen Aufstand nicht vorbereiten, einen Guerillakrieg gegen die Besatzungstruppen führen und die Verräter aus den eigenen Reihen bestrafen? Mußte sich nicht jeder, dem es um die Sache Gottes ging, an diesem revolutionären Volkskrieg offen oder versteckt beteiligen? Die Zeit Jesu war erfüllt von revolutionären Überlegungen und Bewegungen. Die Zeloten, die Eiferer, arbeiteten auf den Aufstand hin. Die Sikarier, die »Dolchmänner«, hatten unter ihren Gewändern Dolche versteckt, um einzelne Besatzungssoldaten oder »Vaterlandsverräter« niederzustechen. Im Volk lebte eine glühende Sehnsucht nach Umsturz, nach politischer Freiheit und Vertreibung der Römer durch einen politisch-religiösen Führer. (Wenige Jahre nach Jesus kam es dann zum großen Aufstand, der aber nur zu vorübergehenden Teilerfolgen führte und dann mit der Belagerung, Eroberung und Zerstörung Jerusalems durch Titus im Jahre 70 nach Christi Geburt endete.)
Jesus hat diese Stimmung gekannt. Er hatte zunächst eine ganze Anzahl Anhänger und Freunde. Sie und selbst einige unter seinen Jüngern glaubten, er werde eines Tages zum Mittel der Gewalt greifen, das Zeichen zum Aufstand geben und Israel befreien. Die Mächtigen in Jerusalem waren eine Zeitlang beunruhigt. Sie wußten nicht, wie sich die Volksbewegung entfalten und entwickeln würde. Aber das erwartete Zeichen zum Aufstand kam nicht. Jesus hat die kriegerische Form der Messiaserwartung öffentlich verworfen. Auf einem Esel ist er als armer Friedenskönig in Jerusalem eingezogen. Die Bewegung zerfiel, und viele wandten sich von Jesus ab: So ein Narr! So ein Schwärmer! Was will er in einer Welt, wo die Legionen und Bataillone zählen! Die Versuchungsgeschichte Jesu (Matthäus 4) zeigt, daß sich Jesus über die Folgen seines Verhaltens im klaren ist und es ablehnt, die Herrschaft mit Gewalt an sich zu reißen. Er verwehrt den Jüngern den bewaffneten Widerstand gegen die Staatsgewalt: »Stecke dein Schwert an seinen Platz! Denn wer das Schwert nimmt, der soll durchs Schwert umkommen« (Matthäus 26,52).
Wer auf Gewalt verzichtet, blamiert sich und scheint ein ohnmächtiger Feigling und Schwächling zu sein. Er muß sich von primitiven Kerlen auslachen, verspotten, ja sogar anspeien und schlagen lassen. Der Weg des Verzichts auf Gewalt scheint zur to-

talen Erfolglosigkeit und Niederlage verdammt zu sein. Wer ihn geht, muß nicht nur zum Leiden bereit sein, sondern auch dazu, das Hohngelächter und den Triumph seiner Feinde zu ertragen. Jesus geht diesen Weg in der Bejahung des Willens Gottes und also als ein innerlich freier Mann. Der Erfolg scheint ganz bei den Gewalttätern zu sein. Der Verzicht auf äußere Gewaltanwendung scheint ein für allemal als sinnlos widerlegt zu sein.
Und doch ist gerade dies der Weg, den der königliche Mensch Jesus von Nazareth in freier Bejahung des Willens Gottes geht und in dem er sich stärker erweist als alle seine Feinde. Ans Kreuz genagelt, hat er noch die Freiheit, für seine Feinde zu beten: »Vater, vergib ihnen, denn sie wissen nicht, was sie tun.« Die Freiheit vom Gewaltdenken ist offensichtlich nur für den möglich, der bereit ist, zu leiden, der überzeugt ist, daß Unrecht leiden besser ist als Unrecht tun. Auf Gewaltanwendung kann nur der verzichten, der überzeugt ist, daß die Gewalt in eine Sackgasse führt. Er muß bereit sein, den Kreislauf des Hasses, der Rache und der Vergeltung dadurch zu unterbrechen, daß er den Haß aushält, erträgt und ihn an sich selbst austoben und totlaufen läßt.
Dies gilt im privaten Bereich. Es gilt für Jesus aber auch im Blick auf die politischen Verhältnisse seiner Zeit. Und es hat nach dem Tode Jesu für die Urgemeinde gegolten, die sich am militärischen Aufstand der jüdischen Volksgenossen gegen die Römer nicht beteiligt hat, sondern vorher von Jerusalem nach Pella umgesiedelt ist.
In der Bergpredigt sagt Jesus: »Ihr habt gehört, daß gesagt worden ist: ›Du sollst deinen Nächsten lieben und deinen Feind hassen.‹ Ich aber sage euch: Liebet eure Feinde; segnet, die euch fluchen; tut wohl denen, die euch hassen; bittet für die, die euch beleidigen und verfolgen, damit ihr Kinder eures Vaters im Himmel seid« (Matthäus 5,43–45).
In der Linie Jesu sagt später Paulus: »Segnet, die euch verfolgen; segnet, und fluchet nicht... Haltet euch nicht selbst für klug. Vergeltet niemand Böses mit Bösem... Laß dich nicht vom Bösen überwinden, sondern überwinde das Böse mit Gutem« (Römer 12,14–21).

»Jesus war revolutionärer als die Revolutionäre...
Statt Vernichtung der Feinde – Liebe zu den Feinden!
Statt Zurückschlagen – bedingungslose Vergebung!
Statt Gebrauch von Gewalt – Bereitschaft zum Leiden!

Statt Haß- und Rachegesänge – Seligpreisung der Friedfertigen!«
(Vgl. H. Küng: Christ sein, S. 182.)

Ergänzungen und Fragen zum Gespräch:

1. Für Jugendliche ist der Zugang zu dieser Haltung Jesu besonders schwer, weil sie in der Welt der erwachsenen Christen so wenig Vorbildhaftes sehen und weil auch unter denen, die sich Christen nennen, so oft das Gewalt- und Rachedenken herrscht. »Wie du mir, so ich dir.« »Wie man in den Wald schreit, so hallt es wider«, lauten die Sprichwörter, die die Vergeltung und das Recht zur Notwehr verteidigen.
Es entspricht einem tiefen Drang der Selbstbehauptung und Vergeltung, »daß man sich nichts bieten läßt«.
2. Sind wir dazu bereit, uns Böses zufügen zu lassen, ohne zurückzuschlagen? Woher bekommen wir die Kraft zum Lieben? Haben wir die Kraft und den Mut, uns öffentlich auslachen und lächerlich machen zu lassen, ohne uns zu rächen?
3. Sind wir bereit, finanzielle Nachteile in Kauf zu nehmen, wenn damit die Verbindung mit anderen Menschen erhalten werden kann, zum Beispiel in Erbschaftsstreitigkeiten unter Verwandten?
4. Ist es richtig, daß der Kreislauf des Hasses nur dann zum Stillstand kommt, wenn jemand das Unrecht aushält, erträgt und darauf verzichtet weiterzumachen? Gibt es dafür Beispiele?
5. *Milan Machovec* weist mit Recht darauf hin, daß die Haltung Jesu von ihrem Ansatz her nicht einfach Passivität ist, sondern eine andere Form höchster Aktivität darstellt. Er sagt von den entsprechenden Aussagen der Bergpredigt:
»Wir sollen uns um eine gewaltlose Aktivität bemühen. Gewaltlosigkeit bedeutet nicht Passivität. Sie bedeutet nicht Desinteresse, Gleichgültigkeit, keine Kapitulation vor dem Bösen und seinen Mächten – das alles widerspricht wesentlichen Komponenten der synoptischen Tradition. Ähnlich folgt Verzeihen nicht aus Schwäche, Verachtung, Stolz und so weiter. Den Feind lieben bedeutet nicht, sich mit seiner Feindschaft versöhnen,...zu seinen Positionen überzulaufen, nicht einmal Flucht vor dem Konflikt...
Es geht darum, auch den anderen – den Nächsten, ja auch den Gegner, Fremden, Enterbten der menschlichen Gesellschaft, den Andersgläubigen, den Schuldigen – nicht nur so zu sehen, wie er jetzt ist, sondern ihn schon durch das ›Prisma des Reichs‹ zu sehen, durch das Prisma jener radikalen, alles betreffenden Änderung, also nicht nur, wie er ist, sondern wie er sein könnte, wie er sein wird. Deshalb ist es sicherlich nötig, soweit er den Mächten der Finsternis dient, ihn zu bekämpfen, besser gesagt, sie zu bekämpfen, aber ihn selbst nicht nur als Diener der Finsternis, sondern in seiner möglichen künftigen Umkehr zu sehen. Deshalb kann man ihm, soweit er die Mittel des Bösen, der Despotie, des Schwertes, der Macht der Finsternis benützt, nicht mit diesen Mitteln antworten. Wenn man mit seinen Mitteln, mit Lüge, Betrug, Gewalt, Macht antwortete, nähme man sich und ihm die Zukunft und die Möglichkeit der Änderung, man verewigte das Reich des Bösen...
Es geht nicht ums ›Nichthandeln‹ im Sinne des Buddhismus, sondern im Gegenteil um die Herbeiführung eines moralisch besseren Handelns, das auch andere mitreißen kann!« (Jesus für Atheisten, S. 131 und 132.)

9. Die Freiheit Jesu zu Taten eines »streitbaren Erbarmens« (zu den Wunderheilungen)

Hier soll von den Wundern die Rede sein. Denn die Botschaft Jesu ist von Taten begleitet. Sie gehen oft über das Alltägliche hinaus und werden deshalb als Wunder bezeichnet. Man hat allerdings mit Recht darauf hingewiesen, daß die Worte Jesu meist nicht weniger wunderhaft und ungewöhnlich sind als seine Taten.
Es wird von niemand verlangt, daß er die im Neuen Testament berichteten Wunder ohne weiteres alle so übernehmen und anerkennen muß, wie sie dastehen. Man wird auch damit rechnen müssen, daß einige wunderbare Handlungen Jesu später ausgeschmückt und ausgestaltet worden sind, daß auch gelegentlich die Bedeutung Jesu in Form einer Wundererzählung gepredigt wurde. Mögen manche Wunderberichte auch umstritten sein, die meisten kritischen Forscher stellen nicht in Zweifel, daß Jesus außerordentliche, Aufsehen erregende Taten getan hat und daß von ihm heilende Kräfte ausgegangen sind. Es war damals durchaus nicht so, daß man von jedem außergewöhnlichen Menschen wunderhafte Dinge berichtet hat. Von Johannes dem Täufer zum Beispiel ist nichts Entsprechendes überliefert.
Viele Wundergeschichten stehen in einer Spannung oder im Gegensatz zu der herkömmlichen naturwissenschaftlichen Betrachtungsweise. Aber die Naturwissenschaft selbst hat die Vergötzung der »Naturgesetze« aufgegeben, da es sich in ihnen nur um Ordnungen handelt. Man hat zum Verständnis von Wundern verschiedene Denkmodelle entwickelt. Man kann Wunder als unerwartete Verknüpfungen verschiedener Kausalreihen verstehen oder als Geschehen von bisher nicht aufgedeckten Zusammenhängen, oder als Reaktionen aus dem mikrophysikalischen Bereich. Solche Erklärungsversuche spielen allerdings für das Neue Testament keine Rolle. Denn der Begriff der »Naturgesetze» ist dort kein Gegenüber.
Wunder sind Zeichen, die die Verkündigung Jesu begleiten und vor allem auf das eine und entscheidende Wunder hinweisen, daß sich in dem Menschen Jesus von Nazareth Gott offenbart, sich also des sündigen Menschen annimmt, sich mit ihm verbündet, ihm seine Vergebung gewährt und sich ihm zuwendet. Diese Offenbarung ist das große, entscheidende, wichtige Wunder. Alle einzelnen Wunderhandlungen haben eine Dienstfunktion, indem sie darauf hinweisen.

Im Neuen Testament spiegelt sich auch die Anschauung der damaligen Zeit, daß viele Erkrankungen auf die Einwirkung verborgener, gefährlicher Mächte zurückgehen. Es gibt Abgründe des Menschseins, die uns bei manchen Geisteskrankheiten erschütternd deutlich werden. Wir erfahren dann, daß wir keineswegs eine unabhängige Existenz haben, sondern im Bannkreis von Mächten leben. Bei Jesus aber haben die Menschen die grundlegende Erfahrung einer tiefen Befreiung gemacht, die sich bis ins Körperliche hinein ausgewirkt hat.

Jesus ist kein Magier oder Medizinmann. Seine Heilungen geschehen ohne Beschwörungsformeln. Er heilt nicht um des eigenen Vorteils oder Profits willen. Die Wunder sind meist Ausdruck des Erbarmens Jesu, mit dem er sich dem leidenden Menschen zuwendet und ihm ein Vorzeichen der kommenden Befreiung und Erlösung gibt. Die Wunder bezeugen, daß Gott gegenüber den elementaren Nöten der Menschen nicht ungerührt und apathisch bleibt. Die Welt wird im Neuen Testament so gezeichnet, als wäre sie ein großes Krankenhaus, ein einziges Spital, in dem sich so oder so alle Menschen befinden. Die Wunder Jesu verkündigen, daß der Heilswille Gottes auch das leibliche Wohl umfaßt. Es geht Gott nicht nur um das »Seelenheil«, sondern um die ganze Not des Menschen nach Leib, Seele und Geist. Die Gesunden und Erfolgreichen übersehen meist die Kranken, Leidenden, Schwachen, Armen und Schwermütigen. Aber Jesus stellt sich zu ihnen und neben sie und wird in besonderer Weise ihr Bruder und Helfer. Die heilenden und helfenden Taten Jesu haben in der Geschichte der Christenheit ein einzigartiges Verantwortungsbewußtsein für die Kranken, Leidenden, Schwachen und Bedrängten geweckt.

Die Wunder sind Ausdruck für die überlegene Möglichkeit des Glaubens, der Welt und ihrer Bedrohung entgegenzutreten.

Jesu Wunder haben fast alle auch symbolische, gleichnishafte Bedeutung. Die Verkündigung will uns zeigen, daß wir selbst blind, taub, lahm und von bösen Mächten beherrscht sind, daß wir aber zum Sehen, zum Hören, zum Gehen kommen sollen und die Macht des Bösen bei uns gebrochen werden soll.

Ergänzungen und Fragen zum Gespräch:

1. Wie ist das Wort *Nietzsches* zu beurteilen: »Die Schwachen und Mißratenen sollen zugrunde gehen: erster Satz unserer Menschenliebe – und man soll ihnen noch dazu helfen«? Welche Probleme werden in diesem Wort anvisiert?

2. *Hans Küng* schreibt: »Jesus wendet sich all denen in Sympathie und Mitleid zu, denen sich niemand zuwendet: den Schwachen, Kranken, Vernachlässigten, von der Gesellschaft Ausgestoßenen. An ihnen ging man schon immer gerne vorbei. Schwache und Kranke sind lästig. Von Aussätzigen und Besessenen hält jedermann Abstand. Und die frommen Qumranmönche (und ähnlich zum Teil auch die Rabbinen) schlossen, getreu ihrer Regel, von vornherein bestimmte Menschen aus ihrer Gemeinschaft aus. ›Toren, Verrückte, Einfältige, Irre, Blinde, Lahme, Hinkende, Taube und Unmündige – keiner von ihnen darf in die Gemeinschaft aufgenommen werden ...‹ Von ihnen allen wendet sich Jesus nicht ab, sie alle stößt er nicht zurück ... Er liebt sie alle, wie sie sind, und vermag so zu helfen: den Kranken ..., den Schwachen ..., den Untüchtigen, all den armen, hoffnungslosen Existenzen gibt er Hoffnung, neues Leben, Vertrauen in die Zukunft« (Christ sein, S. 226). Was bedeutet dieses »streitbare Erbarmen«, das Jesus gegenüber den Gescheiterten, Leidenden und Benachteiligten praktiziert, für unseren Einsatz, für unsere Zielsetzung?

3. Wir verfügen nicht über eine besondere Vollmacht. Aber jeder von uns hat Gaben und Fähigkeiten. Wo und wie können wir sie für einsame und leidende Menschen einsetzen?

4. Warum sind nach unserer heutigen Kenntnis der wirtschaftlichen Zusammenhänge die herkömmlichen Formen der Barmherzigkeit nicht ausreichend?

10. Die Freiheit Jesu für das Kommen der Herrschaft Gottes ist die Absage an die Vergötzung aller Programme, Planungen und Verhältnisse

Das Reich Gottes hat mit Jesus angefangen. Es ist schon im Kommen, wenn auch die Vollendung des Reiches, die endgültige Offenbarung der Herrschaft Gottes noch aussteht. Das heißt zugleich: Die Geschichte ist nach vorne geöffnet. Es kann und darf keine menschlichen Absolutsetzungen geben. Alle menschlichen Programme und Planungen sind vorläufig, überholbar, fragwürdig, verbesserungsbedürftig. Diese Reich-Gottes-Erwartung ist von größter Bedeutung für das Verständnis der Kirche, der weltlichen Organisationen und für die Sicht des einzelnen.

Die Bedeutung der Reich-Gottes-Erwartung für die Kirche

Die Kirche ist unterwegs. Sie hat noch nicht die vollkommene Erkenntnis, vollkommene Weisheit und vollkommene Wahrheit. Sie hat Gott und sein Reich nicht im Besitz. Sie kann nur von ihrer eigenen, unvollkommenen und unvollendeten Gestalt wegweisen und hinweisen auf Gott, auf seine Wahrheit, seine Gerechtigkeit, seine Liebe. Die Kirche hat nur eine dienende Funktion. Sie muß allen Versuchungen zur Selbstherrlichkeit, zu eigener Würde und eigenem Glanz widerstehen. Wo sie sich selbst als das Reich Gottes auf Erden, als unfehlbare Instanz, als etwas Überirdisches und

Göttliches darzustellen versucht, verfehlt sie ihre Aufgabe, raubt sie Gott die Ehre und müssen mündige Christen selbstherrlichen Päpsten, Bischöfen, Kirchenführern widersprechen. Papst und Bischöfe, Konzilien und Synoden können irren und haben mannigfach geirrt – so hat schon Luther festgestellt.
Es ist auch für die Kirche nicht ein Zeichen von Schwäche, sondern von Stärke, wenn Synoden und Kirchenversammlungen Schuld und Versagen öffentlich eingestehen und versuchen, bessere Einsicht zu verwirklichen und bessere Wege des Gehorsams in der Nachfolge Christi zu gehen.

Die Bedeutung der Reich-Gottes-Erwartung für den Staat, die Gesellschaft, die Wirtschaftsverbände und die Parteien

Die Regierungschefs verkünden Regierungsprogramme und versprechen nicht selten eine rosige Zukunft. Die Regierungen und Parlamente beschließen Gesetze, die das Zusammenleben ermöglichen und ordnen sollen. Die Wirtschaftsverbände vertreten ihre Theorien und behaupten, mit ihnen die wirtschaftlichen Probleme der Gegenwart und Zukunft lösen zu können. Die Parteien verkünden ihre Programme zur größtmöglichen Wohlfahrt, Gerechtigkeit und sozialen Sicherheit.
Es ist klar: Es geht nicht ohne gesellschaftliche, politische, soziale, wirtschaftliche Pläne, Programme, Perspektiven, Theorien und Planungen. Es müssen Gesetze geschaffen werden. Wichtig ist dabei aber, daß ganz klar gesehen wird: Es handelt sich bei all dem nur um menschliche und also vorläufige, verbesserungsbedürftige Entwürfe und keinesfalls um ewige Ordnungen und Gesetze. Die Botschaft Jesu vom Reich Gottes widerspricht allen gesellschaftlichen und wirtschaftlichen Systemen, die sich nicht in Frage stellen lassen. Sie macht es zur Christenpflicht, die jeweiligen Gesetze, Ordnungen, Wirtschaftstheorien und Programme ständig darauf zu prüfen, ob sie dem Gemeinwohl der Menschen dienen oder parteiegoistisch, gruppenegoistisch sind, ob sie den Weg zu einer besseren Zukunft, zu mehr Gerechtigkeit, mehr Frieden, mehr Freiheit offenhalten, oder ob es nicht bessere Wege und Methoden zur Regelung des menschlichen Miteinander gibt.

Die Bedeutung der Reich-Gottes-Erwartung für den einzelnen

Wir sind in der Verwirklichung des Willens Gottes erst unterwegs. Er hat uns berufen. Wir sind schon erwählt. Aber wir haben noch

einen Weg zu gehen. Wir haben noch zu kämpfen. Wir sind noch nicht am Ziel. Selbst der Apostel Paulus sagt über sich: »Nicht, daß ich's schon ergriffen habe oder schon vollkommen bin; ich jage ihm aber nach, um es zu ergreifen, nachdem ich von Christus Jesus ergriffen bin« (Philipper 3,12).
Ein von Christus ergriffener Mensch ist also kein unfehlbarer Wahrheitsbesitzer, keine in sich abgerundete, unerschütterliche Persönlichkeit, kein auf seinen Leistungen und Erfahrungen ausruhender, mit sich zufriedener Mensch, sondern ein offener, aufbruchsbereiter, lernbereiter, zukunftsgerichteter Mensch.
Deshalb ruft Jesus immer wieder zur Wachsamkeit und warnt vor dem Schlafen, vor Trägheit und Gedankenlosigkeit. Deshalb werden in der Gleichnisgeschichte Matthäus 25,1–13 die Jungfrauen töricht genannt, weil sie im entscheidenden Augenblick nicht bereit sind. Deshalb sagt Jesus zu seinen Jüngern: »Umgürtet euch und laßt eure Lichter brennen und seid den Menschen gleich, die auf ihren Herrn warten« (Lukas 12,35.36).
Glauben heißt offen sein für die Zukunft Gottes, nicht festgelegt sein durch die Vergangenheit, nicht festgefahren sein in Meinungen und Vorstellungen, nicht festgelegt sein auf Gottesbilder und gesellschaftliche Verhältnisse, Ordnungen und Zustände. Es geht darum, daß wir offenbleiben für neue Erfahrungen mit Gott, für die Erweiterung unseres Horizontes und neue Erkenntnisse.

Ergänzungen und Fragen zum Gespräch:

1. Woher kommt es, daß viele Menschen nach einer starken, unfehlbaren Führergestalt verlangen? Warum bevorzugen viele Menschen solche christliche Gemeinschaften, die mit dem Anspruch auftreten, unfehlbar die Wahrheit zu besitzen?
2. Seit der Reformation gibt es die Losung: »Ecclesia reformata est semper reformanda«, das heißt: »Die Kirche der Reformation muß immer wieder neu reformiert werden.« Ist diese protestantische Auffassung von der Kirche zu anstrengend? Kann man von allen Menschen soviel Mitdenken und Verantwortungsbewußtsein erwarten?
3. Kann eine politische Bewegung überhaupt Zweifel und Diskussionen über die Frage aufkommen lassen, ob man sich auf dem richtigen Weg befindet? Schwächt sie das, oder stärkt sie das?
4. Vor 150 Jahren hat ein Schneidermeister zur Begrüßung seines fürstlichen Landesvaters ein Plakat an seinem Haus angebracht mit der Aufschrift: »Unter Deinen Flügeln kann ich ruhig bügeln.« Können wir sagen, warum wir uns heute eine solche Einstellung zur Politik nicht leisten können?
5. Es gab ein Buch, in dem verschiedene Leute eine persönliche Stellungnahme abgeben unter dem Titel »Warum ich mich geändert habe«. Was halten wir vom Charakter der Leute, die ihre Haltung und Einstellung zu wichtigen Fragen ändern?

IV. Das Leiden und der Sieg Jesu

1. Die Freiheit Jesu als Widerschein und Ebenbild der Freiheit Gottes

In den bisherigen Abschnitten haben wir an einigen Beispielen gezeigt, welche Botschaft Jesus verkündigt, wie er sich gegenüber den Menschen und Gruppen seiner Zeit und Umwelt verhalten hat. Wir erinnern uns an seinen Umgang mit den Sabbat-Geboten, den Reinigungsvorschriften, den Fastengeboten, an sein Auftreten bei der Tempelreinigung, an seine Haltung gegenüber den Frauen, den Kindern, den Reichen, den Armen, den Heiden, den Zöllnern, den Huren, den Pharisäern, den Sadduzäern, den Schriftgelehrten, den Zeloten, den Römern. Wir denken an den Inhalt seiner Predigten und Gleichnisse. Es zeigt sich immer wieder: Viele seiner Zeitgenossen haben in ihm einen außerordentlich gefährlichen Menschen gesehen. Sie sahen sich noch dazu mit dem in ihren Augen gotteslästerlichen Anspruch konfrontiert, daß diese Freiheit Jesu der Widerschein und das Ebenbild der Freiheit Gottes sei, daß sie es in Jesus nicht mit einem sonderbaren Landrabbi, sondern mit der Wirklichkeit Gottes zu tun hätten. Einen jenseitigen, unsichtbaren, verborgenen Gott hätten sie sich gefallen lassen. Aber Gott in der Person dieses Menschen, der sich anmaßt, Sünde zu vergeben, der mit Zöllnern und Sündern Tischgemeinschaft hält, der sich verachteten, verarmten, erkrankten Randgruppen der Gesellschaft zuwendet – das war zuviel! Gott nicht auf der Seite der Theologen und Gesetzestreuen, sondern unter den Gottlosen; Gott nicht auf der Seite der Reichen, sondern bei den Armen; nicht bei den Gesunden, Erfolgreichen und Starken, sondern bei den Kranken, Unrecht Leidenden und Schwachen; Gott nicht bei den national Gesinnten und Freiheitskämpfern, sondern bei Zöllnern ohne vaterländisches Bewußtsein, ohne Erwählungs- und Sendungsbewußtsein; Gott nicht als Zerschmetterer, sondern leidens- und opferbereit, nicht als erhabener Herr, sondern als mitleidender Bruder.

Wir haben uns daran gewöhnt – aber sind wir uns der Tragweite dieser Aussage noch bewußt? Damals war das unerhört, ärgerlich, anstößig. Es widersprach den Erwartungen und Vorstellungen der maßgeblichen Frommen. Sie kommen zu dem Schluß: So einer kann nicht Gott sein. Er verführt das Volk und stiftet Unruhe. Das gibt außerdem noch politische Komplikationen mit den Römern. Er muß unschädlich gemacht werden. Dieser Jesus soll sterben. Beweismaterial wird gegen ihn gesammelt. Bei den Heilungen am Sabbat, beim Gespräch mit den Zöllnern, bei der Tempelreinigung lauern sie ihm auf. In Streitgesprächen wollen sie ihm staatsfeindliche Äußerungen entlocken. Wo er auftaucht, schicken die Herrschenden ihre Spitzel hin, und schließlich gelingt es, ihn durch den Verrat eines Jüngers ohne viel Aufhebens festzunehmen.

So wird die Lebensgeschichte Jesu zur Leidensgeschichte, und diese Leidensgeschichte zeigt und offenbart, wer der Mensch ist und wer Gott ist. Jesus ist der Offenbarer Gottes. Er ist der König und Zeuge der Wahrheit. Vor Pilatus sagt er: »Ich bin ein König. Ich bin dazu geboren und in die Welt gekommen, daß ich für die Wahrheit zeugen soll. Wer aus der Wahrheit ist, der höret meine Stimme« (Johannes 18,37).

Wie sieht diese Wahrheit aus, die der König und Zeuge der Wahrheit in seinem Leben, Leiden, Sterben und Auferstehen an den Tag bringt? An Jesus Christus wird es offenbar, wie es um uns steht. Ein durchdringendes Licht fällt auf alle Menschen, die mit ihm zu tun haben. Da geraten sie alle ins Rampenlicht, nicht nur die eben erwähnten religiösen Führer des Volkes: Der Politiker Pontius Pilatus wagt es aus taktischen Gründen nicht, dem Recht zum Sieg zu verhelfen. Er begeht sehenden Auges einen Justizmord und meint dennoch, die Hände in Unschuld waschen zu können. Der König Herodes hat von Jesus schon einiges gehört. Er würde gerne ein Schauwunder von ihm sehen. Zum Spaß veranstaltet er eine Vernehmung, läßt ihn – als Jesus schweigt – lächerlich machen und verspotten, indem er ihn mit einem königlichen Umhang bekleiden läßt. Die Kriegsknechte vertreiben sich ihre Langeweile an Jesus. Sie haben ein Opfer in den Händen und lassen ihren Mutwillen an ihm aus, indem sie ein grausames Spiel mit ihm treiben. Die Masse des Volkes läßt sich aufhetzen. Manche mögen wenige Tage zuvor beim Einzug Jesu noch »Hosianna!« geschrien haben.

Nun schreien sie »Kreuzige, kreuzige ihn!« und demonstrieren, was »des Volkes Wille« ist.
Nicht einmal von den Jüngern ist Lichtvolles zu berichten. Ihr mangelnder Glaube läßt Jesus klagen: »Wie lange soll ich noch bei euch sein, wie lange soll ich euch noch ertragen?« (Markus 9,19). Die Jünger bringen nicht den Mut auf, den Weg Jesu zu verstehen und mitzugehen. Petrus will ihn vom Leiden abhalten. In den wirklich schweren Situationen halten sie nicht bei ihm aus. Petrus, der »Felsenmann«, verleugnet ihn. Ein Verrat findet statt. Zuletzt flüchten alle und sind hoffnungslos von ihm enttäuscht. Es gibt wohl solche, die untätig weinend am Weg stehen. Es gibt sogar einen, der sich das Kreuz Jesu aufladen läßt. Es gibt auch einige, die den Sterbenden nicht allein lassen wollen.
Alle werden schuldig: Juden und Heiden, die Vertreter der Regierung und des Militärs, die juristischen, theologischen und religiösen Führer und Autoritäten, die undankbaren Volksgenossen, die befehlenden und die ausführenden Organe und die Jünger. Die Repräsentanten der ganzen Menschheit sind beteiligt. *Martin Luther* hat in einer Predigt am 22. 3. 1534 darauf hingewiesen, daß Christus und die Propheten von den Vertretern »öffentlicher und ordentlicher Gewalt« verfolgt worden sind:

»So hat nun unser lieber Herr Christus gelitten, nicht heimlich, noch von denen, die keine Gewalt haben, sondern öffentlich und von denen, die in öffentlicher Gewalt sitzen, auf daß wir uns nicht daran ärgern, wenn wir sehen, daß beiderlei Obrigkeit, geistlich und weltlich, wider Gott ist. Christi Leiden heißt, wie wir im christlichen Glauben bekennen und sprechen: Ich glaube an Jesum Christum, gelitten unter Pontio Pilato. Also ist's geschehen zu allen Zeiten und geschieht noch heutigen Tages, daß die Christen und rechten Märtyrer getötet werden von ordentlicher Obrigkeit, beide geistlich und weltlich. – Kein Prophet ist meuchlings ermordet, sondern sie sind alle ermordet von denen, die in rechter, ordentlicher Gewalt gesessen sind. Alles Blut, so um Christi willen vergossen wird, wird von denen vergossen, die da sind Könige, Fürsten, Richter, Räte und so weiter im weltlichen Regiment und Bischöfe, Prediger und so weiter im geistlichen Regiment. Ein prophetischer Tod ist der, der von ordentlicher Gewalt geschieht.«

An der Leidensgeschichte wird sichtbar, wie es mit uns Menschen steht. Unsere Ichsucht, unser Elend und unsere Verblendung werden also nicht nur durch unser Versagen gegenüber dem Willen Gottes in den Geboten aufgedeckt, sondern sehr viel eindrücklicher und dramatischer in der Leidensgeschichte Jesu. Diese Geschichte ist unsere Geschichte. Uns wird hier der Spiegel vorgehalten. Hier kommt heraus, was wir für Leute sind. Es war kein übersteigertes Schuldgefühl, sondern tiefe Einsicht, wenn die Dichter der Passionslieder sagten:

»Ich, ich und meine Sünden,
die sich wie Körnlein finden
des Sandes an dem Meer,
die haben dir erreget
das Elend, das dich schläget
und das betrübte Marterheer.« (EKG 64,4)

»Was ist doch wohl die Ursach solcher Plagen?
Ach, meine Sünden haben dich geschlagen;
ach mein Herr Jesu,
ich hab dies verschuldet,
was du erduldet!« (EKG 60,3)

Auf dem Weg von der Krippe zum Kreuz wird es offenbar, was das für eine Welt ist und was das für Menschen sind, zu denen Jesus, der Offenbarer Gottes, gesandt wird. »Er kam in sein Eigentum, und die Seinen nahmen ihn nicht auf.« Nur einen Platz hat man schließlich für ihn, den Platz am Galgen, den Platz am Kreuz. Von diesem Mann Gottes, von diesem König und Zeugen der Wahrheit will man sich nicht stören lassen. Dabei ist es so: Wer sich an Jesus vergreift, vergreift sich an Gott und vergreift sich am Menschen. Wir wollen Gott los sein, und wir wollen den anstrengenden Mitmenschen los sein. Wir wollen allein sein in unserem Stolz, in unserer Selbstbehauptung und Selbstgefälligkeit.
Dies ist das Thema, das schon in der biblischen Urgeschichte, in der Geschichte vom Abfall des Menschen von Gott (1. Mose 3) und in der Geschichte von Kains Brudermord (1. Mose 4), anklingt. Hier in der Geschichte Jesu von Nazareth wird deutlich, daß sich der Mensch auf dem Weg in die Gott-Losigkeit und Unmenschlichkeit nicht aufhalten lassen will und daß er deshalb den Mann Gottes totschlägt. Aber Gott läßt sich auf diese Weise nicht beseitigen. Der Versuch, ihn loszuwerden, gelingt nicht. Gott gibt seinen Anspruch und sein Herrschaftsrecht nicht preis. »Irrt euch nicht! Gott läßt sich nicht verspotten« (Galater 6,7). Der Prozeß muß stattfinden. Das Urteil muß gesprochen werden. Sünde und Schuld müssen aufgedeckt werden. Die Wahrheit muß an den Tag kommen.

2. Vom Hintergrund des Leidens und Sterbens Jesu: Der seltsame Prozeß – der große Tausch

Die Leidensgeschichte könnte zu Resignation, Depression oder Verzweiflung führen, wenn die Aufdeckung der Schuld des Menschen das Letzte und Einzige wäre, was an ihr sichtbar wird. Aber nun gilt es, die Leidensgeschichte Jesu noch von einer anderen Seite her zu sehen. In dieser Leidensgeschichte und in dem Prozeß, den die Menschen Jesus machen, findet noch ein anderer Prozeß von größter Wichtigkeit und Bedeutung statt. Jesus ist nicht einfach das Opfer seiner menschlichen Gegner und Feinde. Er hätte ja fliehen können. Er hätte Jerusalem meiden können. Er ist sehenden Auges und freiwillig in eine Situation hineingegangen, über die er sich – wie die Geschichte vom Garten Gethsemane zeigt – völlig im klaren war. Er weiß, daß es sich in seinem Leiden und Sterben um eine Sache von größter Bedeutung und Tragweite handelt, daß er es im Grunde nicht nur mit dem Haß seiner Feinde, sondern mit einem Plan und Willen Gottes zu tun hat. Deshalb findet im Garten Gethsemane ein Gebetskampf statt, bei dem sein Schweiß wie Blutstropfen auf die Erde fiel, bis er sich durchrang zu der Bitte: »Nicht mein, sondern dein Wille geschehe!« (Lukas 22,44). Jesus läßt an sich den Willen Gottes vollziehen. Er nimmt es auf sich, an die Stelle der schuldigen und sündigen Menschheit zu treten, das notwendige Todes- und Verdammungsurteil auf sich zu nehmen, die Strafe zu tragen und sich in die Gottverlassenheit stoßen zu lassen.

Im Prozeß, den Gott der gottlosen und unmenschlichen Menschheit macht, muß die Sünde an den Tag kommen und muß das Urteil gesprochen werden. Die Auflehnung gegen Gott und der Mord am Menschenbruder müssen aufgedeckt und gerichtet werden. Das Leben der Schuldigen ist vertan und verwirkt. Der Urteilsspruch muß vollstreckt werden.

Aber nun findet ein großer und seltsamer Austausch statt. Ein Unschuldiger tritt an die Stelle der Schuldigen. Der gehorsame Sohn opfert sich selbst für die abgefallenen Söhne. Der wahre Sohn des Richters nimmt das Verdammungsurteil auf sich, um den Schuldigen die Freiheit zu verschaffen. Ans Kreuz genagelt, bittet der Sohn für seine Mörder »Vater, vergib ihnen!« und gibt diesen somit das Zeichen und den Zuspruch der erlösenden Liebe. Die Freiheit Jesu besteht also darin, sich selbst als Opfer für die zu geben, die es nicht verdient haben. Auch hier gilt es: Die Freiheit Jesu ist der Widerschein der Freiheit Gottes. Die Sünde wird nicht verharmlost. Die wahre Situation der Menschheit wird aufgedeckt. Die Menschheit hat das Gericht und die Verwerfung verdient, aber sie darf aus dem Opfer leben, in dem Jesus in göttlicher Freiheit sich selbst dargebracht hat. Der Weg des Sich-

Opferns, Sich-Preisgebens ist der Weg der göttlichen Liebe und göttlichen Freiheit.

Dies ist das innerste und tiefste Geheimnis der neutestamentlichen Botschaft, und hier wird es ganz deutlich und gewiß, daß unser Leben unter einem guten Vorzeichen steht. Wir müssen nicht verzweifeln, wir müssen nicht an dieser Welt und an uns selbst verzagen. Das erlösende und befreiende Opfer Jesu wartet auf eine Antwort von unserer Seite. Diese Antwort soll darin bestehen, daß wir uns freuen und dankbar sind, daß wir unser Herz von dieser sich selbst opfernden Liebe erfassen und unseren Willen in Dienst nehmen lassen (vgl. EKG 60, 61, 62).

3. Verschiedene Aspekte zum Verstehen der Leidensgeschichte

Die Tragweite und Bedeutung des Kreuzestodes Jesu wird nie ganz ausgelotet und auf einen einzigen Begriff gebracht werden können. Es bleibt immer ein letztes Geheimnis in diesem Geschehen. Es gibt verschiedene Zugänge zu einem Verstehen der Leidensgeschichte. Auf sie wollen wir im folgenden hinweisen. Leider gibt es auch ein verhängnisvolles Mißverständnis, mit dem wir uns zunächst beschäftigen müssen.

Der Irrweg: Kreuzzugsdenken und Antisemitismus

Vom Frankenkönig *Chlodwig* wird erzählt, er habe beim Anhören der Leidensgeschichte Jesu spontan nach dem Schwert gegriffen und gerufen: »Wo sind die Feinde Jesu, daß ich sie umbringe?!« Im Blick auf die Kirchengeschichte müssen wir leider feststellen, daß dieser Frankenkönig mit seiner naiven, selbstgerechten Haltung und seinem totalen Mißverständnis der Leidensgeschichte nicht allein geblieben ist. Er fragte nicht nach dem Geist Jesu. Er beachtete nicht, daß Jesus gerade in seinem Leiden und Sterben noch für seine Feinde und für die Leute des Hinrichtungskommandos gebetet hat.

Chlodwig hat es überhört oder übersehen, daß Jesus ganz bewußt und ausdrücklich darauf verzichtet hat, seine Sache mit dem Schwert durchzusetzen, daß er dem Petrus den Gebrauch des Schwertes gegen die Feinde verwehrt hat. Leider hat der naive Chlodwig viele Vorläufer und Nachfolger gehabt. Es begann wohl damit, daß der Kaiser *Konstantin* um 312 nach Christus das Kreu-

zeszeichen als Feldzeichen im Kampf gegen seinen politischen Feind verwendete. In dieser totalen Verzerrung seines Sinnes wurde das Kreuzeszeichen zum Zeichen der Selbstbehauptung und Machtausweitung und zum Firmenschild christianisierter Machtpolitiker.
Wir denken an die Geschichte der sogenannten »Kreuz-Züge«, an die »Kreuzritterorden«, an die Verleihung der »Eisernen Kreuze« für militärische Glanzleistungen und daran, daß auf den Koppelschlössern der Soldaten im Ersten und noch zu Beginn des Zweiten Weltkrieges stand »Gott mit uns«.
Besonders verheerend hat sich dieses Mißverständnis des Kreuzes, des Leidens und Sterbens Jesu im Verhältnis der Christen gegenüber den Juden ausgewirkt. Aus diesem Mißverständnis ist in radikalem Gegensatz zum Neuen Testament und zum »Heidenapostel« Paulus der christliche Antijudaismus und Antisemitismus entstanden. Es gab eine Primitiv-Theologie, die etwa sagte: Die Juden waren einmal das erwählte Volk. Gott hat ihnen die Propheten und Jesus gesandt. Aber sie haben auf die Propheten nicht gehört und haben Jesus verworfen und gekreuzigt. Sie sind zur Strafe dafür zerstreut und stehen unter dem Fluch. Nun sind wir Christen die Erwählten, und die Juden sind die Verworfenen. Sie sind die Christusmörder.
Auf dem Hintergrund solcher Anschauungen fühlten sich immer wieder Machthaber, Prediger und raubgierige Pöbelhaufen berufen, unter christlichem Firmenschild als Gerichtsvollzieher Gottes an den Juden aufzutreten. Der Antijudaismus ist zum Nährboden für die Greuel des Antisemitismus geworden. Hier ist in der Geschichte des christlichen Abendlandes ein Irrweg gegangen worden, mit dem wir uns auseinandersetzen müssen.
Bei jeder Darstellung der Leidensgeschichte muß darauf geachtet werden, daß nicht der Eindruck entsteht: Es waren die Juden, die Christus gekreuzigt haben. Was für böse Menschen müssen das sein! Das Neue Testament läßt keinen Zweifel darüber, daß Jesus selbst und ebenso alle Propheten und Apostel Juden waren und daß die »Kirche aus Juden und Heiden« besteht. Bei der Kreuzigung Jesu war die heidnische Welt nicht weniger vertreten. Dies wird im Glaubensbekenntnis deutlich festgehalten: »gekreuzigt unter Pontius Pilatus«.

Die unmittelbare Beziehung zum leidenden und sterbenden Jesus

Die Leidensgeschichte Jesu spricht viele Menschen unmittelbar an, weil sie hier mit einer Wirklichkeit konfrontiert werden, die sie auf sich selbst zukommen sehen. Vielen von uns ist zwar der Gedanke an das eigene Leiden und Sterben unheimlich, und doch wissen wir, daß das Leid, das Leiden und Sterben, zu unserer Wirklichkeit gehört.

Viele von uns haben auch schon eigene Erfahrungen mit dem Leiden gemacht, mit der Einsamkeit, mit Nöten des Körpers und Bedrängnissen der Seele, mit dem Abnehmen der körperlichen Kräfte und damit, daß wir an die Grenze unserer seelischen Widerstandskraft kommen können. In der Leidensgeschichte gibt es auch eine Fülle von einzelnen Begebenheiten und Ereignissen, die uns zum Nachdenken über unsere menschliche Situation veranlassen können. Wir machen selbst Erfahrungen des Scheiterns oder erleben, wie Menschen einen guten Weg gehen und weisen wollen, wie sie ihre ganze Lebens- und Arbeitskraft einsetzen im Dienst für die Mitmenschen und wie sie dann doch keine Anerkennung finden, sondern als Schwärmer abgetan, verlacht, behindert, verfolgt, ja umgebracht werden.

Wir alle machen Erfahrungen mit der Hinterhältigkeit und Hinterlist von Menschen. Wir erleben vielleicht auch, wie es einem gehen kann, der in die Hände staatlicher Organe fällt, welche Ungerechtigkeiten es »in den Mühlen der Justiz« geben kann. Wir empfinden, wie wankelmütig die Stimme der Volksmasse sein kann. Wir erfahren, wie ein Mensch selbst von seinen Freunden und Angehörigen verlassen, verraten, verkauft werden kann. Die Leidensgeschichte enthält viele Einzelzüge, die uns zum Nachdenken über das Leben, über das Wesen der Welt, über unsere Aufgabe im Leben anregen können. Da ist der Kuß als Erkennnungszeichen des Verrats oder die Geste des Politikers, der einen Menschen dem Henker ausliefert und doch seine Hände in Unschuld waschen will. Wir sehen auch, wie eine Mutter am Leiden ihres Sohnes trägt und wie der Sterbende seine Mutter in die Zukunft einweist und ihr gebietet, ihre Liebe einem anderen, dem Jünger Johannes, zuzuwenden. So kann sich auf dieser Ebene der unmittelbaren Betrachtung und Meditation der Leidensgeschichte eine tiefere Beziehung zur Sache anbahnen.

Der Mann am Kreuz als Bruder der Leidenden und Sterbenden

Wenn die Maler und Bildhauer in der Geschichte der christlichen Kunst versucht haben, den »großen Schmerzensmann« am Kreuz darzustellen oder die verschiedenen Stationen der Leidensgeschichte auszumalen und zu deuten, dann haben sie zugleich versucht, in ihren Bildern und Darstellungen Jesus als den Bruder und Tröster aller Leidenden und Sterbenden zu zeigen. *Matthias Grünewald* etwa hat die erschütternde und grauenerregende Darstellung der Kreuzigung auf dem Isenheimer Altar gemalt für die von Pestbeulen und ekelhaften Geschwüren gepeinigten und vom sogenannten Antoniusfieber heimgesuchten Menschen. Vor diesem gekreuzigten Schmerzensmann sind die Kranken im Klosterspital gelegen und haben aus seinem Anblick Trost und Kraft empfangen. Denn dieses Bild sagte ja: Seht ihn an. Er ist euer Bruder. Er ist mit euch Leidenden und Sterbenden solidarisch. In diese Tiefe ist in Jesus Gott selbst gekommen zu den Ärmsten der Armen, zu den Geplagten und Geschundenen. Er ist nicht ein Gott, der in unerreichbarer Erhabenheit und Ferne schwebt, sondern er ist unten bei uns. Er hat gelitten, er wurde gekreuzigt, ist gestorben und wurde begraben. Und dann ist er »hinabgestiegen in das Reich des Todes« oder gar »niedergefahren zur Hölle«, wie es früher formuliert war. Das heißt doch: Es gibt keine Tiefe, in die er nicht hinunter mußte. Es gibt aber auch keine Tiefe, aus der er uns nicht herausholen könnte.

»Es ist kein Grauen so mächtig,
es ist kein Fürchten so bang,
kein Trachten so niederträchtig
lebt einer, der es bezwang!« (R.A. Schröder)

Es ist eigenartig, daß der Philosoph *Friedrich Nietzsche* mit großer Klarsichtigkeit gerade an der Gestalt des Gekreuzigten Anstoß genommen und den Gegensatz zu dem von ihm entworfenen Bild eines Übermenschen erkannt hat. *Nietzsche* hat den Übermenschen propagiert, der sich aus allen Niederungen erhebt und aufschwingt und in die Nähe der Adler und der starken Winde kommt. Dieser Übermensch will von den Mitmenschen nichts mehr wissen. Er will in erhabener Einsamkeit sich selbst genügen. Er kann keine Freunde mehr haben und auch die Frauen nur noch verachten.

Nietzsche kämpft gegen das Bild des Gekreuzigten, weil ihm die Gestalt des elenden, leidenden Menschen mißfällt, weil der Ge-

kreuzigte lauter »Unedle und Verachtete vor der Welt«, »lauter Hungrige, Durstige, Nackte, Kranke, Gefangene, einen ganzen Ozean von menschlicher Unansehnlichkeit und Peinlichkeit« bei sich hat (*K. Barth,* KD III/2). Das Christentum will den Übermenschen »herabholen aus seiner Höhe, es will ihn da drunten in die Reihe stellen, die mit dem Gekreuzigten anfängt, mitten hinein in sein Heer«. Er soll in den kranken, armen, einsamen Menschen seine Brüder erkennen, und er soll schließlich auch sich selber erkennen als einer, der der Hilfe, der Vergebung, des Erbarmens bedürftig ist. *Nietzsche* hat erkannt, daß es hier nicht um gedankliche Spielereien geht, sondern um eine grundlegende Entscheidung und eine Ausrichtung des ganzen Handelns. Denn wer es mit dem Gekreuzigten zu tun hat, bekommt es sofort mit dessen Brüdern und Schwestern zu tun und ist gefragt, wie er sich ihnen gegenüber verhält und wie er sich selber versteht.
Wenn sich die Kirche unter das Kreuz stellt, dann bekommt ihr Tun und Leben eine ganz bestimmte Ausrichtung, dann kann sie nicht Selbstzweck sein wollen, nicht Behördenkirche und Kultkirche, sondern in erster Linie Dienstgruppe, bereit zum Opfer, zum Einsatz, zur Liebe. Dann darf sie nicht den Weg der Anpassung oder der Weltflucht gehen und sich nicht an die »Weisen nach dem Fleisch, an die Gewaltigen und Edlen« verkaufen (vgl. 1. Korinther 1).

Die Leidensgeschichte Jesu als Einblick in das Wesen Gottes

Dietrich Bonhoeffer und andere weisen darauf hin, daß der Kreuzestod Jesu uns überhaupt das Wesen Gottes neu offenbart und das Geheimnis Gottes verstehen lehrt. Sie sagen: Gott kann als Hilfe und Wirklichkeit nur erfahren werden, wo Ohnmacht, Angst, Schwachheit und Anfechtung sind, wo der Mensch am Ende ist, auch mit seiner Selbstrechtfertigung. Seit Golgatha können Gottes Anwesenheit und Hilfe nicht mehr in Natur- oder Geschichtsereignissen, in überzeugenden Erweisen von Größe und Herrlichkeit gesucht und gefunden werden, sondern nur im Leiden. Die Bibel weist den Menschen an die Ohnmacht und das Leiden Gottes. Gott läßt sich aus der Welt hinausdrängen an das Kreuz, ohnmächtig und schwach, und gerade so ist er bei uns. Als der mit uns Leidende, auch unsere Schuld und den Tod (als Gericht) Mitleidende ist er unsere Hilfe. Diese Erkenntnis läßt die Frage dann weit zurück, die wir immer wieder stellen: Warum muß ich das leiden? Wie kann Gott dies oder jenes zulassen? Denn Leiden, Schicksalsschläge und Todesschicksal stellen Gottes Nähe nicht in Frage, sondern bezeugen im Gegenteil seine Anwesenheit. (Vgl. dazu auch den Abschnitt: »Gott, der Vater und Schöpfer, in Jesus am Kreuz.«)

Die Leidensgeschichte durchbricht unsere Lebenslügen

Wer im christlichen Kulturkreis aufgewachsen ist, kennt die hohen Titel und Würdenamen Jesu von Nazareth. Er weiß, daß Jesus Sohn Gottes, Erwählter, Heiland, Messias, König und Retter und Herr genannt wird. Gleichwohl wird uns in der Leidensgeschichte das Bild eines angefochtenen, angefeindeten, leidenden, verhöhnten, gegeißelten und schließlich qualvoll hingerichteten Menschen vor Augen gestellt.
Von hier aus erscheint es höchst fragwürdig, wenn wir meinen, den Wert unseres Lebens daran messen zu müssen, wieviel Ansehen und Anerkennung wir gefunden und wie weit wir es gebracht haben, wie reich oder berühmt wir geworden und zu wieviel Einfluß und Macht wir gekommen sind. Auch in dieser Hinsicht kann die Leidensgeschichte unserem Denken und Tun eine andere Richtung geben. Sie befreit uns vom Druck einer Lebensmaske und durchbricht die Lüge eines nach außen erfolgreichen, strahlenden Lebensbildes. Deshalb ist sie zutiefst tröstlich. Indem sie die Wirklichkeit Jesu zeigt, macht sie sichtbar, was auch die tiefste Wirklichkeit unseres Lebens ist: Wir werden verlassen werden, so wie der Mensch am Kreuz verlassen ist. Er ist von seinen Freunden verlassen. Er ist von dem Ruhm seiner Taten verlassen. Ja er fühlt sich sogar von der bergenden Nähe Gottes verlassen. So werden auch wir dran sein und dürfen uns dazu bekennen. Wir müssen unsere Verlassenheit und den Tod nicht ins Unbewußte verdrängen.
Der bekannte russische Dichter *Solschenizyn* nennt die Verleugnung von Tod und Verlassenheit einen »Krebsschaden der Gesellschaft«. Er schildert in seinem Buch »Krebsstation« das ganze Grauen, das in einer solchen Klinik heute umgeht. Eine menschliche Größe nach der anderen wird als hohl entlarvt. Damit möchte er – wie das Evangelium – die Lüge des Lebens derer durchbrechen, die sich selbst betrügen. Das Evangelium sagt allen, die ihre Verlassenheit mit sich herumschleppen: Du, Mensch, bist gesehen, erkannt und verstanden!

Und es sagt: Die Wirklichkeit des Menschen ist hier im Kreuzesgeschehen nicht nur gesehen und verstanden, sondern angepackt und verwandelt worden. Unsere menschliche Ohnmacht ist nicht mehr die Schande, die man verbergen muß, sondern der Ansatzpunkt für ein stärkeres Leben. In der Erfahrung der Verlassenheit, des Leidens und des Todes können wir Menschen nichts mehr tun. Da ist es mit unserer Kunst zu Ende. Aber die Liebe Gottes reicht bis in diese Tiefe hinein. Mit unserem Leiden und Sterben sind die Liebe und Treue Gottes nicht ausgelöscht. Der Vorhang, der uns von Gott trennt, wird zerrissen. Deshalb kann Paulus den Ertrag der Karfreitagsgeschichte in die Worte fassen: »Ich bin gewiß, daß weder Tod noch Leben, weder Engel noch Mächte, noch Gewalten, weder Gegenwärtiges noch Zukünftiges, weder Hohes noch Tiefes, noch irgendein anderes Geschöpf uns scheiden kann von der Liebe Gottes, die in Christus Jesus erschienen ist« (Römer, 8,38–39).

Im Schicksal Jesu spiegelt sich das Schicksal der Wahrheit

Jesus von Nazareth steht als Angeklagter vor dem römischen Statthalter Pontius Pilatus und sagt, er sei in die Welt gekommen, um für die Wahrheit Zeugnis abzulegen (Johannes 18,37).
Die Leidensgeschichte zeigt uns das Los der Wahrheit in dieser Welt:
Die Wahrheit ist einsame Wahrheit. Wer sie bekennt, muß damit rechnen, daß er verlassen und vergessen wird, daß die Masse nicht auf seiner Seite steht und er auf den sichtbaren Erfolg verzichten muß. Die Mehrheit ist nie ein Argument für die Wahrheit.
Die Wahrheit wird verkannt. Sie wird geschunden und geschändet, und wer sich zu ihr bekennt, kann sich vor Verleumdung nicht schützen.
Die Wahrheit leidet. Deshalb wird ihre Stimme von den Satten und Selbstsicheren nicht gehört. Sie ist in besonderer Nähe zu den Niedrigen, den Schwachen, den Armen, den Angefochtenen und Betrübten, den Zerschlagenen und Zukurzgekommenen. Die Wahrheit ist nahe denen, die im Schatten existieren. Denn dieser König ist selbst ein Armer.
Im Leiden, Sterben und Auferstehen dieses seltsamen Königs wird aber noch etwas anderes sichtbar – und auch dies ist die göttliche Wahrheit:
Der Finsternis, Unwahrhaftigkeit und Schuldverfallenheit der Welt steht das Erbarmen Gottes gegenüber.

Alle Feindschaft der Menschen gegen die in Christus erschienene göttliche Wahrheit kann die Rettungstat Gottes nicht aufheben, kann die Zuwendung Gottes zum sündigen Menschen nicht hinfällig machen.
Die Menschen kreuzigen den König der Wahrheit, aber dieser betet für sie und bezeugt so den Sieg der Liebe über allen Haß und alle Finsternis.
Die Menschen schlagen den König der Wahrheit tot und wollen ihn im Grab verscharren. Aber Gott läßt ihn nicht im Grab, sondern läßt ihn auferstehen. Er siegt, er überwindet die Feindschaft, den Unglauben und die Lüge.
Jesus sagt: »Wer aus der Wahrheit ist, der höret meine Stimme.« Noch ist die Stimme der Wahrheit eine leise Stimme. Noch wird sie übertönt von den Stimmen der Propaganda und der Werbung und vom Geschrei der Masse. Aber wer in der Leidensgeschichte Jesu dem König der Wahrheit begegnet, den ruft er in die Nachfolge, in das Leben aus Gott und mit Gott.

Von der befreienden und erlösenden Kraft des Leidens

Auf den ersten Seiten der Bibel begegnet uns die unheimliche und doch nur allzu bekannte Gestalt des Lamech, der sich vor seinen Frauen brüstet und das Gesetz der hemmungslosen Vergeltung predigt: »Einen Mann erschlug ich für meine Wunde und einen Jüngling für meine Beule. Kain soll siebenmal gerächt werden, aber Lamech siebenundsiebzigmal« (1. Mose 4,23.24).
Es ist ein wesentlicher Fortschritt, daß Mose diese hemmungslose Vergeltung einschränkt und nur eine solche Bestrafung gestattet, die dem verübten Unrecht entspricht: »Wer seinen Nächsten verletzt, dem soll man tun, wie er getan hat, Schaden um Schaden, Auge um Auge, Zahn um Zahn« (3. Mose 24,19.20). Also nicht 77:1, sondern nur 1:1. Dies ist seither das allgemein anerkannte Grundprinzip der Rechtsprechung, des Erwerbs- und Wirtschaftslebens.
Aber nun kommt Jesus. Er sieht, daß das Gesetz des Mose den Kreislauf des Hasses und der Rache nicht unterbricht. Wirklich unterbrochen wird dieser Kreislauf nur dann, wenn jemand das Unrecht auf sich nimmt, es aushält, es erträgt und an sich selbst totlaufen läßt. Der Haß und die Gesinnung der Rache und Vergeltung werden nur dann beendet, wenn wir lernen, Gleiches nicht mit Gleichem zu vergelten, nicht wieder zu hassen, wenn wir ge-

haßt werden, nicht wieder zu schelten, wenn wir gescholten werden.
Als der Jünger Petrus zu Jesus kommt und ihn fragt: »Herr, wie oft muß ich denn meinem Bruder, der an mir sündigt, vergeben? Genügt es siebenmal?«, antwortet Jesus: »Ich sage dir: nicht siebenmal, sondern siebzigmal siebenmal« (Matthäus 18). Es ist deutlich, daß Jesus hier nicht eine neue Zahl nennen, sondern über das Berechnen und Nachrechnen hinausführen will zur bedingungslosen Vergebung.
Es kann kein Zweifel darüber bestehen, daß Jesus dem Erleiden und Ertragen des Unrechts eine überwindende, befreiende und »erlösende« Kraft zuschreibt (vgl. die Bergpredigt). Das freiwillig ertragene Leiden ist eine befreiende Macht. Es ist keine Kapitulation vor dem Bösen, sondern der stärkste Widerspruch gegen Unrecht, Haß und Unterdrückung. Leider müssen wir feststellen, daß die Christenheit, die Theologie und Verkündigung gerade von diesem Aspekt der Leidensgeschichte verhältnismäßig wenig weiß. Im privaten Bereich ist wohl immer wieder etwas verwirklicht worden von dieser Freiheit, in die uns Gott führen will. Aber im Blick auf das Leben der Gesellschaft, auf die Aufdeckung und Überwindung böser Geister und ungerechter Verhältnisse haben wir viel zu wenig Erfahrung und waren wir seither viel zu oft mit der christlichen Rechtfertigung der Selbstbehauptung und Gewaltanwendung beschäftigt. Wir haben das Lebenszeugnis der Quäker und Mennoniten zu wenig zur Kenntnis genommen, und wir sind als Christen in unserem Jahrhundert beschämt worden von *Mahatma Gandhi,* dem Inder, der starke Eindrücke von der Bergpredigt und vom Kreuz Jesu empfangen hat. Es ist kein Zufall, daß Gandhi ein christliches Lieblingslied hatte, das mit den Worten beginnt: »Wenn ich das wunderbare Kreuz betrachte.« *Gandhi* hat 249 Tage in südafrikanischen und 2089 Tage in indischen Gefängnissen zugebracht.
Im Anschluß an Gandhi hat *Martin Luther King* dann seine Lehre vom gewaltlosen, leidensbereiten Widerstand gegen das Böse entwickelt und dabei folgende Grundsätze vertreten:

1. Gewaltloser Widerstand gegen das Böse ist »keine Methode für Feiglinge«. Er ist der Weg der Starken. Er ist nicht eine Haltung des Nichtstuns und Gewährenlassens, sondern höchste Aktivität und Einsatz des Geistes und der Gefühle.
2. Dieser Kampf gegen das Böse will den Gegner nicht vernichten oder demütigen, sondern sein Verständnis gewinnen und zur Aussöhnung führen.
3. Der Kampf richtet sich gegen das Böse, aber nicht gegen Personen, die das Böse

tun. Der ganze Weg muß geprägt sein von der Liebe, die nicht nur die Versuchung zur Gewalttätigkeit, sondern auch zum Hassen abweist.
4. Dazu gehört »die Bereitschaft, Demütigungen zu erdulden, ohne sich zu rächen, und Schläge hinzunehmen, ohne zurückzuschlagen«.

Im Blick auf den Freiheitskampf der Inder hat *Gandhi* gesagt: »Vielleicht müssen Ströme von Blut fließen, ehe wir unsere Freiheit gewinnen, aber es muß unser Blut sein... Alles, was von fundamentaler Bedeutung für ein Volk ist, läßt sich nicht durch Vernunft allein erreichen, es muß durch Leiden erkauft werden. Leiden ist eine unendlich viel stärkere Macht als das Gesetz des Dschungels. Es kann den Gegner umwandeln und ihm die Ohren öffnen, die sonst der Stimme der Vernunft verschlossen sind.« So hat dieser Mann erkannt, daß im unverdienten Leiden eine gewaltige erzieherische, erlösende, umwandelnde Kraft liegt.
In einer Predigt zitiert *Helmut Gollwitzer* ein Wort des bei uns wenig bekannten katholischen Christen *Cäsar Chavez,* eines Führers der mexikanischen Landarbeiter in Südkalifornien. Zum Abschluß eines langen Hungerstreiks schickte dieser den Landarbeitern eine Botschaft, in der es heißt:

»Unser Kampf ist nicht leicht. Unsere Gegner sind reich und mächtig und haben viele hochgestellte Verbündete. Wir sind arm. Wir haben wenig Verbündete. Aber wir haben... unsere Leiber und unseren Geist und die Gerechtigkeit unserer Sache als unsere Waffe. Wenn wir ehrlich sind, müssen wir zugeben, daß unser Leben das einzige ist, was uns wirklich gehört. Wie wir unser Leben verwenden, das entscheidet darüber, was für Menschen wir sind. Es ist mein tiefster Glaube, daß wir unser Leben nur finden, wenn wir es geben. Ich bin überzeugt, daß der echteste Akt von Mut, der stärkste Akt von Männlichkeit darin besteht, uns selbst zu opfern in einem gänzlich gewaltlosen Kampf für Gerechtigkeit. Ein Mensch zu sein heißt leiden für andere. Gott helfe uns, Menschen zu sein.«

Der Ruf: »Mein Gott, mein Gott, warum hast du mich verlassen?«

Zu den schwer verständlichen Stellen in der Leidensgeschichte gehört der Ruf Jesu: »Mein Gott, mein Gott, warum hast du mich verlassen?« (Markus 15,34). Jesus hat hier das Wort aufgegriffen, mit dem der 22. Psalm beginnt.
Wir begegnen in der Bibel immer wieder solchem Schreien aus der Tiefe äußerster Anfechtung. Es gibt immer wieder die Situation, wo ein Mensch nur noch Nacht und Finsternis um sich sieht und unter dem Eindruck steht: Gott hat mich verlassen; Gott schweigt zu meinen Tränen. So in den Psalmen:

»Gott, hilf mir! Denn das Wasser geht mir bis an die Kehle. Ich versinke in tiefem Schlamm, wo kein Grund ist« (Psalm 69,2.3).
»Um deinetwillen werden wir täglich getötet und sind geachtet wie Schlachtschafe. Wache auf, Herr! Warum schläfst du? Werde wach und verstoße uns nicht für immer! Warum verbirgst du dein Antlitz, vergissest unser Elend und unsere Drangsal? Denn unsere Seele ist gebeugt zum Staube, unser Leib liegt am Boden« (Psalm 44,23–26).
Auch in der Sendung und am Schicksal der Gottesboten im Alten Testament wird die Verlorenheit und der Widerstand der Welt und der Menschen aufgedeckt. Jeremia beklagt mit bewegten Worten seine Einsamkeit, Verlassenheit und Verfolgung.
»Weh mir, meine Mutter, daß du mich geboren hast, gegen den jedermann hadert und streitet im ganzen Lande« (Jeremia 15,10).
»Ich saß einsam, gebeugt von deiner Hand; denn du hattest mich erfüllt mit Grimm. Warum währt doch mein Leiden so lange und sind meine Wunden so schlimm, daß sie niemand heilen kann?« (Jeremia 15,17.18).
In diesen Zusammenhang gehört auch Jesu Verzweiflungsschrei nach Gott. Es bieten sich vor allem zwei Möglichkeiten an, diesen Schrei Jesu zu verstehen: Die eine ist die, daß Jesus in aller Verlorenheit und Einsamkeit sich doch zu Gott flüchtet und an Gott festhält. Angesichts des Schweigens Gottes greift Jesus zum Gebet und bringt im Psalmwort ein letztes Vertrauen zum Ausdruck. *Erich Lindenbaur* hat dieses Verständnis des Gebetsrufes Jesu folgendermaßen ausgedrückt:

»Es ist blutiger Ernst und nicht ein Spiel, was am Kreuz geschieht: Jesus, der einzigartige Mensch Gottes, wird vom Schweigen, der völligen Verborgenheit und Abwesenheit Gottes überrascht und getroffen, aber er wird nicht zerbrochen. Jesus vermag hinter der Maske des eiskalten Nichts Gott zu identifizieren. Er wird nicht irre daran, daß Gott, sein Vater, ihm, dem Sohn, auch so begegnen kann als unbegreiflich, als entschwunden, als Leere, als Nichts, das unbarmherzig jeden Sinn in sich zu verschlingen droht. Was könnte dieses ›Mein Gott, mein Gott‹ in diesem Augenblick anderes bedeuten als: Jesus bejaht vertrauensvoll auch diesen abgründigen Gott und hält ihm stand. Im freiesten Augenblick seines Lebens, als er keinen Halt mehr spürt und sich dem bloßen Nichts ausgesetzt wähnen muß, als Gott in ihm zu sterben scheint, vergeht doch seine Gemeinschaft mit Gott nicht« (*E. Lindenbaur:* Der Tod des Sokrates und das Sterben Jesu, S. 36).

Neben diesem Verständnis der »Gottverlassenheit« Jesu steht die andere Möglichkeit: Der Wortlaut dieses Schreis muß ernst genommen werden. Jesus ist von Gott verlassen worden. Er hat früher von sich sagen können: »Ich und der Vater sind eins«, »Wer mich sieht, der sieht den Vater.« Aber nun wird diese Verbindung abgebrochen, und Jesus wird in die äußerste Gottverlassenheit gestoßen. An Stelle der göttlichen Kraft ist in ihm nur Elend und Dürre. Dieser eine muß in der Tiefe aushalten, was Gottverlassenheit und Gottesferne, Hölle, Not und Tod sind. Dieser eine muß die ganze Verwerfung und das radikale Ausgestoßensein tragen. Das heißt: In Jesus nimmt Gott selbst das Gericht auf sich. In dem geschichtlichen Menschen Jesus geschieht das Paradoxe und Unfaßbare, daß Gott selbst den auf der Menschheit liegenden Fluch trägt und die Gottverlassenheit übernimmt. Dies geschieht als Offenbarung und Tat der Liebe. *Heinrich Vogel* sagt dazu:

»Es möchte einer die tolle Frage stellen: Wo ist die hoffnungsloseste Stelle der Welt? Er möchte dann an ein Siechenlager denken oder an den Marterpfahl eines Konzentrationslagers oder an einen der Gasöfen, in die sie hineingepreßt wurden, oder an eine Todeszelle, oder an die Existenz eines der augenlosen Opfer von Hiroshima, oder ich weiß nicht an welch einen Ort tiefster Verzweiflung. In Wahrheit aber ist die hoffnungsloseste Stelle der Welt da, wo der Mensch, der Gott nie verlassen hat, von Gott selbst verlassen hängt. Diese Stelle ist sein Kreuz. Eine Finsternis anders als alle Finsternis dieser Welt ist es, aus der er schreit: ›Mein Gott, mein Gott, warum hast du mich verlassen?‹ Es gibt keinen Ort und kein Geschehen, wo die Zukunft des Menschen so verloren scheint wie hier. Das Wunderbare, mit keinen menschlichen Worten zu Beschreibende, durch keine Erkenntnis zu Erreichende liegt darin, daß gerade an dieser Stelle dem Menschen Zukunft, ewige Zukunft eröffnet wird. Dieser Mensch Jesus ist ja der, in dem der Sohn Gottes, also Gott selbst, sich uns zum Nächsten gemacht hat. Er ist es, der die Frage der ganzen Menschheit gehört hat, anders als wir Menschen uns selber verstanden. Auf tausend Wegen unserer Religiosität suchten wir Gott und endeten bei den Ab-Bildern unser selbst. Er aber suchte und fand uns da, wo wir schlechterdings verloren und am Ende waren. Zu ihm sprach Gott sein Ja und Amen, ihn hat er vom Tode auferweckt. Da er aber in Tod und Leben uns gehören wollte, gehören wir mit ihm zusammen. So ist er für uns die Tür zu der Zukunft Gottes. Er selbst ist die Zukunft des Menschen« (*Heinrich Vogel:* Communio Viatorum, S. 299).

4. Kreuzesnachfolge

Während Jesus am Kreuz hängt und leidet, während er für seine Mörder betet und die Kriegsknechte seine Kleider verteilen, heißt es vom Volk: »Und das Volk stand und sah zu« (Lukas 23,35). Da stehen sie also um das Kreuz und um den Gekreuzigten herum und betrachten sich das Schauspiel, neugierig, ängstlich, gleichgültig oder mitleidig. Dem entspricht weithin die Haltung der Christenheit angesichts des Kreuzes Jesu. Man sieht zu. Man empfindet eine gewisse Scheu, man weicht etwas zurück, wenn einer sagt: Eigentlich ist das Kreuz ja der Ort, an dem wir hängen müßten. Man empfindet dies als übertrieben. Aber man nimmt dann doch mit Befriedigung zur Kenntnis, daß diese Kreuzesgeschichte für uns einen günstigen Ausgang genommen hat. Wer so lebt und denkt, der hat allerdings vom Geist des Neuen Testamentes und von der Botschaft des Kreuzes nichts begriffen. Es geht im Evangelium auch nicht in erster Linie um eine Lehre, sondern um einen Weg, der zu gehen ist. *Sören Kierkegaard* hat gesagt: »Der Weg ist die Wahrheit.« Die Botschaft von der Versöhnung mit Gott durch das Kreuz Christi will uns ja in Bewegung setzen: »Denn dazu seid ihr berufen, hat doch auch Christus für euch gelitten und euch ein Vorbild hinterlassen, damit ihr seinen Fußtapfen folgen sollt; er, der keine Sünde getan hat und in dessen Munde kein Betrug war, der nicht mit Schmähungen antwortete, als er geschmäht wurde, der nicht drohte, als er litt, sondern es dem anheim stellte, der gerecht richtet; der unsre Sünde mit seinem Leibe ans Holz hinaufgetragen hat, damit wir, wenn wir für die Sünde gestorben sind, für die Gerechtigkeit leben« (1. Petrus 2,21–24).

Wohl sollen wir bedenken, daß Christus den Weg ans Kreuz zu unserer Rettung und unserem Heil gegangen ist. Aber es wird alles verkehrt und zu einer ganz »billigen Gnade«, wenn wir das Leiden Christi für uns bloß erbaulich betrachten und genießen wollen. *Thomas a Kempis* sagt über die Scheu vorm Kreuz:

»Jesus hat viele Jünger, die im himmlischen Reiche gern mit ihm herrschen möchten, aber wenige, die sein Kreuz auf Erden tragen wollen.
Viele, die seinen Trost begehren, aber wenige, die in der Trübsal mit ihm aushalten wollen.
Viele, die mit ihm essen und trinken möchten, aber wenige, die mit ihm fasten wollen.
Alle möchten mit ihm Freude haben, aber wenige wollen für ihn leiden.
Viele folgen Jesus nach bis zum Brotbrechen beim Abendmahle, aber wenige bis zum Trinken aus dem Leidenskelche.
Viele rühmen die Wunder, die er getan, aber wenige teilen mit ihm die Schmach des Kreuzes.
Viele lieben Jesus, solange sie nichts zu leiden haben, loben und preisen ihn, solange sie Tröstungen von ihm empfangen. Aber wenn er sich verbirgt und sie auch nur eine kurze Weile allein läßt, da klagen sie gleich oder verlieren gar allen Mut.
Die aber Jesus seinetwegen und nicht ihres Trostes wegen liebhaben, die preisen ihn in den Tagen der heißesten Angst wie in den Stunden des höchsten Jubels.«

Christus hat zu seinen Jüngern gesagt: »Wer mir nachfolgen will, der verleugne sich selbst und nehme sein Kreuz auf sich und folge mir. Denn wer sein Leben erhalten will, der wird's verlieren; wer aber sein Leben um meinetwillen verliert, der wird's finden« (Matthäus 16,24.25).

Dies heißt aber: Ohne Leidensbereitschaft und Opfer gibt es keinen Weg in die Zukunft. Denn dieser Weg ist der göttliche Weg!

Ergänzungen und Fragen zum Gespräch:

1. Die Leidensgeschichte Jesu spricht viele Menschen unmittelbar an. Denn jeder Mensch weiß, daß er selbst auch einmal sterben muß. Aus Angst freilich versuchen wir meistens den Gedanken daran zu verdrängen. Sterbende werden vielfach in ein Krankenhaus oder Pflegeheim gebracht, wo sie ohne die Angehörigen sterben. Wie kann dies anders werden?
2. Wären wir bereit, bei einem Sterbenden zu sitzen? Welche Gebete und Lieder eignen sich zum Vorlesen?
3. Jeder junge Mensch will leben. Soll man einem jungen Menschen, der eine unheilbare Krankheit bekommt, sagen, daß er sterben muß?
4. Wie können wir schon in jungen Jahren uns damit vertraut machen, daß Schmerz, Leiden und Tod zum Leben gehören?
5. In den vier Evangelien sind sieben Worte bzw. Sätze überliefert, die Jesus am Kreuz gesprochen hat. Welches Wort könnte für einen Sterbenden eine Hilfe sein?
6. Kennen wir die Geschichte von dem Kinde Anne Frank, dessen Eltern jüdischer Abstammung waren, die 1933 aus Deutschland nach Holland gingen, um sich in Amsterdam eine neue Existenz aufzubauen? Als die Deutschen einmarschierten, versteckten sie sich hoch oben unter dem Dach in dem Hinterhaus ihres ehemaligen Geschäftes in der »Prinzengraacht«. Holländische Freunde haben sie dann zwei Jahre lang mit Lebensmitteln versorgt. Als Anne und ihre Eltern entdeckt und abgeführt wurden, kamen auch diese Freunde und Helfer in ein Straflager. Können wir uns vorstellen, daß wir jemand verstecken, der vor der Polizei auf der Flucht ist, und daß wir deswegen selbst Bestrafung riskieren? Könnten wir auch heute in eine solche Situation kommen?

5. Die Auferstehung Jesu: Der Sieg über die Sünde und über den Tod

Im Blick auf den Tod und auf die Überwindung des Todes gibt es ein schwerwiegendes Vorurteil: Mit dem Tod ist alles aus. Der Tod ist das absolute Ende. Es gibt nichts, das über den Tod hinausgeht und hinausführt. So etwas wie eine Auferweckung vom Tode, eine Überwindung des Todes, ein ewiges Leben, ein Leben aus Gott und mit Gott gibt es nicht und kann es nicht geben.
So kann man natürlich denken und reden. Man muß sich allerdings darüber im klaren sein, daß es sich hier um nichts anderes als um eine Behauptung und eine Vorentscheidung handelt. Wer so redet, sollte sich jedenfalls nicht auf »die Wissenschaft« berufen. Er huldigt nur einem theoretischen Materialismus und erkenntnistheoretischen Positivismus.
Demgegenüber sagt die Botschaft Christi: Das schöpferische Handeln Gottes ist so wunderbar und unermeßlich, daß wir auf

dem Holzweg sind, wenn wir meinen, unsere begrenzten Erfahrungen und Erkenntnisse zum Maßstab des Schöpferhandelns Gottes machen zu können. Der Tod ist die Grenze unserer Möglichkeiten. Aber er ist nicht das Ende der Möglichkeiten Gottes. Die Botschaft von der Auferstehung Jesu ist nicht nur für uns heutige Menschen ein Problem. Schon die Jünger wollten sie zunächst nicht glauben. »Sie dachten, es wären Märlein« (Lukas 24,11).

»In der gesamten urchristlichen Überlieferung klingen das Staunen und die Erregung über die Ereignisse nach, in die die Jünger nach dem Tode Jesu hineingezogen wurden: Jesus, der gekreuzigt und begraben worden war, begegnete ihnen; sie sahen ihn, hörten ihn und sprachen mit ihm. Fassungslos und zweifelnd standen sie zunächst vor diesem Phänomen. Die Auferstehung Jesu wurde niemals, auch nicht in den Tagen der Urgemeinde, als eine Selbstverständlichkeit empfunden. Vielmehr zeigen uns die meisten Ostererzählungen, welche Mühe der Auferstandene mit seinen Jüngern hatte, um ihre Vorbehalte und Zweifel zu überwinden. Daher ist es nicht verwunderlich, wenn die Botschaft von der Auferstehung auch bei uns auf Zweifel und Ablehnung stößt« (*F. Böbel,* Grundfragen des Glaubens, S. 71).

Diese Ablehnung haben die Apostel auch bei ihrer Verkündigung erfahren. Paulus wird in Athen mit seiner Botschaft geradezu ausgelacht. Von einer Auferstehung des Leibes zu reden, war für griechische Ohren ein Skandal. Demgegenüber scheint es leichter, an die »Unsterblichkeit der Seele« oder an eine »Wiederverkörperung einer unsterblichen Seele« zu glauben. Bei der Auferstehung Jesu von den Toten handelt es sich nicht um die Wiederbelebung eines Toten, nicht um einen Scheintod, nicht um Halluzinationen der Jünger, nicht um die Rückkehr Jesu in ein Leben, das wir kennen. Es geht um die Verwandlung zu einem ganz anderen, neuen Leben, um eine Wirklichkeit, die wir nicht kennen, um eine Wirklichkeit, die nicht zu den immer wiederkehrenden Vorkommnissen unseres Alltagslebens gehört. Die Auferweckung Jesu wird als die Tat des Gottes bezeugt, der nicht in den Rahmen unserer menschlichen Möglichkeiten und nicht in die Ordnungen und Gesetze der Natur hineingebunden ist, sondern der Herr und Schöpfer der »Ordnungen« ist, die wir als »Naturgesetze« bezeichnen.

Jesus lebt: Das ist die grundlegende Erfahrung, die die Jünger aus ihrem verstörten, hilflosen Dasein herausgerissen hat. Jesus lebt: Ohne diese Gewißheit wäre kein Buchstabe des Neuen Testamentes geschrieben worden.

Jesus lebt: Ohne diese Erfahrung und ohne die Begegnung mit dem Auferstandenen wären die Apostel nicht hinausgezogen in eine gleichgültige oder feindselige Welt, um mit dem Einsatz und Opfer ihres eigenen Lebens diese Botschaft weiterzusagen und weiterzutragen.

»Alle neutestamentlichen Osterzeugnisse verstehen die Auferstehung als das Eingehen Jesu in eine neue Seinsweise und nicht als die Rückkehr eines Toten unter die Bedingungen der jetzigen Welt...
Alle neutestamentlichen Erzählungen von Erscheinungen des Auferstandenen enden damit, ja gipfeln darin, daß Christus seine Jünger als seine Beauftragten und Bevollmächtigten in die Welt sendet...
Wem er erschienen ist, der ist beauftragt zur Verkündigung. Jesus bietet mit seinen Erscheinungen seinen Jüngern nicht eine müßige Schau, sondern ruft sie zur Tat in seinem Geist. Er weiht sie nicht in die Geheimnisse der jenseitigen Welt ein, sondern rüstet sie für diese Welt aus. Die Auferstehung Jesu bedeutet nicht seinen Rückzug aus dem irdischen Bereich, sondern sein Aufstehen zu neuem Wirken in Raum und Zeit, eben durch seine Gemeinde« (*F. Böbel,* Grundfragen des Glaubens, S. 76).

Die Auferstehung Jesu ist die Bestätigung seiner Lebens- und Leidensgeschichte und seines Weges ans Kreuz. Die schrankenlose Freiheit Jesu, seine Zuwendung zu denen, die im Schatten leben, ist die Auswirkung der Freiheit Gottes. Der Bergprediger ist nicht ein Idealist mit überraschenden, edlen Gedanken. Der Gekreuzigte ist kein religiöser Schwärmer, der an seinem Weg scheitert. Im Gekreuzigten ist Gott selbst am Werk. Durch die Auferstehung bestätigt er, daß der große Tausch gilt, daß die Menschen trotz ihrer Sünde freigesprochen und die Gottlosen zu Gottes Kindern werden.
Die Auferstehung Jesu ist ein Geschehen von umfassender Bedeutung. Mit ihr hat die Zukunft Gottes schon begonnen. Was immer auf dieser Erde an menschlicher Bosheit und Sünde, an Finsternis und Verblendung, an Haß, Drangsal und Not noch in Erscheinung treten mag: Das Zeichen des Sieges ist gesetzt. Deshalb ist der Auferstandene auf alten Fresken, Bildern und Skulpturen so oft mit der Siegesfahne abgebildet.
Die Auferstehung ist das Zeichen des Sieges über alle Bosheit und Sünde und über die Macht des Todes. Wo von Jesus die Rede ist, muß sein Sieg über die Sünde und über den Tod gefeiert werden. Christen singen deshalb Lieder vom Sieg Christi.
Weil Christus die Bahn gebrochen und den Weg gewiesen hat, sollen und können wir heute schon gegen die Macht des Alten kämpfen, das vergehen muß, weil dem Neuen die Zukunft gehört. *Martin Luther King* ist von einem Meuchelmörder erschossen worden, der wahrscheinlich viele, nie vor Gericht gestellte Hin-

termänner hatte. Aber er starb im Zeichen des Auferstandenen. Und es war Geist aus dem Geist des Auferstandenen, wenn er noch am Tage vor seiner Ermordung (4. 4. 1968) in seiner letzten Ansprache sagte:

»Als ich nach Memphis kam, wurde mir von den Drohungen erzählt und davon, was mir einige unserer kranken weißen Brüder zufügen wollten.
Nun, ich weiß nicht, was jetzt geschehen wird. Wir haben einige schwierige Tage vor uns, aber das macht mir jetzt nichts mehr aus. Wie jedermann, so würde auch ich gern ein langes Leben leben. Lange zu leben ist schon etwas. Doch das berührt mich im Augenblick wenig. Ich möchte nur den Willen Gottes erfüllen. Er hat mich auf den Berg geführt, und ich habe umhergeblickt und das Gelobte Land gesehen. Mag sein, daß ich nicht zusammen mit euch dorthin gelange. Aber ich möchte, daß ihr wißt, daß wir als Volk das Gelobte Land erreichen werden. Deswegen bin ich heute abend glücklich, ich mache mir über nichts Sorgen. Ich fürchte niemanden. Meine Augen haben die Herrlichkeit des kommenden Herrn gesehen.«

Noch ist der Sieg Gottes vor der Welt verborgen. Aber die Sache Jesu geht weiter und wird siegen. Das Reden von der Himmelfahrt Jesu, vom Sitzen zur Rechten Gottes und von der Wiederkunft zum Gericht ist nichts anderes als ein Teil und Ausdruck dieser Siegesbotschaft.

6. Verschiedene Versuche, die Auferstehungsbotschaft zu deuten und zu verstehen

Man hat schon gesagt, die Auferstehung sei *ein Symbol für den Naturvorgang des Sterbens und Erwachens,* der Winterstarre und des Frühlingserwachens. Dieser Naturvorgang habe auch im geistigen Bereich Parallelen. Auch in der Bildung des Charakters und in der Entwicklung der Persönlichkeit müsse es durch ein »Stirb und Werde« hindurchgehen. Es handle sich um ein Sterben des unvollkommenen Wesens und um das Auferstehen zu einem höheren Menschsein. Diese Beobachtung, daß es auch im Geistigen-Charakterlichen solche Entwicklungsprozesse und -vorgänge gibt, ist richtig. Aber es handelt sich beim Tod und bei der Auferstehung Jesu nicht um die Versinnbildlichung eines Naturvorganges oder eines allgemeinen Lebensgesetzes. Das in der Nachfolge Jesu geschehende »Mit-Christus-Sterben« und »Mit-Christus-Auferstehen« ist ebenfalls etwas anderes als das Gesetz des »Stirb und Werde«, weil es streng auf die Erfahrungen der Nachfolge bezogen und durch das Mitleiden mit Christus geprägt ist.
Man sagt, Auferstehung sei ein Ausdruck dafür, daß wir zu einem

geistig-geistlichen Sein, *zu einem neuen Selbstverständnis finden* müßten. In diesem Sinn konnten einige Leute in der Korinthischen Gemeinde meinen, die Auferstehung sei schon geschehen, sie sei im Geist der von der wahren Erkenntnis erleuchteten Gläubigen schon vor sich gegangen. Demgegenüber hält Paulus nichts von dieser Vergeistigung, von dieser Spiritualisierung des Auferstehungsgeschehens, denn sie läuft auf eine Auflösung des Auferstehungsvorgangs hinaus. Paulus redet in 1. Korinther 15 ganz eindeutig von dem Geschehen der Auferstehung Christi und davon, daß dies der Anfang der Auferstehung der Toten ist. Er redet davon, daß das grundlegende, die ganze Menschheit einschließende Auferstehungsgeschehen noch aussteht und wir uns also jetzt in der Zwischenzeit befinden und zwischen der schon geschehenen Auferweckung Christi und der umfassenden, noch ausstehenden Auferweckung der Toten leben. Das Zeichen des Sieges ist schon da, aber der Sieg ist noch nicht vor aller Augen offenbar und unbestreitbar geworden.

Wie steht es nun mit der geistigen und geistlichen Auferstehung? Schon jetzt kann es zu geistigen und geistlichen Auferstehungen in unserem Leben kommen. Sie sind aber die Folge der durch Christus geschehenen Auferstehung und der in ihr gegenwärtig gewordenen Macht Gottes. Von ihr her darf und soll es zu vielen Auferstehungen bei uns kommen. Durch sie geschieht es, daß wir im Vertrauen auf Gott aufstehen aus Angst, Schuld, Unglaube, Trägheit und Versagen. Da gilt der Ruf, der das ganze Christenleben durchziehen soll: »Wach auf, der du schläfst, und steh auf von den Toten, so wird dich Christus erleuchten« (Epheser 5,14).

Man sagt, die Botschaft von der Auferstehung wolle *auf die Bedeutsamkeit des Kreuzes* hinweisen. Das ist richtig, wenn hinter dieser Aussage nicht eine Preisgabe des Auferstehungsgeschehens steht. Die Auferweckung Jesu durch Gott ist die göttliche Bestätigung des irdischen Lebens- und Leidensweges Jesu. Sie macht deutlich, daß hier nicht ein Illusionist einen Weg ins Scheitern und ins Nichts gegangen ist. Sie bezeugt: Dieser Weg Jesu war der Weg Gottes. Das irdische Scheitern war nicht das Ende. Das Kreuz war nicht eine Katastrophe, sondern ein Heilsereignis, das der ganzen Menschheit Befreiung gebracht und die Lage der Menschen vor Gott real verändert hat. Der Gekreuzigte lebt. Die Mörder hatten nicht das letzte Wort. Die Liebe ist stärker als der Haß. Die Liebe ist durch Gottes Tat als die unüberwindliche göttliche Macht erwiesen, die uns die Kraft schenkt im Leben und Sterben. Von daher

läßt sich hoffen, auch wenn vor unseren Augen nur das Scheitern, das Kreuz, der Galgen, die Verwesung sichtbar sind.
Man sagt, Jesus Christus sei *in das Wort hinein auferstanden.* Das ist richtig, wenn sich hinter dieser Formulierung nicht eine philosophische Umdeutung des Auferstehungsgeschehens verbirgt. Jesus ist in der Tat ins Wort hinein auferstanden. Er ist im Wort der Zeugen gegenwärtig. Er ruft durch ihr Wort hindurch als der lebendige Herr in die Nachfolge. Das Wort der Zeugen ist erfüllt mit Auferstehungskraft, mit Geist, Leben und Schöpferkraft, aber nur dann, wenn der auferstandene, lebendige Herr es selbst erfüllt. Dann gilt es: »Wer euch hört, der hört mich!« Dann kommt der Glaube aus der Predigt. Dann hat auch das Wort der Zeugen Vollmacht und Kraft. Aber dies alles geschieht nicht automatisch. Das Wort der menschlichen Zeugen kann auch leeres, ohnmächtiges, geistloses Wort sein. Es ist lebendiges Wort nur dann und dort, wo es dem lebendigen und auferstandenen Herrn gefällt, sich so in dieses Wort hineinzubegeben. Ein automatisch und magisch wirkendes, eigenmächtiges Wort haben die Zeugen, die Theologen, die Boten nicht.
Man sagt, geschichtlich feststellbar und nachweisbar sei nicht die Auferstehung selbst, sondern nur *der Glaube an den Auferstandenen.* Dies ist richtig: Der Geschichtsforscher kann und muß feststellen, daß es in der Geschichte schon bald nach der Kreuzigung Jesu eine Gruppe von Menschen gegeben hat, die an den Auferstandenen geglaubt haben. Aber diese Feststellung genügt nicht. Es geht darüber hinaus um die Frage, wie es zu diesem Glauben an Jesus als den Auferstandenen gekommen ist, ob dies nur ein innerseelischer Vorgang der Glaubenden war, oder ob der Glaube durch das den Glauben begründende Geschehen der Auferstehung geweckt und geschaffen worden ist.
All diese verschiedenen Deutungsversuche zeigen, daß es sich bei der Auferstehung um etwas Ungeheuerliches handelt, um etwas, was den Rahmen des Menschlichen sprengt. Das Eingehen eines getöteten Menschen in eine ganz andere Seinsweise sprengt alle unsere Erfahrungen und Kategorien. Genau dies ist aber die Meinung und Aussage des Neuen Testaments. Im Grunde geht es bei der Frage nach der Wirklichkeit der Auferstehung um die Frage nach der Wirklichkeit Gottes selbst. Die christliche Theologie erkennt die sogenannten Naturgesetze als gute Ordnungen an, die in der Treue Gottes begründet sind und menschliches Leben ermöglichen. Im Blick auf die Auferstehung Jesu wird aber nun be-

hauptet, mitten in Raum und Zeit sei etwas geschehen, das aus Raum und Zeit und also aus der Wirklichkeit dieser Welt nicht zu begründen und zu erklären ist. Das Zeugnis des Neuen Testamentes sagt, daß die Auferstehungsbotschaft in dem unvorstellbaren Auferstehungsgeschehen begründet ist und also nicht in einem Stimmungswechsel bei den Jüngern. Sie ist nicht ein Deutungsversuch der Jünger oder das Ergebnis von Halluzinationen, die die Jünger über ihre Depressionen hinausgeführt haben.

Es geht also im letzten um die Frage: Gibt es nur den Menschen mit seinen Gedanken und Erleuchtungen, mit seinen Träumen und Sehnsüchten, mit seinen Empfindungen und religiösen Gefühlen – oder ist außerhalb der Welt, nicht als Teil der Welt, mit einer Wirklichkeit Gottes, mit einer letzten sinngebenden Macht zu rechnen, die in der Welt und in der Geschichte des Menschen so handeln und eingreifen kann, daß es ein außerordentliches Handeln Gottes gibt, ein außerordentliches Erwählen, Berufen, Erleuchten? Gibt es mitten in der Welt etwas Neues, etwas ganz anderes, etwas so Einmaliges, wie es die Auferstehung Christi darstellt? Es muß klar sein, daß jedenfalls das Neue Testament in dieser Weise von der Auferstehung redet.

Wir wissen dabei, daß wir niemand den Glauben an dieses Offenbarungsgeschehen aufnötigen können. Wir wissen auch, daß mancher sagt: Ich komme mit der Botschaft von der Auferstehung einfach nicht zurecht.

Beim christlichen Glauben geht es zwar um Demut, Hörbereitschaft und Offenheit, aber nicht um ein Werk und eine Leistung in dem Sinne, daß man einfach etwas anerkennt und übernimmt, von dem man im Grunde doch nicht überzeugt ist. Es geht auch nicht darum, daß man seinen Verstand opfert. Christlicher Glaube ist nicht einfach ein Fürwahrhalten von verschiedenen sonst unglaublichen Dingen.

So können wir nichts anderes tun, als auf das Osterzeugnis hinweisen und zugleich zeigen, daß der Weg zum Glauben an die Gegenwart und Wirksamkeit der Auferstehung über die Verbindung mit Jesus von Nazareth führt. Im Hören auf sein Wort werden wir erfahren, daß er der Unvergleichliche ist und daß seinem Wort eine lebendige Kraft innewohnt. Wenn wir es mit dem Wort Jesu wagen und unser Leben von ihm bestimmen lassen, dann wird sich uns auch der Zugang zum Osterzeugnis, zur Auferstehungsbotschaft, zu Gott öffnen.

Vor Selbstüberhebung und Hochmut gegenüber den »Skeptikern«

werden die »Glaubenden« bewahrt, wenn sie sich an eigenes praktisches Verleugnen der Auferstehungsbotschaft erinnern. Praktische Leugnung der Auferstehung geschieht dann, wenn wir nicht mit der Gegenwart und Macht Gottes rechnen, sondern unsere Hoffnungen und unser Vertrauen auf »Fleisch und Blut«, auf »Rosse und Wagen«, auf menschliche »Weisheit und List«, auf »Bomben und Banken« setzen. Wenn wir uns vor Augen halten, wie oft und bedenkenlos wir in unserem alltäglichen Verhalten die Macht und Kraft der Auferstehung Christi verleugnen, werden wir nicht mehr die Freiheit haben, diejenigen von oben herab zu verurteilen, die nur schwer einen Zugang zum Kern der Osterbotschaft finden. Weil es im Glauben an den Auferstandenen nicht um einen intellektuellen Glaubensakt, sondern um einen ganzheitlichen Lebensvollzug geht, haben wir oben auf *Martin Luther King* hingewiesen, dessen Osterglaube auch den Einsatz für die Probleme der Müllarbeiter einschloß.

ZWEITER TEIL:

Der Glaube an Gott, den Schöpfer

I. Wie sieht es aus mit den Gottesbeweisen?

Wie kommt ein Mensch zum Glauben an Gott, den Schöpfer? Wie kommt er dazu, daß er sagt: »Ich glaube, daß Gott mein Leben und die ganze Welt in der Hand hat?«
Kann man das beweisen? Kann man nachweisen, wer Gott ist, zum Beispiel daß er diese Welt »geschaffen hat und noch erhält«, daß er der Herr aller Welten und aller Zeiten ist, der Ewige und Heilige, der sich doch unseren kleinen vergänglichen Menschenleben zuwendet?
Kann man denn Gott, den Schöpfer, etwa aus den Werken seiner Schöpfung erkennen? Gibt es nicht in der Welt selber Hinweise auf Gott? Trägt nicht der Mensch in sich selber Spuren des Göttlichen? Ist nicht in ihm selbst auch ein elementares Verlangen nach einem letzten Gegenüber, nach einem Sinn seines Lebens, den er sich nicht selbst geben kann?

1. Weist diese Welt nicht über sich selber hinaus?

Diese Frage ist von vielen Menschen bejaht worden, und Philosophen und Theologen haben in früheren Zeiten den Versuch gewagt, das Dasein Gottes, des Schöpfers, zu beweisen. Sie haben etwa gesagt: Hinter dieser Schöpfung muß doch ein Schöpfer stehen! Auch wenn die Welt schon vor unabsehbaren Zeiten ins Leben gerufen worden ist, auch wenn wir wissen, daß der Mensch am Ende einer langen Reihe von Vorläufern und Vorformen geschöpflichen Lebens steht: Es weist alles auf einen Schöpfer hin, auf eine unsichtbare Macht, die hinter dem Sichtbaren steht und der Schöpfung, der Welt, dem Menschen, einen letzten Sinn gibt.

Es gibt viele ernsthafte, gebildete und kritische Menschen, die von einem tiefen Ergriffensein berichten, wenn sie im Gebirge einen Sonnenaufgang oder Sonnenuntergang erleben oder wenn sich auf einem Gipfel die Herrlichkeit der Gebirgswelt vor ihnen ausbreitet. Aus solchen Erlebnissen heraus sagen sie, daß sie trotz vielem, was dagegen zu sprechen scheint, im Grunde keine Schwierigkeiten haben, an Gott, den Schöpfer, zu glauben.

2. Weist die Existenz des Menschen nicht über sich selber hinaus?

Der Mensch ist ein seltsames und rätselhaftes Wesen. Er ist in großer Nähe zur Welt der höheren Säugetiere, und doch ist er wieder etwas ganz anderes und Besonderes. Der Mensch ist das Wesen, das fragt. Der *holländische Katechismus* bringt diesen Aspekt des Fragens gut zum Ausdruck, wenn er sagt:

»Jedes heranwachsende Kind fragt und fragt. Zunächst freilich ist es mit den Antworten zufrieden, aber wenn man erwachsen wird, kommen die Fragen immer wieder. Der Mensch stößt dann auf die Frage, die immer größer ist als jede Antwort, die der Mensch aus sich selbst heraus findet: Wer bin ich? Was ist der Mensch?... Was ist der Sinn dieses Lebens? Was ist der Sinn dieser Welt?... Brennend kann dieses staunende Fragen über den Menschen kommen in den Jahren zwischen zwölf und zwanzig, wenn die Schleier des kindlichen Bewußtseins zerreißen, wenn es so ist, als ob man sich selbst zum erstenmal in der Welt sieht, neu, prächtig und erschreckend. Mit dem Erwachsensein und dem Älterwerden verschwindet die Frage nicht, sondern stellt sich immer wieder aufs neue, immer wieder anders. Der junge Vater, dessen Kinder oben schlafen, während er mit seiner Frau sich hinter dem Hause von einem arbeitsreichen Tag erholt, fragt anders nach dem Sinn des Lebens als der Mann, der, verlassen und gehaßt von seinen Kindern, in einem – mit menschlichen Augen gesehen – mißlungenen Leben steht. Der Student in einem nächtlichen Gespräch setzt das Fragezeichen anders als der Arbeiter, der an einem kalten Morgen auf den Bus wartet. Die Frau, die an das Krankenbett gefesselt ist, fragt anders als die Frau, die gesund in der Sonne spazieren geht. Der religiös begabte Mensch fragt auf eine andere Weise als der Mensch mit einer mehr innerweltlichen Begabung. Der Nichtgläubige fragt anders als der Gläubige. Der Mann, der nach seinem Gewissen zu leben trachtet, fragt anders als jener, der das nicht versucht. Der Mensch des 19. Jahrhunderts stellt die Frage anders als der des 20. Jahrhunderts. Aber im Grunde genommen ist es stets das gleiche Rätsel, das auf Lösung pocht« (Glaubensverkündigung für Erwachsene, S. 5).

Kann man nicht sagen: Der Mensch ist ein Rätsel, auf das eine Antwort nur außerhalb des Menschen, nämlich in Gott, zu finden ist? Ist es nicht so, wie schon *Augustinus* zu Beginn des 4. Jahrhunderts geschrieben hat: »Unser Herz ist unruhig, bis es Ruhe findet in Dir«?

Der junge Pfarrer und Theologieprofessor *Dietrich Bonhoeffer* wurde von dieser Frage ganz persönlich bedrängt, nachdem er 1944 in einer Zelle im Polizeigefängnis in Berlin eingesperrt war, weil er sich am Widerstand gegen Adolf Hitler beteiligt hatte. Er schrieb in der Gefängniszelle auf einen Zettel:

»Wer bin ich? Sie sagen mir oft, ich träte aus meiner Zelle
gelassen und heiter und fest wie ein Gutsherr aus seinem Schlosse.
Wer bin ich? Sie sagen mir oft, ich spräche mit meinen Bewachern
frei und freundlich und klar, als hätte ich zu gebieten.
Wer bin ich? Sie sagen mir auch, ich trüge die Tage des Unglücks
gleichmütig, lächelnd und stolz wie einer, der siegen gewohnt ist.
Bin ich das wirklich, was andere von mir sagen?
Oder bin ich nur das, was ich selbst von mir weiß?
Unruhig, sehnsüchtig, krank, wie ein Vogel im Käfig,
ringend nach Lebensatem, als würgte mir einer die Kehle,
hungernd nach Farben, nach Blumen, nach Vogelstimmen,
dürstend nach guten Worten, nach menschlicher Nähe,
zitternd vor Zorn über Willkür und kleinlichste Kränkung,
umgetrieben vom Warten auf große Dinge,
ohnmächtig bangend um Freunde in endloser Ferne,
müde und leer zum Beten, zum Denken, zum Schaffen,
matt und bereit, von allem Abschied zu nehmen?
Wer bin ich? Der oder jener?
Bin ich denn heute dieser und morgen ein anderer?
Bin ich beides zugleich? Vor den Menschen ein Heuchler
und vor mir selbst ein verächtlich wehleidiger Schwächling?
Oder gleicht, was in mir noch ist, dem geschlagenen Heer,
das in Unordnung weicht vor schon gewonnenem Sieg?
Wer bin ich? Einsames Fragen treibt mit mir Spott.
Wer ich auch bin, Du kennst mich, Dein bin ich, o Gott.«
(Widerstand und Ergebung, München 1954, S. 242.243.)

3. Ist im Gewissen des Menschen nicht ein Hinweis auf Gott, den Schöpfer, vorhanden?

Es ist schwer, zu erklären, was das Gewissen des Menschen eigentlich ist.
Manche Menschen sagen: Das Gewissen ist eine Stimme im Innersten des Menschen. Sie ist nicht einfach aus der Erziehung oder Veranlagung des Menschen zu erklären. Im Dasein des Gewissens kommt zum Ausdruck, daß der Mensch einen Schöpfer und Herrn hat, daß es eine letzte Instanz gibt, der der Mensch verantwortlich ist. Das Gewissen des einzelnen mag dann immer noch verschieden geprägt sein. Es mag sehr wache oder auch sehr abge-

stumpfte Gewissen geben. Aber auf alle Fälle ist im Gewissen eine Spur des Göttlichen da.
Diese Anschauung ist in der Geistesgeschichte vielfach bezeugt, besonders in der griechischen Philosophie, dann in der mittelalterlichen Mystik und im indischen Gedankengut, das den Weg der Meditation und Selbstversenkung als Weg zu Gott preist.

4. Erweist sich Gott nicht im Gang der Geschichte der Völker und der Menschheit?

Von *Friedrich Schiller* stammt das Wort: »Die Weltgeschichte ist das Weltgericht.« Wie auch immer dieses Wort zu verstehen ist: Es gibt Menschen, die im Gang der Geschichte der Völker und Menschheit Gott am Werke sehen und darauf ihren Glauben an Gott begründen. Sie gehen oft aus von Worten und Grundlinien der Bibel. Sie sagen: »Was der Mensch sät, das wird er ernten.« Dies sei geradezu ein Grundgesetz der Geschichte. Ein Volk, das hochmütig und stolz andere Völker in den Dreck tritt, verspiele seine eigene Zukunft. Übermut und Frevel, Größenwahn und Machtrausch führten in den Untergang. Es gibt eine eindrückliche Erzählung, in der ein junger Schriftsteller berichtet, wie er die letzten Tage der deutschen Wehrmacht im Jahre 1945 erlebt. Er schließt mit der Feststellung, im Untergang der nationalsozialistischen Machthaber habe das deutsche Volk einen Gottesbeweis erfahren.
Wieder anders hat der Philosoph *Hegel* den Gang der Geschichte als »Selbstentfaltung des absoluten Geistes«, als »Selbstoffenbarung Gottes« verstanden. Für ihn war der Fortschritt, die Fortentwicklung der Menschheit das Faszinierende. Natürlich sah er auch dunkle Seiten, aber er war erfüllt von dem Gedanken, daß sich die Geschichte der Menschheit aus dumpfen und dunklen Anfängen, aus Unfreiheit, Unmündigkeit und Unwissenheit zu immer größerer Klarheit und Erleuchtung entwickelt, und in dieser Entwicklung sah er Gott am Werk. Die Eindeutigkeit dieser Schlußfolgerung kann man gewiß in Frage stellen, indem man auf »Auschwitz« hinweist oder darauf, daß schon für *Dostojewski* das Leiden von unschuldigen Kindern zum bedrängenden Problem geworden ist. Gleichwohl gibt es Menschen, die sich auch durch alle möglichen Rätsel, Probleme und Rückschläge nicht davon abhalten lassen, im Gang der Geschichte das Wirken einer geistigen Macht und damit einen Beweis der Existenz Gottes zu sehen.

II. Gott, der Vater und Schöpfer in Jesus am Kreuz

1. Gott läßt sich nicht beweisen

Wir haben dargestellt, daß es Menschen gibt, die mit dem Glauben an Gott, den Schöpfer, keine Schwierigkeiten haben, weil sie ihn in der Schöpfung, das heißt in der Natur, im Fragen des Menschen, im menschlichen Gewissen und in der Geschichte der Völker am Werke sehen. Diese Gedanken und Überlegungen dürfen keineswegs leichtfertig vom Tisch gewischt werden. Wir müssen uns aber darüber im klaren sein, daß sie *nicht als »Beweise« im strengen mathematischen, physikalischen Sinn* verstanden werden können. In diesem Sinn kann man die Wirklichkeit Gottes nicht demonstrieren, genausowenig wie man beweisen kann, daß Gott keine Wirklichkeit ist. Es ist doch reichlich primitiv, wenn ein russischer Astronaut gesagt hat, er habe Gott im Kosmos nicht angetroffen, deshalb könne es ihn nicht geben.

2. Kein Weg vom Menschen her

Auf die Frage, ob wir einen *unmittelbaren Zugang zu Gott* haben, antwortet die Bibel mit einem klaren Nein. Besonders der Apostel Paulus hat sich mit dieser Frage auseinandergesetzt. Sein Gedankengang ist folgender: Eigentlich müßten die Menschen Gott aus seiner Schöpfung erkennen und ihm die Ehre geben. Gottes unsichtbares Wesen, seine ewige Kraft und Gottheit können eigentlich aus seinen Werken, aus der Schöpfung wahrgenommen werden. Wer Gott nicht anerkennt und ihn nicht ehrt, hat keine Entschuldigung. Aber die Lage ist die, daß die Menschen Gott doch nicht angenommen und gepriesen haben. Sie haben versucht, ihn aus der Unsichtbarkeit ins Sichtbare zu ziehen, ihn gleichsam in den Griff zu bekommen. Sie haben ihre eigenen Gottesbilder produziert und versucht, Gott zum Götzen zu machen. Die Menschen haben die Wahrheit Gottes in Lüge verwandelt und haben in ihren Religionen im Grunde sich selber verherrlicht, anstatt Gott zu ehren und ihm zu dienen.

Obwohl der Mensch in seinem Innersten eigentlich wissen könnte, daß er nicht selbstherrlich, egoistisch und maßlos leben darf, haben die Menschen auch die Maßstäbe für das Zusammenleben von Mann und Frau und für die größere Menschengemeinschaft verkehrt. Dies ist der Gedankengang von Römer 1,18–32. Paulus zeigt, daß es am Menschen selbst liegt, wenn sein Verhältnis zum Schöpfer und zum Mitmenschen nicht in Ordnung ist. Dieser Gedankengang wird von Paulus dann in 1. Korinther 1,18 bis 2,16 weitergeführt. Er sagt: Mit all ihrer Weisheit, Gelehrsamkeit, Philosophie und Religion haben die Menschen Gott in seiner Weisheit nicht erkannt. Sie wollen nur einen Gott, der ihre eigenen Wünsche und Vorstellungen bestätigt. Die Juden wollen einen Gott, der seine Macht durch überzeugende Zeichen demonstriert. Und die Griechen wollen einen philosophischen Gott, der für jedermann zugänglich und einsichtig zu machen ist. Gott aber ist einen anderen Weg zur Menschheit gegangen, um sein Wesen und seinen Willen zu offenbaren und kundzutun. Er hat sich mit seinem Geist und seinem Wesen hineinbegeben in den geschichtlichen Menschen Jesus von Nazareth. Dieser hat die prophetische Verkündigung von der kommenden Herrschaft Gottes aufgegriffen und mitten in der alten Welt die Zeichen des Neuen aufgerichtet. Jesus hat in seinem Reden und Wirken, in seinem Leben und Leiden den Willen Gottes kundgetan. Er hat Gott offenbart als den, der seine bedingungslose göttliche Liebe und Väterlichkeit allen Menschen zuwendet, der die Schranken der Gesellschaft durchbricht und überwindet, durch seine Bereitschaft zur Vergebung den Selbstgerechtigkeitswahn des Menschen zunichte macht und den Weg der Gewaltlosigkeit und der Leidensbereitschaft als den göttlichen Weg bezeichnet. Einen solchen Gott wollen aber die Menschen nicht! Sie schlagen Jesus ans Kreuz, damit die ganze Ohnmacht und Torheit dieses Gottes herauskommt!

Mit der Kreuzigung Jesu sollte die große Störung der alten Welt beseitigt und aus der Welt geschafft werden. Aber Gott hat sich durch die Kreuzigung Jesu nicht aus der Welt herausdrängen lassen. Im Gegenteil: Er hat das Kreuz Jesu Christi zum Zeichen dafür gemacht, daß er von der Feindschaft der Menschen nicht zu besiegen ist, daß er auch noch diesen Menschen, die ihn nicht in der Welt und in ihrem Leben haben wollen, verbunden bleibt. Die Vergebung siegt, nicht die Vergeltung. Die Liebe siegt, nicht der Haß. Der Weg des Opfers, des Leidens, des Vergebens ist der göttliche Weg.

3. Gott in Jesus Christus

Paulus sagt damit: Wer Gott erkennen und finden will in dieser Welt, kann ihn nirgends deutlicher erkennen und finden als in dem *Gekreuzigten,* in seinem Wort und Werk. Erst wer die selbstgemachten Gottesbilder preisgibt und sich auf das Wort und Werk des Gekreuzigten einläßt, wird die Kraft bekommen zur Bewältigung seines eigenen Lebens und Sterbens und wird die Weisheit bekommen, um den guten Willen Gottes mit der Welt zu verstehen. Denn Jesus Christus ist uns von Gott her zur »Weisheit und zur Gerechtigkeit und zur Heiligung und zur Erlösung« geworden (1. Korinther 1,30). Mit ihrer eigenen Weisheit haben die klugen Leute dieser Welt Gott in seiner heimlichen, verborgenen Weisheit nicht erkannt. Es hat Gott gefallen, die Menschen zu retten durch Jesus Christus, auch wenn diese Gegenwart Gottes in Jesus vielen anstößig ist oder ihnen als töricht erscheint. Gott ist nicht in schönen Naturerlebnissen oder im Rätsel menschlichen Wesens oder im Gewissen oder im allgemeinen Weltgeschehen zu suchen, sondern vor allem in der Geschichte der Erwählung des Volkes Israel und der Erwählung des Menschen Jesus von Nazareth.

4. Gottes Selbstoffenbarung

Wenn wir uns auf Jesus von Nazareth einlassen, der im Neuen Testament zu uns redet, wird uns der Zugang zur Wirklichkeit Gottes eröffnet. Es ist das einhellige christliche Zeugnis, daß Jesus der Offenbarer ist, daß wir Gott kennenlernen, indem wir Jesus von Nazareth kennenlernen und ihm nachfolgen. Jesus sagt: »Ich bin der Weg, die Wahrheit und das Leben; niemand kommt zum Vater ohne mich« (Johannes 14,6). Schon die Reformatoren haben gesagt: Es gibt im Grunde nur einen »Beweis Gottes«, nämlich den *Selbsterweis Gottes,* das Zeugnis des göttlichen Geistes, der den Menschen durch das Evangelium von Jesus beruft, erleuchtet und beim rechten Glauben erhält.

5. Das Volk Israel

Schließlich gibt es in der Weltgeschichte noch ein Rätsel, das nicht als »Beweis«, aber doch als fast unübersehbarer Hinweis auf die Wirklichkeit des in der Bibel bezeugten Gottes zu verstehen ist: Es ist *die Existenz des jüdischen Volkes* mitten unter den Völkern der Welt. Trotz aller Untreue der Israeliten selbst, trotz aller Versuche ihrer Feinde, das Volk zu vernichten, und trotz aller Versuche der Juden, sich selbst den anderen Völkern anzugleichen und sich in die Gastvölker aufzulösen, hält Gott an diesem Volk fest, das 2000 Jahre lang ohne Heimat war und doch nicht untergehen konnte und durfte. Ob es will oder nicht, ist Israel ein Zeichen und Zeuge des biblischen Gottes. Die Erwählung des Volkes Israel ist das »Vorspiel« der Erwählung Jesu Christi zum Zeugen und Offenbarer Gottes.

6. Gott – der Vater

Damit ist klar: *Der Weg der Erkenntnis Gottes,* des Schöpfers, führt über Jesus Christus. Er lehrt uns, Gott als väterliche Macht zu erkennen und ihn als Vater anzurufen. Er lehrt uns, die Welt als Schöpfung zu verstehen, als Haus Gottes für seine Menschenkinder. Jesus zeigt uns, wer Gott ist. Er verkündet nicht einen neuen Gott, sondern den Gott Abrahams, Isaaks, Jakobs und Moses. Im Alten Testament wird erzählt: Gott ist dem Mose begegnet und hat ihn zum Pharao und zu seinem Volk geschickt, damit er das Volk in die Freiheit führt. Mose hat gefragt, wie er seinem Volk klarmachen soll, daß er einen göttlichen Auftrag habe und wer ihn sende. Daraufhin hat Gott ihm seinen Namen »Jahwe« offenbart. »Jahwe« heißt: »Ich werde sein, der ich sein werde« (so übersetzt *Luther*), oder: »Ich bin, der ich bin.« *Martin Buber* schlägt die Übersetzung vor: »Ich bin hier« im Sinn von »Ich bin unter euch, immer bei euch«. Diese Übersetzungsversuche zeigen, was gemeint ist und wer Gott ist: Gott ist der Beständige, der Wirkliche. Gott ist der, der für uns da ist, der uns die Treue hält, auf den wir uns unbedingt verlassen und dem wir vertrauen können. Genau dies meint aber auch Jesus, wenn er die Jünger lehrt, Gott als Vater anzureden, und wenn er selbst zu Gott als dem Vater betet.
Der allmächtige Gott, der Himmel und Erde, alles Sichtbare und Unsichtbare, geschaffen hat, ist nicht ein grausamer Henker-Gott

und Schicksalsgötze, sondern Vater und Freund. Dies erkennen wir dann, wenn wir Jesus Christus als unseren Bruder entdecken und annehmen. Die Brüderlichkeit Jesu führt uns zur Erkenntnis der Väterlichkeit Gottes. Wer in Jesus den Bruder findet, lernt in Gott den Vater erkennen.
Wir wissen, daß wir von unseren Eltern gezeugt und geboren sind und daß also »alles ganz natürlich« zugegangen ist. Trotzdem kann ein Christ sagen: »Ich glaube, daß mich Gott geschaffen hat.« Wir wissen auch, daß die heutige Welt das Ergebnis einer langen Geschichte ist, die keineswegs abgeschlossen ist, die einen unvorstellbaren Zeitraum von Jahrmilliarden umfaßt und an deren Ende der Mensch in einer langen Reihe von Vorläufern und Vorformen steht. Auf Grund der Offenbarung Jesu Christi glauben wir aber, daß alle Dinge unserer Welt – die Natur, die Menschen, wir selbst – aus einer einheitlichen Macht herstammen. Wir glauben, daß diese Macht gut, väterlich, vertrauenswürdig ist, auch wenn so oft das Böse zu triumphieren scheint.
Wir glauben, daß diese väterliche, göttliche, schöpferische Macht die Welt einem guten Ziel entgegenführen wird. Wir glauben, daß wir uns auf Gott verlassen und ihm vertrauen können.

7. Gott – der Schöpfer

Für unseren Glauben brauchen wir keine Angst zu haben vor den Erkenntnissen der *Naturwissenschaften*. Es hat Zeiten gegeben, in denen manche Christen meinten, naturwissenschaftliche Methoden und Ergebnisse ablehnen zu müssen, weil sie mit dem Buchstaben des biblischen Schöpfungsberichtes unvereinbar erschienen. Man las die Bibel wie ein Naturkundebuch. Es geht aber darum, daß wir aus den biblischen Texten das unaufgebbare Zeugnis von Gott, dem Schöpfer, vernehmen und gerade darin offen sind für die Erkenntnisse der Naturwissenschaften.

Die biblische Urgeschichte muß in ihrer literarischen Eigenart gesehen und verstanden werden. In den ersten beiden Kapiteln stellt die Bibel zwei verschiedene Schöpfungsberichte unbefangen nebeneinander (1. Mose 1–2, 4a und 2, 4b–25). Die Darstellung in 1. Mose 1 ist geprägt von priesterlicher Tradition und beschreibt die Schöpfung in der Form einer großen Liturgie. Gott erschafft die Welt in einem Sechstagewerk wie eine riesige Pyramide, an deren Spitze dann der Mensch steht. In Kapitel 2,4 beginnt ein viel früheres Erzählwerk, als ob noch nichts geschehen wäre. In ihm wird beschrieben, wie Adam, der Erdenmann, aus Erde erschaffen wird, wie ihm Gott einen lebendigen Atem einhaucht und wie ihm die Eva als Partner und Mitmensch gegeben wird. Es ist falsch, bei diesen alten Erzählungen an der Form hängen zu bleiben. Wichtig sind die grundlegenden Aussagen, die hier über die Menschen gemacht werden, etwa: Der Mensch gehört zur Erde. Er hat keinen Anlaß zum Größenwahn. Er lebt nur, solange ihm Gott seinen Geist gibt. Er ist Geschöpf und steht in der Nähe der Säugetiere (6. Tag!). Sie sind seine Mitkreaturen. Aber dieser Mensch ist nun doch in unübersehbarer Weise herausgestellt. Gott hat ihm eine besondere Würde verliehen und ihn zu seinem Partner bestimmt. Er erhält eine besondere Verantwortung für die übrige Schöpfung. Auch im kreatürlichen Bereich bekommt er ein Gegenüber in der Frau. Er ist zur Mitmenschlichkeit berufen (vgl. die Ausführungen zum 6. Gebot). Schon diese Urgeschichten der Bibel sind geprägt von der Erfahrung, daß Gott sich das Volk Israel erwählt hat. Menschsein auf dieser Erde ist bestimmt durch diese Erwählung und Berufung durch Gott. Deshalb steht unser Leben unter einem guten Vorzeichen. Deshalb versuchen die Erzähler der Urgeschichten und die Beter der Psalmen mit ihren Erzählungen und Psalmen den Schöpfer zu loben (vgl. auch die Psalmen 8, 19, 103, 104).

8. Der Herr der Zukunft

Der Glaube an die schöpferische Macht Gottes ist von höchster Bedeutung für *die Zukunftshoffnung der Welt* und für die Zukunftshoffnung des einzelnen.
Die Korinther konnten sich – wie wir alle – eine Auferstehung der Toten nicht vorstellen. Deshalb hatten sie die Toten bereits abgeschrieben. Aber Paulus bezeugt ihnen das schöpferische Handeln Gottes, das alle unsere menschlichen Begriffe und Vorstellungen unendlich übersteigt. Gott hat Möglichkeiten, wo wir keine Möglichkeiten mehr sehen. Er kann Neues schaffen und eine Zukunft eröffnen, wo wir nur noch das Ende, die Verwesung, die Nacht und den Tod sehen. Der Schöpfer ist nicht pensioniert. Christen glauben, daß Gott auch dieser Welt eine Zukunft schaffen wird. Schon jetzt geht es darum, nicht das alte Lied des Hasses, der Rache und der Klage anzustimmen, sondern ein neues Lied von einer neuen kommenden Welt, mit der Gott in der Sendung Jesu schon einen Anfang gemacht hat.

III. Die christliche Sicht des Menschen: Zwischen Menschenverherrlichung und Menschenverachtung

Wer in Jesus den Bruder und in Gott den Vater erkennt, wird frei von der Menschenverherrlichung, aber auch von der Menschenverachtung.

In der Weltanschauung des Optimismus hat man die natürlichen Möglichkeiten des Menschen maßlos überschätzt und gemeint, der Mensch sei imstande, kraft seiner Vernunft die Welt in ein Paradies zu verwandeln. Ganze Epochen waren geprägt von diesem Optimismus, der nicht nur das Denken von *Hegel,* sondern auch von *Karl Marx* und *Friedrich Engels* bestimmt hat. In seinem Buch »Die Welt von gestern« hat der Schriftsteller *Stefan Zweig* beschrieben, wie das 19. Jahrhundert ehrlich überzeugt war, auf dem unfehlbaren Weg zur »besten aller Welten« zu sein.

»Mit Verachtung blickte man auf die früheren Epochen mit ihren Kriegen, Hungersnöten und Revolten herab, als auf eine Zeit, da die Menschheit eben noch unmündig und nicht genug aufgeklärt gewesen. Jetzt aber war es doch nur eine Angelegenheit von Jahrzehnten, bis das letzte Böse und Gewalttätige endgültig überwunden sein würde, und dieser Glaube an den ununterbrochenen, unaufhaltsamen Fortschritt hatte für jenes Zeitalter wahrhaftig die Kraft einer Religion; man glaubte an diesen Fortschritt schon mehr als an die Bibel, und sein Evangelium schien unumstößlich bewiesen durch die täglich neuen Wunder der Wissenschaft und der Technik.«

In der Weltanschauung des Pessimismus hat man demgegenüber auf die dunklen Aspekte des Menschentums hingewiesen. *Schopenhauer* sagt:

»Woran sollte man sich vor der endlosen Verstellung, Falschheit und Heimtücke der Menschen erholen, wenn die Hunde nicht wären, in deren ehrliches Gesicht man ohne Mißtrauen schauen kann.«

Voltaire läßt Candide fragen:

»Glauben Sie, daß die Menschen sich immer schon gegenseitig umgebracht haben, wie sie es heute tun, daß sie von jeher Lügner, Betrüger, Lumpen, Undankbare, Geizhälse, Schwächlinge, Feiglinge, Neidhammel, Freßsäcke, Trunkenbolde, Ehrsüchtige, Blutsauger, Bestien, Gierkragen, Wüstlinge, Fanatiker, Heuchler und Dummköpfe waren?«

Die christliche Sicht des Menschen widerspricht sowohl dem Optimismus als auch dem Pessimismus. Sie hat zwar das ganze Elend des Menschen, seine Sünde, seinen Trotz, seine Verfallenheit an sich selbst und an die Welt im Visier. Dieses Elend des Menschen wird in der ganzen Bibel ausgebreitet, angefangen von der Auflehnung des Menschen gegen Gott (Sündenfallgeschichte), vom Haß des Menschen gegen seinen Bruder (Kain und Abel), über die vielen bestürzenden Darstellungen menschlicher Schuld und menschlichen Versagens im Alten Testament, bis hin zur Offenbarung der ganzen menschlichen Bosheit in der Kreuzigung Jesu Christi. Das Erstaunliche und Wesentliche an der christlichen Sicht des Menschen ist nun aber dies, daß die biblische Botschaft durchzogen ist von der positiven und hoffnungsvollen Aussage: Gott läßt sein Geschöpf nicht los. Er überläßt es nicht sich selbst. Er zieht seine Hand nicht ab. Er öffnet ihm die Geschichte nach vorne, gewährt immer wieder neue Anfänge und gibt die Möglichkeit zur Umkehr. Der Mensch wird nicht auf seine Bosheit festgenagelt und an seine Sünde gebunden. Er wird vielmehr weggerufen vom Bösen zum Tun des Guten, zu einem Leben im Gehorsam, zur Annahme seiner Geschöpflichkeit, zum Leben in der Freiheit und Freude der Kinder Gottes. Der Mensch ist nicht dazu bestimmt, in seiner Adams- oder gar Kainsnatur zugrunde zu gehen. Christus ist der neue Mensch, dessen Existenz wegweisend und zugleich eine Verheißung ist für alles, was Menschenantlitz trägt. Wer an Gott, den Schöpfer, glaubt, der uns in Jesus, dem Menschenbruder, nahegekommen ist, wird zwar das Kreuz Jesu, die Abgründe des Menschen und das Leiden nicht vergessen, aber er wird nicht nur sich selbst, sondern auch die Menschheit im Lichte einer elementaren Hoffnung sehen. Wer an den Schöpfer glaubt, glaubt an den Gott, der auch einem widerspenstigen Geschöpf Treue hält und Zukunft schafft.

IV. Die Verantwortung des Geschöpfes

1. Die eine Welt – der eine Tisch

Wer in Jesus den Bruder und in Gott den Vater erkennt, bekommt einen weiten Blick für *die große Familie der Menschen*. Wir brauchen diesen weiten Blick. Wir können uns nicht mehr als isolierte Einzelwesen in dieser Welt sehen. Wir sitzen an einem riesigen Tisch, an dem die ganze Menschheitsfamilie Platz genommen hat (darauf will uns auch die Abendmahlsfeier hinweisen). Damit entsteht die Frage: Was bedeutet es, daß dieser Tisch so grundverschieden gedeckt ist, daß die einen riesige Berge von Gütern und Lebensmitteln vor sich haben und die anderen am Hungertuch nagen? Was bedeutet das Bekenntnis zur Väterlichkeit Gottes im Blick darauf, daß wir Menschen so unbrüderlich miteinander umgehen?!

Der Kampf für eine brüderliche Welt ist Christenpflicht. Dieser Kampf muß bei uns selbst anfangen und auch die Verhältnisse in der Welt umfassen, die wir nicht nur erleiden, sondern an denen wir mitbeteiligt sind und die wir oft nur aufrechterhalten wollen, weil sie uns Vorteile bringen.

2. Der Mensch als Treuhänder oder als Räuber

Der Auftrag des Schöpfers an den Menschen lautet: »Macht euch die Erde untertan.« Dieser Auftrag befreit uns zu dankbarem Gebrauch der Güter dieser Erde. Wir sind damit aber nicht die Herren der Schöpfung, sondern nur die Treuhänder, die Verwalter und *Haushalter Gottes*. Wir müssen Rechenschaft ablegen, wie wir nicht nur mit dem menschlichen Leben, sondern auch mit dem Leben der Tiere und Pflanzen, mit den Gütern, Rohstoffen und Bodenschätzen der Erde umgehen.

Was bedeutet es, wenn nüchterne Wissenschaftler feststellen, daß der heute lebende Mensch sich als das größte Raubtier der Erde erweist? Wir dürfen den kommenden Generationen die Erde nicht nur als einen Müllplatz mit verpesteter Luft und verseuchten Gewässern hinterlassen. Wer an den Schöpfer glaubt, muß für die Erhaltung der Schöpfung kämpfen bis hin zu politischen Aktionen und Demonstrationen.

Die Verantwortung des Geschöpfes für die Bewohnbarkeit der Erde wird besonders deutlich in einem *offenen Brief an die Völker der Erde,* der von deutschen Wissenschaftlern auf einer Tagung des Internationalen Versöhnungsbundes in Frankreich Ende 1970 entworfen, dann von 2200 Wissenschaftlern aus der ganzen Welt unterschrieben und am 11. Mai 1971 von einer Delegation mit den Nobelpreisträgern *George Wald* und *Jacques Monod* dem Generalsekretär der UNO überreicht wurde. Wir zitieren wesentliche Ausschnitte:

»Leben wir geographisch auch weit voneinander getrennt, haben wir auch sehr verschiedene Kulturen, Sprachen, Geisteshaltungen, politische und religiöse Überzeugungen, so ist uns heute doch eine noch nie dagewesene Gefahr gemeinsam!...

Als Wissenschaftler nehmen wir nicht Stellung zu der politischen Tragweite bestimmter Lösungsvorschläge für diese Probleme, wir sprechen aber aus der Überzeugung, daß die Probleme existieren, daß sie globaler Natur und aufeinander bezogen sind und daß Lösungen nur gefunden werden können, wenn es uns gelingt, beschränkte Interessen um der Bewältigung einer allgemeinen Notlage willen zurückzustellen.

Beeinträchtigung der Umwelt

Die Qualität unserer Umwelt verschlechtert sich in einem bislang noch nicht dagewesenen Maße. Das ist in einigen Teilen der Welt augenfälliger als in anderen, weshalb eben dort die Öffentlichkeit besonders aufgeschreckt ist, während in anderen Ländern die Umweltverschlechterung nur als fernes und unwichtiges Phänomen erscheint. Aber es gibt nur eine Umwelt, was in dem einen Teil geschieht, greift auf das Ganze über. Das am bekanntesten gewordene Beispiel dafür ist das Eindringen giftiger Substanzen wie Quecksilber, Blei, Kadmium, DDT und anderer chlorierter organischer Verbindungen in die Ernährungszyklen überall in der Welt; diese Substanzen werden zum Beispiel weit entfernt von ihren Ausgangspunkten im Zellgewebe von Vögeln und anderen Tieren festgestellt. Ölverschmutzungen, Industrieabwässer und Abflüsse verschiedener Art haben fast alle Binnen- und Küstengewässer der gesamten Welt nachteilig verändert, ebenso wie Sielwässer und organische Abfälle, die in viel zu großen Mengen freigesetzt wurden, als daß die normalen Verarbeitungsprozesse der Natur noch mit ihnen hätten fertig werden können. Über den Städten hängen schwere Smog-Wolken; durch die Luft verwehte Schmutz- und Giftstoffe haben Bäume vernichtet, die Hunderte von Kilometern von den Immissionspunkten entfernt standen. Noch erschreckender sind unsere fortgesetzten Abenteuer mit neuen technologischen Prozessen und Projekten (so zum Beispiel der Überschall-Luftverkehr und die geplante Errichtung von immer mehr Atomkraftwerken), ohne ihre möglichen langfristigen Auswirkungen auf die Umwelt zu bedenken.

Versiegen der natürlichen Rohstoffquellen
Obwohl die Erde keinen unbegrenzten Vorrat an Naturschätzen besitzt und sie teilweise erschöpfbar sind, verbraucht die Industriegesellschaft viele der nur einmalig vorhandenen Stoffe und mißbraucht die potentiell wiederzuverwendenden; dabei betreibt sie eine Ausbeutung der Rohstoffquellen anderer Länder, ohne Rücksicht auf den Verlust für die heute lebende Bevölkerung oder auf den Bedarf künftiger Generationen zu nehmen... Auch unter den günstigsten Bedingungen könnte die Erde nicht genügend große Mengen von Rohstoffen liefern, um allen Menschen den Verbrauchsstandard zu ermöglichen, wie ihn sich die Mehrheit in den Industriegesellschaften heute leisten kann, und der Kontrast zwischen den Lebensweisen, wie sie auf der einen Seite die äußerste Armut diktiert, und denen, die der Überschuß erlaubt, wird weiter eine Quelle des Konfliktes und der Revolution sein.

Überbevölkerung und Hunger
Die heutige Bevölkerung der Erde wird auf drei und eine halbe Milliarde Menschen geschätzt, und Berechnungen, die auf der Basis gegenwärtiger Bevölkerungskontrollprogramme angestellt werden, kommen auf sechs und eine halbe Milliarde um das Jahr 2000. Es hat einige optimistische Voraussagen gegeben, wonach technologische und natürliche Rohstoffquellen erschlossen werden können, um für eine noch größere Erdbevölkerung Nahrung, Kleidung und Unterkunft zu schaffen. Tatsache jedoch ist, daß nicht weniger als zwei Drittel der heutigen Weltbevölkerung an Unterernährung leiden und daß die Gefahr einer großen Hungersnot trotz der Fortschritte im Ernährungssektor noch immer besteht...

Krieg
Während des gesamten Verlaufs unserer Geschichte hat es keine menschliche Aktivität gegeben, die so allgemein verdammt und so allgemein praktiziert worden ist wie der Krieg, und die Erfindung von immer zerstörerischen Waffen und Methoden der Kriegsführung hat nie aufgehört. Nun, da wir es zu den größtmöglichen Waffen gebracht und ihr Vernichtungspotential erlebt haben, schrecken wir vor ihrer Weiterverwendung zurück, doch hat uns unsere Furcht nicht davon abhalten können, unsere Waffenlager mit genug atomaren Sprengköpfen zu füllen, um alles Leben auf der Erde mehrfach auszulöschen, so wenig wie sie uns von blinden und gedankenlosen Experimenten mit biologischen und chemischen Waffen, sei es im Laboratorium oder auf dem Schlachtfeld, abhalten konnten. Auch hat sie nicht verhindern können, daß wir uns auf ›kleine Kriege‹ eingelassen haben oder auf aggressive Aktionen, die zum atomaren Krieg führen könnten. Selbst wenn ein letzter größerer Krieg vermieden wird, werden physische und menschliche Kraftquellen für seine Vorbereitung aufgebracht, die besser in der Anstrengung aufgingen, die Entbehrung leidenden Menschen dieser Welt zu ernähren und unterzubringen sowie die Umwelt zu retten und die Lebensbedingungen zu verbessern...

Was kann getan werden?
Das Vorhergehende ist nur ein Ausschnitt der Probleme, denen wir gegenüberstehen, und verzichtet im wesentlichen auf eine Analyse der Ursachen. Tatsächlich

kennen wir weder die vollen Dimensionen unserer Probleme noch ihrer Lösungen. Wir wissen, daß es um die Erde und ihre Bewohner nicht gut bestellt ist und daß die Probleme nur noch größer werden, wenn wir uns nicht mit ihnen befassen ... – Da die Krise aber dringliche Maßnahmen fordert, rufen wir, während die Forschungsarbeit weitergeht, zunächst zu folgenden Aktionen auf. Wir bieten sie nicht als Allheilmittel an, sondern als Vorbeugungsaktionen, um unsere Situation vor einer Verschlechterung zu bewahren, von der es kein Zurück gibt:

1. Ein Stillhalteabkommen für technologische Neuerungen, deren Wirkungen nicht übersehen werden können und die für das menschliche Überleben nicht wesentlich sind. Dazu gehören neue Waffensysteme, bestimmte Verkehrssysteme, neue und unerprobte Schädlingsbekämpfungsmittel, die Herstellung neuer Kunststoffe, die Errichtung umfangreicher neuer Atomkraftwerke und so weiter...
2. Die Anwendung einer bereits vorhandenen Technologie der Luft- und Wasserverschmutzungskontrolle auf die Energieerzeugung und auf die Industrie ganz allgemein, die Wiederverarbeitung von Materialien in großem Umfang, um die Erschöpfung der Rohstoffquellen zu verlangsamen...
3. Intensivere Programme in allen Teilen der Welt zur Begrenzung des Bevölkerungswachstums, ohne daß durch diese Maßnahmen die Rechte und Menschenwürde der Betroffenen verletzt werden. Es ist wichtig, daß diese Programme von der Senkung des Verbrauchsniveaus der privilegierten Klassen begleitet werden und daß eine gleichmäßigere Verteilung von Nahrung und anderen Gütern unter allen Menschen entwickelt wird.
4. Ungeachtet der Schwierigkeiten, zu Vereinbarungen zu kommen, müssen die Nationen einen Weg finden, den Krieg abzuschaffen, die nukleare Bewaffnung zu entschärfen und ihre chemischen und biologischen Kampfmittel zu zerstören. Die Folgen eines globalen Krieges wären unmittelbar und unumkehrbar, weshalb es in der Verantwortung von einzelnen und Gruppen liegen muß, die Teilnahme an Forschung und Prozessen zu verweigern, die, in die Praxis umgesetzt, das Ende der Menschheit zur Folge hätten.

Die Erde, die so groß erschien, muß jetzt in ihrer Kleinheit gesehen werden. Wir leben in einem in sich geschlossenen System, sind mit unser aller Leben und dem der folgenden Generationen absolut abhängig von der Erde und voneinander. Das viele, was uns trennt, ist deshalb von unendlich geringerer Bedeutung als die gegenseitige Abhängigkeit und die Gefahr, die uns gemeinsam wird. Wir glauben, daß die Menschheit sich nur dann die Erde als ihre Heimstatt wird erhalten können, wenn wir unsere Gegensätze überwinden...
Wir müssen einen Anfang machen!«
(Zitiert nach JUNGE KIRCHE, Juni 1971, S. 298–303.)

3. Christlicher Glaube darf die Schöpfung nicht preisgeben

Der Appell der Wissenschaftler ist deshalb vorbildlich, weil er nicht nur Gefahren nennt und aufzeigt, sondern auch die Frage stellt: »Was kann getan werden?« Die Forscher machen konkrete Vorschläge. Sie rufen zum Handeln, damit die Erde für die Menschheit als Heimstatt erhalten werden kann. In dieselbe Richtung weisen eine ganze Anzahl von neueren Veröffentlichungen. So das Buch des ehemaligen Entwicklungsministers Erhard Eppler

»Ende oder Wende«; so die mutigen Aufsätze des holländischen Politikers *Sicco Mansholt* und des Philosophen *Georg Picht;* so die Studie *Ernst von Weizsäckers* über »Humanökologie und Umweltschutz« oder die in ökumenischer Zusammenarbeit entstandene Arbeitsmappe »Die Zukunft der Welt und die Hoffnung der Christen«. Alle diese Veröffentlichungen münden in eine Aufforderung gerade an die Christen, die Bedrohung der Welt nicht passiv oder gleichgültig hinzunehmen, sondern dem Chaos zu wehren, für die Erhaltung und positive Gestaltung der Schöpfung einzutreten, um den Auftrag des Schöpfers wahrzunehmen.

Anders freilich beurteilen die heutige Situation eine ganze Anzahl von Schriften, die in sogenannten gläubigen Kreisen gelesen und verbreitet werden. Das sind vor allem die Broschüren von *Basilea Schlink* mit den Titeln: »Welt in Aufruhr«, »Weltkatastrophe«, »Umweltverschmutzung«, »Das Ende ist nah«. Auch *Basilea Schlink* beschreibt das erschreckende Ausmaß der Umweltverschmutzung, die Bedrohung der Schöpfung durch den Mißbrauch der Natur und der Technik. Sie beschreibt Überschwemmungskatastrophen, Erdbebenkatastrophen, Hungersnöte, Ausbreitung von Verbrechen, Haltlosigkeit und materialistischer Lebenshaltung. Alle diese Erscheinungen werden nur zum Material der Apokalyptik, zum Zeichen des Gerichts und der Endzeit. Damit ruft *Basilea Schlink* ihre Leser zu persönlicher Bekehrung und zur Sammlung der »Endzeitgemeinde«. Sie vertritt ein auf das Heil des einzelnen ausgerichtetes, im Grunde individualistisch-egoistisches Christentum. Wer sich aber so verhält, verwirft praktisch – ob ihm das bewußt ist oder nicht – das Bekenntnis zu Gott, dem Schöpfer. Es ist wahr: Die Schöpfung ist bedroht. Die Menschheit ist dabei, in Maßlosigkeit und Blindheit die Grundlagen für die Zukunft der Erde zu zerstören. Aber noch stehen wir unter der Geduld Gottes. Noch gilt dieser Welt die Liebe Gottes. Noch ruft er uns Menschen in die Verantwortung. Auf diese Verantwortung hinzuweisen und sie im Umgang mit der Technik einzuüben, ist eine wesentliche Aufgabe der Christen gegenüber der Versuchung zur Resignation, die sich immer wieder nahelegt für die Informierten angesichts der Größe der Aufgabe, angesichts der Trägheit der Massen und der Kurzsichtigkeit politischer, militärischer und wirtschaftlicher Machthaber. Wer dem Gott begegnet ist, der in Jesus Christus seine Liebe zu dieser Welt sichtbar gemacht und ihr eine neue Lebenschance gegeben hat, sieht sich zur Absage an die Verzweiflung und zu tätigem Einsatz gerufen.

DRITTER TEIL:

Die Gegenwart Gottes im Geist und das Leben der Gemeinde

Erster Fragenkreis: Der Geist des Herrn und die Kirche

I. Die Erfahrung der Macht des Heiligen Geistes in der Urchristenheit

Wer vom Heiligen Geist reden will, muß zunächst von einem Geschehen reden. Die Berichte von diesem Geschehen sind schwer verständlich. Da ist von Feuer und Wind die Rede und von einem seltsamen Sprachwunder (Apostelgeschichte 2). Darüber hinaus begegnet dem gläubigen Bibelleser, aber auch dem Wissenschaftler das Phänomen, daß es eine Gruppe von Menschen gibt, die Christen genannt werden und die in einer überraschenden und vielfältigen Weise von der Gegenwart und Wirkung des Geistes Gottes in ihrem Leben reden.

Da war eine Verheißung im Alten Testament: »Ich will euch ein neues Herz und einen neuen Geist in euch geben und will das steinerne Herz aus eurem Fleische wegnehmen und euch ein fleischernes Herz geben. Ich will meinen Geist in euch geben und will solche Leute aus euch machen, die in meinen Geboten wandeln und meine Rechte halten und danach tun« (Hesekiel 36,24–27).

Eine andere Verheißung lautete: »Ich will meinen Geist ausgießen über alles Fleisch, und eure Söhne und Töchter sollen weissagen, und eure Alten sollen Träume haben, und eure Jünglinge sollen Gesichte sehen. Auch will ich zur selben Zeit über Knechte und Mägde meinen Geist ausgießen« (Joel 3,1–2).

Die Christen sagen nun: Diese Verheißungen sind bei uns in Erfüllung gegangen. Über unserem trostlosen Häuflein, das weder mit dem Tod noch mit der Auferstehung Jesu von Nazareth zurechtkam, ist der Geist Gottes »ausgegossen« worden. Wir sind nicht mehr hilflos und orientierungslos. Wir sind nicht mehr trostlos und ohne Beistand: Der Geist Gottes ist zu uns gekommen. Er ist die Quelle neuer Kraft und neuen Mutes, er gibt uns Perspektiven. Wir sind nach dem Weggang Jesu nicht ärmer geworden. Er ist in neuer Weise unter uns gegenwärtig und wirksam durch seinen Geist. Jetzt erst verstehen wir vieles, das wir vorher nicht verstanden haben (vgl. Johannes 14,15–25). Jetzt erst erkennen wir den umfassenden Sinn und die Bedeutung der Sendung Jesu für unser persönliches Leben und für die Zukunft der ganzen Welt. Von uns aus sind wir schwach. Aber der Geist Gottes hilft unserer Schwachheit auf. Wir wissen nicht, wie und was wir beten sollen, aber der Geist Gottes vertritt uns und hilft uns (vgl. Römer 8). Er schenkt uns die Gewißheit des Heils. Er erneuert unsere Herzen. Er schafft in uns den Glauben und gibt uns die Gewißheit, daß uns nichts scheiden kann von der Liebe Gottes (vgl. Römer 8,26–31).

Der Geist Gottes will unser Leben bestimmen und prägen. Er ist die Antriebskraft und die Macht, die unser Leben gestaltet, so daß das ganze Leben von der Gegenwart und Nähe Gottes bestimmt und der menschliche Körper gleichsam zum »Tempel des Heiligen Geistes« wird (1. Korinther 6,19). Die Auswirkung und »Frucht des Geistes ist Liebe, Freude, Friede, Geduld, Freundlichkeit, Güte, Treue, Sanftmut, Selbstbeherrschung« (Galater 5,22).

II. Heiliger Geist – was ist das?

Es ist von großer Bedeutung, daß wir den Heiligen Geist nicht als ein nebulöses, unbestimmtes Gebilde oder als frommes religiöses Gefühl verstehen, sondern als die Macht, in der Gott selbst handelt und in der er das in Jesus von Nazareth begonnene Werk fortsetzt und vollendet.

Um die Bedeutung der Sendung des Heiligen Geistes zu verstehen, müssen wir sehen, daß die biblische Sicht des Verhältnisses von Gott und Mensch geprägt ist von dem, was man den »unendlich qualitativen Unterschied zwischen Gott und Mensch« nennt. Danach ist Gott nicht in Begriffen der Quantität zu beschreiben, etwa daß er größer, weiser und besser sei als der Mensch. Gott ist vielmehr ganz anders als der Mensch. Vom sündigen, vergänglichen Menschen führt keine Brücke zum heiligen und ewigen Gott. Gott ist nicht ein Teil unseres besseren Wesens. Wir haben keinen unmittelbaren Zugang zum Schöpfer und zu dem uns tragenden Lebensgrund. Die Botschaft der Bibel bringt dem Menschen deshalb die »gute Nachricht«, weil sie verkündet, daß Gott in Jesus von Nazareth selbst die Brücke zum Menschen geschlagen hat. Durch den Gottesmenschen Jesus wird die abgrundtiefe Kluft zwischen Gott und Mensch überwunden. An ihm wird offenbar, worin die Bestimmung des Menschen besteht und wie der neue Mensch beschaffen ist.

Der eine wahre Sohn soll aber Brüder und Schwestern bekommen. Was mit Jesus von Nazareth angefangen hat, soll weitergehen. Es kann aber nur so weitergehen, daß Gott selbst den Zugang zum Geheimnis Jesu Christi erschließt. Dazu braucht es nicht nur das geschichtliche Ereignis der Offenbarung Gottes im Menschen Jesus. Es braucht zugleich ein Erleuchten der Sinne, ein Öffnen der

Herzen. Gott selbst muß in die Menschen und zu ihnen kommen, um Wohnung zu nehmen, von ihnen Besitz zu ergreifen, sie mit Leben aus seinem Leben zu erfüllen. Dies geschieht durch den Geist Gottes.

Ein Mensch, der zum Glauben kommt, kann also die Entstehung seines Glaubens nicht als eigenes Werk, als persönliches Verdienst darstellen. Er kann nur so von seinem Glaubensstand reden, daß er auf Gott hinweist, auf die Berufung, Erwählung und Heiligung durch ihn.

Wie geschieht aber diese Selbstkundgabe und dieser Selbsterweis Gottes im Herzen der Menschen? Können wir direkte Offenbarungen und Erleuchtungen Gottes in unseren Herzen und Sinnen erfahren?

In der Reformationszeit hat es um diese Frage heftige Auseinandersetzungen zwischen den Reformatoren und den sogenannten »Schwärmern«, den »Brüdern und Schwestern des freien Geistes« gegeben. Der harte Umgang mit diesen sogenannten Schwarmgeistern ist wahrhaftig kein Ruhmesblatt der Reformation. Die Reformatoren waren aber darin im Recht, daß sie auf die Bindung des Geistes an das Wort des Evangeliums hingewiesen und das Ausufern des Geistchristentums in religiöse Selbsterlebnisse abgelehnt haben. Der Geist Gottes »beruft, sammelt, erleuchtet und heiligt« die Menschen durch das Evangelium. Er benützt das Mittel des Wortes und das Lebenszeugnis der Jünger, um Menschen anzusprechen und ihre Herzen zu erfassen.

Jesus sagt: »Wer mich liebt, der wird mein Wort halten, und mein Vater wird ihn lieben, und wir werden zu ihm kommen und Wohnung bei ihm nehmen... Der Beistand, den mein Vater in meinem Namen senden wird, der Heilige Geist, der wird euch alles lehren und an alles erinnern, was ich euch gesagt habe« (Johannes 14,23.26).

Durch das Wort geschieht die Bindung des Geistes an Jesus. Der Geist Gottes hat Gestalt angenommen in der Botschaft der Propheten, vor allem aber in der Botschaft und Existenz Jesu von Nazareth. Deshalb ist die Bitte um den Heiligen Geist eine Bitte um Geist vom Geiste Jesu, um Kraft aus seiner Kraft, um Leben aus seinem Leben. Weil der Geist Gottes in Jesus erschienen ist, bitten wir, daß er auch in uns erscheine, uns erfülle, uns erleuchte und uns zum Glaubensgehorsam bereit und fähig mache.

Die Bindung des Geistes an das Wort Jesu ist von entscheidender Bedeutung für alle Versuche, das Wirken des Geistes Gottes zu beschreiben. Wer nach der Weisung des Heiligen Geistes fragt, wird an die Botschaft Jesu verwiesen.

Der Geist ist nicht ein »Prinzip Erneuerung« oder ein »Prinzip Hoffnung« oder ein »Prinzip Mut zum Sein«. Die Konturen für das heute gebotene Handeln und Leben aus dem Geist werden im geisterfüllten Handeln Jesu sichtbar.

III. Zwischen Geist und Ungeist

Wir versuchen nun, das Ringen des göttlichen Geistes mit ebenso konkreten Auswirkungen menschlichen Ungeistes darzustellen. Aus dem Wort und Geist Jesu empfangen wir die Richtlinien und Maßstäbe für das Leben aus dem Geist Gottes, zu dem wir heute gerufen sind.

1. Geist der Selbsterhöhung oder des Verstehens

Unter den Anfangsgeschichten der Bibel begegnet uns die Geschichte vom Turmbau zu Babel. Sie berichtet von einem großen technischen Fortschritt. Der Mensch erfindet das Brennen von Ziegeln und lernt, wie man Asphalt (Erdharz) verwendet, um die Ziegel zusammenzuhalten. Es eröffnet sich eine großartige Möglichkeit, die das Leben auf der Erde wesentlich erleichtern kann. Gott selbst hat den Auftrag zur Gestaltung der Umwelt gegeben und geboten, sich die Erde untertan zu machen. Aber die Menschen von Babel verlieren die Gottbezogenheit ihres Lebens aus den Augen. Sie überschreiten die von Gott gesetzten Grenzen. Sie berauschen sich an ihrem eigenen Geniegeist. Nicht die neuen Erfindungen, nicht Technik und Fortschritt sind verwerflich, wohl aber der Geist der Anmaßung, der Geist der Selbstherrlichkeit, der Versuch der Selbsterhöhung und Selbstvergötterung des Menschen: »Wohlauf, laßt uns eine Stadt und einen Turm bauen, dessen Spitze bis an den Himmel reiche, damit wir uns einen Namen machen; denn wir werden sonst zerstreut in alle Länder« (1. Mose 11,4).
Ein Turm wird zum Symbol des titanischen Größenwahns und des

Weltherrschaftsanspruchs des Menschen. Dieser Versuch hat aber keine Verheißung. Gott läßt sich nicht entmachten. Am Ende stehen die Verwirrung, das Nichtverstehen, die Zerstreuung, das Gegeneinander der Menschen. Der Versuch der Selbsterhöhung führt nicht zum Verstehen und zur Gemeinschaft der Menschen untereinander.
Mit der Pfingstgeschichte (Apostelgeschichte 2) bringt das Neue Testament das Gegenbeispiel zum Turmbau von Babel: Viele Menschen sind beieinander. Da geschieht das im einzelnen nur in Bildern zu beschreibende Wunder der Ausgießung des Heiligen Geistes. Wind und Feuer sind die Zeichen des Geistes, denn sie sind in der damaligen Naturlehre diejenigen Elemente, die am weitesten entfernt sind von allem Starren, Verfestigten und Verhärteten. Der Wind ist unsichtbar und kann doch eine gewaltige Wirkung haben. Er weht, wo er will. Man kann ihn nicht zähmen und einfangen. So ist der Geist Gottes: unsichtbar und doch überlegen in seiner Wirkung und Kraft, unverfügbar und frei. Der Heilige Geist ist der Wind, der Hauch, der Atem Gottes, der das Tote und Starre zu neuem Leben erweckt.
Auch das Feuer ist ein Element der Bewegung. Was vom Feuer ergriffen wird, kann nicht bleiben, wie es war. Es wird verzehrt, ausgeglüht und geläutert. Jesus hat gesagt: »Ich bin gekommen, ein Feuer anzuzünden auf Erden.« Pfingsten verkündet: Die Lebensmacht und der Feuergeist Gottes sind da! Das Ergebnis des Pfingstgeschehens aber ist dies, daß es zu einem seltsamen Sprachenwunder, zur Aufhebung der babylonischen Sprachverwirrung, zu einem neuen Verstehen und unerwarteten Miteinander und Füreinander kommt: Parther und Meder und Elamiter, Leute aus Mesopotamien, Judäa und Kappadozien, aus Pontus und Asien, Phrygien und Pamphylien, Ägypter, Römer und Juden, Kreter und Araber vernehmen und verstehen die frohe Botschaft, daß Jesus Christus das Heil und der Retter der Welt ist. Der Heilige Geist Gottes will und wirkt neue Gemeinschaft.

2. Heiliger Geist oder Vereinsamung und Selbstbehauptung

Ein bewegendes Gedicht von *Hermann Hesse* endet mit den Worten: »Seltsam, im Nebel zu wandern! Leben ist Einsamsein, kein Mensch kennt den andern, jeder ist allein.«
Der Geist Gottes will uns dazu bewegen, daß wir aus unserer Ein-

samkeit heraustreten, uns mit anderen zusammenschließen, unsere Mitmenschen als Brüder und Schwestern erkennen und auf sie zugehen, ohne zu warten, bis sich jemand »um uns kümmert«. Es ist fragwürdig, wenn wir uns auf uns selbst zurückziehen, wenn wir unsere Ehen als Egoismus zu zweit leben, wenn wir uns in »Familienseligkeit« gegen andere abkapseln, um selbstgenügsam möglichst viel Glück und Vergnügen aus dem Leben herauszuschlagen. Wir sind gefordert, neue Formen der Gemeinschaft zu suchen und sie einzuüben.

In unzähligen Familien reden die Alten und die Jungen nicht mehr miteinander. Sie leben gegeneinander oder nebeneinander her. Die Gegensätze haben teilweise geradezu tragische Formen angenommen. Man versteht sich nicht, hat sich nichts zu sagen, weicht einander aus oder hat einander schon als hoffnungslos abgeschrieben. Der Geist Gottes macht frei von der Verabsolutierung der eigenen Haltung, frei zum Sehen und Verstehen des anderen und gibt einen neuen Anfang.

3. Heiliger Geist oder Geist des Neides

Die Bibel bietet eindrückliche Beispiele für die Macht des Neides und der Eifersucht. Kain ist neidisch auf seinen Bruder Abel. Dieser scheint besser dran zu sein vor Gott. Kain kann es nicht ertragen und schlägt seinen Bruder tot (1. Mose 4).

Die Brüder des Joseph sind neidisch, weil dieser der Liebling des Vaters ist. Er hat ein schöneres Kleid und scheint vom Schicksal begünstigt zu sein. So trachten sie ihm nach dem Leben und verkaufen ihn schließlich als Sklaven (1. Mose 37). Die Bibel sagt: »Neid ist Eiter in den Gebeinen« (Sprüche 14,30).

Der Neid läßt nicht zur Zufriedenheit, zur Freude und zur Dankbarkeit kommen. Er raubt den Zugang zum Glück. Wir schielen danach, ob andere besser dran sind als wir, ob sie reicher, gesünder, schöner sind, ob sie es weitergebracht haben. Der Neid ist eine wahre Großmacht in den Schulen, in den Betrieben und Büros, in den Verwandtschaften und Nachbarschaften, zwischen Berufsgruppen und Völkern. Der Geist Gottes aber macht uns frei von dieser Krebskrankheit des Neides. Er lehrt uns, den Platz, an den Gott uns gestellt hat, die Hautfarbe, die wir haben, die geistigen und körperlichen Grundbedingungen unseres Daseins anzunehmen. Der Geist Gottes befreit uns zur Dankbarkeit, weil wir die Gegenwart und Nähe, die Weisung und Mahnung Gottes mitten in den Problemen und Nöten unseres Alltags entdecken.

4. Heiliger Geist oder Geist des Geldes

Das Sprichtwort »Geld regiert die Welt« weist auf einen unübersehbaren Tatbestand hin: Geld verleiht Macht und Einfluß. Es verspricht die Lösung vieler Probleme und Lebensfragen. Es läßt uns den Wert der Menschen nach der Größe ihres Vermögens beurteilen. Wer z. B. in Amerika nach dem Vermögen eines Menschen fragt, stellt die geläufige Frage: Wieviel ist er wert?«
Der Geist Gottes verwirft diesen Maßstab. Er lehrt Respektlosigkeit vor dem großen Geld und der Macht seiner Besitzer. Nicht nur im Alten Testament, sondern auch in der Geschichte vom reichen Kornbauern und vor allem in der Bergpredigt Jesu wird uns der »reiche Narr« vor Augen gestellt, der nur Schätze sammelt, die die Motten und der Rost fressen, die gestohlen werden können, die unser Leben im oberflächlichen Jagen und Hetzen nach Reichtum gefangenhalten, die uns blind für den Tod, blind für Gott und blind für die Mitmenschen machen (vgl. dazu auch Jakobus 5).

5. Geist der Brüderlichkeit oder Rassenhaß

Die Menschheit existiert in verschiedenen Rassen mit verschiedenen rassischen Merkmalen, verschiedenen Hautfarben, verschiedenen sprachlichen, kulturellen, gesellschaftlichen Traditionen. Im Lauf der Geschichte hat es immer wieder Menschengruppen und Herrscher gegeben, die den rassischen Unterschieden grundlegende Bedeutung zugesprochen haben. Man hat die eigene Rasse oder das eigene Volk absolut gesetzt und versucht, die Angehörigen anderer Rassen und Völkergruppen als minderwertig, als grundsätzlich unterlegen oder gar als »Untermenschen« abzustempeln. Vor allem die weißen Nationen haben eine lange, schuldbeladene Geschichte, in der sie die völkische, begabungsmäßige, wirtschaftliche, ja sogar die schöpfungsmäßige Vorherrschaft und Herrenstellung der weißen Menschen behauptet und sich als »Herrenrasse« aufgeführt haben.
Der Geist Gottes widerspricht solchem Rassenwahn auf der ganzen Linie. Er stellt die Angehörigen aller Völker und Rassen ne-

beneinander und zeigt, daß ihnen allen die Liebe Gottes in gleicher Weise gilt und sie in gleicher Weise zur Gemeinde Jesu berufen sind: »Parther und Meder und Elamiter...Römer und Griechen, Juden und Judengenossen.«
In besonderer und exemplarischer Weise widerspricht der Geist Gottes allen Versuchen, den Antisemitismus rassisch oder religiös zu begründen. Jesus war Jude. Alle Apostel waren Juden. Die Kirche ist grundsätzlich »Kirche aus Juden und Heiden«. Wer dies anders lehrt, vergeht sich am Geist Gottes, der die Menschen durch das Evangelium zu einer weltweiten Bruderschaft zusammenruft, in der nicht Herkunft und Abstammung, sondern allein die Zugehörigkeit zu Jesus Christus und die Dankbarkeit für die Rettung der Welt gelten (Galater 3,28).

6. Geist der Solidarität oder Klassenhaß

Mit dem Satz »Die Geschichte ist eine Geschichte von Klassenkämpfen« hat *Karl Marx* ein die Menschheitsgeschichte prägendes Prinzip sachgemäß beschrieben. Wer die Wirklichkeit betrachtet, wird nicht bestreiten, daß ein ständiger Kampf der Klassen, Wirtschaftssysteme, Berufsgruppen, Betriebe, Wirtschaftsverbände, Konzerne und Sozialpartner im Gange ist. Klassenkampf ist eine Realität und in gewisser Weise eine Notwendigkeit als Kampf von besitzlosen und benachteiligten Gruppen der Gesellschaft gegen solche, die durch Besitz, Bildung oder Macht privilegiert sind.
Der Geist Gottes ruft zur Solidarität mit dem Schicksal der Unterdrückten und Entrechteten. Er gebietet Parteinahme für die Schwachen. Aber er verwehrt Haß, Feindschaft und Rachegesinnung. Der Kampf ist kein Selbstzweck. Es kann nicht das Ziel des Klassenkampfes sein, daß nur die Gruppe der Herrschenden und Privilegierten ausgewechselt wird. Es geht um die Gewinnung eines menschenwürdigen Daseins für alle. Der Heilige Geist will uns auch vom Klassendünkel befreien. Die Borniertheit, Torheit, Verlotterung und Sünde des Menschen hat viele Gestalten und so auch diese, daß sich die sozialen Schichtungen in einem Volk gegeneinander verschließen. Der Zugehörigkeit zu einem sozialen Stand, einer Berufsgruppe, einer Gehaltsklasse kann aber keine trennende Bedeutung zukommen. Die Gemeinde Jesu Christi hat – vorbildhaft für die Gesellschaft – eine alle Schranken überwindende Gemeinschaft zu verwirklichen.

7. Geist der Freiheit oder Unfreiheit und Diktatur

Es gehört zum Geheimnis und Rätsel des Menschen, daß er von Gott als freies Wesen geschaffen ist. Er ist nicht zu einer Marionette, sondern zu einem in Freiheit antwortenden Geschöpf, ja sogar zum Partner Gottes bestimmt. Verantwortliche Freiheit vor Gott und zugleich freier Dienst an den Mitmenschen sind unser Ziel und unsere Bestimmung.

Solche Freiheit ist aber ständig bedroht. Wir verlieren uns an alle möglichen Herren und Mächte, die in uns und über uns herrschen wollen. Neben der spürbaren, erlittenen politischen Unfreiheit gibt es Diktaturen, die von vielen gar nicht empfunden werden, und es gibt viele Formen der inneren Unfreiheit. Wir sind verfallen an Triebe und Süchte und sind selbstisch gebunden.

Der Geist Gottes öffnet uns die Augen, daß wir unsere Unfreiheit erkennen. Er weckt in uns die Sehnsucht nach wahrer Freiheit. Wenn wir uns dem Geiste Gottes öffnen, kommt es zu einem Kampf in uns selbst. Der alte, ichverfallene »fleischliche« Mensch muß durch den neuen »geistlichen« Menschen überwunden werden. Dieser Kampf hört nie auf, solange wir leben. In ihm gibt es nur Teilerfolge. Aber der Geist ermutigt uns zum Aufstehen aus Niederlagen und zum Vertrauen auf die göttliche Vollendung der von uns nur in Bruchstücken und Ansätzen erreichten Freiheit.

Gegen diese Sicht der menschlichen Grundsituation wird eingewandt, die Zumutung der Freiheit und der Verantwortlichkeit sei eine Überforderung des Menschen. Der Mensch werde nur glücklich und zufrieden, wenn man ihn von der Verantwortung entbinde, die Magenfrage löse und ihm Unterhaltung und Zerstreuung biete. Er könne im Grunde nur in der Masse zufrieden werden, wenn sein Ich in einem kollektiven Über-Ich Bestätigung finde und ihm in der Masse das Gefühl der Geborgenheit gegeben werde.

Der Geist Gottes lehrt uns, dieser pessimistischen Sicht des Menschen zu widerstehen. Er fordert dazu auf, den Menschen nicht von seinen Trieben und Sehnsüchten, von seiner Trägheit und Gebundenheit her zu bestimmen, sondern daran festzuhalten, daß wir zur Freiheit der Kinder Gottes berufen sind und unser Leben daran ausrichten können.

8. Geist der Vergebung oder Gnadenlosigkeit und Unversöhnlichkeit

Martin Luther hat darauf hingewiesen, daß die Ursünde des Menschen im »amor sui«, in der Selbstliebe, besteht. Diese Selbstliebe macht unfähig zu echter Gemeinschaft, unkritisch gegen sich selbst, unbarmherzig und unversöhnlich gegenüber den Mitmenschen. Solange wir vom Geist der Selbstgerechtigkeit beherrscht werden, sind wir gnadenlos und verschließen uns gegen das neue Leben, das aus der Vergebung kommt. Der Geist der vergebenden und versöhnenden Zuwendung Gottes in Jesus Christus macht uns frei zur Vergebung, von der alle Gemeinschaft lebt: Eheleute leben von der Vergebung. Nachbarschaften, Freundschaften, Arbeitskollegen, Gemeindegruppen, Völker und Nationen, Rassen und Klassen leben von der Vergebung. Die Menschheit hat nur dann eine Zukunft, wenn sie sich dem Geist der Versöhnung öffnet.

9. Geist der Wahrheit oder Lüge und Vernebelung

Jesus sagt: »Ich will den Vater bitten, und er wird euch einen anderen Beistand geben, der für immer bei euch bleiben soll: den Geist der Wahrheit« (Johannes 14,16). Er sagt auch: »Wenn ihr bei dem bleibt, was ich euch gesagt habe, seid ihr wahrhaftig meine Jünger und werdet die Wahrheit erkennen, und die Wahrheit wird euch frei machen« (Johannes 8,31–32).

Wahrheit ist mehr als Wahrhaftigkeit. Aber es gibt keine Wahrheit ohne Wahrhaftigkeit. Der Geist Gottes ruft zur Wahrhaftigkeit und widersteht der Lüge. Ein Pfingstlied bittet: »O komm, du Geist der Wahrheit, und kehre bei uns ein, verbreite Licht und Klarheit, verbanne Trug und Schein...«

Wenn die christliche Gemeinde diese Bitte ernst nimmt, bleibt sie wachsam und kritisch gegenüber den gängigen Losungen, gegenüber den vielen Vernebelungsversuchen und Vertuschungskünsten der staatlichen und Parteipropaganda und der interessengeleiteten Selbstdarstellungen der Wirtschaftszweige und -verbände.

Im letzten Krieg hat es Vernebelungseinheiten gegeben, deren Aufgabe darin bestand, militärisch wichtige Industrieanlagen einzunebeln und ganze Gebiete mit Nebel zu überziehen. Solche

Vernebelungsaktionen gibt es auf vielen Gebieten des öffentlichen Lebens. Es müßte vor allem Aufgabe unabhängiger Wissenschaftler sein, zu informieren, aufzuhellen, klare Analysen zu geben, Bedrohungen aufzuzeigen, Gefahren anzukündigen. Aber es ist eine deprimierende Erkenntnis unserer Zeit, daß es kaum unabhängige, unbestechliche Wissenschaftler gibt, weil auch die Wissenschaftler nicht in einem freien Raum arbeiten, sondern mit ganz bestimmten Aufträgen und Zielen von Industriegruppen oder staatlichen Stellen angesetzt sind. Solchen industriellen, technischen oder politischen Zielen wird das Gemeinwohl oft untergeordnet. Die wahren Interessen staatlicher oder wirtschaftlicher Organisationen werden vielfach verschleiert und verborgen unter tönenden Worten. Negative Auswirkungen wirtschaftlich-technischer Maßnahmen werden verharmlost oder verschwiegen. Die geheimen Verführer tragen viele Gewänder. Dies nötigt die Gemeinde zu einem besonderen Ernstnehmen der biblischen Mahnungen zur Wachsamkeit und Nüchternheit. Es ist nicht die geringste Verheißung des Heiligen Geistes, daß er wie ein Sturmwind in den Nebel hineinfahren, ihn vertreiben und die wirkliche Lage zum Vorschein bringen will. Der Geist provoziert den Willen zur Aufklärung und verlangt nach der Durchschaubarkeit der wirtschaftlichen, technischen, politischen und militärischen Vorgänge. Gerade hier muß es sich erweisen, daß christlicher Glaube nicht Opium für das Volk ist, daß er keine naiv-harmlose Weltbetrachtung und keine religiöse Flucht in individuelle Frömmigkeit erlaubt.

10. Geist des Friedens oder der Gewalt und des Krieges

Ein Gebet, das *Franz von Assisi* zugeschrieben wird, beginnt mit den Worten:

Herr, mache mich zum Werkzeug deines Friedens,
daß ich Liebe übe, wo man sich haßt,
daß ich verzeihe, wo man sich beleidigt,
daß ich Frieden stifte, wo Streit ist,
daß ich Hoffnung wecke, wo Verzweiflung quält,
daß ich dein Licht anzünde, wo die Finsternis regiert,
daß ich Freude bringe, wo der Kummer wohnt.«

Der Geist Gottes will so in uns wirksam werden, daß wir Liebe üben, verzeihen, Frieden stiften, Hoffnung wecken, Licht anzünden und Freude bringen. Es ist nun aber eine grundlegende Anfrage an unser traditionelles Christentum, ob wir die Wirkung des Geistes Gottes auf das Verhalten des einzelnen beschränken und sie für das Zusammenleben der politischen, gesellschaftlichen, wirtschaftlichen und nationalen Gruppen nicht gelten lassen wollen. Ganze Theologengenerationen haben Scharfsinn und Geist darauf verwendet, nachzuweisen, daß das Wort Jesu in der Bergpredigt und der Ruf in den Gehorsam des Geistes in diesem ganzen Bereich nicht gelten könne. So hat man sich an den Geist der Gewalt und des Krieges ausgeliefert. Statt mit dem »Schwert des Geistes« zu kämpfen, hat man sich vom »Geist des Schwertes« beherrschen lassen.

Professor *Fritz Baade,* Direktor des Instituts für Weltwirtschaft an der Universität Kiel, hat 1957 am Schluß seines Buches »Weltenergiewirtschaft« geschrieben:

»Der Mensch von heute ... muß sich viel mehr in sehr alte Erkenntnisse vertiefen, die der Menschheit vor fast 2000 Jahren gebracht worden sind. Er muß den Lehren Christi in seinem täglichen Leben einen viel größeren Platz einräumen, und er muß sie sehr wörtlich nehmen. Das gilt insbesondere von demjenigen Teil der Lehren Christi, bei dem sich viele Menschen am meisten dagegen sträuben, sie als Lehren der Realpolitik anzunehmen, nämlich von den Geboten der Bergpredigt.
Eines der schönsten Worte aus dieser Bergpredigt lautet: ›Selig sind die Sanftmütigen, denn sie werden das Erdreich besitzen.‹
Weder Wirtschaftsunternehmer noch Politiker haben bisher allzuviel Geneigtheit gezeigt, diese Lehre Christi wörtlich zu nehmen. Sie haben es für Realpolitik gehalten, wenn sie glaubten, daß der Unternehmer und der Staatsmann, wenn sie etwas besitzen wollen, einen Geist des Besitzwillens haben müssen, einen Geist des Machtwillens und eine Bereitwilligkeit zur Gewaltanwendung. Nun, was die Nicht-Sanftmütigen und die Gewalttätigen uns an Trümmern hinterlassen haben, das wissen wir. Wenn es im Jahre 2000 überhaupt noch ein Erdreich geben soll und wenn es sich lohnen soll, darauf zu wohnen, so muß dieser Geist der Gewalttätigkeit überwunden werden.«

Es ist nicht Spielerei, sondern eine Notwendigkeit, daß wir Christen wenigstens versuchen, die Bedeutung der Worte Jesu für die sogenannte Realpolitik zu erkennen, sie einzuüben und uns also dem Wirken des Geistes Gottes zu öffnen.

11. Geist der Selbstbescheidung oder der materiellen Unersättlichkeit

Die Existenzphilosophie hat die Sorge als eine Grundbefindlichkeit des Menschen dargestellt. Wir empfinden die Ungesichertheit unseres Lebens und versuchen, uns gegen die Wechselfälle des

Lebens, gegen Hunger, Armut, Obdachlosigkeit und Krankheit abzusichern, indem wir materiellen Besitz, Erhöhung unseres Lebensstandards und Wohnkomforts, Ausweitung unserer wirtschaftlichen Möglichkeiten anstreben. Nach den Notzeiten des Zweiten Weltkriegs und der Nachkriegszeit hat die Losung »Wohlstand für alle« ein tiefes Verlangen der Menschen angesprochen. Es ist weithin nicht erkannt worden, wie gefährlich diese ständig praktizierte Predigt des praktischen Materialismus für das Verantwortungsbewußtsein der Bürger und für die politische Entwicklung der Demokratie ist. Die Zukunft wird verspielt, wenn Politiker und Kirchenmänner nicht mehr wagen können, der Bevölkerung klare Analysen der Weltsituation zuzumuten, harte und unbequeme Wahrheiten auszusprechen und echte Opfer von den Bürgern zu verlangen. Durch den Nachholbedarf der Nachkriegszeit und die Ausweitung der technischen Möglichkeiten haben wir uns darauf eingestellt, eine dauernde Steigerung des Bruttosozialprodukts und eine ständige Mehrung des privaten Einkommens zu verlangen. Es ist ein Teufelskreis: Damit die Politiker gewählt werden, versprechen sie immer bessere Zeiten und immer größeren wirtschaftlichen Erfolg. Die Arbeitgeber und Arbeitnehmer fordern immer höhere Gewinne und mehr Lohn. Wir wollen es nicht hören, daß das wirtschaftliche Wachstum begrenzt ist, daß sich der Planet Erde nicht ungestraft und unersättlich plündern läßt, daß wir mit dem Verlangen nach weiterem Wirtschaftswachstum unsere Lebensgrundlagen – gesunde Luft, gesundes Wasser, gesunde Nahrung – selbst zerstören, auf Kosten der Entwicklungsländer leben und das Leben der nach uns kommenden Generationen zutiefst gefährden.

Der Ungeist der materiellen Unersättlichkeit wird uns aber ins Verderben führen, wenn wir uns vom Heiligen Geist nicht zu echter Selbstbescheidung und einem neuen Lebensstil führen lassen. Hier müssen grundlegende Anfragen an unser sogenanntes kapitalistisches Wirtschaftssystem gerichtet werden. Darüber hinaus bedarf es bei den einzelnen einer neuen Orientierung und Lebenshaltung. Wird es für unseren persönlichen Lebensstil Bedeutung gewinnen, wenn Jesus sagt, daß wir nicht vergängliche Schätze sammeln sollen, daß wir durch materielle Güter im Grunde unser Leben nicht sichern und nicht zugleich Gott und dem Götzen Mammon dienen können (vgl. Matthäus 6)? Ist die Freiheit zur sogenannten »apostolischen Armut« nur eine Sache für religiöse Radikale wie für die »Brüder von Taizé«, oder handelt es sich um Zeichen, die uns alle in die rechte Richtung weisen? Wenn wir uns dem Geist Gottes öffnen, können wir uns gegen Erkenntnisse nicht verschließen, die ein grundlegendes Umdenken und Umkehren erfordern.

12. Geist der Hoffnung oder Resignation und Verzweiflung

Immer wieder erliegt auch der Christ dem Geist der Resignation und Hoffnungslosigkeit. Wir sehen unser eigenes Leben eingefangen in die engen Grenzen, die uns von unserer Umwelt, unserer Veranlagung, unserer Art gesetzt sind. Wir erleben Enttäuschungen mit uns selbst, aber auch mit unseren Mitmenschen. Gerade wenn wir uns für unsere Mitmenschen einsetzen wollen, können wir deprimierende Erfahrungen der Undankbarkeit, der böswilligen Auslegung unseres Verhaltens, der Unbelehrbarkeit und Verstockung machen. Wenn wir unseren Blick auf den Kampf der Gruppen, Parteien, Völker, Klassen und Rassen richten, die Trägheit und Primitivität der Massen vor Augen haben und die Macht des Egoismus, der Triebe und Ängste, der Vorurteile und des Hasses erfahren, dann werden wir geradezu in eine pessimistische Stimmung gedrängt. Es ist ja wahr: So ist die Welt, und so sind wir Menschen: Wir haben den einzigen Gerechten und Guten gekreuzigt!

Der Geist Gottes gestattet uns aber nicht, bei dieser Erkenntnis stehenzubleiben und an der Welt und den Menschen zu verzweifeln. Der Geist Gottes führt uns vom Karfreitag zum Ostergeschehen und damit zur Hoffnung, die die Verzweiflung überwindet. Über Sünde und Schuld, über Leiden, Einsamkeit und Tod hinaus wird Gott das letzte Wort behalten. Er wird sich sein Herrenrecht über die Schöpfung nicht nehmen lassen. Die Zuversicht auf den endgültigen Sieg Gottes prägt das Wesen, den Glauben, die Liebe und die Hoffnung der Gemeinde Jesu Christi. Der Geist Gottes vertreibt den Geist der Sorge, der Resignation und Verzweiflung. Er schafft Trost, Ausblick und Ermutigung. Wer sich ihm öffnet, wird nicht »wie die Tiere den Schnabel zur Erde halten« (*Calvin*), sondern das Haupt erheben und Perspektiven gewinnen. Der Geist Gottes befreit von der Haltung der Klage und des Jammerns und läßt uns zu einem getrosten Kampf für die kleinen Zeichen der Hoffnung in dieser Welt antreten. »Denn Gott hat uns nicht den Geist der Furcht gegeben, sondern den Geist der Kraft und der Liebe und der Besonnenheit« (2. Timotheus 1,7).

IV. Die Gemeinde Jesu Christi als Geschöpf und Werkzeug des Geistes

In der Erklärung *Martin Luthers* zum Dritten Artikel des Apostolischen Glaubensbekenntnisses heißt es unter anderem:

».... Der Heilige Geist hat mich durchs Evangelium berufen, mit seinen Gaben erleuchtet, im rechten Glauben geheiligt und erhalten, gleichwie er die ganze Christenheit auf Erden beruft, sammelt, erleuchtet, heiligt und bei Jesus Christus erhält im rechten einigen Glauben...«

1. Erweckende, belebende, erleuchtende Macht

Die Erklärung *Luthers* zeigt als wesentliche Funktion des Heiligen Geistes, daß er zum Glauben an Jesus Christus erweckt und die ganze Christenheit auf Erden in der Treue zu ihrem Herrn erhält. Der Heilige Geist ist nichts anderes als der in seiner Zuwendung zum Menschen handelnde Gott. Er ist die »erweckende, belebende und erleuchtende Macht Jesu Christi« (*Karl Barth*). Die Gemeinde, in der der Heilige Geist wirkt, ist der Leib Jesu Christi. Was in der Gemeinde geschieht, kann sachgemäß nur in der Kraft und im Geiste Jesu Christi geschehen.
In der Erklärung *Luthers* steht die Berufung, Erleuchtung, Heiligung und Bewahrung des einzelnen an erster Stelle, und erst dann wird der Blick auf die »ganze Christenheit auf Erden« gerichtet. Im Blick auf die Glaubensgeschichte vieler Menschen ist dieser Weg vom Ich zum Wir durchaus richtig. Es ist dennoch theologisch sachgemäß, wenn *Karl Barth* diese Reihenfolge umkehrt: Die Erwählung, Berufung, Heiligung und Erneuerung der Gemeinde gehört an den Anfang, der einzelne ist Glied des Volkes Gottes. Er wird zur Gemeinde berufen. Er wird von vornherein mit anderen zusammengestellt, um in der Gemeinschaft mit ihnen die erwek-

kende, belebende und erleuchtende Macht Jesu Christi zu erfahren. Dies wird schon deutlich an der Berufung der Jünger. Sie sind nicht primär zur Individualität berufen; vielmehr bedeutet der Ruf in die Nachfolge von Anfang an Berufung in die Gemeinschaft. Daß dabei die Individualität nicht zu kurz kommt, ist selbstverständlich.

2. Menschliche Organisation und »Leib Jesu Christi«

Die Bestimmung des Geistes als erweckende, belebende und erleuchtende Macht Jesu Christi ist zugleich von entscheidender Bedeutung für das Verständnis der Kirche. Es gibt Versuche, zwischen der Gemeinde Jesu Christi und der Kirche zu unterscheiden. In der Gemeinde sieht man dann vorrangig die »Gemeinschaft der Gläubigen«, in der Christus handelt und die er durch seinen Geist leitet und regiert. Demgegenüber versteht man unter Kirche primär die äußere Organisation, die als juristische »Körperschaft des öffentlichen Rechts« ein Teil dieser Welt ist, weil sie als Arbeitgeberin von Beamten und Angestellten und als eine Institution unter anderen Institutionen fungiert.

Diese Unterscheidung zwischen Gemeinde und Kirche zeigt ein Problem. Aber sie hilft im entscheidenden genausowenig weiter wie die Unterscheidung zwischen unsichtbarer und sichtbarer Kirche. Die Kirche und Gemeinde Jesu Christi ist notwendigerweise sichtbar und kann von Soziologen, Psychologen, Historikern, Statistikern und Juristen untersucht und beschrieben werden. Sie ist aber auch wesensgemäß unsichtbar, weil das Herr-Sein Jesu, seine erweckende, belebende und erleuchtende Macht nicht welthaft gemessen, erfaßt und dingfest gemacht werden kann. Das Geheimnis der Kirche kann von den Nur-Psychologen, Nur-Historikern, Nur-Soziologen nicht erfaßt und beschrieben werden.

Kirche ist beides: Sie ist eine menschliche Organisation, aber sie lebt zugleich unter der Verheißung und unter dem Auftrag, Leib Jesu Christi zu sein, aus seinem Geist zu leben, seinem Wort zu gehorchen und sein Werk zu tun. Wo die Kirche selbstherrlich wird, wo sie sich gegen den Geist Jesu verschließt, wo sie nicht Werkzeug seines erweckenden, belebenden und erleuchtenden Geistes ist, verrät sie ihren Ursprung und ihr eigenes Wesen. Die äußere Gestalt und die Organisationsformen der Kirche können nur eine dienende Funktion haben. Sie sind daran zu messen und danach zu beurteilen, ob und in welcher Weise sie der Erfüllung des in Jesus offenbarten göttlichen Willens nicht im Wege stehen, sondern dienen.

3. Die Gemeinde ist kein Selbstzweck

Die Gemeinde Jesu Christi wird von Anfang an unter einen Auftrag gestellt. Sie erhält eine Aufgabe zugewiesen, in der sie ihr Wesen und ihre Bestimmung erfüllt: »Ihr werdet die Kraft des Heiligen Geistes empfangen, der auf euch kommen wird, und ihr werdet meine Zeugen sein in Jerusalem, in ganz Judäa und Samarien und bis an die Enden der Erde« (Apostelgeschichte 1,8). »Geht hin und macht alle Völker zu Jüngern: Tauft sie auf den Namen des Vaters und des Sohnes und des Heiligen Geistes, und lehrt sie alles zu halten, was ich euch befohlen habe. Und siehe, ich bin bei euch alle Tage bis an das Ende der Welt« (Matthäus 28,19.20).
Die Kirche hat einen Zeugen- und Heroldsdienst in dieser Welt. Sie hat allen Menschen zu bezeugen, daß Jesus Christus ihr Herr und ihre Zukunft ist. Sie hat die Botschaft von der Zuwendung und Liebe Gottes weiterzugeben und weiterzusagen. Sie hat das Geschehen der Offenbarung Gottes in Jesus Christus als das für alle Menschen gültige, grundlegende Ereignis der Weltgeschichte zu bezeugen. Im Zeugnis dieser Jünger führt der Auferstandene sein Werk weiter und sammelt die Gemeinde durch sein geisterfülltes Wort. Die Gemeinde wird im Neuen Testament als ein durch die Geschichte wanderndes Gottesvolk beschrieben (Hebräer 3,4 bis 4,11), als Leib Jesu Christi (Kolosser 1,15–20; 1. Korinther 12) oder als Haus des Heiligen Geistes: Auf dem Grundstein Jesus Christus erbauen sich die Glaubenden als lebendige Steine zum geistlichen Hause und zur heiligen Priesterschaft. Im 1. Petrusbrief heißt es, mit deutlichem Bezug auf den ursprünglichen Dienstauftrag Israels, vom Gottesvolk des neuen Bundes: »Ihr aber seid das auserwählte Geschlecht, die königliche Priesterschaft, das heilige Volk, Gottes eigenes Volk; deshalb sollt ihr die großen Taten dessen verkündigen, der euch aus der Finsternis in sein wunderbares Licht berufen hat« (1. Petrus 2,9).

4. Der Weg der Gemeinde Jesu in der »Zwischenzeit«

Die Gemeinde Jesu Christi existiert in der Zwischenzeit zwischen dem Kommen Gottes in der unscheinbaren Knechtsgestalt des Menschen Jesus von Nazareth und dem Kommen Gottes zur endgültigen Offenbarung seines in Jesus angekündigten Sieges. Jesus hat das Reich und die Herrschaft Gottes proklamiert. Jetzt schon ist der Wille Gottes bekanntgemacht. Jetzt schon ist die Situation des Menschen gewendet. Jetzt schon ist die Entscheidung gefallen. Aber der Sieg Gottes ist noch nicht vor aller Augen offenbar. Die Gemeinde lebt noch im Glauben und nicht im Schauen. Sie ist auf ihrem Weg durch die Geschichte noch ständigen Anfechtungen ausgesetzt. Als wanderndes Gottesvolk muß sie noch manche Wüste durchqueren. Aber sie hat ein Ziel und muß sich diesem Ziel entschlossen zuwenden. So kann sie nur in einer besonderen Offenheit für die Zukunft und in einer besonderen Dynamik existieren. Sie geht der letzten Offenbarung Gottes entgegen. Schon jetzt liegt das Licht des großen Ostergeschehens auf ihrem Weg. Die Gemeinde Jesu Christi weiß, was die andern noch nicht wissen. Sie ist deshalb den andern voraus. Sie ist »die vorläufige Darstellung der ganzen in Jesus Christus gerechtfertigten, geheiligten und berufenen Menschenwelt« (*Karl Barth*). Sie blickt auf das Ziel, dem sie und mit ihr die ganze Welt entgegengeht. Deshalb hat sie Hoffnung für das Weltgeschehen und wartet auf den Herrn der Geschichte, der aus seiner Verborgenheit im Weltgeschehen heraustreten wird. In dieser Hoffnung wird die Gemeinde wach für die Bewährung in der jeweiligen Gegenwart. Die Gegenwart wird nicht abgewertet. Sie ist Zeit zum Glauben, zur Umkehr. Sie ist Gnadenzeit. Die Gemeinde mag zahlenmäßig noch so klein und schwach sein. Sie mag verfolgt und bedroht werden. Sie steht dennoch unter dem Zuspruch: »Fürchte dich nicht, du kleine Herde! Denn es hat eurem Vater gefallen, euch das Reich zu geben« (Lukas 12,32).

V. Kirche und Welt

1. Die Welt als gott-lose Welt

Im 1. Johannesbrief werden die Christen ermahnt: »Habt nicht lieb die Welt und was in der Welt ist. Wenn jemand die Welt liebhat, ist die Liebe des Vaters nicht in ihm. Denn alles, was in der Welt ist, die körperliche Begierde, die Begehrlichkeit der Augen und die Überheblichkeit, ist nicht vom Vater, sondern von der Welt. Und die Welt vergeht mit ihrem Reiz, wer aber den Willen Gottes tut, der bleibt in Ewigkeit« (1. Johannes 2,15–17).

Hier ist die Welt als große Verführungsmacht gesehen und beschrieben. Welt ist in diesem Verständnis die Schöpfung, die sich in Auflehnung gegen den Schöpfer befindet und die Geschöpfe davon abhalten will, den Schöpfer zu ehren und zu lieben und ihm zu dienen. So verführt sie die Geschöpfe, bindet sie an das Sichtbare, bestätigt sie in ihrem triebhaften Egoismus, verspricht ihnen Glück, Freiheit und Leben aus dem schrankenlosen Lebensgenuß, aus Selbstherrlichkeit und Selbstgerechtigkeit. Die Welt erscheint als eine Gegenmacht gegen Gott. Deshalb kann Johannes vom »Fürst dieser Welt« reden. Auch Paulus schreibt, daß der »Gott dieser Welt der Ungläubigen Sinn verblendet hat« (2. Korinther 4,4). Diese Welt steht unter dem Gericht: »Das Wesen dieser Welt vergeht« (1. Korinther 7,31). Jakobus fragt: »Wisset ihr nicht, daß der Welt Freundschaft Gottes Feindschaft ist?« (Jakobus 4,4). Deshalb ergeht die Mahnung an die Christen, sich von der Welt unbefleckt zu erhalten (Jakobus 1,27).

Auf dem Hintergrund solcher Worte haben Künstler im Mittelalter versucht, die »Frau Welt« darzustellen als ein verführerisches, schönes Weib. Am Straßburger Münster steht eine solche »Frau Welt«. Sie sieht von vorne und von außen schön und verlockend aus. Wenn man aber näher herantritt, dann sieht man, wie ihr

ekelhafte Schlangen und Kröten den Rücken aufgefressen haben und wie alle Schönheit nur äußere Schale ist.
Diese Sicht der Welt hat manche Gruppen in der Kirche dazu geführt, von einem unüberbrückbaren Gegensatz zwischen Kirche und Welt auszugehen. Christsein heißt für sie Rückzug von der Welt, von aller »weltlichen Lustbarkeit« und von allen »weltlichen Händeln«, statt dessen Bildung eines frommen Kreises von entschiedenen Christen. In dieser Haltung wird aber nicht nur die Welt preisgegeben und ihren eigenen Gesetzen überlassen. Auch der Herrschaftsanspruch Jesu Christi über alle Bereiche des Lebens und alle Mächte der Welt wird preisgegeben. Außerdem hat man dann nicht mehr vor Augen, daß auch die Gemeinschaft der Gläubigen selbst ein Teil der Welt ist und bleibt, sich in ständiger Auseinandersetzung um den rechten Weg und Gehorsam befindet und selber ständig der Reinigung, Erneuerung und Heiligung durch den Herrn der Kirche bedarf.

2. Die Welt als von Gott geliebte Welt

Die oben angeführten Aussagen über die gottlose Welt, über die falschen Maßstäbe, die in ihr herrschen, und über die Verführungsmacht, die von ihr ausgeht, halten die biblischen Zeugen nicht davon ab, in ganz zentralen Aussagen die Liebe Gottes zu dieser argen, heillosen Welt zu bezeugen. Was immer über diese Welt zu sagen sein mag – sie ist nicht nur Gegenstand des Gerichtes, sondern zuerst und zuletzt Gegenstand der Liebe und Zuwendung Gottes: »Denn so hat Gott die Welt geliebt, daß er seinen einzigen Sohn dahingab, damit alle, die an ihn glauben, nicht verlorengehen, sondern das ewige Leben haben. Denn Gott hat seinen Sohn nicht in die Welt gesandt, um die Welt zu richten, sondern damit die Welt durch ihn gerettet wird« (Johannes 3,16.17). »Denn Gott versöhnte in Christus die Welt mit sich selber und rechnete ihnen ihre Sünden nicht an und hat unter uns das Wort von der Versöhnung aufgerichtet« (2. Korinther 5,19).
Jesus ist wahrlich der »Heiland der Welt« (Johannes 4,42). Deshalb erhalten die Jünger den umfassenden Auftrag: »Geht hin in alle Welt und predigt das Evangelium der ganzen Schöpfung« (Markus 16,15). Sie haben die Bestimmung, »Salz der Erde« und »Licht der Welt« zu sein (Matthäus 5,13f.). Diese Welt ist zwar eine arge Welt. Sie will – wie der verlorene Sohn – ihre eigenen

Wege gehen. Aber Gott hat diese Welt nicht aufgegeben; darum dürfen die Christen sie nicht aufgeben. Vor allem aber sind die Christen selber ein Teil der Welt. Ihr Unterschied zur Welt besteht darin, daß sie Christus, den Herrn der Welt, schon erkannt haben, daß Christus sie zu sich gerufen hat. Aber er sendet sie sogleich wieder in die Welt als seine Zeugen und Boten. Christen sollen sich dieser verlorenen Welt in Solidarität zuwenden mit dem Dienst der Liebe. Sie haben keinen Anlaß zu Stolz, Hochmut, Selbstgerechtigkeit und Überheblichkeitsgefühlen. Sie sind selber nichts als begnadete Sünder. Sie haben keine fromme Partei gegen die anderen zu bilden, keine »evangelische Front gegen die Gottlosen« aufzurichten. Sie haben sich nicht selbst zu preisen. Ihr Dienst kann nur in Taten der Liebe bestehen und darin, daß sie die rettende Macht Gottes bezeugen, das Kommen der Herrschaft Gottes ankündigen und dafür eintreten, daß der Name Gottes geheiligt werde und der Wille Gottes auf Erden geschehe.

VI. Leiden an der Kirche und Hoffnung für die Kirche

1. Keine Selbstverherrlichung der Kirche

Wenn wir das Wesen und den Auftrag der Kirche aus der strikten Beziehung zu ihrem Herrn ableiten, können wir nicht zu einer Selbstverherrlichung der Kirche gelangen. Gerade dann sehen wir deutlich, daß die Geschichte der Kirche keineswegs nur als Geschichte des Geistes und der Kraft geschrieben werden kann, sondern auch als Geschichte eines vielfältigen Versagens und als Geschichte des Verrats am Geist und an der Botschaft. Es gibt heute manche Veröffentlichungen, die die Kirchengeschichte nur als Lasterkatalog, als eine Anhäufung von Irrtum und Gewalt beschreiben. Vieles ist tendenziös, übertrieben und insofern einseitig, als die positiven Werke des Glaubens, der Liebe und der Hoffnung, die unscheinbaren Werke der Barmherzigkeit als Frucht und Folge der Botschaft nicht gesehen oder unterschlagen werden. Dennoch bleibt übergenug, was uns als Christen tief beschämen, zum Eingeständnis mannigfachen Versagens anleiten und in die Selbstprüfung führen muß.

2. Vom Eingeständnis der Schuld

Weltliche Organisationen, Parteien und Staatsführungen sind immer nur auf Selbstverteidigung und Selbstrechtfertigung eingestellt. Wo Gottes Geist am Werk ist, wird man bereit sein, Schuld zu bekennen und Versagen einzugestehen. Im Jahre 1945 ist im sogenannten *Stuttgarter Schuldbekenntnis* davon etwas sichtbar geworden. Dort heißt es:

»Mit großem Schmerz sagen wir: Durch uns ist unendliches Leid über viele Völker und Länder gebracht worden ... Wir klagen uns an, daß wir nicht mutiger bekannt,

nicht treuer gebetet, nicht fröhlicher geglaubt und nicht brennender geliebt haben. Nun soll in unseren Kirchen ein neuer Anfang gemacht werden. Gegründet auf die Heilige Schrift, mit ganzem Ernst ausgerichtet auf den alleinigen Herrn der Kirche, gehen sie daran, sich von glaubensfremden Einflüssen zu reinigen und sich selber zu ordnen. Wir hoffen zu dem Gott der Gnade und Barmherzigkeit, daß er unsere Kirchen als sein Werkzeug brauchen und ihnen Vollmacht geben wird, sein Wort zu verkündigen und seinem Willen Gehorsam zu schaffen bei uns selbst und bei unserem ganzen Volk... Wir hoffen zu Gott, daß durch den gemeinsamen Dienst der Kirchen dem Geist der Gewalt und der Vergeltung, der heute von neuem mächtig werden will, in aller Welt gesteuert werde und der Geist des Friedens und der Liebe zur Herrschaft komme, in dem allein die gequälte Menschheit Genesung finden kann.
So bitten wir in einer Stunde, in der die ganze Welt einen neuen Anfang braucht: »Veni, creator spiritus!« (Komm, Schöpfer Geist!)

Heute bedrängt uns die Frage: Ist es wirklich zu einem echten Neuanfang in unserer Kirche und in unserem Volk gekommen? Es kann uns nicht gleichgültig sein, daß es Menschen gibt, die der Kirche voll Hoffnung und Erwartung begegnet sind oder auch in ihr mitzuarbeiten versucht haben und nun voll Enttäuschung und Verbitterung von ihr reden. *Martin Luther King* hat keine rhetorischen Floskeln gebraucht, wenn er in seinem Brief aus dem Gefängnis von Birmingham an sieben prominente amerikanische Kirchenleute geschrieben hat:

»In tiefer Enttäuschung habe ich über die schlaffe Haltung der Kirche geweint. Aber glauben Sie mir, meine Tränen waren Tränen der Liebe. Denn nur wo tiefe Liebe ist, kann auch tiefe Enttäuschung sein.«

Wer nichts weiß vom Leiden an der Kirche, vom Verrat des Geistes durch die Kirche, der hat der Kirche Jesu Christi wohl noch nie besondere Erwartungen entgegengebracht oder weitreichende Hoffnungen an sie geknüpft!

3. Zwischen Versagen und Hoffnung

Was sollen wir tun, wenn wir an der Kirche leiden und doch wissen, daß es falsch ist, nur vom Versagen der Kirche zu reden? Wir erinnern uns an ein Erlebnis, von dem der Prophet Hesekiel berichtet. Er befand sich offenbar in einer Situation tiefer Hoffnungslosigkeit und Niedergeschlagenheit. Das Volk Israel hatte einen totalen Zusammenbruch erlebt. Die Hauptstadt Jerusalem mit dem Tempel war zerstört worden. Die Babylonier hatten im Jahre 586 die Stadt dem Erdboden gleichgemacht und dann von den Überlebenden die Besten und Tüchtigsten ausgesucht, um sie nach Babylonien zu deportieren und einem elenden Zwangsarbeiterdasein zu unterwerfen. Einer von ihnen war der Prophet Hesekiel. An eine Zukunft konnte niemand glauben. Alles schien verloren. Da erlebt der Prophet eine eigenartige Vision: Gott nimmt ihn hinaus auf ein weites Feld voller Totengebeine. Es gibt keinerlei Anzeichen von Leben. Aber Gott gebietet dem Hesekiel, in seinem Namen zu reden, den Geist zu rufen. Der Geist, der Odem Gottes, kommt. Die toten Gebeine regen sich und werden mit Leben erfüllt. Sie bekommen Fleisch und Sehnen und Haut und stehen auf. Hesekiel schließt mit den Worten: »Und Gott sprach zu mir: Du Menschenkind, diese Gebeine sind das ganze Haus Israel. Siehe, jetzt sprechen sie: Unsere Gebeine sind verdorrt, und unsere Hoffnung ist verloren, und es ist aus mit uns... Ich will meinen Odem in euch geben, daß ihr wieder leben sollt« (Hesekiel 37,11.14). Man kann heute diese Geschichte nicht lesen, ohne an die Kirche zu denken. Diese Geschichte heißt uns hoffen, auch für eine darniederliegende Kirche.

4. Die Kirche kann nicht sterben

Die Kirche kann da und dort verfolgt, unterdrückt und bedrängt werden. Sie kann sich verfehlen und verirren. Sie kann ihren Herrn verleugnen und ihm Schande machen. Sie kann sich mit ihrem tatsächlichen Verhalten in einen schlimmen Widerspruch zu ihrem Zeugnis setzen. Sie kann schwankend und träge werden. Sie kann entarten und das Gericht Gottes auf sich ziehen. Aber sie kann nicht untergehen, weil ihr Herr zugleich der wahre Herr der Welt ist, dem die Zukunft gehört. Sachgemäße Kritik an der Kirche kommt nicht von außen, sondern von innen, von ihrem Zentrum, ihrem Herrn her. Ein wirklicher Angriff auf die pervertierte Gestalt der Kirche kann nur unter Berufung auf den Herrn der Kirche geschehen. Solche Auseinandersetzung um den rechten Weg der Kirche und um den Gehorsam des Glaubens gehört notwendigerweise zu ihrem Wesen.

Ergänzungen und Fragen zum Gespräch:

1. Was wissen wir von der geschichtlichen Entwicklung unserer Landeskirche? Was wissen wir vom Wesen unserer evangelischen Freikirchen?
Was wissen wir von den in unserem Gebiet arbeitenden Sekten?
Welches sind die wichtigsten Unterscheidungslehren der Großkirchen (römisch-katholisch, griechisch-orthodox, protestantisch)?
2. Welche Möglichkeiten und Schwierigkeiten haben wir bei der Mitarbeit in der konkreten Ortsgemeinde?
3. Nach 1945 ist ein Buch von *Hermann Diem* erschienen mit dem Titel »Restauration oder Neuanfang in der evangelischen Kirche«. Inwiefern kann man davon reden, daß es nicht zu einem echten Neuanfang gekommen ist? Wo sind aber Zeichen eines neuen Denkens und Umrisse eines neuen Verstehens der Kirche und ihres Auftrags bei uns? Was können wir zur Erneuerung der Kirche in unserem Verantwortungsbereich beitragen?
In welchen Fragen sind wir in der Kirche zu prophetischen Protesten gegen die Trägheit der Christen gefordert?
Wie können wir selber glaubwürdig bleiben in solchen Protesten?
4. *Rudolf Bohren* schreibt in seinem Buch »Predigt und Gemeinde«:
»Läßt sich unsere Gemeinde nach Gottes Wort reformieren, so existiert sie apostolisch, geht den Weg der Schafe zu den Wölfen, verströmt als ein Licht ins Dunkel, dient an den Tischen der Welt und leidet. Dies aber kennzeichnet unsere kirchliche Situation, daß wir wohl die Welt zu uns rufen, aber nicht zur Welt hingehen wollen... Die Gemeinde sucht sich denn auch in ihren Gottesdiensten zu bereichern, sie lebt ihren Glauben um ihrer selbst willen, gleicht nicht mehr Schafen, die unter die Wölfe gehen, schon eher Mastgänsen, die sich stopfen lassen. Aber sehen wir zu: die Gemeinde, die in ihrer Kirchlichkeit und Tradition, in ihrer Frömmigkeit und in ihrem Brauchtum sitzen bleibt, ist das Produkt einer falschen Predigt! Einer Predigt und Seelsorge nämlich, die fort und fort Trost in die Hälse und Herzen der Hörer stopft. Die Folge davon ist der Christ, der zur Predigt geht, um dort etwas für sich zu holen, der Christ, der frommes Fett ansetzt, weil er fortwährend konsumiert, ohne sich zu bewegen. Die Türen zur Welt hin bleiben im Grunde verriegelt... Soll unsere Gemeinde Gemeinde Jesu Christi werden, so muß ein Wort an sie ergehen, das sie sendet.
Der Gottesdienst darf nicht länger zur bloßen Seelenbedienung degradiert werden. Er muß zur Sendung werden, denn die Gemeinde versammelt sich ja nur, um wieder auseinanderzugehen...
Das Neue Testament bezeugt uns einmütig, daß der Heilige Geist bei denen und an denen und durch die schöpferisch wirkt, die sich senden lassen... Wird aber der Heilige Geist denen geschenkt, die unterwegs sind, können wir nicht auf irgendwelche pflingstliche Ereignisse warten, ehe wir uns in Bewegung setzen...«
5. Der englische Evangelist *Spurgeon* hat einmal gesagt: »Wenn ich wüßte, wo eine reine Gemeinde ist, würde ich ihr heute noch beitreten, aber dann wäre es keine reine Gemeinde mehr.« Was bedeutet das im Blick auf das Bekenntnis zur »heiligen, christlichen Kirche«?
6. Inwiefern ist das Wortspiel berechtigt: »Die Sekten sind die Insekten, die die Kirche am Einschlafen hindern?«
7. Ist es berechtigt, wenn Sekten den Großkirchen Weltförmigkeit und mangelnde Kirchenzucht vorwerfen?
8. Wie ist die hektische Enderwartung in manchen Sekten zu beurteilen?

9. Welche Bedeutung hat es, daß Jesus den Verräter Judas so lange in der Schar seiner Jünger ließ und daß er Petrus, trotz der Verleugnung, nicht aufgab?

10. Wir haben sowohl in der katholischen als auch in den evangelischen Kirchen in der Bundesrepublik volkskirchliche Verhältnisse. Die Kirche ist eine Körperschaft des öffentlichen Rechts, vielfältig verflochten mit sozialen, kommunalen und staatlichen Organisationen, finanziell besser versorgt als nahezu alle Kirchen der Welt. Welche Chance hat diese Volkskirche? Wie denken wir über die Zukunft der Kirche? Wo drohen der Volkskirche geistliche Gefahren? Wie sind die Freikirchen zu beurteilen? Welche Chancen bieten sich einer Minderheitskirche für die Verwirklichung eines kirchlichen Gemeinschaftsgefühls? Welche geistlichen Versuchungen und Gefahren drohen der freikirchlichen Organisation?

11. In welchen Bereichen unseres kirchlichen Lebens erweisen sich die sogenannten kirchlichen Ordnungen als Fesseln, die das Wirken des Geistes hindern und dem Sinn kirchlichen Handelns entgegenstehen?

VII. Konservative oder fortschrittliche Kirche?

1. Kritik an der Kirche

Kritik hat viele Gestalten. Die einen wollen eine moderne, aufgeschlossene, fortschrittliche, revolutionäre Kirche. Andere wollen eine bewahrende, konservative Kirche, die im Wandel der Zeiten gleichbleibt, sich dem Zeitgeist nicht öffnet und ein Ort und Hort der Ruhe und des Friedens ist. Die einen wollen eine Kirche, die sich im Kampf um gesellschaftlichen Fortschritt verzehrt und die Interessen der Verfolgten, Unterdrückten, Ausgebeuteten zu ihrer Sache macht. Andere sind der Meinung, die Kirche solle sich nicht in die Politik einmischen. Sie solle Seelen zu Christus führen und den gesellschaftlichen und politischen Dingen ihren Lauf lassen. Was ist der Maßstab, an dem die Kirche zu messen ist? Wie kann die Kirche nicht nur den Erwartungen der Menschen, sondern ihrem eigentlichen Wesen, ihrem Auftrag gerecht werden? Antwort: Jesus Christus ist der Herr und zugleich der wahre und radikale Kritiker der Kirche. Es ist töricht, eine moderne oder gar eine modische und angepaßte Kirche zu verlangen. Es ist falsch, eine konservative Kirche zu verlangen, die die bestehenden Verhältnisse rechtfertigt. Es geht um die schlichte Frage, ob die Kirche ihrem Herrn gehorsam ist oder nicht, ob sie ihm dient, ob sie nach seinem Willen fragt, ob sie in seiner Nachfolge steht, ob sie sein Kreuz auf sich nimmt, ob sie seine Botschaft weitersagt und sich selbst und ihre Ordnung vom Wort und Weg ihres Herrn bestimmen läßt. Man hat schon versucht, die Würde der Kirche so zu bestimmen, daß man gesagt hat, die Kirche sei der »Christus prolongatus«, der »in die Geschichte hinein verlängerte Christus«, die Gruppe von Menschen, die den Auftrag Jesu in der Geschichte weiterführe. In dieser Linie hat sich dann der römisch-katholische Bischof von Rom als der »Stellvertreter Christi« auf Erden ausgegeben. Dazu muß gesagt werden: Es ist zwar der Auftrag der Kirche, das Werk Jesu Christi weiterzuführen. Aber die Kirche selber hat keine eigene Würde und darf sich nicht selber feiern und verherrlichen. Mit Recht haben deshalb schon die christlichen Protestbewegungen des Mittelalters die reiche, sich selbst erhöhende Machtkirche und die auf Geld, Ansehen und Machtausweitung des Papstes abgestellte Kirchenpolitik angegriffen. Sie haben dem Reichtum des Papstes die Armut Jesu und der Apostel entgegengehalten. Sie haben der Goldkrone des Papstes die Dornenkrone Christi und dem Herrschaftsanspruch der kirchlichen Würdenträger die Gestalt des gekreuzigten Herrn gegenübergestellt. Das Kreuz ist kein Schmuckstück! Es gehört nicht auf den Bauch von »Würdenträgern«, sondern muß in der Kreuzesnachfolge dem Herrn Christus auf dem Rücken nachgetragen werden.

2. Die Kirche kann nicht unparteiisch sein

Durch Jesus Christus selbst ist auch die Entscheidung bereits gefällt, daß die Kirche keine neutrale, religiöse, über allen Problemen der Welt erhabene, unparteiische Organisation sein kann, wenn sie gehorsam ist. Denn Jesus Christus selbst war nicht unparteiisch und neutral. Er hat vielmehr Partei ergriffen und in der Freiheit des Gottesmenschen gelebt, gesprochen und gehandelt, wie wir dies im ersten Teil dieses Buches dargestellt haben. *Karl Barth* sagt im Band IV/2 seiner Kirchlichen Dogmatik vom königlichen Menschen Jesus von Nazareth:

»... daß er – man möchte fast klagen: parteiisch – an allen, die in der Welt hoch, groß, mächtig, reich sind, vorübersah, auf die Niedrigen, die Kleinen, die Schwachen, die Armen – und das bis hinein in die moralische Ordnung: vorbei an den Gerechten auf die Sünder, ja bis hinein in die geistliche Ordnung: endlich und zuletzt an Israel vorbei auf die Heiden. Hierhin und nicht dorthin fand er sich gerufen. Hier und nicht dort erwartete er von Gott geöffnete Augen und Ohren ... zu finden, hier und nicht dort sah er seine Brüder, und hierhin und nicht dorthin sollten sich seine Jünger nach seinem dringlichen Rat und Befehl stellen. Das Reich Gottes, das Evangelium, der Mann Jesus, hat nach dem ganzen Neuen Testament ... eine merkwürdige Affinität zu all denen, die ... irgendwie da drunten, im Schatten existieren.«

Im Jahre 1938 hat *Karl Barth* geschrieben:

»Eine Kirche, die aus lauter Angst, nur ja von keinem ›Kotflügel‹ gestreift zu werden, nur ja nicht in den Schein zu kommen, Partei zu ergreifen, nie und nimmer Partei zu sein sich getraut, sehe wohl zu, ob sie sich nicht notwendig nun wirklich kompromittiere: Mit dem Teufel nämlich, der keinen lieberen Bundesgenossen kennt, als eine in der Sorge um ihren guten Ruf und sauberen Mantel ewig schweigende, ewig meditierende und diskutierende, ewig neutrale Kirche: eine Kirche, die, allzu bekümmert um die doch wirklich nicht so leicht zu bedrohende Transzendenz des Reiches Gottes – zum stummen Hunde geworden ist. Das ist es, was nicht geschehen – was gerade heute nicht geschehen darf.«

Lebt die Kirche in der Nachfolge Jesu Christi, dann kann sie selbst nicht unparteiisch sein, dann können ihr die Menschen und die Verhältnisse in der Welt nicht gleichgültig sein, dann kann sie nicht über den Nöten und Fragen schweben wollen, mit denen die Menschen sich plagen, dann muß sie wie Jesus und wie die Propheten ja oder nein sagen zu Entwicklungen, zu Verhältnissen, zu menschlichen Zielsetzungen und Plänen, das heißt, sie muß ihr prophetisches Amt wahrnehmen.

3. Kirche für die Welt

Martin Luther King hat von der Kirche, die die Nachfolge Jesu ernst nimmt, echte Parteinahme und Einsatz zur Gestaltung der Welt gefordert und gesagt, die Kirche dürfe nicht nur Thermometer in der Gesellschaft sein und die gesellschaftlichen Verhältnisse widerspiegeln und anzeigen. Sie müsse einem Thermostat gleichen, der auf die Verhältnisse einwirkt und sie bestimmt. Er schrieb in einem Brief aus dem Gefängnis:

»Es gab einmal eine Zeit, da war die Kirche sehr mächtig. Damals, zur Zeit der frühen Christenheit, freuten sich die Christen, wenn sie für wert befunden wurden, für ihren Glauben zu leiden. Zu jenen Zeiten war die Kirche nicht nur ein Thermometer, das die Vorstellungen und Grundsätze, von denen die öffentliche Meinung beeinflußt wurde, anzeigte, sie war der Thermostat, der die Sitten der Gesellschaft regelte. Wo immer die frühen Christen in eine Stadt kamen, wurden die Machtverhältnisse gestört, und die Mächtigen versuchten sofort, sie als ›Friedensstörer‹ und ›fremde Agitatoren‹ zu überführen. Dennoch ließen sie nicht ab von ihrer Überzeugung, eine ›Siedlung des Himmels‹ zu sein und Gott mehr gehorchen zu müssen als den Menschen. Ihre Zahl war klein, ihr Bekenntnis groß. Sie waren zu sehr von Gott erfüllt und entzündet, um sich von der astronomischen Zahl ihrer Gegner einschüchtern zu lassen. Sie machten uralten Übeln, dem Kindermord zum Beispiel und den Gladiatorenkämpfen, ein Ende.«

Ergänzungen und Fragen zum Gespräch:

1. Die Kirche soll nicht in erster Linie für sich selber sprechen, um ihre eigenen Belange, Interessen und Ziele durchzusetzen. Die Losung heißt: »Tue deinen Mund auf für die Stummen!« (Sprüche 31,8).
2. Maßstab der Parteilichkeit der Kirche ist die Parteilichkeit Jesu und die Parteilichkeit der Propheten. Im Blick auf Jesus haben wir verschiedene Linien aufgezeigt. Was wäre im einzelnen aus der Botschaft der Propheten zu nennen?
3. Es gehört zu den wesentlichen Erkenntnissen der letzten Jahrzehnte in Theologie und Kirche, daß es eigentlich eine unparteiische Kirche gar nicht gibt. Selbst

wenn die Kirche in falscher Einschätzung ihres »geistlichen Auftrags« meint, unparteiisch sein zu können, ist dies in Wirklichkeit eine Parteinahme zugunsten der bestehenden Macht-, Besitz- und Herrschaftsverhältnisse. Man kann auch durch Schweigen und Gewährenlassen schuldig werden.
Ein Roman von *Alan Paton* aus Südafrika trägt den Titel »Aber das Wort sagte ich nicht«. Der Kirche ist aber das Wort anvertraut. Was ist, wenn sie stumm bleibt aus Vorsicht, Ängstlichkeit, Diplomatie?
4. Über Grundrichtungen des Redens und Handelns der Kirche müßten sich alle Christen verständigen können. Es wird allerdings schwieriger, wenn es um die Umsetzung der Grundrichtung in politische Einzelentscheidungen geht. Muß man dann nicht versuchen, die Ebenen auseinanderzuhalten, um nicht in eine unevangelische Gesetzlichkeit abzugleiten?
Heinrich Vogel hat schon vor Jahren mit Recht gesagt, man könne nicht in einem Atemzug formulieren: »Hört Gottes Wort und nehmt den Rapacki-Plan an!« (Rapacki war ein polnischer Außenminister, der eine atomwaffenfreie Zone in Mitteleuropa vorschlug!)
Im Normalfall können politische Einzelentscheidungen nicht als für jeden Christen verbindlich verkündigt werden. Es gibt aber Situationen, in denen ein Prediger konkret und einseitig reden muß, ohne das Urteil aller sogenannten Sachverständigen abwarten zu können. Er muß dann bereit sein, sich der Frage zu stellen, ob er ein wahrer oder ein falscher Prophet ist. Welche Kriterien gibt es für solche prophetische Predigt?
5. Wie können wir uns dafür einsetzen, daß Folterungen in Polizeiverhören und im Strafvollzug aufhören, daß Inhaftierte menschlich behandelt werden und einen fairen Prozeß erhalten, daß politische Gegner nicht vernichtet werden, sondern wenigstens die Möglichkeit der Zuflucht in einem anderen Land bekommen? Wie stehen wir zu »amnesty international«?
6. Welche Bedeutung hat die Bitte um den Heiligen Geist im Blick auf unsere gesellschaftlichen und politischen Vorurteile? Gibt es so etwas wie den absolut richtigen Standpunkt?
7. Wie ist es zu beurteilen, wenn Pfarrer in politische Parteien eintreten und in ihnen mitarbeiten?
Politik wird doch bei uns durch Parteien gemacht. Wer also die Wichtigkeit der Politik erkennt, der kann sich von den Parteien nicht vornehm distanzieren. Kann es ein Akt der Verbundenheit mit dem Einsatz von Laien-Christen in der Politik sein, wenn auch Theologen in Parteien mitarbeiten?
Geraten Christen in einer Partei nicht in Konflikte, weil sie das Gemeinwohl stets über das Parteiinteresse stellen müssen? Können sie sich in wesentlichen politischen, gesellschaftlichen, sozialen und rechtlichen Fragen der Parteidisziplin unterwerfen und parteihörig werden? Wodurch müßten sich Christen in besonderer Weise auszeichnen, wenn sie in politischen Gruppen mitarbeiten?
8. Gibt es auch im politischen Bereich gewisse Geistesgaben, die nicht alle Christen in gleicher Weise haben müßten? Sind Christen mit besonderem politischem Gespür und Verantwortungsbewußtsein verpflichtet, sich in kirchlichen Arbeitsgemeinschaften oder Aktionsgruppen zusammenzuschließen? Sollen sie anderen mit ihrer Erkenntnis vorangehen? Wie weit sollen sie auf das mangelnde Verständnis einer kirchlichen Mehrheit Rücksicht nehmen?
9. Kann man sagen, daß sich die Parteinahme der Christen vor allem als »Parteilichkeit für die Opfer der Macht« (*Gollwitzer*) zu erweisen hat und daß gerade solche Parteilichkeit rechter politischer Dienst an den Verwaltern der Macht ist?

VIII. Ziele einer Kirchenreform aus dem Geist

Die Reformatoren haben die Erkenntnis vertreten, daß die reformierte Kirche immer wieder neu reformiert werden muß (Ecclesia reformata est semper reformanda). Die Losung von der »permanenten Revolution« hat also eine gute geistliche Parallele. Nun gibt es gerade in unserer Zeit bei vielen Menschen das Gefühl, daß die Kirche reformbedürftig ist und sich ändern muß. Es gibt eine Fülle von Veröffentlichungen über Kirchenreform und Strukturreform. Die Maßstäbe dafür dürfen allerdings nicht aus einem eigenmächtigen Modernisierungsbestreben kommen. Sie sind im Neuen Testament gegeben. Einen echten Fortschritt für die Kirche können wir nur aus einer entschlossenen Rückbesinnung zum Geist und zu den Maßstäben des Neuen Testamentes erwarten! Wir nennen im folgenden einige neutestamentliche Aspekte christlicher Gemeinde.

1. Kein Christentum ohne Gemeinschaft

Im Augsburger Bekenntnis von 1530 heißt es, die Kirche sei dort, wo das Evangelium recht gelehrt wird und die Sakramente recht verwaltet werden. Das Wesen der Kirche soll also nicht von den Gläubigen und nicht von einem Gemeinschaftsbegriff her, sondern vom Evangelium und also vom Herrn der Kirche her bestimmt werden. Dies ist grundsätzlich richtig. Aber es kommt in diesen Definitionen von Kirche nicht zum Tragen, daß das Neue Testament in seiner Beschreibung der Kirche Bilder verwendet, die den Gedanken der Gemeinschaft und Gemeinsamkeit in den Vordergrund rücken. Die Kirche ist beschrieben als Volk Gottes, als Haus und Tempel Gottes, der aus vielen einzelnen Bausteinen zusammengesetzt ist. Die Kirche wird einem Leib mit vielen Gliedern verglichen oder als Herde des guten Hirten verstanden. Es ist unseres Erachtens für die Zukunft der Kirche von größter Bedeutung, daß sie dieses Element der Gemeinschaft erkennt und verwirklicht.

2. Ermutigung zum gemeinsamen Leben

Im Anschluß an die Pfingstgeschichte wird in der Apostelgeschichte zweimal von einer erstaunlichen Gestalt des Lebens der Urgemeinde in Jerusalem berichtet. Da heißt es: »Alle aber, die glaubten, waren beieinander und hatten alles gemeinsam. Sie verkauften Besitz und Habe und teilten den Erlös unter alle, je nachdem es einer nötig hatte. Und sie waren täglich im Tempel einmütig beieinander und brachen in den einzelnen Häusern das Brot, sie nahmen die Mahlzeiten ein voll Freude und mit lauterem Herzen, sie lobten Gott und waren beim ganzen Volk beliebt. Der Herr aber ließ täglich zur Gemeinde Menschen hinzukommen, die gerettet wurden« (Apostelgeschichte 2,44–47; vgl. auch 4,32–35).

Diese Berichte sind unseren Vorfahren sehr anstößig und unannehmbar erschienen. Sie sind auch uns fremd und unheimlich. Schon beim Lesen regt sich unser Widerspruch. Wir können uns unter den heutigen Verhältnissen so etwas nicht vorstellen! Aber dieser »Kommunismus« der Urgemeinde hat später immer wieder ansteckend gewirkt:

Im Mönchtum ist die Gütergemeinschaft am radikalsten verwirklicht worden. Jeder Mönch mußte das Gelübde der Armut, das heißt des Verzichts auf persönlichen Besitz ablegen. Dies hieß nicht, daß das Gemeinwesen der Mönche arm blieb, denn die in der Landwirtschaft arbeitenden Brüder haben mit Fleiß, Intelligenz und Geschick den Boden bearbeitet und Erfolge erzielt. Der Reichtum der klösterlichen Kommunen führte je nachdem zur Verweltlichung und zu entsprechenden Reformbewegungen. Aber der Grundsatz der persönlichen Besitzlosigkeit ist im Mönchtum nie aufgegeben worden und wurde auch bei den evangelischen Diakonissen weithin praktiziert.

Die Apostelgeschichte stellt fest: Der Pfingstgeist, der Geist der Auferstehung, hatte unter den ersten Christen auch diese Wirkung,

daß er sie von der Habsucht befreite und sie dazu frei machte, daß Besitzende ihre Güter hergaben, um den Bedarf und Mangel der anderen zu decken.
Kirche als Gemeinschaft, Gemeinde als Gütergemeinschaft, Befreiung von den Fesseln des Eigentumsdenkens und von dem Versuch, sich mit Besitz abzusichern: Das sind jedenfalls Losungen und Linien, über die wir in ganz anderer Weise als seither in unserer Kirche nachdenken sollten. *Helmut Gollwitzer* macht die ganze Tragweite dieser Sache deutlich, wenn er schreibt:

»Wir alle sind an der Ordnung des Privateigentums beteiligt, und wir alle sagen: ›Das gehört mir und nicht dir‹, und wir alle sichern uns mit Privateigentum unser Leben und den Genuß der Güter dieser Erde. Wir müssen jetzt zur Kenntnis nehmen, daß die Auferstehung sagt: Das ist eine Todesordnung. Ihr werdet sterben von dem, wovon ihr euch das Leben versprecht. Diese Periode ist jetzt zu Ende. Jetzt beginnt eine neue Menschheit: eine Menschheit, die zusammenlebt wie eine Familie. So lebt als Anfang einer neuen Menschheit diese Gemeinde zusammen. Das wäre doch eine unerträgliche Atmosphäre in einer Familie, wo die einen am Tische sich den Bauch vollschlagen und die anderen in der Ecke vor Hunger krepieren. Eine intakte Familie, in der man sich wohl fühlt, ist eine Familie, in der alle füreinander einstehen, in der allen alles gehört, in der jeder zugeteilt bekommt, wie es hier heißt: ›nach seinem Bedarf‹. So real, so diesseitig, so materialistisch und so revolutionär, so umwälzend ist die Botschaft von der Auferstehung. Das meint sie mit der Befreiung, die sie bringt: nicht nur, aber auch Befreiung vom Bann des Privateigentums, unter dem wir alle stehen« (Junge Kirche 7/74, S. 380).

Dies gilt im Blick auf die Situation der Menschheit und die hungernden Völker. Es gilt auch im Blick auf Gruppen von Christen, die ein gemeinsames Leben in einer größeren Gemeinschaft unter dem Wort und der Verheißung Jesu und die Überwindung der Menschheitsnot der Vereinsamung der Individuen anstreben durch neue Formen des Lebens und des Dienens.
Auch ein Mann wie *Dietrich Bonhoeffer* war tief umgetrieben von dem Gedanken des »gemeinsamen Lebens« und versuchte, mit jungen Theologen in einer geistlichen Gemeinschaft, in einem »Bruderhaus«, zu leben, um aus innerster Konzentration für den Dienst in der Nachfolge Christi nach außen bereit zu sein.

3. Das allgemeine Priestertum der Gläubigen

Gegenüber der römisch-katholischen Priesterkirche hat *Martin Luther* die neutestamentliche Botschaft und Erkenntnis vom »Allgemeinen Priestertum« der Gläubigen wieder entdeckt und auf den Leuchter gestellt. Er hat die strenge Unterscheidung zwischen dem weltlichen und dem geistlichen Stand aufgehoben und gesagt:

»Alle Christen sind wahrhaft geistlichen Standes, und ist unter ihnen kein Unterschied, denn des Amtes halben allein, wie Paulus (1. Korinther 12) sagt, daß wir allesamt ein Körper sind, doch ein jeglich Glied sein eigen Werk hat, womit es dem anderen dient. Das macht alles, daß wir eine Taufe, ein Evangelium, einen Glauben haben und sind gleiche Christen; denn die Taufe, Evangelium und Glaube, die machen allein geistlich und Christenvolk« (An den christlichen Adel deutscher Nation).

Die Entwicklung zur Pastorenkirche und Behördenkirche war also eine Fehlentwicklung! Die christliche Kirche soll zwar auf den Dienst von ausgebildeten Theologen nicht verzichten. Es ist gut, wenn es Menschen gibt, die sich hauptamtlich der Erforschung der Bibel, dem Eindringen in dogmatische, ethische, philosophische Fragen, der Auseinandersetzung mit den geistigen Strömungen einer Zeit widmen und sich den Menschen eines Ortes als Seelsorger, Prediger und Lehrer zuwenden können. Aber die Institution des Pfarramtes kann das Zeugnis der Gemeinde als Ganzes nicht ersetzen. Sie kann auch die Geistesgaben in ihrer Mannigfaltigkeit nicht umfassen. Der Pfarrer wird ein hoffnungslos überforderter, einsamer Mann, wenn nicht das zum Tragen kommt, was Gemeinde Jesu Christi ist. Weder auf dem Gebiet des Zeugnisses (Martyria) noch auf dem Gebiet des Dienens (Diakonia) ist das Leben und Wirken der Gemeinde durch einen »beamteten Berufschristen« zu ersetzen.

»... Die Gemeinde Jesu Christi ist nach dem Neuen Testament also nicht eine Schar von Schwachbegabten, sondern ein Chor von Talenten, die sich zu entfalten haben ... Wir müssen damit rechnen, daß wir keine unbegabten Gemeindeglieder haben, daß der Herr jeden Unbegabten begabt, und daß er jeden Begabten braucht. Die Schwierigkeit ist nicht die, daß wir keine Leute hätten, wie Luther meinte. Die Schwierigkeit ist vielmehr die, daß wir blind sind für die Gaben und mit blöden Augen über die Goldadern unserer Gemeinde stolpern« (*R. Bohren*, Predigt und Gemeinde, S. 192ff.).

Diese Erkenntnis muß ernst genommen und mit Verstand, Fingerspitzengefühl und Beharrlichkeit in den Lebensvollzug unserer Gemeinden umgesetzt werden. Das bedeutet aber zugleich eine gründliche Reform der Kirche.

Ergänzungen und Fragen zum Gespräch:

1. Wie können wir die genannten Aspekte in die Wirklichkeit des Lebens unserer Gemeinde umsetzen?
2. Welche anderen Modelle kirchlichen Lebens sind uns aus der Weltchristenheit bekannt? Wo sind Versuche gemacht worden, die sich bewährt haben?
3. Welche Gefahren sind bei den Formen gemeinsamen Lebens von Christen ins Auge zu fassen?
4. Im Gespräch um den Weg der Kirche begegnen wir immer wieder dem Begriff der Hauskirche. Es geht dabei nicht so sehr um das patriarchalisch strukturierte Bild einer Lutherischen Hausgemeinde als um das Erlebnis einer kleinen christlichen Gemeinschaft, die sich nicht in einer Kirche, sondern in einem Haus versammelt, wo intensive biblische und persönliche Gespräche möglich sind. Kirche ist familia Dei, das heißt Familie Gottes. Unter dem Wort des göttlichen Vaters versammeln sich diejenigen, die durch Christus als Brüder und Schwestern zu einer Familie zusammengerufen werden. Wie ist dieses Verständnis der Kirche zu beurteilen? Wo sind Gefahren? Wo sind positive Ansätze?

IX. Die Zersplitterung der Kirche und das Ringen um Einheit

1. Vielheit und Verschiedenheit der Kirchen

Wer heute die christlichen Kirchen von außen betrachtet, der sieht zunächst einmal eine ungeheure Vielgestaltigkeit und Zerrissenheit. In Deutschland begegnet man vor allem den beiden großen Kirchenverbänden: den evangelischen Landeskirchen und der römisch-katholischen Kirche. Aber schon unter den evangelischen Landeskirchen entdeckt man insofern Unterschiede, als es lutherische, reformierte und unierte Kirchen gibt. Dazu kommen die Freikirchen: die Evangelische Methodistenkirche, die Freien Evangelischen Gemeinden (Baptisten), die Altkatholische Kirche und kleinere Kirchengemeinschaften.
Einer besonderen Vielfalt von verschiedenen Kirchen begegnet man in den USA. Viele Glaubensrichtungen, die sich im alten Europa nicht entfalten durften, haben dort Zuflucht gesucht. Einwanderer haben die besonderen Traditionen und Sprachen ihrer Heimatkirchen mitgebracht.
Es ist dabei dem Irrtum entgegenzutreten, als sei diese Zersplitterung ausschließlich ein Erzeugnis protestantischen Geistes, als habe das Übel erst mit der Reformation Luthers begonnen und als hätten vorher die griechischsprechende »griechisch-orthodoxe Kirche« und die lateinischsprechende »römisch-katholische Kirche« in der Einheit des Geistes und der Gestalt existiert. In Wirklichkeit hat es in der Kirchengeschichte längst vor der Reformation Spaltungen und besondere Gruppierungen gegeben. Aber sie konnten und durften sich nach außen nicht wesentlich entfalten und bemerkbar machen, weil die römisch-katholische Kirche mit Hilfe des Staates alle diese »Ketzerbewegungen« unterdrückt hat. Im einzelnen sind etwa folgende Gruppierungen zu nennen: die Marcioniten, die Montanisten und Donatisten, die Arianer und Pe-

lagianer, die Katharer und Albigenser, die Waldenser, die Mystiker, die Brüder und Schwestern des freien Geistes, die Wiclif-Anhänger, die Hussiten, die Täufer und Wiedertäufer. Alle diese Bewegungen waren schon vor der Reformation vorhanden und haben in ihren geistigen Anliegen auch nachher noch weitergewirkt. Es ist allerdings nicht zu bestreiten, daß die Loslösung der reformatorischen Kirchen von Rom, die Berufung auf das an Gottes Wort gebundene Gewissen und das später zur Geltung gebrachte Prinzip der Glaubens- und Gewissensfreiheit mit dazu beigetragen haben, daß das Bild der christlichen Kirchen und Glaubensgemeinschaften sehr viel bunter geworden ist als im Mittelalter.
Man kann diese Vielfalt christlicher Kirchen und diese Mannigfaltigkeit christlichen Welt- und Glaubensverständnisses und christlichen Gemeindelebens auch positiv verstehen als Frucht und Wirkung des göttlichen Geistes, der nicht Uniformität will, sondern Vielfalt schafft. Aber diese müßte getragen sein von der Einigkeit im Geist.

2. Warum ist die Zersplitterung der Kirche unerträglich?

Die verschiedenen Konfessionen haben sich vielfach nicht aus einem positiven geistlichen Wettbewerb heraus entwickelt, sondern sind im Gegensatz zueinander entstanden mit allen Begleiterscheinungen des Streits, der Abgrenzung, des persönlichen Ehrgeizes und der Verketzerung der anderen.
Ein besonders trauriges und das Zeugnis der Christenheit belastendes Geschehen sind die vielen Religions- oder Glaubenskriege, in denen oft die mit den Fürsten und Königen verbundenen Kirchen versucht haben, diejenigen Bewegungen, die sie als Irrlehrer betrachtet haben, mit der Gewalt des Schwertes zu vernichten.
Nicht minder beschämend und traurig ist die Tatsache, daß sich Kirchen mit den Interessen weltlicher Herren oder mit dem Nationalismus der jeweiligen Staaten identifiziert und den ideologischen Rahmen für alle möglichen Macht- und Raubkriege geliefert und so auch den Leib Christi zerspalten haben.
Die Trennung der Christenheit in viele Konfessionen und Denominationen hat sich in der Missionstätigkeit verheerend ausgewirkt, weil die Afrikaner und Asiaten belastet wurden mit den geschichtlichen Ausformungen und Auseinandersetzungen der europäischen »Heimatkirchen«.

Auch in unseren schon früher christianisierten Völkern kann eine zerrissene und zerstrittene Christenheit nur schwer ein glaubwürdiges Christuszeugnis ablegen für diejenigen, die in Gefahr sind, dem Atheismus und Materialismus zu verfallen.
Jesus Christus hat im sogenannten Hohenpriesterlichen Gebet gebetet: »Ich bitte... für sie..., damit sie alle eins sind. So wie du, Vater, in mir bist und ich in dir, so sollen auch sie in uns sein, damit die Welt glaubt, daß du mich gesandt hast« (Johannes 17,20–21). Diese Bitte Jesu ist noch nicht erfüllt, und wir Christen sind es, die der Erfüllung dieser Bitte schuldhaft im Wege stehen. Dies können wir nicht auf die leichte Schulter nehmen!

3. Ökumene als Weg zum gemeinsamen Zeugnis und Dienst

Die Entstehung der ökumenischen Bewegung

Der erste Anstoß zu einer organisierten brüderlichen Zusammenarbeit protestantischer Gruppen kam von der Mission. Auf den Missionsfeldern hat sich ja das Gegeneinander der Konfessionen besonders schlimm ausgewirkt. So kam es 1910 zu einer internationalen Weltmissionskonferenz. Kurz vor dem Ersten Weltkrieg bereiteten Engländer und Nordamerikaner eine Weltkonferenz für »Glaube und Kirchenverfassung« vor. Sie konnte erst 1927 in Lausanne durchgeführt werden. Noch im August 1914 trafen sich Vertreter des Weltbunds für internationale Freundschaftsarbeit der Kirchen in Konstanz und wollten die christlichen Kirchen für den Frieden aktivieren. Nach dem Ersten Weltkrieg war es vor allem der schwedische Erzbischof *Nathan Söderblom,* der sich um die Einigung der Kirchen verdient machte. An der »Weltkonferenz für praktisches Christentum« 1925 in Stockholm nahmen bereits Vertreter vieler Kirchen aus 37 verschiedenen Ländern teil. 1937 vereinigten sich die Weltkonferenz für praktisches Christentum und die Konferenz für Glaube und Kirchenverfassung zum »Ökumenischen Rat der Kirchen«.
Nach dem Zweiten Weltkrieg waren die Leute dieses Ökumenischen Rates die ersten, die den Vertretern der Kirchen in Deutschland die Hand reichten und Hilfsmaßnahmen für die hungernden und verzweifelten Menschen in Deutschland in die Wege leiteten. Auch um die Kriegsgefangenen in vielen Gefangenenlagern der Westmächte haben sie sich gekümmert.
Seit 1948 gibt es die großen Weltkirchenkonferenzen, an denen

Abgesandte der meisten protestantischen und orthodoxen Kirchen teilnehmen.

1948 Amsterdam: »Die Unordnung der Welt und Gottes Heilsplan«
1954 Chicago-Evanston: »Christus – die Hoffnung der Welt«
1961 Neu-Delhi: »Christus – das Licht der Welt«
1968 Uppsala: »Siehe, ich mache alles neu«
1975 Nairobi: »Christus befreit und eint«
Zwischen den großen Weltkirchenkonferenzen finden besondere Arbeitstagungen statt. Der Weltrat der Kirchen hat sein zentrales Büro unter der Leitung des Generalsekretärs in Genf.

Der Weltrat der Kirchen ist keine »Superkirche«. Er ist bis jetzt noch eine verhältnismäßig lose Organisation. Aber er bietet für alle christlichen Kirchen in der Welt eine Plattform, auf der man sich begegnen und sich kennenlernen kann, wo man von den Problemen und Nöten anderer Kirchen und Christen erfährt, wo man Anregungen und Bereicherungen erhält und lernen kann, sich selber und seine kirchliche Überlieferung kritisch zu prüfen.

Einigung auf Kosten der Wahrheit?

Viele Kirchenspaltungen sind aus dem Kampf um die sogenannte »reine Lehre« hervorgegangen. Muß man deshalb auf die Frage nach der Wahrheit und nach der rechten Lehre verzichten, weil man sonst sofort ins Streiten kommt? Man kann sich in der Ökumene nicht damit begnügen, daß man in gewissen praktischen Hilfsprogrammen zusammenarbeitet. Die Mitarbeit im Weltrat der Kirchen hat zur Voraussetzung, daß wir nicht den Anspruch erheben, allein die seligmachende Wahrheit zu besitzen, daß wir uns nicht als selbstgerechte Wahrheitsbesitzer und »Lehrer der Menschheit« aufspielen, sondern bereit sind, geduldig aufeinander zu hören und in Liebe um die eine Wahrheit zu ringen.
Allen Kirchen in der Weltchristenheit, die von ihren Traditionen und besonderen Ausformungen der Theologie herkommen, wird zugemutet, daß sie viel Geduld und viel Bereitschaft zum Hören und Lernen mitbringen.
Die Frage nach der Wahrheit in Christus und nach dem rechten Zeugnis darf nicht zugedeckt werden im Interesse einer größeren Einigkeit. Aber es sollte ebensowenig geschehen, daß wir in hemdsärmeliger Selbstgerechtigkeit und mit dem Anspruch, die Wahrheit Jesu zu besitzen, die Vertreter von anderen und vor allem von sogenannten Jungen Kirchen von oben herab belehren und auf unsere Theologie einschwören wollen. Vor allem sollten

wir versuchen, die Vertreter der afrikanischen und asiatischen Kirchen von ihrer Herkunft, aber auch von den elementaren Problemen ihrer Länder her zu verstehen.

Einsatz für die Gleichberechtigung der Rassen

Der Weltkirchenrat wird heute von einigen christlichen Gruppen unter anderem aus dem Grund abgelehnt, weil er seit seinem Bestehen in vielen Verlautbarungen den Rassenwahn und eine von ihm bestimmte Politik angegriffen hat. Er hat gezeigt, daß die rassistische Behauptung von der Überlegenheit und notwendigen Vorherrschaft der weißen Menschen dem Evangelium von Jesus Christus widerspricht. Die Ablehnung des Weltkirchenrats hat eine besondere Schärfe erreicht, als der Exekutiv-Ausschuß beschloß, die um ihre Menschenrechte ringenden farbigen Menschen auch mit Taten und also auch mit Geld zu unterstützen. Man wirft seither dem Weltrat vor, er unterstütze Terrororganisationen, Mord und Gewalt. Dies sei Verrat am Evangelium und an der Idee der Gewaltlosigkeit, zu der die Kirche verpflichtet sei. In Wirklichkeit hat der Weltkirchenrat nur humanitäre Hilfe geleistet. Es ist reine Heuchelei, wenn Leute, Firmen, Interessengruppen und Staaten, die an der Ausbeutung farbiger Menschen verdienen und deshalb die Aufrechterhaltung einer massiven Gewaltstruktur unterstützen, sich auf einmal zum Anwalt einer »gewaltlosen Kirche« machen, wenn sie sich als bibeltreu ausgeben und die Verachtung farbiger Menschen damit rechtfertigen, daß sie sagen, die Geschichte vom Turmbau zu Babel zeige, daß Gott die Existenz getrennter Völker gewollt habe, daß er gewillt sei, die Spaltung der Rassen und Völker zu erhalten, daß »das Volk« eine göttliche Ordnung sei und daß jedes Bemühen um Vereinigung und um Gleichheit ein Wiederaufleben des Geistes von Babel sei. (Vgl. Evanston Dokumente, S. 251 ff.) Dieses Bibelverständnis ist so töricht wie die Unterstellung, der Weltrat der Kirchen mit seiner »Gleichmacherei« sei eine kommunistisch unterwanderte und gelenkte Organisation.

Anteilnahme an den Problemen der Dritten Welt

Es ist noch keine dreißig Jahre her, daß die vielen Völker und Stämme in Afrika und Asien in totaler Abhängigkeit von den weißen Kolonialherren lebten und jeder politischen Selbständigkeit beraubt waren. Ebenso hatten die christlichen Gemeinden in

Afrika den Status von Filialen der weißen Missionsgesellschaften. Bei dem übermächtigen Drang nach politischer, wirtschaftlicher und kirchlicher Unabhängigkeit ist verständlich, daß auch der Dienst der Missionsgesellschaften und der Einsatz der Missionare immer wieder ungerecht beurteilt und als bloße Parallele zur Kolonialpolitik verworfen wird.

Die Christen in Afrika und Asien haben es vielfach mit elementaren Lebens- und Überlebensproblemen zu tun. Die riesigen Menschenmassen von hungernden und unterernährten Analphabeten lassen Ausschau halten nach Methoden und Wegen, die Probleme der Überbevölkerung, Ernährung und Bildung zu lösen. Diese Nöte werden in den nächsten Jahren in der Ökumene immer wieder eine wichtige Rolle spielen.

Die Christen aus der Dritten Welt wissen gewiß, daß der Mensch nicht vom Brot allein lebt. Sie denken auch darüber nach, was es für das Leben der Menschen bedeutet, daß »Jesus das Brot des Lebens« ist. Aber in einer Weltsituation, in der täglich Tausende direkt oder indirekt an den Folgen von Unterernährung und Hunger sterben, wo die durchschnittliche Lebenserwartung der Menschen in vielen Ländern der Dritten Welt noch bei 30 Jahren liegt, sollten wir wohl Verständnis dafür haben, daß die farbigen Christen direkter nach den sozialen und gesellschaftlichen Auswirkungen der christlichen Botschaft fragen als wir Mitteleuropäer, deren Lebenserwartung bei 65–70 Jahren liegt.

Dabei ist klar: Die Mission kann nicht durch Entwicklungshilfe ersetzt werden. Aber es ist nicht als Verrat am Missionsauftrag anzusehen, wenn wir bereit sind, den Wunsch afrikanischer Kirchen nach Unabhängigkeit von westlichen Missionsgesellschaften und Missionaren zu respektieren.

Es muß ebensowenig Verrat am Zeugnis sein, wenn christliche Minderheitsgruppen in hinduistischer oder buddhistischer Umwelt sagen, das Bekenntnis zu Christus müsse im Stil des Dialogs geführt werden. Es würde nur als Anmaßung und Hochmut mißverstanden, wenn Christen den Andersgläubigen als Wahrheitsbesitzer entgegentreten und »von oben herab« reden wollten.

In der Reich-Gottes-Verkündigung Jesu sind die Unterscheidungen von Heil und Wohl, von Glauben und Werken, von Horizontale und Vertikale so überboten, daß sie nicht gegeneinander ausgespielt werden dürfen, sondern in ihrer Einheit und Zusammengehörigkeit zum Tragen kommen müssen.

Dienst am Frieden der Welt

Die Weltchristenheit hat die Aufgabe, in ihrem eigenen Streben nach Frieden und Aussöhnung der Welt ein Vorbild und Zeichen des Friedens und der Verständigung zu geben. Es ist schwer verständlich, daß es Christen gibt, die keine größere Sorge zu haben scheinen als die, daß sich die Völker der Welt eines Tages allzugut verstehen und zu einer harmonischen Weltbruderschaft auf nichtchristlicher Grundlage zusammenfinden könnten! Aus verhältnismäßig dunklen apokalyptischen Stellen der Bibel wird eine widergöttliche Entwicklung zum Welteinheitsstaat gefolgert und dann vorausgesetzt, daß wir kurz vor der Realisierung dieser Vision stünden.
In Wirklichkeit sind wir weit entfernt von einer Weltverbrüderung. Man verschaffe sich einen Eindruck von den Milliarden und Abermilliarden, die nicht zur Bekämpfung des Hungers und zur Linderung der vielfältigen Not, sondern zu Rüstungs- und Vernichtungszwecken verwendet werden. In dieser Situation haben Christen den Auftrag, der Welt die Versöhnung und den in Christus geschaffenen Frieden zu bezeugen und ihren Beitrag zur Versöhnung und Verständigung zu leisten unter den sich ängstigenden, sich selbst behauptenden, einander fürchtenden und hassenden und mit dem Völkermord bedrohenden Staaten und Militärsystemen.

Ergänzungen und Fragen zum Gespräch:

1. Die meisten von uns haben die Probleme, vor die die Weltchristenheit gestellt ist, gar nicht vor Augen. Woher kommt das?
2. Wie kann in der Einzelgemeinde Bewußtsein für ökumenische Verantwortung geweckt werden?
3. *Ernst Lange* weist in seinem Buch »Die ökumenische Utopie« darauf hin, daß die ökumenische Bewegung auf dem Engagement und dem Einfallsreichtum von ganz wenigen charismatischen Führern steht. Sie sei noch eine Art »Tagtraum«. Allerdings müsse man sagen:
»Dieser Traum hat wahrscheinlich Tausende von Leben gerettet, Millionen Flüchtlinge beherbergt, Kranke geheilt bis hinein in das Herz des Dschungels, Schulen und Universitäten errichtet, Friedensverhandlungen ermöglicht, auch wo heute niemand mehr davon spricht. Dieser Traum hat Sprache produziert für die ganze Menschheit, ohne ihn gäbe es zum Beispiel den wichtigsten Konsensustext dieses Jahrhunderts nicht: die Allgemeine Erklärung der Menschenrechte. Dieser Traum hat auch viele Christen und ihre Organisationen grundlegend verändert, wenn auch auf eine merkwürdig ungreifbare Weise. Sie denken anders, sie fühlen anders, sie handeln anders, sie streiten sich anders, sie geben ihr Geld anders aus, ihre Wertskalen und Prioritäten haben sich verändert.«

Welche Vorgänge und Beispiele bestätigen die Richtigkeit dieser Aussage?
4. 1948 war die römisch-katholische Kirche zur Weltkirchenkonferenz in Amsterdam eingeladen. Sie hat abgesagt. 1954 war es den Katholiken durch Rom verboten, den Konferenzort Chicago/Evanston auch nur zu betreten. Inzwischen gibt es nicht nur Beobachter, sondern engagierte katholische Ökumeniker bei den Weltkirchenkonferenzen. Evangelische Vertreter sind offiziell zum Zweiten Vatikanischen Konzil eingeladen worden.
Wie ist diese von *Papst Johannes XXIII.* angestrebte Wandlung im Verhältnis der römischen zu den anderen Kirchen zu beurteilen? Wo sind noch Barrieren abzubauen? Wo bestehen noch echte theologische Gegensätze? Wo sind Ansätze zu echter Gemeinsamkeit in der pastoralen Zusammenarbeit und auf Gemeindebasis? Welche institutionellen, kirchenrechtlichen, finanziellen, politischen Schwierigkeiten zeigen sich in der Praxis? Wo liegen die Unterschiede im Verständnis des Gottesdienstes und der Sakramente? Was kann die Bibel für evangelische/katholische Gesprächsgruppen und Gemeinschaften bedeuten? Welche Möglichkeiten gibt es für ökumenische Gottesdienste, Tagungen, Seminare, Kirchengemeinderatstreffen?
5. Die Ökumene hat uns die Aufgabe gestellt, über einen neuen Lebensstil nachzudenken, der den sich verringernden Überlebenschancen der Menschheit besser Rechnung trägt als unser auf Konsum abgestellter Lebensstil. An welchen Maßstäben müßte sich dieser Lebensstil orientieren? Wie könnte er praktiziert werden?

X. Buchstaben und Geist – Menschenwort und Gotteswort in der Bibel

In einem Krankenhaus wurde von einer christlichen Gruppe ein Zettel an die Kranken verteilt, auf dem es hieß, die Bibel sei entweder Buchstaben für Buchstaben wahr, oder sie sei überhaupt nicht wahr. Den Leuten, die so etwas schreiben oder verteilen, mag es ehrlich und ernsthaft um die Geltung und Autorität der Heiligen Schrift gehen. Gleichwohl ist eine solche Behauptung ein grober Unfug. Die Lehre von der Verbal-Inspiriertheit, also von der Göttlichkeit jedes einzelnen Bibelbuchstabens, ist unevangelisch und führt in eine Sackgasse. Es entspringt einem allgemeinen menschlichen Bedürfnis, sich abzusichern, sich auf einen unanfechtbaren Bereich zurückzuziehen, und deshalb will man den Glauben auf die Göttlichkeit des Bibelbuchstabens gründen. Dieser Versuch wird jedoch der Bibel nicht gerecht.
Es gilt nicht nur von Jesus Christus, daß er wahrhaft göttlich und zugleich wahrhaft menschlich war. Auch in der Bibel ist die wahre Göttlichkeit vorhanden und verborgen in der wahren Menschlichkeit.
Martin Luther hat gesagt, daß wir das Christkind nur in den Windeln haben. So haben wir auch das Wort Gottes nur im Zeugnis der Apostel und Propheten, deren Menschlichkeit und Zeitgebundenheit ebenso ernst zu nehmen ist wie deren göttlicher Auftrag, die frohe Botschaft von der Zuwendung Gottes zum sündigen Menschen und von der Erwählung und Indienstnahme der Gemeinde zu bezeugen. »Wir haben solchen Schatz in irdenen Gefäßen« (2. Korinther 4,7). Deshalb haben wir die Freiheit und Verpflichtung, die wissenschaftliche Erforschung der biblischen Schriften zu bejahen und zugleich darauf hinzuweisen, daß sich die Bibel in ihrem eigentlichen Gehalt nur dem erschließt, der im

menschlichen Zeugnis der Apostel und Propheten das Wort Gottes zu hören bereit ist.

Die Bibel ist und bleibt das gültige Zeugnis von der Offenbarung Gottes. Sie stellt uns die Herrschaft Gottes vor Augen. Sie ist jedoch nicht die Offenbarung selbst. Wohl aber ist sie das vehiculum spiritus sancti, das heißt das Gefährt des Heiligen Geistes, das Mittel, das der lebendige Gott benützt, um durch das Wort der Bibel und das Zeugnis der Menschen hindurch seinen Willen und sein Wesen kundzutun und zu offenbaren.

Es gehört zum Wesen der Forschung, daß man Arbeitshypothesen aufstellt und Einzelbeobachtungen zu einem Ganzen zu kombinieren versucht. Dies wird aber falsch, wenn man solche Arbeitshypothesen und Einzelbeobachtungen als wissenschaftlich gesicherte Ergebnisse ausgibt.

Christlicher Glaube lebt in der Schrift und empfängt seine Inspiration, seine Ermutigung, Unterweisung und Stärkung aus dem Umgang mit dem Zeugnis der Apostel und Propheten. So heißt es im 2. Timotheusbrief: »Du aber bleibe bei dem, was du gelernt hast und mit dem du vertraut bist... Jedes Schriftwort, von Gott eingegeben, dient aber auch zur Lehre, zum Überführen der Schuldigen, zur Besserung und zur Erziehung in der Gerechtigkeit. So wird der Mensch Gottes vollkommen und zu jedem guten Werk fähig« (3,14.16).

Im zweiten Petrusbrief heißt es: »Um so fester gilt daher für uns das prophetische Wort, und ihr tut gut, darauf zu achten wie auf ein Licht, das an einem dunklen Ort scheint, bis der Tag anbricht und der Morgenstern in euren Herzen aufgeht. Und das sollt ihr vor allem wissen, daß keine Weissagung in der Schrift eine eigenmächtige Auslegung zuläßt. Denn noch nie ist eine Weissagung durch menschliche Willkür zustande gekommen, sondern vom Heiligen Geist getrieben, haben Menschen im Namen Gottes geredet« (1,19–21).

Die Schrift ist also »gottesgeistlich, das heißt von Gottes Geist eingegeben, erfüllt, beherrscht... Gottes Geist atmend, verbreitend, erkennen lassend« (Barth). Das heißt aber nicht, daß jeder einzelne Buchstabe und jedes Wort der Bibel in sich selbst göttlich, unfehlbar, geistgeladen sei. Die Worte der Bibel sind nicht in sich selbst göttlich. Gott hat sich nicht dinglich und mechanisch in den Buchstaben hineingebunden. Es bedarf jeweils der Selbstoffenbarung Gottes, daß er durch das Wort der Bibel und das Wort der Verkündiger hindurch zu uns redet und uns erkennen läßt: Hier redet nicht nur Paulus und nicht nur ein verkündigender Mensch, sondern im Wort der Verkündigung kommt Gott selbst zu mir, spricht mich an und nimmt mich in seinen Dienst.

Wenn dies erkannt und festgehalten wird, dann muß die wissenschaftliche Erforschung der Schriften des Alten und Neuen Testamentes nicht mehr verteufelt werden.

Der Schriftsteller *Manfred Hausmann* hat Gedanken über die Bibel geschrieben, die in ihrer Freiheit und Sachbezogenheit vorbildlich sind:

»Jedesmal, wenn ich die Bibel aufschlage, staune ich von neuem über ihre Vielschichtigkeit und Tiefe. Das Bild des Menschen, das sie zeichnet, hat nirgends seinesgleichen. Es umfaßt wirklich den ganzen Menschen, seine Größe und seine Jämmerlichkeit, seine Zartheit und seine Brutalität, seinen Glanz und seine Finsternis. Kein anderes Buch weiß so bestürzende und so erhebende Dinge vom Menschen wie die Bibel. Die Mythen, die in ihr erzählt werden, sind unauslotbar in ihrer hintergründigen Bedeutungsfülle...

Der ganze Reichtum und die ganze Farbigkeit, die Harmonie und die Gebrochenheit, die Himmelshöhe und Höllentiefe der Welt spiegelt sich auf den Seiten des Alten und Neuen Testamentes.

Aber das alles, so viel und überviel es ist, rechtfertigt nicht die Bezeichnung ›Heilige Schrift‹. Heilig ist die Bibel, weil in ihr und nur in ihr Gott zu den Menschen spricht. Er spricht durch den Mund von irrenden und sündigen Menschen zu sündigen und irrenden Menschen. So mag die Bibel voller Unzulänglichkeiten sein, wie jedes Menschenwerk fehlerhaft ist, dennoch spürt man allenthalben, daß hier Menschen in fremdem Auftrag von etwas zeugen, was jenseits von aller Menschlichkeit waltet.

Bei den biblischen Autoren handelt es sich, im eigentlichen Sinne des Wortes, um Ergriffene, um Menschen, die reden müssen, ob sie wollen oder nicht. Oft wehren sie sich mit Händen und Füßen gegen das oder gegen den, der über sie kommt. Aber es hilft ihnen nichts, denn es ist Gott, der seine Hände nach ihnen ausstreckt... Wer wüßte davon, wer wüßte etwas von Gott und Christus, von Bethlehem, Gethsemane, Golgatha, Ostern und Pfingsten, wer wüßte etwas von der Heilsgeschichte, vom Handeln Gottes, und das heißt doch, wer wüßte etwas vom letzten und eigentlichen Sinn des Lebens, wenn es die Bibel nicht gäbe? Wer die Bibel zur Hand nimmt, greift nach dem Wunder, nach dem einzigen Wunder, das wirklich ein Wunder ist in unseren Tagen« (aus Tröstliche Zeichen, S. Fischer-Verlag Frankfurt).

Zweiter Fragenkreis: Von der Freiheit zum Beten

Worin ist unsere Unsicherheit gegenüber dem Beten begründet? Ist es der Zweifel am Gegenüber? Ist es die Technik, die Erfahrung der Machbarkeit vieler Lebensvollzüge und der Durchschaubarkeit und Erklärbarkeit vieler Ereignisse? Ist es das allgemeine Lebenstempo und die Hetzjagd des Alltags, die uns nicht zur Ruhe und Besinnung kommen lassen und die Voraussetzungen des Betens zerstören? Ist es das vielfältige Angebot an Unterhaltung und Zerstreuung? Lassen wir uns unsere Freizeitgestaltung vom Fernsehen diktieren und uns auch noch diesen Restbezirk unseres Menschseins verplanen? Könnte es sein, daß wir auf der Flucht vor uns selber, vor der Stille und dem Alleinsein und zugleich auf der Flucht vor Gott sind und alle unsere Gründe, die wir gegen das Beten vorbringen, nur Ausreden sind? Wie dem auch sei: Wir versuchen im folgenden einige Aspekte anzusprechen, die uns zum Beten ermutigen wollen.

I. Die Psalmen: das Gebetbuch der alttestamentlichen Gemeinde

Es ist hier nicht der Ort, inhaltlich zum Buch der Psalmen Stellung zu nehmen. Aber wir wollen wenigstens auf diese Sammlung von Gebeten, Lobgesängen, Klageliedern und Hymnen als auf ein besonderes Kleinod der Bibel hinweisen. Man könnte vielleicht auf manche Schrift des Alten Testaments verzichten, ohne daß dies Wesentliches verändern würde. Auf die Psalmen kann man nicht verzichten. *Martin Luther* hat von ihnen gesagt: »Da siehst du allen Heiligen ins Herz.« Im *Holländischen Katechismus* heißt es über die Psalmen:

»Wer den ganzen Reichtum menschlicher Gebetshaltungen kurz zusammengefaßt aufgeschrieben sehen will, der greife nach den hundertfünfzig Psalmen. Manchmal sind sie an Gott gerichtet, manchmal meditieren sie über Gott. Sie klagen, flehen, jauchzen, danken. Unsere Sicherheit und unsere Unsicherheit stehen darin. Das alles findet sich in einer Sprache, die auf den ersten Blick fremdartig und altertümlich ist. (Die ältesten Psalmen existieren schon dreitausend Jahre.) Schaut man aber länger und genauer zu, merkt man, daß fast alle Ausdrücke und Bilder auch den heutigen Menschen vertraut sind: helfende Hände, spähende Augen, frohmachendes Licht. Die Psalmen sind die am meisten gelesene Gedichtsammlung der Menschheit. Und *wie* gelesen!« (S. 360).

Der tschechische Marxist *Milan Machovec* schreibt in seinem Buch »Jesus für Atheisten«:

»Einzigartig werden etwa in den Psalmen gewisse elementare Lebenssituationen ausgedrückt: Die Situation des Kämpfens und des Scheiterns, der hoffnungslosen Depressionen und ihrer Überwindung durch neue Hoffnung; die Verletzung durch die Schmerzen des Lebens, durch den Verrat der Freunde und der neue Glaube an den Menschen; die Nähe des Todes oder der Gefahr und die Mobilisierung innerer Kräfte dagegen; die Scham und die Not des täglichen Lebens und das Aufschauen zu den ›Bergen, von welchen mir Hilfe kommt‹. Vom Christentum übernommen und verbreitet, haben die Psalmen der Menschheit für Jahrtausende Modelle der Bewältigung elementarer menschlicher Situationen geliefert (Seite 65).

II. Das Beten Jesu und seine Ermutigung zum Gebet

In den Evangelien wird immer wieder berichtet, daß sich Jesus in die Stille und Einsamkeit, ja sogar in die »Wüste« zurückgezogen hat, um mit Gott allein sein zu können, um im Beten und Hören die Nähe Gottes zu erfahren, Weisung und Erkenntnis zu gewinnen und Kraft zu bekommen. Von besonderer Bedeutung ist das hohepriesterliche Gebet Jesu als Abschluß der sogenannten Abschiedsreden im Johannesevangelium (Kap. 17).
Es ist kein Zweifel, daß Jesus mit den Gebeten und Worten der Psalmen gelebt, die jüdische Gebetsliturgie gekannt und gebetet hat. Nach dem Bericht vom letzten Mahl Jesu mit seinen Jüngern heißt es wie selbstverständlich: »Und da sie den Lobgesang gesprochen hatten, gingen sie hinaus an den Ölberg« (Matthäus 26,30).
Matthäus, Markus und Lukas berichten ausführlich und eindrücklich vom Gebetskampf Jesu im Garten Gethsemane. Jesus nimmt nur seine drei Jünger Petrus, Jakobus und Johannes mit sich. Er begibt sich auf die Seite und ringt im Gebet mit dem göttlichen Vater um die Frage, ob der »Leidenskelch« nicht an ihm vorübergehen könne. Am Kreuz hängend und sterbend, betet Jesus die Psalmworte: »Mein Gott, mein Gott, warum hast du mich verlassen« und »Vater, ich befehle meinen Geist in deine Hände«. Er betet für seine Freunde und auch für seine Feinde und Mörder: »Vater, vergib ihnen, denn sie wissen nicht, was sie tun!« Bezeichnend ist, daß die beiden Jünger, die nach Emmaus gehen, den auferstandenen Herrn am Gebet und Brotbrechen erkennen.
Veranlaßt durch das Beten des Meisters kommen die Jünger mit der Bitte um Belehrung zu Jesus. Er gibt ihnen ein Gebetsmuster:

Das Vaterunser

»Darum sollt ihr so beten:
Unser Vater im Himmel!
Dein Name werde geheiligt.
Dein Reich komme.
Dein Wille geschehe wie im Himmel, so auf Erden.
Unser tägliches Brot gib uns heute.
Und vergib uns unsere Schuld,
wie auch wir unseren Schuldigern vergeben.
Und führe uns nicht in Versuchung,
sondern erlöse uns von dem Bösen.
Denn dein ist das Reich und die Kraft und die
Herrlichkeit in Ewigkeit. Amen« (Matthäus 6,9–13).

Der bittende Freund

»Und er sagte zu ihnen: Wenn jemand von euch einen Freund hat und um Mitternacht zu ihm geht und zu ihm sagt: Lieber Freund, leih mir drei Brote; denn ein Freund von mir ist auf der Reise zu mir gekommen, und ich habe nichts, was ich ihm vorsetzen kann –; würde der drinnen etwa antworten: Mach mir keine Unruhe! Die Tür ist schon zugeschlossen, und meine Kinder liegen schon mit mir zu Bett; ich kann nicht aufstehen und dir etwas geben. Ich sage euch: Und wenn er schon nicht aufsteht und ihm deshalb etwas gibt, weil er sein Freund ist, dann wird er doch wegen seiner Zudringlichkeit aufstehen und ihm geben, was er braucht« (Lukas 11,5–8).

Der gütige Vater

»Darum sage ich euch: Bittet, so wird euch gegeben; sucht, so werdet ihr finden; klopft an, so wird euch aufgetan. Denn wer bittet, der empfängt; und wer sucht, der findet; und wer anklopft, dem wird aufgetan. Wo gibt es bei euch einen Vater, der seinem Sohn, wenn er ihn um einen Fisch bittet, statt dessen eine Schlange gibt? Wenn schon ihr, die ihr doch böse seid, euren Kindern gute Gaben geben könnt, wieviel mehr wird der Vater im Himmel denen den Heiligen Geist geben, die ihn darum bitten!« (Lukas 11,9–13).

Nimmt man die Gleichnisgeschichte von der bittenden Witwe (Lukas 18,1–7) zu den letzten beiden Abschnitten noch hinzu, so ergibt sich eine rückhaltlose Ermahnung und Ermutigung Jesu zum Gebet.

In der Bergpredigt wird der Aufruf zum Gebet und zum Beten des Vaterunsers noch begleitet von der Mahnung, mit dem Gebet nicht zu heucheln, kein Schaubeten zu veranstalten, im stillen Kämmerlein mit dem Vater zu reden und dabei nicht viel zu »plappern wie die Heiden, denn sie meinen, sie werden erhört, wenn sie viele Worte machen« (Matthäus 6,7).

Bei diesen Abgrenzungen und Ermahnungen hat Jesus wahrscheinlich auch die Worte der Propheten Amos und Jesaja vor Augen. Sie wenden sich gegen leeren Kultus und oberflächlichen Religionsbetrieb, der kein dem Beten entsprechendes Verhalten zur Folge hat. *Jesaja* ruft: »Und wenn ihr auch eure Hände ausbreitet, verberge ich doch meine Augen vor euch; und wenn ihr auch viel betet, höre ich euch doch nicht; denn eure Hände sind voll Blut. Wascht euch, reinigt euch, tut eure bösen Taten aus meinen Augen, laßt ab vom Bösen! Lernet Gutes tun, trachtet nach Recht, helft den Unterdrückten, schaffet den Waisen Recht, führet der Witwen Sache!« (Jesaja 1,15ff.; vgl. auch Amos 5,21ff.).

Jesus wendet sich ebenso entschlossen wie die Propheten gegen alle Heuchelei: »Weh euch, Schriftgelehrte und Pharisäer, die ihr der Witwen Häuser fresset und verrichtet zum Schein lange Gebete!» (Matthäus 23,14).

Aber aller Mißbrauch des Betens konnte Jesus nicht davon abhalten, zum vertrauensvollen, rückhaltlosen Beten aufzufordern und dieses Gebet unter die Verheißung der Erhörung zu stellen.

III. Beten in der Nachfolge Jesu

1. Der Beter als Bettler vor Gott

Wenn wir in der Nachfolge Jesu beten, kommen wir mit leeren Händen zu Gott, um von ihm alles zu erwarten und zu erbitten, was wir für unser wahres Leben und Menschsein brauchen.

Sören Kierkegaard hat gesagt: »Gottes bedürfen ist des Menschen Vollkommenheit.« Das heißt doch: Wir sind darin und dann Menschen, wenn wir uns Gott zuwenden. Wir haben Gott nötig, weil wir nicht als autonome, selbstherrliche, souveräne Wesen leben, sondern unser eigentliches Menschsein von Gott als Geschenk bekommen. Gott ist der Schenkende – wir Menschen sind die Bedürftigen. So allein kommt das Verhältnis des Geschöpfes zum Schöpfer in Ordnung. So allein wird Gott geehrt.
Wenn wir beten, dann kommen wir immer wieder her aus der Erfahrung unserer Armut, unserer Leere, unserer Ohnmacht, Trägheit, Mutlosigkeit und Gottesferne. Wir gleichen immer wieder einem »trockenen und dürren Lande, da kein Wasser ist« (Psalm 63,2). Wir gleichen den vom Propheten Hesekiel beschriebenen Totengebeinen, die auf dem Felde liegen (Hesekiel 37). Wenn wir mit dem Beten anfangen, müssen wir keine Gebetskünstler und keine religiösen Virtuosen sein. Unser Beten kann damit beginnen, daß wir vor Gott unsere ganze Unfähigkeit zum Beten aussprechen, daß wir unsere innere Leere, unsere Zerstreutheit eingestehen.
Im Neuen Testament ist das entscheidende Merkmal des Menschen die Schwachheit, das Unvermögen und die Unfähigkeit. Deshalb schreibt Paulus: Allein der Geist hilft unserer Schwachheit auf! Wir wissen nicht, was und wie wir beten sollen. Aber der Geist Gottes selbst hilft uns (vgl. Römer 8,26).

Wir können nur immer wieder damit anfangen, daß wir um den Geist Gottes, um Belebung, um neuen Mut, neue Zuversicht und neue Hoffnung beten. Dann werden wir nicht umsonst beten. Beim Beten dürfen wir alle Tarnungen wegtun und alle Masken ablegen. Da geht es nicht um Dinge oder Sachen, sondern um uns Menschen selber.
Karl Barth sagt:

»Im Gebet dürfen und sollen nämlich – und dazu ist es uns befohlen – alle Masken, alle Tarnungen fallen. Es gibt auch notwendige, auch berechtigte Masken und Tarnungen. Wir alle tragen solche. Wir alle haben ja im Leben bestimmte Rollen zu spielen, bestimmte Funktionen auszuüben, bestimmte Dienste zu leisten, in denen wir uns mit mehr oder weniger Anstrengung so und so zu ›geben‹ haben. Im Gebet aber sollen und dürfen wir aus der Rolle fallen. Im Gebet ist der Mensch in keiner Funktion, in keinem Dienst« (K. D. III/4, S. 107).

Im Beten dürfen wir nicht nur unsere Hilflosigkeit, sondern auch unser Versagen, unsere Schuld, unseren Mangel an Geduld und Liebe rückhaltlos aussprechen und bekennen. Im Gebet geschieht eine Selbstdurchleuchtung des Menschen. *Walter Nigg* sagt dazu:

»Das Gebet fordert vom Menschen nicht nur höchstes Wachsein, sondern auch eine tiefe Selbstdurchleuchtung. Der Betende gehört, wie jeder Mensch, der irdischen Wirklichkeit an, und doch überschreitet er sie, indem er lernt, sie im Gebet neu zu betrachten. Der Mensch bleibt nicht der alte Adam, sofern er beharrlich und von Herzen betet. Im Gebet wird der Mensch vor Gott durchsichtig, sofern er das Gebet auch als eine Beichte vor Gott auffaßt, was zum Wesen des Betens gehört»

Im Beten werden wir über den engen Raum unserer natürlichen Möglichkeiten hinausgeführt. Wir bitten um die Öffnung des Rings, von dem wir eingeschlossen sind. Wir bitten um Licht in der Finsternis, um Klarheit in der Ratlosigkeit, um Erkenntnis des rechten Weges. Indem wir so beten, gewinnen wir Distanz von uns selber, lernen wir, über unser eigenes Ich hinauszudenken, können wir uns selbst mit unseren Problemen in einem größeren Zusammenhang sehen. So werden wir von der Blindheit befreit, die durch die Fixierung auf das eigene Interesse entsteht. Es ist auch eine entscheidende Frage im Blick auf unsere persönliche Entwicklung, ob wir durch Bibellesen, Meditieren und Beten einen weiteren Horizont bekommen, oder ob wir von der Eintagsfliegenkost der Fernsehunterhaltung, der Tageszeitungen und der Illustrierten leben. Beten lohnt sich.

2. Gott ist kein unbeweglicher Götze

Wenn wir in der Nachfolge Jesu beten, wenden wir uns nicht an einen unveränderlichen Götzen, sondern an den Gott, der frei ist, sich unser anzunehmen und unser Gebet zu erhören.

Es gibt viele fromme und weltliche Einwände gegen das Beten. Man fragt: Ist das Schweigen des Menschen vor der Majestät Gottes nicht demütiger als das Beten? Ist Gott nicht zu groß für unsere Gebetsanliegen? Ist es nicht vermessen, ihn mit Gebeten zu belästigen? Ist unser Gebet nicht vielfach eine Gotteslästerung, weil wir zwar Gott sagen, aber im Grunde uns selber meinen? Soll Gott sich wirklich durch unser Beten bestimmen lassen?
Alle diese fromm klingenden Einwände führen nicht daran vorbei, daß es eine eindeutige Ermutigung Jesu zum Gebet und einen klaren göttlichen Auftrag gibt: »Ihr sollt mein Antlitz suchen« (Psalm 27,8). Freilich steht bei unserem Beten das Ich allzuoft im Mittelpunkt. Wir erfahren dabei, daß wir auch mit unserem Beten auf die Vergebung der Sünden und auf die Hilfe des Geistes angewiesen sind.
Bedrängender sind die vom sogenannten modernen Weltbild geprägten Fragen nach der Bedeutung der Naturgesetze und dem gesetzmäßigen Ablauf aller Dinge, wo für ein Wirken Gottes eigentlich kein Raum mehr zu sein scheint.
Wir heutigen Menschen können uns kaum vorstellen, daß Gott sich um das Gebet eines ohnmächtigen, winzigen Menschen kümmern könnte. Wir rechnen zwar realistisch mit unvorstellbaren technischen Möglichkeiten, mit Fernsehübertragungen aus dem Weltraum, mit Elektronengehirnen, die Millionen von Informationen und Daten aufnehmen, speichern und abrufbar machen. Aber von Gott denken wir klein, und wir rechnen zu wenig mit Gottes Möglichkeiten, die den Rahmen unseres Denkens und unserer Erfahrung sprengen.
Gott ist kein Gefangener seiner Unveränderlichkeit geworden, so daß er auf unser Gebet nicht eingehen, es nicht erhören könnte. Er ist der Vater Jesu Christi, der unveränderlich ist in seiner Lebendigkeit und Barmherzigkeit.
Karl Barth bezeichnet es als Anthropomorphismus, als einen kümmerlichen Versuch, Gott an menschlichen Maßstäben zu messen, wenn wir der Zwangsvorstellung von der Unveränderlichkeit Gottes huldigen und dabei von dem menschlichen Begriff der Unveränderlichkeit ausgehen.

»Gott ist wohl unveränderlich, aber unveränderlich in seiner Lebendigkeit, in der Barmherzigkeit, in der er sich seines Geschöpfes annimmt! Und eben darin besteht seine Majestät, besteht die Herrlichkeit seiner Allmacht und die Souveränität im Unterschied zu der Unbeweglichkeit eines höchsten Götzen: daß er dem Bitten seines Geschöpfes Raum geben kann in seinem Willen« (K. D. III/4, S. 120).

3. Der schenkende Gott

Wenn wir in der Nachfolge Jesu beten, bitten wir um den Heiligen Geist und also darum, daß Gott selbst uns gegenwärtig werde, uns erleuchte und uns sein Heil erkennen lasse.

Paul Schempp hat in einer Auslegung zur ersten Bitte des Vaterunsers vom Nehmen und Geben Gottes in überraschender Weise geredet. Gott empfängt vom Beter alles, was dieser zu bieten hat, »nämlich seine Sünde, seine Schande, seine Verlorenheit, seinen Jammer, sein Elend, seine Bedürftigkeit, seine Armut, seine Ohnmacht, sein Sterben«. Zugleich aber ist Gott der Schenkende:

»Gott öffnet sein göttliches Herz dem Beter zum Geben und gibt ihm seinen ganzen göttlichen Reichtum, nämlich seine Liebe, seinen Sohn, sein Wort, seinen Geist, seine Barmherzigkeit, seinen Namen, seine Gottheit und gibt ihm damit ins Herz den Glauben an Gott, die Liebe gegen Gott und die Hoffnung zu Gott« (Der Anruf Gottes, München 1949, S. 149).

Der Beter steht staunend vor dem Wunder, daß Gott selbst sich uns geschenkt hat und nur darauf wartet, daß wir dieses Geschenk seiner Zuwendung annehmen, gelten lassen und aus ihm leben. Wenn Gott selbst bei uns ist, dann kann vieles geschehen, aber es wird uns nicht im letzten vernichten. »Und ob ich schon wanderte im finsteren Tal, fürchte ich kein Unglück, denn du bist bei mir, dein Stecken und Stab trösten mich« (Psalm 23). »Wenn ich nur dich habe, so frage ich nichts nach Himmel und Erde, wenn mir gleich Leib und Seele verschmachtet, so bist du doch, Gott, allezeit meines Herzens Trost und mein Teil« (Psalm 73). Weil Gott selbst die wahre Zuflucht des Menschen und das größte Geschenk an den Menschen ist, deshalb kann Paulus im Römerbrief so dankbar und triumphierend schreiben: »Ist Gott für uns, wer mag wider uns sein? Welcher auch seines eigenen Sohnes nicht hat verschont, sondern hat ihn für uns alle dahingegeben; wie sollte er uns mit ihm nicht alles schenken?... Wer will uns scheiden von der Liebe Gottes? Trübsal oder Angst oder Verfolgung oder Hunger oder Blöße oder Fährlichkeit oder Schwert?...« (Römer 8, 31–35).

Deshalb ist die wichtigste Bitte die Bitte um den Heiligen Geist und also darum, daß Gott selbst uns gegenwärtig sei und bleibe. Alles andere, so schwer es im einzelnen sein mag, wird dann zu bestehen sein.

4. Dankbarkeit als Grundhaltung des Lebens

Wenn wir in der Nachfolge Jesu beten, werden wir frei zur Dankbarkeit.

Ob wir in unserem Leben zur Grundhaltung der Dankbarkeit und Zufriedenheit finden, hängt nicht zuerst davon ab, ob es uns gut oder schlecht geht. Entscheidend ist, in welcher Grundeinstellung wir unser Leben und die Welt betrachten, ob wir ohne Gott und ohne größere Perspektiven für die Welt und für uns selber leben, oder ob wir unser Dasein im Gegenüber zu Gott sehen und dann erkennen, daß wir wesentliche Voraussetzungen und Grundbedingungen unseres Daseins nicht uns selber verdanken, weil sie außerhalb unserer Leistung und unserer Verfügungsgewalt liegen. Es gibt unzählige mürrische Menschen, die alles Gute, alle Gaben Gottes, ihre Gesundheit, ihren Wohlstand als etwas Selbstverständliches hinnehmen und wegen jeder Kleinigkeit, die nicht in ihre Vorstellungen und Pläne paßt, schelten, klagen und jammern. Wer betet, läßt sich die Augen öffnen für die vielen guten Gaben Gottes und freut sich an jedem Zeichen der Güte Gottes, an jedem Bissen Brot. In einem schlichten Lied kommt diese Haltung zum Ausdruck:

»Danke für diesen guten Morgen,
danke für jeden neuen Tag,
danke, daß ich all meine Sorgen
auf dich werfen mag.

Danke für alle guten Freunde,
danke, o Herr, für jedermann,
danke, wenn auch dem größten Feinde
ich verzeihen kann...

Danke, daß ich dein Wort verstehe,
danke, daß deinen Geist du gibst,
danke, daß in der Fern und Nähe
du die Menschen liebst...«

Der französische Arbeiterpriester *Michel Quoist* zeigt in seinem Gebetbuch, wie wir auch für die kleinen und »selbstverständlichen« Dinge des Lebens danken können:

»Danke, Herr, danke!
Dank für alle Geschenke, die du mir heute angeboten hat,
Dank für alles, was ich gesehen, gehört und empfangen habe.
Dank für das Wasser, das mich wachgemacht hat, für die Seife, die so gut riecht, für die erfrischende Zahnpasta.
Dank für die Kleider, die mich bedecken, für ihre Farbe und für ihren Schnitt.
Dank für die prompt zugestellte Zeitung, für die spannende Geschichte darin, für den lächelnden Morgen, für die ernsten Konferenzen, die fortgesetzt werden, für die mir erwiesene Gerechtigkeit und für das gewonnene Fußballspiel.
Dank für den Müllabfuhrwagen und die Männer, die ihn begleiten, für ihre morgendlichen Rufe und die Geräusche der erwachenden Straße.
Dank für meine Arbeit, mein Werkzeug, meine Kräfte...
Dank für Jakob, der mir seine Feile geliehen hat, für Fritz, der mir eine Zigarette geschenkt hat, für Karl, der mir die Tür aufgehalten hat...
Dank für die Mädchen, denen ich begegnet bin, für das Rouge auf den Lippen von Marie-Therese, sie hat die Farbe klug gewählt, für die Dauerwelle von Monika, die ihr so gut zu Gesicht steht, für die Grimasse von Anne-Marie und ihr befreiendes Lachen.
Dank für den Buben, dem ich zusah, wie er auf dem Gehsteig gegenüber spielte.
Dank für seine Rollschuhe und für das drollige Gesicht, das er machte, als er hinfiel.
Dank für jeden ›Guten Tag‹, den mir einer gewünscht hat, für jeden Händedruck, den ich gegeben habe, für jedes Lächeln, das mir geschenkt wurde.
Dank für Mutter, die mich zu Hause empfängt, für ihre selbstlose Liebe, für ihre stille Gegenwart...«
(*Michel Quoist:* Herr, da bin ich, S. 70ff.)

5. Das Gebet als Quelle des Mutes

Wenn wir in der Nachfolge Jesu beten, werden wir frei von der Angst und vom Sorgengeist, der unser Leben beherrschen und knechten kann.

Angst und Sorge greifen nach uns in vielfältigen Gestalten: Wir haben Angst vor schweren Aufgaben und Verantwortlichkeiten. Wir haben Angst, wir könnten versagen, wir könnten keine Anerkennung finden und zur Seite gedrückt werden. Wir haben Angst vor politischen oder privaten Feinden, Angst um unser Leben, um unsere Angehörigen, um unseren Besitz, den wir ererbt oder erworben haben. Wir wollen unser Leben sichern und fühlen doch, daß es im Leben keine echte Sicherheit gibt. So haben wir Angst vor

Krebs oder anderen Krankheiten und blicken voll Sorge in die unbekannte Zukunft.
Das Evangelische Kirchengesangbuch ist voll mit Liedern, die einer ungewissen Zukunft und allen Bedrohungen durch innere und äußere Mächte das feste Vertrauen auf das Weltregiment Gottes und auf ein letztes Geborgensein in Gott entgegensetzen. Dies wird gerade auch an Liedern deutlich, deren Verfasser die Schrekken des Dreißigjährigen Krieges erlebt haben.

6. Ermutigung zur Wachsamkeit und zum Handeln

Wenn wir in der Nachfolge Jesu beten, lassen wir uns zu erhöhter Wachsamkeit rufen und erkennen: Gott will durch uns wirken. Wir haben uns also für das Erbetene mit aller Kraft einzusetzen.

Es ist eine weitverbreitete Anschauung, daß das Beten eine Sache von Kindern sei, vielleicht auch eine Sache von Frauen, vor allem älteren Frauen, jedenfalls nichts für »harte Männer«. Der Philosoph Fichte soll gesagt haben »Das Kind betet, der Mann will.« Auf alle Fälle muß das Verhältnis des Betens zum Arbeiten und Wirken geklärt werden.
Dabei ist festzustellen, daß das frühe Abendland in vielfacher Hinsicht geprägt wurde von der Losung der Mönche: »Bete und arbeite.« Unter dieser Losung haben sie nicht nur den Klostergarten, sondern die ganze Umwelt gestaltet!
Das Beten ist nicht Ausdruck von Trägheit, Unentschlossenheit, Willenlosigkeit und Schwäche, sondern Quelle der Kraft, des Handelns und des Einsatzes zum Dienst an den Mitmenschen.
Das Gebet ist die stärkste Verpflichtung zur Tat und zum persönlichen Einsatz in der Richtung des Erbetenen. Es ist keinesfalls Ausdruck einer faulen und verantwortungslosen Passivität. Was Gegenstand des Gebetes ist, dafür haben wir uns auch mit ganzer Kraft einzusetzen. Gerade diejenigen, die sich um gesellschaftlichen und politischen Fortschritt mühen, brauchen das Gebet, damit sie nicht absinken in Verzweiflung und Resignation:

»Wir sind ja alle geplagt von der Frage, was wir denn eigentlich tun können ... Es gibt genug Gründe, die uns veranlassen könnten, entmutigt alles liegenzulassen und uns auf das Beten zu beschränken, da heute immer mehr alle Macht sich zu konzentrieren scheint in obersten Spitzen, auf die weder die einzelnen Staatsbürger noch ihre ganze Masse irgendwelchen Einfluß haben. Demokratische Kontrolle von unten nach oben scheint mehr und mehr eine Illusion zu sein, statt dessen verbreitet sich die Meinungskontrolle und Meinungsbildung von oben nach unten. Aber gerade wenn wir so, entmutigt durch die scheinbare Einflußlosigkeit, uns auf das Beten beschränken möchten als auf denjenigen Einfluß, der, Gott sei Dank, dem Christen auch da möglich ist, wo ihm alle Hände gebunden sind – gerade dann drängt uns das Beten selbst, auf das wir uns zurückgezogen haben, wieder hinaus zum Tun, und sei es auch noch so bescheiden. Ora et labora – wer betet, der kann gar nicht nur beten, den drängt es, etwas zu tun« (*H. Gollwitzer*, Forderungen der Freiheit, München 1962, S. 333f.).

7. Die Bewältigung des Leides

Wenn wir in der Nachfolge Jesu beten, dann lernen wir auch das Schwere, das Unverstandene und das Leid aus der Hand Gottes zu nehmen.

Beim Beten geht es nicht um eine Lebens- und Glücksversicherung. Dem betenden Menschen ist nicht verheißen, daß ihm alles gelingen und glücken müßte, was er sich ersehnt.
Die Frage nach dem Leid und der Not des Frommen wird durch das Buch Hiob und durch den 73. Psalm schon im Alten Testament gestellt. In der Leidensgeschichte Jesu und in der Geschichte der Verfolgung der Apostel tritt diese Frage erst recht vor uns hin. Die Kirchengeschichte weiß viel zu berichten von Krankheit, Not, Leid und Martyrium glaubender Menschen.
Persönliche Erfahrungen des Leides und schwere Lebenserfahrungen müssen aber keineswegs zur Absage an Gott führen. Der Beter des 73. Psalms bekennt mitten in der Anfechtung: »Dennoch bleibe ich stets an dir, denn du hältst mich bei meiner rechten Hand...«
Jesus hat in äußerster Verlassenheit in Gethsemane mit Gott gerungen und gebetet: »Mein Vater, ist's möglich, so gehe dieser Kelch an mir vorüber; doch nicht wie ich will, sondern wie du willst« (Matthäus 26,39).
Der Apostel Paulus hat dreimal um die Befreiung von einer schweren Last gebetet. Sie wurde trotz seines Flehens nicht von ihm genommen. Er erhielt von Gott die Antwort: »Laß dir an meiner Gnade genügen, denn meine Kraft ist in den Schwachen mächtig« (2. Korinther 12,7–9).
Kierkegaard hat geschrieben: »Der rechte Beter kämpft mit Gott im Gebet und er siegt dadurch, daß Gott in ihm siegt.« Und *Martin Luther* hat gesagt: »Wenn nicht geschehen wird, was wir wollen, so wird geschehen, was besser ist.«

Beten hilft, die seelischen Kräfte zu aktivieren. Es steht im Gegensatz zum Fatalismus und zur Resignation. Beten provoziert die Kräfte der Seele und des Geistes zum Aushalten, zum Ertragen von Schwierigkeiten, Krankheiten, Leid und Ungerechtigkeit. Auch in diesem Zusammenhang wollen wir auf die Erfahrungen hinweisen, die sich in vielen Liedern des Gesangbuches aussprechen.

8. Die Fürbitte

Wenn wir in der Nachfolge Jesu beten, werden wir frei zur Brüderlichkeit, zum Beten in und mit der Gemeinde und frei zur Fürbitte für einzelne, für die Gemeinde und für die Welt.

Man hat schon oft darauf hingewiesen, daß das Vaterunser nicht im Ich-Stil formuliert ist: »Unser tägliches Brot gib uns heute. Vergib uns unsere Schuld. Führe uns nicht in Versuchung. Erlöse uns von dem Bösen.«
Wir können Gott nur deshalb als unseren Vater anreden, weil uns Jesus dazu ermächtigt hat. Indem wir auf Jesus Christus schauen, werden wir auch gewahr, daß wir durch ihn Brüder und Schwestern haben. *Walter Lüthi* schreibt:

»Wer durch den Heiligen Geist zum Christenglauben erwacht, der steht vor dem Wunder, daß er aufgehört hat, Einzelkind zu sein und nun Brüder und Schwestern erhält. In der ganzen Welt, in Amerika, in Rußland, dort hinten fern in der Türkei, in Japan, auch in Deutschland; es lebt eine Gott allein bekannte Zahl und Schar von Glaubensbrüdern, die mit dir zusammen das Unservater beten...« (Das Unservater, Basel, ohne Jahreszahl, S. 14f.).

Wir werden zur Fürbitte aufgefordert und eingeladen. Im Neuen Testament begegnet uns die Fürbitte in vielfältiger Gestalt:
Jesus betet für die Seinen, daß sie alle eins werden, daß sie im Glauben erhalten bleiben, daß sie vor dem Übel bewahrt werden, daß sie in der Wahrheit Gottes geheiligt werden. Er bittet auch für die später Kommenden, die durch das Zeugnis der ersten Zeugen zum Glauben finden (Johannes 17). Er betet für den Petrus, daß sein Glaube nicht aufhöre (Lukas 22,32).
Einzelne bitten Jesus für kranke Angehörige oder Nahestehende: die kanaanäische Frau für ihre Tochter (Matthäus 15,21), ein Vater für seinen epileptischen Sohn (Matthäus 17,14–20), der heidnische Hauptmann von Kapernaum für den erkrankten Diener (Matthäus 8,5–13).

Die Gemeinde betet dafür, daß sich die Zeugen der frohen Botschaft von den Behörden nicht einschüchtern lassen, sondern in Freimut das Wort ausrichten (Apostelgeschichte 4,29). Sie betet für den inhaftierten Petrus (Apostelgeschichte 12,5). Paulus dankt Gott für die Existenz und den Glauben der kleinen Christengemeinde in Rom und betet darum, daß er diese Gemeinde aufsuchen kann (Römer 1,8–15). Er bittet die Christen in Rom, sie mögen ihn mit ihrem Gebet in seinem Kampf und Dienst unterstützen (Römer 15,30–33). Paulus dankt für die Verbundenheit mit der Gemeinde in Philippi und betet für sie, daß sie an Liebe, Erkenntnis und Erfahrung zunehme (Philipper 1,3–11).

Der Blick des rechten Beters geht hinaus auf die ganze Menschheit, auf die gesellschaftlichen und politischen Zusammenhänge und auf die Personen, die für das Gemeinwohl, für Recht und Frieden zu sorgen haben. Das Gebet umspannt die Welt. (Vgl. 1. Timotheus 2,1–4.)

Dietrich Bonhoeffer hat in einer Predigt über diese Bibelstelle auf die verwandelnde Kraft des Gebetes hingewiesen und gezeigt, daß die Fürbitte Vorurteile und Haß zum Schmelzen bringt, dem Beter ein neues Sehen des Mitmenschen ermöglicht und ihm die Freiheit gibt, auch schwierigen Menschen neu zu begegnen.

»Eine christliche Gemeinschaft lebt aus der Fürbitte der Glieder füreinander – oder sie geht zugrunde. Einen Bruder, für den ich bete, kann ich bei aller Not, die er mir macht, nicht mehr verurteilen oder hassen. Sein Angesicht, das mir vielleicht fremd und unerträglich war, verwandelt sich in der Fürbitte in das Antlitz des Bruders, um dessentwillen Christus starb. Das ist eine beseligende Entdeckung für den Christen, der anfängt, Fürbitte zu tun. Es gibt keine Abneigung, keine persönliche Spannung oder Entzweiung, die nicht in der Fürbitte, was uns betrifft, überwunden werden könnte. Die Fürbitte ist das Läuterungsbad, in das der einzelne und die Gemeinschaft täglich hineinmüssen. Es kann ein hartes Ringen mit dem Bruder in der Fürbitte sein, aber es hat die Verheißung, zum Ziel zu führen« (Auswahl Band 3, 1936–1939).

Fürbitte stärkt das Verantwortungsbewußtsein, schließt zur Gemeinschaft zusammen und schafft den Ohnmächtigen einen freien Raum. Während des Hitler-Regimes haben Pfarrer und Gemeinden der Bekennenden Kirche öffentlich und mit Namensnennung für solche Mitchristen gebetet, die von der Geheimen Staatspolizei inhaftiert waren. Dieses Gebet war nicht nur eine Anrufung Gottes, nicht nur ein legitimer Akt einer politischen Demonstration; es hat auch den Erlebnis- und Verantwortungsbereich der betenden Gemeindeglieder erweitert. Umgekehrt wird von manchen Inhaftierten in den Gefängnissen des Dritten Reiches berichtet, daß sie sich die Namen von Bekannten auf Zettel geschrieben haben, um regelmäßig für sie zu beten. Diese Fürbitte hat die Gefangenen mit den Menschen verbunden, denen die Fürbitte galt. Sie hat die Gefangenen innerlich Anteil nehmen lassen an deren Kampf und Leiden. Sie hat sie emporgehoben über die Kerkermauern und in eine große innere Freiheit gestellt. Wer betet, nimmt Verbindung mit Gott und seinen Mitmenschen auf. Wer betet, ist nicht mehr allein.

9. Die Formen und Ordnungen des Betens

Wenn wir in der Nachfolge Jesu beten, nehmen wir uns Zeit für das Gespräch mit Gott.

1. Es ist eine große Hilfe, wenn wir uns an feste Gebetszeiten halten und zum Beispiel regelmäßig den Tag mit einem Gebet beginnen und schließen.
2. Wir werden uns immer wieder innerlich leer und müde zum Gebet finden. Deshalb ist es hilfreich, Psalmen und formulierte Gebete zu lernen und zu gebrauchen.
3. Ein besonderer Gewinn wird uns daraus erwachsen, wenn wir unser Beten vom biblischen Wort inspirieren und leiten lassen.
4. Die Moralische Aufrüstung hat ihren Mitgliedern und Freunden empfohlen, den Tag mit einer sogenannten stillen Zeit zu beginnen, bei der es um das Hören auf Gott gehen soll, aber ebenso um konkrete Aufgaben oder Menschen, bis hin zum schriftlichen Festhalten von Einfällen und Gedanken, die der Arbeit des Tages eine innere Ausrichtung geben sollen.
5. Der inneren Sammlung am Vormittag entspricht die betende und meditierende Rückbesinnung am Abend. Wenn wir uns am Abend eines Tages Zeit nehmen, die Geschehnisse des Tages und unser Verhalten vor Gott zu bedenken und uns selber zu prüfen, wird vieles ins rechte Licht gerückt. Es kann uns deutlich werden, wo wir versagt haben; und es werden Erkenntnisse mobilisiert und Gedanken bereitgestellt, die uns helfen, eine ähnlich sich wiederholende Situation besser zu bewältigen.
6. Neben einem gesammelten Beten haben die sogenannten Stoßgebete und kurzen Bitten durchaus ihre Bedeutung. Sie sind mitten unter der Arbeit möglich. Sie sind ein Zeichen dafür, daß unsere Verbindung mit Gott den ganzen Tag umfassen und nicht

nur auf religiöse Zeiten und Übungen beschränkt bleiben soll. Solche Stoßgebete können uns auch in Zeiten von Krankheit und Not begleiten, wo wir einfach nicht fähig sind, uns zum Gebet zu sammeln. Kurze Psalm- oder Jesus-Worte können uns dann aufleuchten und zu tröstlichen Zeichen werden. Auch ein Stammeln und Seufzen kann durchaus ein echtes Beten sein, denn es geht ja beim Gebet nicht um eine menschliche Leistung oder eine wohlgeformte Liturgie.

Dritter Fragenkreis: Einweisung in die Freiheit – die zehn Gebote Gottes

Einleitung: Gesetzlichkeit oder Freiheit

Die Grunderfahrung, von der die Bibel spricht, ist die Erfahrung von der Befreiung des Menschen. Die Geschichte Gottes mit Israel, mit Jesus von Nazareth und mit der Gemeinde Jesu Christi ist vor allem eine Befreiungsgeschichte. In der heutigen Welt finden wir uns aber in einer Situation vor, in der das Leben immer mehr verplant und reglementiert, eingefaßt und zementiert wird von Vorschriften und Gesetzen. Im Interesse einer größeren und überschaubaren Ordnung wird die Freiheit immer mehr eingeschränkt. Der Mensch droht zur Nummer zu werden, die man aufruft und dirigiert, einplant und verwaltet. Für die Originalität und freie Lebensgestaltung bleibt immer weniger Raum. Dazuhin erfährt das Leben unter dem Gesetz eine weitere Verschärfung durch die Diktatur der ungeschriebenen Gesetze, durch die Herrschaft des »man«, durch den indirekten Zwang zur Anpassung an das, was die Masse denkt und tut. Und schließlich wird dieser Zwang noch verstärkt durch den Druck der Aufgaben und Pflichten, die uns im Beruf und in der Familie auferlegt sind. Wir sind vielfältig gefordert durch Erwartungen, Ansprüche und Aufgaben, die uns den Lebensraum einengen.

Wollen nun auch die Gebote Gottes uns beschränken und einengen? Wird nun auch hier mit einem vielfachen Du sollst – Du sollst – Du sollst auf uns eingehämmert? Die Geschichte, die die Gesetzgebung am Sinai umgibt und trägt, gibt eine eindeutige Antwort auf diese Frage. Sie ist eine Befreiungsgeschichte. Denn am Anfang der Geschichte Israels steht die Befreiung eines unterjochten und versklavten Haufens hebräischer Menschen. Gott offenbart sich dem Mose und gibt ihm den Auftrag, diesen verzweifelten, hoffnungslosen, seiner Menschenwürde beraubten Haufen aus der Sklaverei Ägyptens herauszuführen. Dies ist das grundlegende Geschehen, auf das sich das ganze Alte Testament bezieht, auf das sich alle wesentlichen Feste Israels und des religiösen Judentums bis zum heutigen Tag beziehen.

Unterdrückung soll nicht sein. Ausbeutung und Versklavung von Menschen durch Menschen soll nicht sein. Nicht ohne Grund haben sich die amerikanischen Negersklaven in ihrem Drang nach Befreiung von Sklaverei, Unterdrückung und Verachtung auf diese Befreiungsgeschichte vom Auszug des Volkes Israel aus Ägypten berufen und in ihr das Modell ihrer eigenen Geschichte gesehen. In einem bekannten Spiritual lautet der Refrain: »Let my people go.« Dies ist die wörtliche Wiedergabe der vielfachen Forderung des Mose an den Pharao, dem er den Befehl Gottes überbringt: »Laß mein Volk ziehen...« Der Pharao versucht alles, um das Volk Israel unter dem Joch und im Sklavendasein zu halten, aber es gelingt nicht. Er hat es nicht nur mit Mose, sondern mit dessen unsichtbarem, gewaltigen und unheimlichen Auftraggeber zu tun. Das Volk zieht aus. Pharao kann es weder mit List und Tücke noch mit dem Einsatz seiner militärischen Macht aufhalten. Die Israeliten verlassen das »Sklavenhaus Ägypten« und ziehen der Freiheit entgegen, zutiefst betroffen und geprägt von dem Wunder der Errettung am Schilfmeer. Auf dem Zug durch die Wüste kommt das Volk Israel an den Berg Sinai, und hier werden ihm durch Mose in einem dramatischen Geschehen, das sich in den alten Berichten widerspiegelt, die zehn Gebote Gottes gegeben (2. Mose 20 und 5. Mose 5).

Hier geschieht nicht eine Umwandlung der Befreiungsbotschaft in eine Gesetzesreligion. Die zehn Gebote werden nur dann richtig verstanden, wenn sie als Wegweisung in die Freiheit, als Lebenshilfen, als Signale neuer Möglichkeiten, als Zeichen der Zuwendung Gottes zum Menschen verstanden werden. Gott ist kein Zwingherr, sondern der Befreier. Einweisung in dieFreiheit – das ist der Sinn und das Ziel aller Gebote.

I. Das erste Gebot:

**»Ich bin der Herr, dein Gott.
Du sollst keine anderen Götter neben mir haben.«**

1. Der eine Herr und die vielen Herren und Mächte

Der erste Satz der zehn Gebote lautet in der exakten Übersetzung des hebräischen Urtextes: »Ich bin Jahwe, dein Gott.« Die Selbstbezeichnung Gottes als Jahwe ist nicht irgendein Eigenname, sondern weist darauf hin, daß dieser sich dem Mose offenbarende Gott (vgl. 2. Mose 3,14) der Wirkliche und Beständige ist. Jahwe heißt »Ich bin, der ich bin« im Sinne von »Ich bin die Wirklichkeit, auf die ihr euch verlassen könnt«.

Beim Lesen der Bibel haben die Israeliten den Namen »Jahwe« nicht ausgesprochen, um ihn ja nicht zu mißbrauchen, und haben statt »Jahwe« stets »Adonai«, das heißt »Herr« gelesen. Auch von der kirchlichen Tradition ist »Jahwe« stets mit »Herr« wiedergegeben worden. Dies ist sachlich richtig, weil es sich um einen einzigartigen Herrschaftsanspruch handelt.

Es ist die Grundaussage der Bibel, daß sich im Geschehen am Berg Sinai und in der dort ergangenen Gesetzgebung die unsichtbare und unverfügbare göttliche Macht als Herr des Volkes Israel und als Herr der Welt offenbart hat. Wo immer sich diese göttliche Wirklichkeit gezeigt hat, ist ihr Wirken als herrschaftliche, bewahrende und befreiende Macht personhaft erfahren worden. Der Vorgang dieser Selbstoffenbarung ist unbeschreibbar und ungreifbar. Als Ergebnis steht aber eindeutig ein umfassender Herrschaftsanspruch vor uns. Wo Offenbarung geschieht, meldet der Sich-Offenbarende sofort seinen Anspruch auf den Menschen an. Die Selbstoffenbarung Gottes »Ich bin der Herr« wirft ein entscheidendes Licht auf unsere menschliche Situation. Mensch sein heißt in Entscheidungen leben müssen, in ein weites Feld von Beziehungen und Abhängigkeiten gestellt sein. Wir sind von vornherein vielfältigen Anforderungen ausgesetzt. Wir sind nicht eingepaßt in die Natur. Wir sind nicht instinktgeleitet. Wir leben in ständiger Auseinandersetzung mit unserem eigenen Selbst, mit unserer Umwelt und dem, was von außen an uns herankommt. Der Gott vom Sinai wendet sich an Menschen, die eben erst aus der Herrschaft des Pharao entronnen sind, die in ihrem Tun und Denken mitbestimmt werden von den eigenen Sehnsüchten, Trieben und Wünschen, die hineinziehen in Länder, wo alle möglichen »Baalim«, Herren-Götter, Fruchtbarkeitskulte, Erfolgsreligionen, politische Herren auf sie warten, um sie in Beschlag zu nehmen. Unsere menschliche Existenz ist zugleich dem Anspruch des biblischen Gottes und dem Anspruch der Herren und Mächte ausgesetzt. Wir sind nicht frei und unabhängig. *Martin Luther* hat in seiner Schrift »Vom unfreien Willen« gesagt, der Mensch gleicht einem Reittier, das gar nicht die Möglichkeit hat, frei und ledig durch das Gelände zu traben. Es hat immer einen Reiter über sich, der es lenkt und dirigiert. So habe es auch der Mensch immer mit einem Herrn und Lenker zu tun. Es sei nur die Frage, ob er dem Satan gehorche oder dem Gebot Gottes.

Unser Leben ist umstellt von vielfältigen Herren und Herrschaftsansprüchen: Da sind Menschen, die auf uns Anspruch erheben: Vorgesetzte, Arbeitgeber, Lehrer und Lehrherren, Behördenleiter, Manager und Wirtschaftsplaner, Leute, die Zeitungen und Illustrierte machen, Rundfunk- und Fernsehsendungen produzieren und damit die öffentliche Meinung bestimmen. Da sind die großen Politiker und Führer der Völker, die Verfügungsgewalt über unvorstellbare Massenvernichtungsmittel haben und ganze Kontinente dirigieren.

Neben all diesen Herren gibt es unsichtbare Mächte, die über uns herrschen wollen. Das Alte und das Neue Testament reden oft von der Macht dieser Mächte, die vielgestaltig nach uns greifen, die kaum zu fassen sind und uns doch unheimlich beherrschen und knechten können: Mächte, Geister, Triebe, Gebundenheiten – seien es die Sorge, die Liebe, der Neid, der Geschlechtstrieb, die Habgier, der Stolz, der Eigensinn und die Selbstherrlichkeit.

Wir sind vielfach geprägt von der Macht der Natur, durch unsere Veranlagung, unsere Art, unsere seelischen Gegebenheiten und unser Gefühlsleben.

Wir sind auch durch die Geschichte bestimmt, durch das Milieu, in dem wir uns vorfinden.

Schließlich wird unser menschliches Leben auf dieser Erde durch die unwiderrufliche Instanz des Todes bestimmt. Unsere Zeit liegt

nicht in unseren Händen. Wir leben ein befristetes Dasein im Schatten des Sklavenhauses.
Was ist der Mensch? Ist er nur ein Spielzeug der Mächte? Ist er nur ein Sklave seines Schicksals? Ist er dazu verdammt, in unwürdigen Herrschaftsverhältnissen seine Existenz fristen zu müssen? Die Bibel bringt die Botschaft, daß alle Mächte, Geister, Herrschaften und Gewalten keine letzte Macht über uns haben sollen. »Ich bin der Herr«, so stellt sich der vor, der in der Bibel, in den Geboten, im Wort der Zeugen, im Wort des Jesus von Nazareth redet. Diese Herrschaft ist einzigartige und gute Herrschaft. Sie ist die entscheidende Wohltat für den Menschen. Dies wird besonders gezeigt im zweiten Teil der Selbstkundgabe Gottes:

2. »Ich bin dein Gott, der ich dich aus Ägyptenland, aus der Knechtschaft geführt habe.«

Mit dieser Selbstbezeichnung wird noch einmal deutlich, daß der Herr der Bibel kein finsterer Tyrann, sondern der Liebende und Befreiende ist. Ich bin dein Gott: In diesem Sätzchen ist die ganze Frohbotschaft der Bibel zusammengefaßt. Ich gehöre zu dir und du gehörst zu mir. Mir kannst du vertrauen. Ich bin keiner von den Herren, die dich berauben und betrügen. Ich will freie Bundesgenossen, freie Söhne und Töchter. Du mußt dich vor den vielen Herren und Mächten dieser Welt nicht fürchten. Du brauchst keine »Heidenangst« zu haben. Die Herrschaft all dieser Herren und Mächte ist begrenzt durch mich.

3. Was bedeutet der Zuspruch des ersten Gebots?

Die Botschaft des ersten Gebots bringt dem Menschen, der sie hört und annimmt, eine Befreiung in vielfältiger Hinsicht:

Der Gott, der sich hier offenbart, ist *allen denkbaren Bedrohungen des Menschen durch äußere Mächte überlegen*. Diese Aussage durchzieht die ganze Bibel. Sie wird in vielen einzelnen Geschichten entfaltet: beim Auszug aus Ägypten, bei der Errettung am Schilfmeer, beim Einzug in das Land Kanaan, bei der Auseinandersetzung mit feindlichen Stämmen und Völkern, beim Kampf der Propheten gegen tyrannische und ungehorsame Könige – in der ganzen Geschichte Israels. Was auch immer von den Menschen zu erwarten ist: Gott erweist sich als der vollmächtige Herr und Helfer. Die ganze biblische Geschichte versucht, die großen Taten Gottes zu erzählen und zu preisen. Die Psalmen besingen die Taten Gottes, in denen er sich als Herr und Retter erweist (besondere Beispiele: Psalm 106 und 107).

Wo Menschen mit der Herrschaft Gottes rechnen, *muß die Furcht vor der Herrschaft der Menschen weichen.* Die Gottesfurcht treibt die Menschenfurcht aus. Auch hier läßt sich durch die ganze Bibel hindurch aufzeigen, wie schwache Menschen durch das Vertrauen auf Gott den Mut bekommen, gegenüber den Machthabern einen freien Weg zu gehen. Die Angst des eigenen Herzens wird immer wieder überwunden durch den Gott und Retter, der unterweist und tröstet, gebietet und beisteht: Mose tritt vor Pharao, Elia vor Ahab, Micha vor Ahab, Samuel vor Saul, Nathan vor David, Jesaja vor Ahab und Hiskia, Amos vor den Oberpriester Amazja, Jeremia vor die Könige Josia, Jojakim und Zedekia. Auch im Neuen Testament wird diese Linie fortgeführt: Johannes der Täufer vor Herodes, Jesus vor Pilatus, Petrus vor dem Hohen Rat, Paulus vor den Staathaltern Festus und Felix, die römischen Christen vor Nero – bis hin zu den Blutzeugen des Dritten Reiches. Im Gehorsam gegenüber dem wahren Herrn kann es keine Menschenverherrlichung und -vergötterung geben. Christenverfolgungen haben vielfach ihren Grund in der Verweigerung der Menschenvergötterung. Wo das Wort Gottes gehört wird, weiß man: »Fürsten sind Menschen, vom Weibe geboren, und sinken wieder in den Staub.« Diese Grunderkenntnis hat vielen Christen zu allen Zeiten eine eigenartige Freiheit im Umgang mit den Machthabern gegeben.

Der Herr, der sich im ersten Gebot kundtut, ist *der Herr der Geschichte.* Er ist nicht ein Gedankengebilde für religiöse Spintisierer und nicht ein undefinierbarer Allgeist. Er handelt mitten in und durch die Geschichte der Menschheit. Er hält denen, die auf ihn hören, die Zukunft offen. Er ermöglicht Zuversicht und Hoffnung. Denn er wird am Ende der Geschichte das letzte Wort behalten. Er wird sein Reich aufrichten und seine Herrschaft offenbar machen. Deshalb sind die größten Erfolge der Weltreiche nur vorläufige Erfolge. Sie dürfen diejenigen nicht drausbringen, die auf das Wort und Gebot des Gottes Israels hören. Die Gottesgemeinde aller Zeiten steht unter der Verheißung: »Fürchte dich nicht, denn ich habe dich erlöst; ich habe dich bei deinem Namen gerufen; du bist mein! Wenn du durch Wasser gehst, will ich bei dir sein, daß dich die Ströme nicht ersäufen sollen; und wenn du ins Feuer gehst, sollst du nicht brennen, und die Flamme soll dich nicht versengen. Denn ich bin der Herr, dein Gott, der Heilige Israels, dein Heiland« (Jesaja 43,1–3).

Das Vertrauen auf die Herrschaft Gottes gibt auch *dem einzelnen Glied der Gottesgemeinde Getrostheit und Zuversicht.* Hier ist nicht nur an die großen Prophetengestalten zu denken, die immer wieder ein sie selbst überraschendes Gehaltenwerden erfahren, sondern auch an die vielen kleinen Leute, die sich in den Psalmen aussprechen und im Laufe der Jahrhunderte in den formulierten Gebeten der Psalmen und Gesangbuchlieder ihre Erfahrungen bestätigt finden. Wir erinnern an den 91. Psalm: »Wer unter dem Schirm des Höchsten sitzt und unter dem Schatten des Allmächtigen bleibt, der spricht zu dem Herrn: Meine Zuversicht und meine Burg, mein Gott, auf den ich hoffe. Denn er errettet dich vom Strick des Jägers...« (vgl. den ganzen Psalm). Viele Gesangbuchlieder sind nichts anderes als formulierter Ausdruck des Vertrauens auf die Herrschaft Gottes: »... Der Wolken, Luft und Winden gibt Wege, Lauf und Bahn, der wird auch Wege finden, da dein Fuß gehen kann...« (Paul Gerhardt).
In einer Predigt unter dem Thema »Unser Gott ist mächtig« sagt *Martin Luther King:*

»Der Gott, zu dem wir beten, ist nicht schwach und ohnmächtig... Gott hat die Macht, uns die innere Stärke zu geben, mit der wir den Versuchungen und Schwierigkeiten des Lebens begegnen können. Jeder von uns wird in seinem Leben gezwungen, Bürden auf sich zu nehmen. Feindseligkeit packt uns wie ein mächtiger Sturm. Strahlende Sonnenaufgänge verwandeln sich in nächtliche Finsternis. Unsere kühnsten Hoffnungen werden enttäuscht, unsere edelsten Träume zerbrechen. Das Christentum hat diese Erfahrungen niemals übersehen... Es weiß von den schweren Sorgen und den herben Enttäuschungen. Es lehrt, daß Gott uns die Kraft geben kann, sie zu ertragen. Gott kann uns die innere Ausgeglichenheit schenken, die uns in allen Anfechtungen und Bedrückungen aufrecht stehen läßt. Er kann uns inmitten aller äußeren Stürme inneren Frieden geben« (Kraft zum Lieben, Konstanz 1964, Seite 162.168).

Der Herr, der sich im ersten Gebot zu Wort meldet, *gibt Richtung und Maßstab des Lebens.* Wer auf das Wort und Gebot dieses Herrn hört, bleibt nicht meisterlos, ziellos und haltlos. Er bekommt eine Orientierung für sein Leben und erfährt die Unterweisung

Gottes als eine beglückende Hilfe. Der große Psalm 119 ist ein einziges Dokument dafür, daß der Glaubende das Gebot als Wohltat und nicht als Zwangsjacke versteht: »Wenn dein Gesetz nicht mein Trost gewesen wäre, so wäre ich vergangen in meinem Elend« (Vers 92). »Dein Wort ist meines Fußes Leuchte und ein Licht auf meinem Wege« (Vers 105). Auch diese Erfahrung wird in der Geschichte Israels und in der Kirchengeschichte bis hin zu wesentlichen Erfahrungen im Dritten Reich tausendfach bestätigt: Der Gehorsam gegenüber diesem Herrn macht frei.

Der Herr, der sich seinem Volk am Sinai kundtut, gibt ihm auch *die entscheidende Hilfe angesichts der Unordnung, des Chaos, der Macht der Triebe und bösen Geister,* die den Menschen von innen gefährden. Er reißt uns los von unserer Sünde. Er ermächtigt und ermutigt uns zum Kampf gegen das Chaos und das Böse in unserem Leben. Wir sind der Ichsucht, der Habgier, der Geschlechtsgier nicht hilflos verfallen. Denn der Herr spricht uns an durch sein Wort und zeigt uns den Weg zur Überwindung des Bösen. Er läßt uns nicht liegen, wenn wir gefallen sind. Er vergibt Sünde und heilt Gebrechen, damit es zu neuen Anfängen kommt und wir aus Niederlagen aufstehen zum Kampf gegen die Macht des Bösen. Er läßt das Osterlicht, die Sonne des Sieges über uns aufgehen, obwohl unser Leben bruchstückhaft ist und bis an sein Ende geprägt bleibt von menschlicher Schwachheit. – Auch hier ergibt sich eine Fülle von biblischen Linien und Erfahrungen. Und auch die Kirchengeschichte berichtet Erstaunliches von einem getrosten Kämpfen und von Zeichen des Sieges im Leben der Christen.

Ich bin der Herr, dein Gott. Dies ist die entscheidende Zusage auch *angesichts der Verfallenheit an den Tod.* Hier deutet sich schon im Alten Testament ein Weg zur Überwindung des Todes an. Der vom Tod Bedrohte, der keinen Ausweg mehr sieht und kennt, wendet sich an den treuen und mächtigen Gott: »Wenn ich nur dich habe, so frage ich nichts nach Himmel und Erde, wenn mir gleich Leib und Seele verschmachten, so bist du doch, Gott, allezeit meines Herzens Trost und mein Teil« (Psalm 73,25.26). (Siehe auch 5. Fragenkreis.)

Ich bin der Herr, dein Gott. Dieser Zuspruch *schafft unserem Leben einen Sinn.* Wir sind geliebt und bejaht. Es sind nicht die Leistungen und der Tatenruhm, die unser Leben begründen und sinnvoll machen. Da ist ein Herr, der unserem Leben dadurch einen Sinn gibt, daß er uns in seinem Dienst brauchen will, und zwar an dem Platz, an den er uns stellt, und mit den Gaben, die er uns gibt. Wir stehen im Dienste des größten Königs. Es geht darum, daß wir diese Berufung zum Dienst erkennen, diesem Herrn und König mit unserem Leben dienen und zur Freude unserer Mitmenschen leben. Ob unser Dasein mehr im Licht oder mehr im Schatten steht, wieviel öffentliche Beachtung wir finden – all dies ist zweitrangig gegenüber der Tatsache, daß unser Leben mit seiner kleinen Kraft im Gehorsam gegenüber diesem Herrn und in der Zuordnung zu seinem Reich gelebt werden darf.

Die Selbstkundgabe und der Zuspruch Gottes, wie sie hier angedeutet wurden, müssen bei jedem der folgenden Gebote mitbedacht werden. Denn die Gebote sind nichts anderes als die Entfaltung dessen, was Herrschaft Gottes in der Wirklichkeit unseres Lebens bedeutet. Bei den einzelnen Geboten wird dann wieder deutlich werden, daß sich das menschliche Leben in vielen Entscheidungen vollzieht. »Es gibt kein Ja zu Gott ohne ein Nein zu den Götzen« (*H.J. Iwand*). Deshalb wird die notwendige Abgrenzung angedeutet in dem Nachsatz, der die Hinwendung zu den anderen Göttern verbietet.

4. »Du sollst keine anderen Götter neben mir haben.«

Wir alle haben bestimmte »Leitbilder«. Das sind Persönlichkeiten, die wir bewundern. Sie erscheinen uns in irgendeiner Hinsicht als Vorbild. Sie verkörpern vielleicht auch unsere Wünsche und Sehnsüchte. Wir orientieren uns an ihnen, und sie werden mehr oder weniger, bewußt oder unbewußt, zum Maßstab für unsere Lebensauffassung und unsere Lebensgestaltung.
Solche Leitbilder können uns zu völliger Abhängigkeit führen, zur Mißachtung dessen, was Gott will und was letztlich unser Leben bestimmen und ihm Sinn und Inhalt geben soll. Das nennt die Bibel Götzendienst.
Harmlose Liebhabereien und Hobbys können zu Leidenschaften werden, an denen unser ganzes Herz hängt. Motorrad und Auto, Briefmarken und Sport können zum allesbeherrschenden Thema werden.

Die Geschichte des Götzen Mammon ist stets aktuell; Geld und Macht wird zum wichtigsten und sinngebenden Lebensinhalt (vgl. siebtes, neuntes und zehntes Gebot). Der Kriegsgott Mars fasziniert die Völker und Nationen (vgl. fünftes Gebot). Die Sexgöttinnen Astarte und Venus entfalten ihre Macht. In Millionenauflagen demonstrieren heute Illustrierte und Filme die Herrschaft des Sexualtriebs und versprechen in ihm das große Glück (vgl. sechstes Gebot). Fortuna, die Göttin des Glücks und Glücksspieles, will uns dazu verführen, daß wir unsere Lebenshoffnung auf »die große Wende«, auf den Riesengewinn im Lotto und Toto setzen und von einer Hoffnung leben, die diesen Namen nicht verdient. Berauschungsmittel versprechen Glück und Ausweitung des Lebenshorizontes. Unzählige suchen Freude und Vergessen im Alkohol oder durch Drogen und entfliehen der Wirklichkeit. Millionen opfern ihre Gesundheit einer Gewohnheit, die zur Sucht wird. Andere schreiben dem Stand der Gestirne eine schicksalsbestimmende Macht zu. Die große Schar dieser Horoskopgläubigen lebt nicht mit der Bibel, sondern mit dem Horoskop. Sie lassen ihr Leben von dem bestimmen, was geschäftstüchtige Horoskopverfasser zusammendichten.
Wir sind eingeladen, den Weg in die Freiheit anzutreten: Gott dienen ist die höchste Freiheit – Deo servire summa libertas!

Ergänzungen und Fragen zum Gespräch:

1. Mehrere Gebote sind in ihrem sachlichen Gehalt in die staatliche Gesetzgebung eingegangen. Um welche Gebote handelt es sich? Wie ist ihre Gestalt im Strafgesetzbuch? Sind die Gebote ablösbar von dem gebietenden Gott?
2. Steckt im ersten Gebot nicht eine indirekte Aufforderung zu einem intoleranten Verhalten der Christen?
3. Muß der christlichen Lehre vom rechten Handeln nicht vorgeworfen werden, sie sei eine Gehorsamsethik und würde die Untertanengesinnung fördern? Wie verhalten sich Gehorsam und schöpferische Phantasie?
4. Wie kann der befreiende Sinn der Gebote erfahren werden? Gibt es Beispiele für eine hohe Form christlicher Freiheit, die im Gehorsam gegenüber dem gebietenden Gott begründet ist?
5. Viele junge Menschen haben in ihren Zimmern Bilder ihrer Vorbilder und Idole aufgehängt: Stars, Fußballspieler, Rennfahrer, Sänger. Das mögen verhältnismäßig harmlose Gestalten sein. Worin besteht das Gefährliche bei dieser Menschenverehrung? In der evangelischen Kirche hat man mit Recht die Heiligenverehrung abgeschafft. Wie ist es aber mit christlichen Vorbildern?

IIa. Das Bilderverbot:

»Du sollst dir kein Bildnis noch irgendein Gleichnis von Gott machen.«

Dieses Bilderverbot ist eigentlich das zweite Gebot. 2. Mose 20 heißt es im Anschluß an das erste Gebot:
»Du sollst dir kein Bildnis noch irgendein Gleichnis machen, weder von dem, was oben im Himmel, noch von dem, was unten auf Erden, noch von dem, was im Wasser unter der Erde ist: Bete sie nicht an und diene ihnen nicht!« (V. 4 f.).
So lautet also nach dem biblischen Text das zweite Gebot, während das neunte und zehnte Gebot zusammengehören und im Grunde nur ein Gebot sind.
Martin Luther hat in der Reformationszeit die römisch-katholische Zählweise übernommen und dies damit gerechtfertigt, daß das Bilderverbot eigentlich schon im ersten Gebot enthalten sei. Die Schweizer Reformatoren *Zwingli* und *Calvin* und die reformierte Kirche führen aber das Bilderverbot als zweites Gebot. Es muß ernsthaft bedacht werden.

1. Die Geschichte von der Anbetung des Goldenen Kalbes

Die Geschichte von der Anbetung des Goldenen Kalbes (2. Mose 32, 1–6) beschreibt eine seltsame Situation: Das Volk ist verunsichert. Mose ist auf den Berg Sinai gegangen und lange weggeblieben. Aber ohne Mose kommt man sich verlassen und abgeschrieben vor. So kommen sie zu Aaron, dem Bruder und Stellvertreter des Mose und bestürmen ihn: »Auf, mache uns einen Gott, der vor uns hergehe!« Die Leute haben also ein elementares religiöses Verlangen. Sie wollen spüren und greifen, daß sie nicht verlassen sind. Sie wollen etwas Sichtbares und Greifbares, ein Zeichen der

Sicherheit. Wohlgemerkt: Den Leuten ist es ernst! Sie sind zu einem Opfer bereit: »Da riß alles Volk sich die goldenen Ohrringe von den Ohren und brachte sie zu Aaron.« Ist diese Opferbereitschaft nicht erstaunlich? Eine religiöse Begeisterung erfaßt das ganze Volk. Aaron gießt aus dem Gold einen Stier, das Zeichen der Fruchtbarkeit und der Kraft, der Macht und Stärke. Und dann heißt es: »Das ist dein Gott, Israel, der dich aus Ägyptenland geführt hat.« Man will also nicht von Gott abfallen! Man will nur etwas in der Hand haben, etwas sehen und greifen können, ein Symbol der Kraft, der Zukunft, der Gegenwart Gottes. Aber gerade dieser Versuch, sich einen sichtbaren Gott zu schaffen und Gott in die Hand zu bekommen, ist der große Frevel, der große Abfall, und gegen ihn und gegen alle ähnlichen Versuche wendet sich das Bilderverbot.

2. Der Widerspruch gegen die Reliquien- und Heiligenverehrung

Der Mensch trägt in sich ein ursprüngliches Verlangen zum Bildermachen und zum Bilderdienst. So ist es schon in der Alten Kirche zu einem sogenannten »Bilderstreit« gekommen, und die östliche Kirche ist mit ihrer Verehrung der Ikonen (Bilder) einen bedenklichen Weg gegangen. In der Reformation ist der Streit um die Bilderverehrung, Heiligenverehrung und Verehrung von sogenannten »Reliquien«, also von »heiligen Überresten«, ganz neu entbrannt. Vor allem die Reformierten haben das Bilderverbot neu entdeckt und ernstgenommen. Viele reformierte Kirchen in der Schweiz und anderswo verzichten auch heute noch konsequent auf alle bildhaften Darstellungen und Ausschmückungen des Kirchenraumes und bringen dadurch zum Ausdruck: Hier geht es nicht um das Schauen, nicht um menschengemachte Gottesbilder und erst recht nicht um Heiligenverehrung, sondern um das Hören auf das Wort Gottes, um den Glauben, um die ständige Infragestellung unserer Gottesbilder und Gottesvorstellungen durch Gott selbst, der kein stummer Götze ist, sondern sich durch sein Wort offenbart und Menschen anspricht, sie tröstet und in die Entscheidung stellt.

3. Die Absage an die geistigen Bilder und die Hinwendung zum Wort

Das Bilderverbot richtet sich nicht nur gegen die Versuche der künstlerischen Gottesdarstellungen in Stein, Glas oder Gold. Die äußeren Gottesbilder und Gottesdarstellungen sind ja nur Produkte unserer geistigen Bilder, die wir in unserem Herzen mit uns tragen. Bevor der goldene Stier gebildet worden ist, war sein Bild, also die eigenmächtig geformte Gestalt Gottes, in den Herzen und Köpfen der Menschen schon vorhanden. Wir sind nicht so primitiv, daß wir Götterbilder gießen oder schnitzen, um dann vor ihnen niederzuknien und sie anzubeten. Aber an die Stelle der Götterbilder können nun Weltanschauungen, Systeme, Grundsätze, Pläne und Programme treten, die in unserem Leben einen allesbeherrschenden Platz einnehmen. Sie treten an die Stelle Gottes und machen uns unfrei. Sie verführen uns und halten uns davon ab, auf das Wort des lebendigen Gottes zu hören und ihm die Ehre zu geben.

Der Bilderdienst, die geistige Produktion von Gottesbildern, ist eine grundlegende Versuchung. Auch in einer bildlosen Kirche und in einer vergeistigten Religiosität sind wir immer wieder dabei, uns ein Bild von Gott zu machen. Wir sind ständig versucht, Gott nach unserem Bilde zu schaffen, und machen gerne auch aus Jesus »ein Bild, das uns gleich sei«. So sind Gemälde und geistige Bilder von einem germanischen Christus, von einem germanischen Gott, von einem arteigenen Christus entstanden, Bilder eines weißen Gottes oder eines schwarzen oder eines gelben Christus.

Jesus wurde als Weltherrscher dargestellt und erhielt die Züge irdischer Kaiser oder Eroberer, die Mariengestalt erhielt in Südamerika die Züge einer spanischen Königin. Gott wird zum Gott der Reichen und soll den Fortbestand der Eigentumsverhältnisse garantieren.

Oder: Jesus wird als sozialistischer Parteiführer dargestellt und zum Fahnenträger der Revolution gemacht. Oder: Gott wird zum Parteigötzen der Frommen im Kampf gegen die Ungläubigen. Überall und immer lauert die Gefahr der Verfälschung des Glaubens in menschliche Religiosität. Auf diese Gefahr, der ständig ins Auge gesehen werden muß, weist das Bilderverbot hin. Deshalb ist es der Sache nach auch und gerade für Christen unentbehrlich. Wir dürfen keinen Augenblick vergessen: Jesus Christus wurde hingerichtet und aus der Welt der Frommen und Gläubigen und Rechtschaffenen ausgestoßen, weil er dem Gottesbild und dem Messiasbild, das sich die Pharisäer und Schriftgelehrten gemacht hatten, nicht entsprach. So ist grundsätzlich festzuhalten: Auch diejenigen, die an Gott und an Jesus glauben, sind im Blick auf das »Bildermachen« auf die Vergebung Gottes angewiesen. Sie sind zum Hören des Wortes Gottes und also zur stetigen Korrektur ihrer Gottesbilder herausgefordert.

Zur Rechtfertigung der religiösen Bilder und der bildhaften Darstellung der biblischen Geschichte hat man darauf hingewiesen, daß in den frühen Zeiten der Christenheit die meisten Menschen weder lesen noch schreiben konnten. Waren die Bilder nicht gleichsam pädagogische Hilfen, um gerade den schlichten Menschen biblische Geschichte nahezubringen? Sind bildhafte Darstellungen der biblischen Geschichte nicht wenigstens unter pädagogischen Gesichtspunkten zu begrüßen?

Diese Frage ist berechtigt. Auch Jesus hat mit bildhaften Vergleichen sein Wort verdeutlicht und dessen Verständnis erleichtert. So wird auch die christliche Gemeinde nicht einfach auf alles Bildhafte (Symbole, Darstellung biblischer Szenen) verzichten müssen, solange Bilderdienst und Bilderverehrung so selbstverständlich ausgeschlossen sind wie zur Zeit Jesu in Israel.

Doch ist dabei ständig im Auge zu behalten, daß der Glaube aus dem Hören auf das Wort und nicht aus dem Schauen kommt: »So kommt der Glaube aus der Predigt, das Predigen aber durch das Wort Christi« (Römer 10,17). Wir leben in einer Zeit, die von einer schrankenlosen Bilderproduktion geprägt ist. Illustrierte werden in Millionenauflagen verbreitet. Die größte Massenzeitung heißt Bild-Zeitung. In den normalen Tageszeitungen nimmt die Zahl der Bilder ständig zu. Bildreporter werden immer wichtiger. Zu Geschenkzwecken werden Bildbände gekauft, die wenig geistige Anstrengung erfordern. Der Einfluß des Fernsehens ist gar nicht abzuschätzen. Der Direktor des Center for Communications an der Fordham University stellt im Blick auf die USA fest: »Der heutige Jugendliche, der an der Oberschule sein Examen gemacht hat, hat schon ungefähr 15000 Stunden vor dem Bildschirm verbracht.«

Angesichts der Flut der Bilder werden wir auch nicht zu ernsthaften Bildbetrachtungen geführt. Wir werden auf die Zuschauer- und Verbraucher-Haltung eingestimmt und in ihr bestätigt. Man sieht eine Fülle von erregenden und erschütternden Bildern, aber wird dadurch abgestumpft, bleibt in Distanz und fühlt sich weder zu einer echten Auseinandersetzung noch zum Handeln herausgefordert. Um ein echtes Angesprochenwerden, um die geistige Auseinandersetzung, die Schärfung des Gewissens, die Provokation der Gefühle, um Entschlüsse zum Handeln geht es aber in dem gepredigten und gehörten Wort. Deshalb besteht ein tiefer Gegensatz zwischen dem Bilderkonsum und dem aufmerksamen Hören des Wortes. »Das Wort Gottes ist lebendig und wirksam und schärfer als jedes zweischneidige Schwert, und es dringt durch, bis es Seele und Geist, Mark und Knochen scheidet, und es ist ein Richter der Gedanken und Regungen des Herzens« (Hebräer 4,12). Das Wort Gottes hat klärende, erhellende, analytische Kraft. Es fordert uns zur Antwort heraus. Es schafft heilsame Unruhe und verwehrt uns das Absacken in Trägheit und Zuschauerhaltung.

4. Das Ebenbild Gottes in der Verborgenheit des Kreuzes

Schließlich wird gefragt, ob das Bilderverbot nicht deshalb überholt sei, weil Gott sich im Menschen Jesus von Nazareth offenbart und mit der Gestalt eines historischen Menschen verbunden hat. Jesus sei doch das »Ebenbild des unsichtbaren Gottes«. Deshalb könne es nicht verwerflich sein, sich die Bedeutung Jesu in Bildern zu vergegenwärtigen. Die Antwort auf diese Frage kann und muß tatsächlich von der Mensch- und Gestaltwerdung Gottes ausgehen. Gott hat sich über unsere eigenmächtigen Gottesvorstellungen und Wunschprojektionen, über das Dichten und Träumen unseres menschlichen Herzens erbarmt. Weil wir seine Wirklichkeit mit unseren Projektionen nicht erreichen, ist er uns entgegengekommen, hat selbst die Brücke zu uns geschlagen und uns durch Jesus in unserer menschlich-irdischen Wirklichkeit aufgesucht. Aber er hat seine Gegenwart und die Sichtbarkeit seines Sohnes zugleich verborgen in der Gestalt des Kreuzes. Und Zugang zu der Herrlichkeit des Gottes am Kreuz finden wir nur durch das Wort (vgl. 1. Korinther 1). Im Wort und in der Botschaft vom Kreuz hat Gott sich offenbart. So handelt es sich bei der Offenbarung und Erscheinung Gottes um ein eigenartiges, indirektes »Sehen«, das ganz und gar durch das Hören bestimmt ist.

5. Offenbleiben für Erfahrungen mit Gott und den Mitmenschen

Gerade weil Gott Mensch geworden ist, ist das Bilderverbot auch von großer Bedeutung für unsere Begegnung mit unseren Mitmenschen. Denn es gilt im Grund auch für die Menschen, daß ihre Wirklichkeit im Bild nicht erfaßt werden kann, daß wir uns von ihnen »kein Bildnis noch Gleichnis« machen und sie nicht auf ein »Bild« festnageln sollen. Als Beispiel: Eltern sind in besonderer Gefahr, sich ein Bild von ihrem Kind zu machen. Das Kind soll ihren Erwartungen und Vorstellungen entsprechen. Es soll sich so entwickeln und so heranwachsen, wie sie es erwarten. Damit verfehlen die Eltern oft die Wirklichkeit ihres Kindes und werden vielleicht lange nicht gewahr, daß ihr Kind so ganz anders ist, daß es ein eigenständiges Wesen ist und zu seiner eigenständigen Entwicklung nicht auf ein »Bild« festgelegt werden sollte. Für Kinder sind diese Erwartungen der Eltern oft bedrückend. Sie fühlen sich nicht verstanden und unfrei und leiden darunter, daß ihre Zukunft von den Eltern verplant ist und sie in eine Schablone gepreßt werden, die sie nicht akzeptieren können.
Wir werden auch den Mitmenschen nur gerecht, wenn wir sie nicht in Schubladen schieben, auf unsere Bilder und Erwartungen festlegen, ihnen nicht mit Vorurteilen begegnen, sondern uns immer wieder neu die Augen öffnen lassen für ihr wirkliches Wesen. Einem Menschen begegnen heißt offen sein für neue Erfahrungen mit ihm, die Zukunft nicht verplanen, ihn nicht durch ein Vorurteil festlegen. Gott begegnen und an Gott glauben heißt dementsprechend offen sein für Gott, für neue Erfahrungen mit ihm, offen sein für ein neues Hören, für die Zukunft, für neue Lernprozesse mit Gott und mit den Mitmenschen. Dies alles ist der Sache nach im rechten Beten um den Heiligen Geist enthalten.

Ergänzungen und Fragen zum Gespräch:

1. Unser Denken ist von Vorstellungen begleitet und bestimmt: Begriffe ohne Anschauungen sind leer. Welche Bedeutung hat das Bilderverbot, wenn es grundsätzlich kein Denken ohne Vorstellungen gibt? Welche Bedeutung hat es, wenn Gott als personhaftes Gegenüber oder als Vater oder als Hirte beschrieben wird, wenn er als Helfer, Retter, Befreier, Freund, Arzt, Richter gepriesen wird, wenn es zur Eigenart der Bibel gehört, Gott nicht nur als Urgrund und Allgeist oder als Seelenfreund, Weltensinn oder überirdisch Seiendes zu beschreiben?
2. Hat das Reden von Gott nur symbolhafte Bedeutung? Ist Gott ein Symbol oder eine Chiffre für die wunderbare Möglichkeit der Hoffnung, des Vertrauens, der Freude und der Geborgenheit, oder wird eine solche Betrachtungsweise der biblischen Botschaft nicht gerecht?

3. Über die Bedeutung des Bilderverbotes für unser Verhältnis zu unseren Mitmenschen schreibt *Dorothee Sölle:*
»*Max Frisch* hat in einer seiner Tagebuchgeschichten dargestellt, was ein Bild vermag. Er erzählt die Geschichte eines jungen Mannes in Andorra, den man für jüdischer Abstammung hält und dem überall das fertige Bild, das gängige Klischee vom Juden entgegentritt. Dieses Bild formt ihn, es drängt sich an die Stelle der noch offenen Wirklichkeit und verdrängt alle ihre anderen Möglichkeiten. Es versklavt den jungen Mann, ohne daß die Bildermacher dies merkten. Die Andorraner nehmen zum Beispiel als sicher an, daß ein Jude bei allem, was er tut, ans Geld denkt. Der junge Mann erfährt und spürt dieses ihm überall vorgehaltene Bild, er prüft sich, ob es wirklich so ist, bis er entdeckt, daß es stimmt, ›es war so, in der Tat, er dachte stets an das Geld‹. So ergeht es ihm in allen Beziehungen. Er gilt dem Vaterland als unzuverlässig, und so formt sich sein Verhältnis zum Vaterland kritisch, problematisch. Er gilt als unfähig zu einer naiv-fröhlichen Unmittelbarkeit, und so erlaubt er sich nur noch ein gebrochenes Verhältnis zu anderen Menschen. Als Fremder angesehen, übernimmt er die Rolle des Fremden und wird sein vorgezeichnetes Bild, so wie jeder andere es geworden wäre. Die Geschichte Max Frischs, die konzentrierter auf die Macht des Bildes bezogen ist als das spätere gleichnamige Drama, enthält eine ironische Schlußpointe. Der vermeintliche Jude ist in Wirklichkeit ein Andorraner wie alle andern. Seine angeblich typisch jüdischen Eigenschaften sind ihm nicht angeboren, sondern durch die Verhältnisse, nämlich die Bilder, übermittelt. Dies wird allerdings erst entdeckt, nachdem er als Jude bei einem Pogrom auf grausame Weise ermordet worden ist. Das Bild hat seine lebensgefährliche Macht erwiesen. In dieser exemplarischen Überspitzung wird deutlich, welche Wirklichkeit es ist, die beim zweiten Gebot auf dem Spiel steht. Es ist die Wirklichkeit des Nichtbekannten, Unerfaßten, es ist das Geheimnis der Person, kein auflösbares Rätsel, sondern ein bleibend Entzogenes. Wer immer sich ein Bild vom andern macht, der leugnet das Fremde, Unerwartete, Noch-nicht-Erschienene im andern. Das Bild besetzt die Stelle der Zukunft und beraubt so die Wirklichkeit ihrer wichtigsten Dimension. Ich bin mehr als jedes Bild, das mein Verhalten vorausberechnet, meine Gefühle vorwegkennt, das mich erfaßt und sich auskennt mit mir« (Die zehn Gebote, Stuttgart ohne Jahreszahl, S. 25 f.).

IIb. Das zweite Gebot:

»Du sollst den Namen des Herrn, deines Gottes, nicht mißbrauchen.«

Das Verbot des Namensmißbrauchs bezieht sich auf die im Altertum herrschende Vorstellung: Wer den Namen einer Person weiß, hat auch Macht über sie (vgl. auch das alte Märchen vom Rumpelstilzchen). *Luther* hat dieses Gebot so erklärt: »Wir sollen Gott fürchten und lieben, daß wir bei seinem Namen nicht fluchen, schwören, zaubern, lügen oder trügen, sondern ihn in allen Nöten anrufen, beten, loben und danken.«

1. Fluchen

Die beim überraschenden Auftreten von Ärger und Verlegenheiten genannten Namen (Gott, Jesus, Sakrament, Himmel, Kreuz) sollten ursprünglich wohl rasch göttliche Hilfe herbeizwingen. Aber der wahre Gott gibt sich nicht in die Hände der Menschen. Über ihn können wir nicht verfügen. Seine Hilfe läßt sich nicht magisch erzwingen, sondern nur erbitten. Heute ist das Fluchen in den meisten Fällen ein gedankenloses Mittel, um üble Laune abzureagieren und seelische Stauungen abzubauen. Es ist wohl selten bewußte Verächtlichmachung dessen, was anderen heilig ist. Aber auch solchen gedankenlosen Gebrauch seines Namens sollten wir vermeiden.

2. Schwören

In der Bergpredigt Jesu ist ein Abschnitt dem Eid und der Praxis des Schwörens gewidmet: »Ihr habt gehört, daß den Alten gesagt worden ist: ›Du sollst keinen Meineid schwören und sollst dem Herrn deinen Eid halten.‹ Ich aber sage euch, daß ihr überhaupt nicht schwören sollt... Eure Rede aber sei: Ja, ja; nein, nein. Was darüber ist, das ist vom Übel« (Matthäus 5,33–37). Jesus verwirft also nicht nur den Meineid, sondern überhaupt das Schwören eines Eides. Die Jünger sollen sich dadurch auszeichnen, daß sie eine einfache Wahrheitsbeteuerung abgeben und man sich auf ihr Wort verlassen kann.

Die Theologie hat sich um diese klare Aussage Jesu immer herumgedrückt. Sie hat gesagt, das Wort Jesu gelte vor allem für den privaten Bereich. Vor den Vertretern des Staates und der Gerichte dürfe der Christ jedoch schwören, denn da gehe es ja darum, der Wahrheit zum Zuge zu verhelfen oder ein Treueversprechen abzugeben, auf das sich der Staat verlassen könne. Bezeichnenderweise ist dieser Abschnitt der Bergpredigt nirgends als Predigttext vorgesehen. Die Staaten waren am Eid interessiert, nicht nur am bekräftigenden Zeugeneid in der Rechtsprechung, sondern vor allem auch am Versprechenseid der Beamten und Soldaten. Selbst atheistische Regierungen wollen auf diese »metaphysische Daumenschraube« nicht verzichten. Es ist dabei unsinnig, zwischen einer religiösen Eidesformel und einer nichtreligiösen Formel ohne den Zusatz »so wahr mir Gott helfe« zu unterscheiden. Denn der Eid als solcher ist religiösen Ursprungs und nur sinnvoll, wenn mit der Wirklichkeit eines den Meineid oder nicht gehaltenen Treueeid rächenden Gottes gerechnet wird. Wer einen Eid leistet, sagt damit: Ich soll von Gott in Ewigkeit verflucht und verdammt sein, wenn ich nicht gehorsam bin oder nicht die Wahrheit sage. Der Eid – mit oder ohne Zusatzformel – ist eine bedingte Selbstverfluchung. Eine solche bedingte Selbstverfluchung ist aber tief unchristlich. Deshalb wäre es höchste Zeit, den Eid durch eine innerweltliche Wahrheitserklärung oder Selbstverpflichtung, durch ein feierliches Versprechen zu ersetzen. Ansätze dazu sind nach dem Ersten Weltkrieg gemacht worden. Sie sollten wieder aufgenommen werden. Die Eidesverweigerung und damit das Ernstnehmen des Wortes Jesu sollte nicht nur den Mennoniten überlassen werden.

3. Zaubern

Viele Leute sind stolz auf ihre Fortschrittlichkeit. Sie schauen überlegen auf das finstere Mittelalter. Gleichwohl gibt es eine ganze Fülle von Formen des Aberglaubens. Viele Hochhäuser, Hotels und Krankenhäuser wagen es nicht, bei der Zahl der Stockwerke oder der Zimmer die Nummer 13 anzugeben, und führen nur die Zimmer 12a und 12b. Neben der Horoskopgläubigkeit gibt es Wahrsagerei, Kartenlegen, Handleserei, Totenbeschwörung und Spiritismus, Okkultismus, Aberglauben und Zauberei in vielen Spielarten.

4. Versuche, Gott vor den eigenen Karren zu spannen

Mißbrauch und Lästerung des Namens Gottes geschieht immer auch dann, wenn wir versuchen, Gott vor unseren Karren zu spannen und seinen Namen für unsere Interessen einzusetzen.

Gott vor dem Karren des Kapitalismus

Im 19. Jahrhundert standen die meisten Vertreter der Kirche auf der Seite der Reichen und Mächtigen und haben mit christlichen Worten die Machtinteressen der besitzenden und herrschenden Klasse vertreten. In Predigten und christlichen Schriften wird nichts gesagt über die Ausbeutung der Armen durch die Fabrikherren. Aber die Sünden des kleinen Mannes, der im Elend saß, seine Haltlosigkeit, Trunksucht und geschlechtliche Ausschweifung werden bitter beklagt. Der Name Jesu Christi wurde und wird auch heute noch vielfach mißbraucht zur Verteidigung von Interessen und Verhältnissen, die ganz und gar nicht dem Geiste Christi entsprechen.

Gott vor dem Karren des Kolonialismus

Ein Mißbrauch des Namens Christi und eine schwere Belastung für das Evangelium war auch die Verquickung von Mission und Kolonialismus in Afrika und Asien. Zuerst kamen die Missionare. Es wird immer vorbildhaft bleiben, mit welcher Selbstlosigkeit, Opferbereitschaft und Tapferkeit sie hinausgezogen sind und ein Leben in gefährlichen, gesundheitsschädlichen, primitiven Verhältnissen ertragen haben, um den farbigen Menschen das Evangelium zu verkündigen.

Aber nach den Missionaren kamen die Kaufleute, um Gewinne zu machen und diese fernen Länder auszubeuten, und schließlich kamen weiße Soldaten und Offiziere und führten Kriege, um die Macht der europäischen Staaten auszuweiten. Sie alle waren getaufte Christen: die Missionare, die Kaufleute und die Soldaten. Machthunger und Geschäftseifer erhielten christliche Färbung. Sie haben die Sache Jesu Christi für viele Afrikaner und Asiaten unglaubwürdig gemacht.

Gott vor dem Karren des Nationalismus

Mißbrauch und Schändung des Namens Jesu Christi geschah auch durch die Umwandlung des christlichen Glaubens in eine »vaterländische Religion«. »Der Gott, der Eisen wachsen ließ« mußte dazu herhalten, die Kriege der Nationen zu verklären und zu rechtfertigen. In vielen Kriegspredigten aus dem Ersten Weltkrieg wurde aus dem Vater Jesu Christi ein germanischer Kriegs- und Siegesgott gemacht. Auch in anderen Ländern wurde der Name Gottes vielfältig dadurch gelästert, daß er für nationalen Größenwahn, Machtgier und Eigennutz mißbraucht wurde.

Das Problem der christlichen Parteien

Ein besonderes Problem bilden christliche Parteien. Sie sind in Deutschland, aber auch in anderen europäischen Ländern besonders nach dem Zweiten Weltkrieg gegründet worden. Die zwölfjährige Herrschaft des Nationalsozialismus hatte in Deutschland nicht nur ein politisches, sondern auch ein geistiges und moralisches Chaos hinterlassen. Für viele Menschen lag es deshalb nahe – trotz der Warnung mancher Theologen vor weltanschaulich ausgerichteten Parteien –, an christliche Traditionen auch im Politischen anzuknüpfen. Nun sind aber politische Parteien von ihrem Wesen und ihrer Struktur her Kampfgruppen und Interessenverbände und vertreten unter Umständen massive wirtschaftliche, macht- und personalpolitische Interessen. Es ist eine schwere Belastung für die Glaubwürdigkeit der christlichen Botschaft, wenn christliche Parteien alle ihre Taten und Aktionen unter dem Firmenzeichen »christlich« rechtfertigen wollen.
Christen sollen sich in politischen Parteien betätigen und sich vor allem durch selbstlosen Dienst und Einsatz für das Gemeinwohl auszeichnen. Aber sie sollten auf den Gebrauch des Namens Christi verzichten, ihn nicht als Stimmenfang benützen, der Ideologisierung der Politik widerstehen und die Auseinandersetzung um gesellschaftliche und Wirtschaftsfragen nicht zum religiösen Kampf machen.

Der Mißbrauch des Namens Gottes durch die Kirche

Mißbrauch des Namens Gottes geschieht immer wieder durch seine Kirche selbst. Jeder Gottesdienst steht unter der Frage, ob durch uns der Name Gottes geheiligt oder mißbraucht werde, ob wir Gott oder den heimlichen Götzen dienen, der Wahrheit oder der Verschleierung, der Befreiung oder der Knechtung, der Schärfung der Gewissen oder ihrer Einschläferung, der Ehre Gottes oder der Selbsterhöhung des Menschen.

5. Anrufen, beten, loben und danken

Martin Luther hat dem Verbot eine positive Wendung gegeben. Er weist hin auf die große und wunderbare Möglichkeit, die sich für uns Menschen daraus ergibt, daß sich Gott offenbart und bekannt gemacht hat. Er hat uns seinen Namen kundgetan und uns zu seinen Bundesgenossen erwählt. Wir dürfen den unendlichen, heiligen Gott als »Vater« anreden. Wir dürfen zu ihm beten und von seinem Wort und seinen Gaben leben. (Vgl. den Abschnitt: Die Freiheit zum Beten.)

Ergänzungen und Fragen zum Gespräch:

1. Bevor das Flugzeug mit der Atombombe für Hiroshima am 5. August 1945 auf der Südseeinsel Tinian startete, sprach ein lutherischer Feldgeistlicher das folgende Gebet:
»Allmächtiger Vater, der du die Gebete jener erhörst, die dich lieben, wir bitten dich, denen beizustehen, die sich in die Höhen deines Himmels wagen und den Kampf bis zu unseren Feinden vortragen. Behüte und schütze sie, wir bitten dich, wenn sie ihre befohlenen Einsätze fliegen. Mögen sie, so wie wir, von deiner Kraft und von deiner Macht wissen, und mögen sie mit deiner Hilfe diesen Krieg zu einem schnellen Ende bringen. Wir bitten dich, daß das Ende dieses Krieges nun bald kommt und daß wir wieder einmal Frieden auf Erden haben. Mögen die Männer, die in dieser Nacht den Flug unternehmen, sicher in deiner Hut sein, und mögen sie unversehrt zu uns zurückkehren. Wir werden im Vertrauen auf dich weiter unseren Weg gehen; denn wir wissen, daß wir jetzt und für alle Ewigkeit unter deinem Schutz stehen. Amen« (Der »Spiegel« vom 29.5.1957).
Die Last dieses Flugzeuges brachte eine Hölle von grausiger Vernichtung für 200 000 Menschen. *H. Gollwitzer* sagte dazu: Dieses Gebet »verdient als Dokument christlicher Gotteslästerung ... in die Kirchengeschichte einzugehen. Die Schuld an ihr liegt nicht auf jenem ›Beter‹ allein, der vielleicht nicht genau wußte, worum es sich handelte, sondern auf der ganzen Kirche« (Theol. Existenz, Heft 61, S. 7 f.).
Wie ist diese Stellungnahme von *H. Gollwitzer* zu beurteilen?
2. Kann das Versagen der Kirche in der sozialen Frage unter dem Aspekt des Mißbrauches des Namens Gottes verstanden werden?
Ist das Verhältnis von Mission und Kolonialismus, von christlichem Glauben und Nationalismus recht gesehen?
Gibt es dafür Beispiele und Belege?

III. Das dritte Gebot:

»Du sollst den Feiertag heiligen.«

1. Versklavung durch die Arbeit?

Dieses Gebot will den Menschen vor der Versklavung durch die Arbeit schützen und uns zu dankbarem Gebrauch von Freizeit ermutigen. Aus den mit Arbeit erfüllten Tagen der Woche ist der »Ruhetag« herausgenommen. Dieser Aspekt des Gebotes ist ein Signal in einer Zeit, in der der Wert des Menschen weithin nach seiner Arbeitsleistung gemessen wird: Kranke meinen, sie seien nichts wert, weil sie nicht arbeiten können. Rentner haben Minderwertigkeitskomplexe, weil sie aus dem Arbeitsprozeß ausgeschieden sind. Frauen fühlen sich unterbewertet, weil die Tätigkeit als Mutter und Hausfrau in einer Industriegesellschaft weithin einer beruflichen Leistung und Position nicht gleichgeachtet wird. Diesem einseitigen und fragwürdigen Wertmaßstab und diesem Leistungsfetischismus widerspricht unser Gebot.

2. Die soziale Bedeutung des Ruhetags

Der Sabbat als Ruhetag hatte in der bäuerlichen Welt des Alten Testamentes auch eine hervorragende soziale Bedeutung. Er sollte auch dem Sklaven und Fremdling, ja selbst dem Vieh ein »Aufschnaufen«, ein Aufatmen bringen (vgl. 2. Mose 20). Die Last mühseliger Arbeit soll wenigstens an einem Tag in der Woche von allen genommen sein.

Wir können uns heute kaum eine Vorstellung davon machen, welche bleierne Trostlosigkeit auf dem Dasein eines Sklaven lastete und was für ein Lichtblick die Verordnung des Ruhetages war. Es war ein elementarer Angriff auf die Würde des Menschen, als in der aufkommenden Industrialisierung die Fabrikherren ihre Arbeiter, ihre »Lohnsklaven«, mit Sonntagsarbeit belegten.

Bismarck sprach sich noch 1881 für die Arbeitspflicht am Sonntag aus: »Man muß die Tragfähigkeit der Industrie genau prüfen, damit man dem Arbeiter nicht die Henne schlachte, die ihm goldene Eier legt. Die Sonntagsruhe bringt den Unternehmer wie den Arbeiter um ein Siebtel seines Einkommens. Ich weiß nicht, wie ein solcher Ausfall ersetzt oder getragen werden soll.«

Man muß die Geschichte der Industrialisierung studieren, um die Bedeutung der Arbeiterbewegung der Gewerkschaften zu verstehen und zu würdigen. Es ist traurig, daß sich nicht viel mehr Christen und Pfarrer am Kampf gegen die Sonntagsarbeit und Kinderarbeit beteiligt haben. Denn das dritte Gebot schützt die Würde des Menschen.

3. Der Ruhetag als »Tag des Herrn«

Der Sonntag ist Tag des Herrn. Dies wird in den südländischen Sprachen schon durch die Bezeichnung dieses Tages deutlich. Im Griechischen heißt er »Kyriakä Hämera«, im Lateinischen »dominica«, im Italienischen »domenico« und im Französischen »dimanche«. Schon diese Bezeichnung sollte zum Ausdruck bringen: Dieser Tag gehört dem Herrn! Er ist ein demonstratives Zeichen, das uns darauf hinweisen will, daß wir nur im Gegenüber zu Gott und in der Verantwortung vor ihm echt menschlich bleiben. »Domini sumus«, das heißt, »wir gehören dem Herrn«, und es heißt zugleich, »wir sind Herren«. Deshalb ist dieser Herrentag ein Tag der Freude und der Dankbarkeit. Deshalb darf und soll der Glanz und die Freude dieses Tages hineinstrahlen in die Arbeitswoche. Diese Bedeutung gewinnt der Ruhetag besonders durch den Gottesdienst. *Martin Luther* sagt in seiner Erklärung zum dritten Gebot: »Wir sollen Gott fürchten und lieben, daß wir die Predigt und sein Wort nicht verachten, sondern dasselbe heilig halten, gerne hören und lernen.«
Durch das Hören der Frohen Botschaft soll es zu einem befreienden Aufatmen kommen. Lukas 14,1–6 wird berichtet, daß Jesus ausgerechnet an einem Sabbat einen »Wassersüchtigen« heilt. Der Mann hat bereits Wasser. Er ist bedrängt und geängstigt, denn er kann nicht mehr recht atmen und muß geradezu nach Luft schnappen. Jesus heilt ihn und hilft ihm dazu, daß er wieder frei und tief atmen kann. Dieser Vorgang ist zugleich von symbolischer Bedeutung. Das Wort Jesu will uns dazu helfen, daß wir wieder frei atmen können. Wir sollen aus der Stickluft unseres Alltags herausfinden. *Walter Lüthi* hat recht, wenn er darauf hinweist,

daß es nicht die Arbeit als solche ist, die uns fertigmacht und uns den Atem nimmt.

»Es entspricht... einer allgemeinen Erfahrung, daß es viel mehr gewisse Begleiterscheinungen der Arbeit sind, die frühzeitig unsere Haare zum Ergrauen bringen: der Ärger, die Sorge, die Angst, das Mißlingen, die Enttäuschungen... Es ist der Neid der Mitarbeiter, der Unverstand unserer Vorgesetzten, das Zuleidwerken der Untergebenen. Es ist die Gier nach Ehre, Macht und Besitz, die sich unsere Werktage hindurch auslebt. Es ist ein Morast von... Alltagsunrecht, in dem wir während unserer Arbeitswoche bis an den Mund versinken« (Dein Sonntag, Basel, S. 82).

Gerade angesichts dieser Alltagswirklichkeit hat der Gottesdienst die Aufgabe, die Vergebung der Sünden zu verkündigen, die Last des Vergangenen abzutun und zu einem neuen Anfang frei zu machen. Der Gottesdienst erfüllt dann seinen Sinn, wenn die Hörer unter der guten Botschaft zum Aufatmen kommen. Um was es hier geht, zeigt das Alte Testament an der Gestalt der Hanna (1. Samuel 1 und 2). Hanna, die Kinderlose, die Verachtete und Verspottete, kommt voll Kummer und Traurigkeit in das Heiligtum in Silo. Sie betet so inbrünstig, daß der Priester Eli meint, sie sei betrunken. Aber sie sagt ihm, sie sei nur eine betrübte Frau und habe ihr Herz vor Gott ausgeschüttet. Der Priester Eli darf ihr den Frieden und die Zuwendung Gottes zusprechen. Deshalb kann sie das Gotteshaus voll Freude und Zuversicht verlassen. Traurig ging sie hinein, und fröhlich kommt sie heraus, denn sie hat im Wort seines Dieners das Wort Gottes selbst gehört, und dieser Gott »hebt auf den Dürftigen aus dem Staub und erhöht den Armen aus der Asche« (1. Samuel 2,8).

Wer in seinem Leben noch nicht an die Grenze seiner Kraft gekommen ist, wer nichts weiß vom Scheitern, von Schuld und Versagen und von der Macht des Bösen, wird schwer Zugang finden zum Geheimnis des Gottesdienstes und zum Wort Jesu von Nazareth, der in besonderer Weise die »Mühseligen und Beladenen« zu sich ruft und ihnen sagt: »Ich will euch erquicken« (vgl. Matthäus 11,28).

4. Der Ruhetag als Tag der Gemeinschaft

Gott hat uns Menschen zu seinen Partnern und Bundesgenossen erwählt, und er hat den Menschen nicht als Einzelwesen, sondern als Gegenüber von Ich und Du, als Mann oder Frau, auf Mitmenschlichkeit hin erschaffen.

Da sich der Mensch am Werktag einer bestimmten Sache und Arbeit zuwendet, so enthält gerade der Feiertag und Sonntag die Einladung und Aufforderung, uns unseren Mitmenschen zuzuwenden, nicht in die Isolation zu flüchten, sondern Gemeinschaft zu suchen und Gemeinschaft zu gewähren. Die Verkündigung will uns zwar in unserem ganz persönlichen Sein erreichen, aber sie stellt uns zugleich hinein in die Gemeinschaft der Gläubigen, in die Schar der Jünger. Die Gemeinde wird als Leib mit vielen Gliedern beschrieben. In der Massengesellschaft erleben wir heute eine tiefe Gefährdung echter Gemeinschaft. Unzählige lassen sich in die Einsamkeit fallen und »trösten« sich in ihrer Vereinsamung mit Alkohol oder verbringen ihre Freizeit und ihren Feiertag vor dem Fernsehapparat. Demgegenüber ist der Sonntag auch ein Aufruf an uns, Freundschaft zu pflegen und Gemeinschaft zu suchen, mit der Familie und über sie hinaus.

5. Der Ruhetag als Zeichen der endenden Zeit

Der Sonntag ist ein Tag der Erinnerung an das Ende der Zeit. Noch sind wir mitten im tätigen Leben. Aber einst kommt ein Tag, wo es mit unserem Tun und Wirken ein Ende haben wird. Vielleicht werden wir zuerst noch eine Zeit der Ohnmacht, der Krankheit, der erzwungenen Rast erfahren. Aber dann findet unsere Lebenszeit ihr Ende.

Als Zeichen der Begrenzung unserer Lebenszeit erinnert uns der Ruhetag aber nicht nur an unsere Vergänglichkeit, sondern an die Überwindung und Aufhebung unserer Vergänglichkeit durch den Sieg Gottes. Der christliche Sonntag hat seinen Ursprung im Ostertag. In dankbarer Erinnerung an die Sünde und Tod überwindende Auferstehung Jesu Christi haben die Christen nicht den Sabbat, sondern den »ersten Tag der Woche« als Feiertag gewählt. Hier haben die Bedenken der christlichen Gemeinde gegen die Verwandlung des Sonntags zum »Wochenende« ihren Grund. Von diesem ersten Tag der Woche soll ein Licht auf alle anderen Tage fallen. *Karl Barth* fragt:

»Wo der Werktag nur Werktag ist – nur Gefängnistag, Sorgentag, Programmtag, nur Tag des bitteren Ernstes, nur Tag der Selbsthilfe und Selbstrechtfertigung – was ist da für ein Sonntag vorausgegangen und wie kann da auch nur der Werktag ein guter ordentlicher Werktag sein?« (K.D. III/4, S.78).

6. Der Ruhetag als Erkennungszeichen der Christen

Im fernen Babylon, mitten unter den Angehörigen von vielen verschiedenen Völkern, hat man die in die Gefangenschaft geführten Israeliten daran erkannt, daß sie den Sabbat gehalten haben. Ein frommer Jude erkennt den anderen daran, wie er den Sabbat hält. Es mag sein, daß man eines Tages die kleine Schar der Christen daran erkennen wird, wie wir den Sonntag halten, wie wir die Erinnerung daran wachhalten, daß Gott das Entscheidende und Heilwirkende für uns getan hat. Der Feiertag kann deshalb für uns nur ein Tag der Freude und Dankbarkeit sein.

Ergänzungen und Fragen zum Gespräch:

1. Der spielende Mensch (homo ludens) und der Mensch als Macher (homo faber) stehen einander gegenüber. Was bedeutet das Sabbatgebot für das Menschenbild, für das Selbstverständnis des Menschen und für die Frage nach dem Sinn des Lebens?
2. *Romano Guardini* hat einmal gesagt: »Das Vergnügen ist der Feind der Freude.« Was hat er damit wohl gemeint?
3. Zitate:
»Sonntagmorgen – strahlender Himmel, Schwüle, penetranter Abgasgeruch einer unübersehbaren stehenden Autoschlange auf der Autobahn ... Ich sitze verärgert hinter dem Steuer. »Du sollst den Sabbattag heilig halten« – ist das wohl damit gemeint? Sicher nicht! ... Das dritte Gebot soll uns helfen, den notwendigen Wechsel zwischen Arbeit und Besinnung zu erkennen und zu vollziehen. Statt dessen bin ich gerade dabei, die Hetze, den Ärger und die Belastung der Woche fortzusetzen. Da stimmt doch etwas nicht ...« (*Manfred Sturm,* Die zehn Gebote heute, S. 180).
»Eine paradoxe Situation: Noch nie konnten so viele Menschen über so viel Freizeit verfügen wie heute, und noch nie war unser aller Leben so sehr von Unrast, Hetze und Streß geprägt ... Das dritte Gebot ... verankert das Grundrecht des Menschen auf ein Quantum unverplanter Zeit. Am Ende steht die Freizeit als Geschenk und Chance, über die Terminkalender zu siegen« (*Horst Schmidt,* a.a.O., S. 178).

IV. Das vierte Gebot:

»Du sollst deinen Vater und deine Mutter ehren.«

1. Eltern und Kinder sind einander zugeordnet

Eltern und Kinder sind aneinander gebunden und einander zugewiesen. Seine Frau kann man sich aussuchen, seine Eltern nicht. Die Eltern können sich allerdings auch die Kinder nicht aussuchen. Sie können über das Geschlecht, die Haarfarbe, die Gesundheit, die Art, besondere Begabungen und Fertigkeiten nicht bestimmen. Eltern und Kinder gehören zusammen. Darum müssen wir lernen, einander anzunehmen.
Ein Mensch wird stark dadurch geprägt, daß er das Kind ganz bestimmter Eltern ist. Dies gilt nicht nur dann, wenn das Verhältnis zwischen alt und jung gut ist, sondern vor allem auch dann, wenn die Beziehung zwischen Eltern und Kindern gestört ist.
Kinder brauchen die intensive Zuwendung der Eltern, ganz besonders der Mutter. Dies wird besonders eindrücklich an einem Experiment, das schon der Staufenkaiser *Friedrich II.* anstellte. Sein Chronist berichtet darüber:

»Er wählte eine Anzahl verwaister Neugeborener aus und befahl den Ammen und Pflegerinnen, sie sollten den Kindern Milch geben, daß sie an den Brüsten säugen möchten, sie baden und waschen, aber in keiner Weise mit ihnen schön tun und mit ihnen sprechen. Er wollte nämlich erforschen, ob sie die hebräische Sprache sprächen als die älteste oder griechisch oder lateinisch oder aber die Sprache ihrer Eltern, die sie geboren hatten. Aber er mühte sich vergebens, weil die Knaben und anderen Kinder alle starben. Denn sie vermochten nicht zu leben ohne das Händepatschen und das fröhliche Gesichterschneiden und die Koseworte der Ammen.«

Die epochemachenden Beobachtungen des Amerikaners *René Spitz* ergaben, daß in einem Findelhaus 91 Kinder, die nach dem dritten Monat von ihrer Mutter getrennt wurden, fortan unter einwandfreien Ernährungsbedingungen und guter Pflege in Gruppen von ca. 15 Kindern von je einer Schwester betreut wurden, das

heißt, nur etwa ein Zehntel der normalen Zuwendung und Ansprache erhielten. Von ihnen starben im ersten Jahr 27, im zweiten Jahre weitere 11. Das Schicksal der übrigen blieb unbekannt. Spitz sprach von einem »psychischen Verhungern«!
Dies zeigt, daß für die Entwicklung des Menschen die persönliche Zuwendung und das Gespräch von größter Bedeutung sind.

2. Die Eltern als die Älteren

Die Eltern sind den Kindern gegenüber zunächst einmal die Älteren, die Erfahreneren und Wissenderen. Sie vertreten den Kindern gegenüber nicht nur ihr eigenes Wissen und ihre Erfahrung, sondern auch das, was ihnen von den Vorfahren übermittelt wurde. Die Kinder sollen die Eltern ehren, das heißt nach *Karl Barth:*

»Sie sollen sich ihnen gegenüber als die weniger Erfahrenen und Wissenden verstehen und benehmen. Sie sollen auf sie hören. Sie sollen von ihnen als den Kundigeren lernen. Sie sind von Natur nicht ihr Eigentum, nicht ihre Untertanen, nicht ihre Knechte und Mägde, auch nicht ihre Schüler, wohl aber ihre Lehrlinge, ihnen anvertraut und untergeordnet, daß sie sie ins Leben hineinführen sollen. Die Kinder sollen sich diese Einführung von ihren Eltern gefallen lassen« (K. D. III/4, S. 273).

In diesem Sinne hat der Dichter und Schriftsteller *Matthias Claudius* an seinen Sohn einen berühmt gewordenen Vermächtnisbrief geschrieben, der mit den Worten beginnt:

»Lieber Johannes!
Die Zeit kommt allgemach heran, daß ich den Weg gehen muß, den man nicht wiederkömmt. Ich kann Dich nicht mitnehmen; und lasse Dich in einer Welt zurück, wo guter Rat nicht überflüssig ist.
Niemand ist weise vom Mutterleibe an; Zeit und Erfahrung lehren hier und fegen die Tenne. Ich habe die Welt länger gesehen als Du. Es ist nicht alles Gold, lieber Sohn, was glänzet, und ich habe manchen Stern vom Himmel fallen und manchen Stab, auf den man sich verließ, brechen sehen. Darum will ich Dir einigen Rat geben, und Dir sagen, was ich gefunden habe, und was die Zeit mich gelehret hat. Es ist nichts groß, was nicht gut ist; und ist nichts wahr, was nicht bestehet...«

3. Die Bedeutung der »Väterlichkeit« Gottes

Die Kinder sind nicht das Eigentum der Eltern. Sie sind den Eltern nur anvertraut. *Karl Barth* sagt dazu:

»Kein menschlicher Vater, sondern allein Gott ist eigentlich, wahrhaftig und zuerst Vater. Kein menschlicher Vater ist ja der Schöpfer seines Kindes, keiner der Herr von dessen Dasein, keiner sein Befreier von Sünde, Schuld, Tod, keiner durch sein

Wort die Quelle seines zeitlichen und ewigen Lebens. Eben in diesem eigentlichen, wahren und ersten Sinn ist Gott – und er allein – Vater. Er ist es als der Vater der Barmherzigkeit, als der Vater seines Sohnes, des Herrn Jesus Christus. Es ist aber eben dieses Vaters Gnade, daß es, in Entsprechung zu der seinigen, auch menschliche Vaterschaft gibt. Und daß sie die Vaterschaft Gottes in menschlich-geschöpflicher Gestalt darstellen darf, das ist es, was auch ihr Sinn und Würde gibt, was ihr gegenüber zum Respekt aufruft« (K. D. III/4, S. 275).

Im Brief an die Christen in Ephesus heißt es, daß Gott allein der rechte Vater ist, von dem alle Vaterschaft ihren Namen hat (3,15). Bei dem Propheten Jesaja wird über und gegen alle menschliche Vaterschaft Gott angerufen:
»Du bist unser Vater!
Denn Abraham weiß von uns nichts,
und Israel kennt uns nicht.
Du, Herr, bist unser Vater;
›Unser Erlöser‹, das ist von alters her dein Name« (63,16).
Ähnlich ist die Warnung Jesu zu verstehen: »Ihr sollt euch nicht Rabbi nennen lassen; denn nur einer ist euer Meister; ihr aber seid alle Brüder. Und ihr sollt niemand euren Vater nennen auf Erden; denn nur einer ist euer Vater, und der ist im Himmel« (Matthäus 23,8.9).
Die Vaterschaft Gottes ist einzigartig und unvergleichlich. Dennoch dürfen die Eltern diese Väterlichkeit Gottes abbilden und nachbilden. Das ist ihre Aufgabe. Um dieser Aufgabe willen fällt ihnen eine besondere Würde zu. Sie stehen aber auch unter einer besonderen Verantwortung. Eltern haben ihre Kinder nicht auf sich selbst hinzuweisen, auf ihre eigene Tüchtigkeit, Kraft, Weisheit und Lebenskunst. Sie tun ihren Kindern dann den guten, gottbefohlenen Dienst, wenn sie auf Jesus, den Bruder, hinweisen und auf den väterlichen Gott.

4. Stadien der Erziehung zur Freiheit

Rechte Erziehung ist nicht Erziehung zu Untertanengesinnung und Kadavergehorsam, sondern Erziehung zur Freiheit, Selbstverantwortung und Selbständigkeit. Auf dem Weg zu diesem Ziel müssen verschiedene Entwicklungsstufen durchlaufen werden.

Das Kleinkind braucht die Aufsicht und Fürsorge der Eltern und muß einem freien und verantwortlichen Wählen und Entscheiden erst entgegenwachsen. Darum kann auf dieser Stufe auf Gehorsam nicht verzichtet werden. Aber das Kind soll nicht wie eine abgerichtete Puppe funktionieren. Kluge Eltern sollten schon relativ früh die Entwicklung eines eigenen Verantwortungsbewußtseins beim Kind im Auge haben. Es darf auch schon früh auf Gott hingewiesen werden und in Gott eine Instanz kennenlernen, der sich Vater und Mutter unterordnen. Das bedeutet, daß das Kind »seinen Eltern gegenüber auch schon auf seine eigenen, noch so kleinen Füßlein zu stehen kommt« (*Barth*).

Beim heranwachsenden Menschen kommt das Verhältnis zu den Eltern in ein besonders kritisches Stadium. Es hat zu allen Zeiten sogenannte »Generationenprobleme« gegeben. Dies ist zunächst ein natürlicher Vorgang, denn ein junger Mensch muß selbständig werden. Dies geht meistens nicht ohne eine gewisse Auflehnung gegen das Elternhaus. Man will sich nichts mehr sagen lassen. Deshalb wird man rebellisch und versucht, den eigenen »Dickkopf« durchzusetzen. Die Eltern und besonders die »Figur des Vaters« werden einer radikalen Kritik unterzogen.

Daß es im Entwicklungsalter zwischen den Generationen zu Spannungen kommt, ist also leicht verständlich, wenn auch für die Betroffenen oft schwer zu verkraften. Heranwachsende müssen einsehen lernen, daß sie sich selber in einem Übergangsstadium befinden. Noch brauchen sie die Autorität der Eltern. Noch müssen sie sich vieles einfach sagen lassen. Auf der anderen Seite sind sie dazu bestimmt, sich in einem verantwortungsbewußten Verhalten einzuüben!

In dieser Phase ist die Versuchung groß, alles über Bord zu werfen, was nach »Christentum« riecht. Das Christliche und vor allem die Gebote erscheinen als etwas, das das Leben einengt, das Glück beschneidet, die freie Entfaltung hemmt. Dabei wäre es auch und gerade in diesem Stadium wichtig, daß heranwachsende Menschen in der Zuwendung zum lebendigen Gott die allen Eltern, Lehrern und Bräuchen überlegene Autorität finden. Allein das Hören auf Gott gibt Maßstäbe, mit denen die Heranwachsenden ihren Eltern begegnen und sie so ehren können.

Der erwachsene Mensch ist nach wie vor Kind seiner Eltern. Sie bleiben seine nächsten und ihm vorgeordneten Mitmenschen. Ihrer Person, ihrem Vorbild, Wort und Rat wird sich gerade der selbständige, vor Gott verantwortlich gewordene Mensch nicht entziehen. Er wird seine Eltern damit ehren, daß er selber urteilt und entscheidet und zeigt, daß er nicht umsonst einen Weg gegangen ist, der mit der Führung und Leitung durch die Eltern begonnen hat. (Vgl. Karl Barth, K. D. III/4, S. 284f.)

5. Eltern und Kinder sind Sünder

Die Bibel zeigt, daß das Verhältnis Eltern–Kinder sich fast nirgends problemlos gestaltet. Gerade auch im Verhältnis zu den nächsten Angehörigen ist die Sünde mächtig und gibt es Leidvolles zu erleben. Das Alte Testament gibt dafür anschauliche Beispiele: Isaak und seine Söhne, Jakob und seine Söhne, Eli und seine Söhne, David und Absalom und andere. Das Neue Testament weist auf denselben Tatbestand hin. In seiner Mitte steht die Geschichte von dem Vater, der zwei Söhne hatte, die ihm beide, jeder auf seine Weise, Kummer bereiten (Lukas 15).

Im Blick auf die Eltern sagt *Karl Barth:*

»Es gibt schwache, törichte, selbstsüchtige, leichtfertige, tyrannische Eltern, und es haben wohl auch die besten Eltern ihre Schranken und Fehler, die auch dem willigsten Kinde früher oder später bewußt werden.«

Die Erfahrung großen Versagens der Eltern bringt Kinder in eine schwierige, belastende Situation. Das vierte Gebot rechnet nicht mit sündlosen, sondern durchaus mit sündigen Eltern und mit »sehr getrübten Spiegeln der Vaterschaft Gottes«. Es ruft die Kinder nicht zu einem Leben in Illusionen auf. Die Kinder sollen bedenken, daß sie wie ihre Eltern nur von Gottes vergebender Gnade leben können.

Die Gefahr für die Kinder könnte darin bestehen, daß sie, obwohl sie ihre Eltern innerlich radikal ablehnen, die Fehler und Unterlassungen der Eltern nachahmen und deren Unwesen nur allzusehr annehmen. »Du gleichst dem Geist, den du verneinst!«

Die Kinder könnten sich in selbstgerechter Besserwisserei verhärten und hochmütig über die Eltern zu Gericht sitzen.

Sie könnten die Enttäuschung, die sie an den Eltern erlebt haben, auf Gott übertragen, statt sich – gerade wenn die Eltern so versagen – um so entschiedener dem wahren Vater zuzuwenden.

Die Aufgabe für die enttäuschten Kinder besteht vor allem darin, daß sie es in ihrem eigenen Leben und mit den eigenen Kindern besser machen, als es ihre Eltern gemacht haben, und daß sie, selber geistig mündig geworden, ihren Eltern mit Geduld und Liebe begegnen.

In der christlichen Botschaft stehen die Vergebung der Sünden und das Geschenk eines neuen Anfangs im Mittelpunkt. Dieser Vorgang der Vergebung und des neuen Anfanges ist auch für das Miteinander und das Verhältnis der Generationen zueinander von größter Bedeutung. Eltern und Kinder sind Sünder. Sie leben nicht von der eigenen Gerechtigkeit, sondern von der Vergebung Gottes. Sie sollen und dürfen diese Vergebung im mitmenschlichen Bereich gelten lassen und nachbilden.

6. Fürsorge und Liebe für die alten Eltern

Das vierte Gebot bezieht sich im Alten Testament speziell auch auf das Verhältnis zu den alternden Eltern. Es gewinnt handfeste Bedeutung im Blick auf die Versorgung der Alten. Glücklicherweise sind heutzutage die alten, arbeitsunfähigen Menschen, die

»unnützen Esser«, nicht mehr auf das Gnadenbrot der jüngeren Generation angewiesen. Durch die Sozialgesetzgebung ist die äußere Versorgung der alten Menschen gewährleistet. Aber es geht vor allem darum, daß alte Menschen nicht das Gefühl haben sollten, »übrig«, abgeschrieben, abgeschoben zu sein. Gerade auch der alte Mensch braucht Zuwendung, Geduld, Rücksichtnahme und Zeichen der Liebe. Es hängt gewiß weithin von den Alten selbst, aber auch von den Angehörigen ab, ob das Altenheim einbegrüßter Ort der Stille, der Selbständigkeit ist und freien Verkehr mit Kindern und Enkeln ermöglicht – oder nur ein Wartesaal auf den Tod.

Der Dichter *Franz Werfel* hat die Not alternder Eltern in einem Gedicht dargestellt:

»Kinder laufen fort.
Lang her kann's noch gar nicht sein,
kamen sie zur Tür herein
saßen zwistiglich vereint
alle um den Tisch.

Kinder laufen fort,
und es ist schon lange her.
Schlechtes Zeugnis kommt nicht mehr,
Stunden Ärgers, Stunden schwer:
Scharlach, Diphtherie!

Kinder laufen fort.
Söhne hangen Weibern an.
Töchter haben ihren Mann.
Briefe kommen, dann und wann,
nur auf einen Sprung.

Kinder laufen fort.
Etwas nahmen sie doch mit.
Wir sind ärmer, sie sind quitt.
Und die Uhr geht, Schritt für Schritt,
um den leeren Tisch.«

Ergänzungen und Fragen zum Gespräch:

1. Woran liegt es, wenn das Verhältnis zwischen den Eltern und ihren Kindern gestört ist?
2. Ernten die Eltern in der Mißachtung der Kinder nur das, was sie durch ihr Verhalten bei den Kindern gesät haben? Wie stellen wir uns zu dem Wort: »Die Enkel sind die besten Rächer«?
3. Wie weit reicht der Grundsatz, daß man alles selber ausprobieren müsse, um selber Erfahrungen zu machen?
4. Woran liegt es, daß es den Eltern oft nicht gelingen will, wesentliche Lebens- und Glaubenserfahrungen an die Kinder weiterzugeben und zu vermitteln?
5. Wie verhält sich dieses Gebot zum Liebesgebot? In welchem Verhältnis stehen Achtung und Liebe zueinander?

6. Wie steht es mit der Angst vor dem Alter? Was halten wir davon, wenn sich Eltern und Großeltern von ihren Kindern nur mit ihrem Vornamen anreden lassen?
7. Was bedeutet es für die Kinder, wenn die Mutter berufstätig ist? Was bedeutet es für die Mutter, wenn sie nicht berufstätig ist?
8. Die Psychologie versucht, die meisten psychischen Schwierigkeiten aus einer falschen Erziehung abzuleiten. Kann die antiautoritäre Erziehung hier eine echte Hilfe bieten?
9. »Aus meiner Alltagsarbeit als Bürgermeister einer Vorortsgemeinde einer deutschen Großstadt drängt sich die Frage auf, ob das vierte Gebot ›Du sollst deinen Vater und Deine Mutter ehren‹ heute noch ernstgenommen wird. Meiner Meinung nach müßte es heute lauten: ›Du sollst die Sorge um deinen Vater und deine Mutter deinem Bürgermeister überlassen.‹ Das Problem der alt gewordenen Mitbürger ist besonders akut. Heute will kaum noch jemand Vater oder Mutter in seine Wohnung aufnehmen. Der Bürgermeister soll sich um die alten Leute kümmern. Mit Hilfe des Bundesaltenplanes soll er Wohn- und Heimplätze schaffen. Die Kinder begnügen sich oft damit, zum Mutter- oder Vatertag Eßkörbe und Blumenarrangements über Fleurop bringen zu lassen. Meistens wird damit gerechnet, daß die Eltern es nicht mehr schaffen, die geschenkten Delikatessen zu essen. Dann werden diese an den Sohn oder die Tochter wieder zurückgegeben. Mit dem Weihnachtsfest ist es nicht viel anders. Am Nachmittag des Heiligen Abends gibt man den Eltern die Geschenke, ist aber froh, sie über die Feiertage in der Familie nicht zu Gesicht zu bekommen…« (*Josef Seidl,* Die 10 Gebote heute, S. 242 f.).

10. *Sieben Leitsätze von Karl Barth für ältere Menschen in ihrem Verhältnis zu jüngeren*
1. Du sollst dir klarmachen, daß die jüngeren, dir verwandten Menschen beiderlei Geschlechts ihre Wege nach ihren eigenen, nicht nach deinen Grundsätzen, Ideen und Gelüsten zu gehen, ihre eigenen Erfahrungen zu machen und nach ihrer eigenen – nicht deiner – Façon selig zu sein und zu werden das Recht haben.
2. Du sollst ihnen also weder mit deinem Vorbild noch mit deiner Altersweisheit, noch mit deiner Zuneigung, noch mit Wohltaten nach deinem Geschmack zu nahe treten.
3. Du sollst sie in keiner Weise an deine Person binden und dir verpflichten wollen.
4. Du sollst dich weder wundern noch gar ärgern und betrüben, wenn du merken mußt, daß sie öfters keine oder nur wenig Zeit für dich haben, daß du sie, so gut du es mit ihnen meinen magst und so sicher du dir deiner Sache ihnen gegenüber zu sein denkst, gelegentlich störst und langweilst und daß sie dann unbekümmert an dir und deinen Ratschlägen und Wünschen vorbeibrausen.
5. Du sollst bei ihrem Tun reumütig bedenken, daß du es in deinen jüngeren Jahren den damals älteren Herrschaften gegenüber vielleicht – wahrscheinlich – ganz ähnlich gehalten hast.
6. Du sollst also für jeden Beweis von echter Aufmerksamkeit und ernstlichem Vertrauen, der dir von ihrer Seite widerfahren mag, dankbar sein, du sollst solche Beweise von ihnen weder erwarten noch gar verlangen.
7. Du sollst sie unter keinen Umständen fallenlassen, sollst sie vielmehr, indem du sie freigibst, in heiterer Gelassenheit begleiten, im Vertrauen auf Gott auch ihnen das Beste zutrauen, sie unter allen Umständen liebbehalten und für sie beten.
(Karl Barth im Jahre 1966, also im Alter von 80 Jahren.)

V. Das fünfte Gebot:

»Du sollst nicht töten.«

Im fünften Gebot geht es um den Schutz des Lebens. Es ist ein Gebot von großer Tragweite. Viele Aspekte und Probleme des einzelnen und der Gesellschaft werden von ihm berührt. Wir können diese Fragen nicht umfassend behandeln. Aber wir werden versuchen, wenigstens einige Leitlinien aufzuzeigen.

1. Die Losung Albert Schweitzers: Ehrfurcht vor dem Leben

Albert Schweitzer, der Theologe und Urwaldarzt, wollte das fünfte Gebot nicht nur auf das menschliche Leben beschränkt wissen. Er schreibt dazu:

»Wahrhaft ethisch ist der Mensch nur, wenn er der Nötigung gehorcht, allem Leben, dem er beistehen kann, zu helfen, und sich scheut, irgend etwas Lebendigem Schaden zu tun. Er fragt nicht, inwiefern dieses oder jenes Leben als wertvoll Anteilnahme verdient, und auch nicht, ob und inwieweit es noch empfindungsfähig ist. Das Leben als solches ist ihm heilig. Er reißt kein Blatt vom Baume ab, bricht keine Blume und hat acht, daß er kein Insekt zertritt. Wenn er im Sommer nachts bei der Lampe arbeitet, hält er lieber das Fenster geschlossen und atmet dumpfe Luft, als daß er Insekt um Insekt mit versengten Flügeln auf seinen Tisch fallen sieht. Geht er nach dem Regen auf die Straße und erblickt den Regenwurm, der sich darauf verirrt hat, so bedenkt er, daß er in der Sonne vertrocknen muß, wenn er nicht rechtzeitig auf Erde kommt, in der er sich verkriechen kann, und befördert ihn von dem todbringenden Steinigen hinunter ins Gras. Kommt er an einem Insekt vorbei, das in einen Tümpel gefallen ist, so nimmt er sich die Zeit, ihm ein Blatt oder einen Halm zur Rettung hinzuhalten. Er fürchtet sich nicht, als sentimental belächelt zu werden. Es ist das Schicksal jeder Wahrheit, vor ihrer Anerkennung ein Gegenstand des Lächelns zu sein... Ethik ist ins Grenzenlose erweiterte Verantwortung gegen alles, was lebt...« (Kultur und Ethik, München 1955, S. 239f.).

Diese Forderungen mögen auf den ersten Blick übersteigert erscheinen. Trotzdem sollten sie auch an diesem Punkt unser Gewissen schärfen. Wir sehen heute immer deutlicher, was der rücksichtslose Umgang des Menschen mit der Tier- und Pflanzenwelt, ja selbst mit den Elementen der Luft und des Wassers und mit den Bodenschätzen für die ganze Schöpfung und für die Menschen selbst bedeutet.

2. Mord und mörderischer Haß

Es ist kein Zweifel, daß sich das fünfte Gebot in der Gesetzgebung des Mose auf den Menschen und zunächst vor allem auf den sogenannten »gemeinen Mord« bezieht. Er verbietet den kriminellen Mord, die Blutrache und den Einzelmord. In der Strafgesetzgebung ist die Rede von der Tötung aus Mordlust, zur Befriedigung des Geschlechtstriebes, aus Habgier oder anderen niederen Beweggründen, von der Tötung, um eine andere Straftat zu ermöglichen oder zu verdecken.
Zur biblischen Urgeschichte gehört die alte Erzählung, wie Kain seinen Bruder Abel totschlägt. *Claus Westermann* sagt zu dieser Geschichte:

»Hier wird am Anfang der Bibel in einem echten und tiefen Wissen gesagt: So ist der Mensch; der Mord gehört zu den menschlichen Möglichkeiten. Und es ist nicht so, daß man die Menschen einteilen kann in Mörder und Nichtmörder, in Verbrecher und Nichtverbrecher, sondern wir alle sind irgendwo an dieser Möglichkeit beteiligt. Sie ist nur die letzte Konsequenz der Tatsache, daß wir nicht mehr zusammen mit Gott im umfriedeten Raum sind. Wir sind draußen, dort, wo es nicht nur die Liebe, sondern auch den Haß gibt. Es ist wichtig, daß dieser erste Mord die Tat eines Bruders an seinem Bruder ist. Wirklicher, brennender Haß entsteht nur dort, wo man nahe beieinander ist. Aller Haß ist in seiner Wurzel Bruderhaß« (*Westermann/Gloege:* Tausend Jahre und ein Tag – Einführung in die Bibel, S. 20).

Die meisten Menschen werden sich vom fünften Gebot gar nicht betroffen fühlen. Sie werden sagen: Ich bin ein anständiger Mensch. Ich habe noch nie viel mit der Polizei zu tun gehabt. Ich bin kein Mörder, und ich werde nie morden. Die alten Römer haben aber gesagt: homo homini lupus, das heißt: Der Mensch ist für den Menschen ein Wolf. *Karl Barth* stellt fest:

»Es gibt eine zutiefst eingewurzelte, fast ursprüngliche böse menschliche Bereitschaft und Lust zum Töten. Der als gemeiner Mörder oder Totschläger handelnde Mensch ist doch wohl nur der, bei dem der Wolf zum Ausbruch gekommen ist. Das entschuldigt ihn nicht. Das kann auch seiner gesetzlichen Bestrafung nicht im Wege stehen. Das bedeutet aber, daß sein Tun eine Frage auch an alle anderen, eine Anklage auch gegen sie ist« (K. D. III/4, S. 471).

Es sollte uns wohl zu denken geben, daß Jesus in der Bergpredigt (Matthäus 5,21–26) auf die Wurzeln des Mordens und auf die heimlichen Mörder hinweist. Diese brauchen für ihre Taten keine Mordwerkzeuge und kein Gift. Sie geraten nicht in Konflikt mit dem Strafgesetzbuch. Sie machen ihre Opfer auf raffinierte Weise fertig. Sie ärgern sie, kränken sie, treiben sie in Verzweiflung und stellen ihnen die Luft ab. Sie arbeiten mit Lügen, Hinterhältigkeit und Gemeinheit. Die genaue Zahl ihrer Opfer ist nicht bekannt, aber sie ist groß. Die Mörder gehen dann vielleicht im Trauergefolge als »Leidtragende« oder halten als Vertreter der Firma einen »ehrenden Nachruf«. In den giftigen Worten und im Haß sieht Jesus die Wurzeln des Mordes.
(Vergleiche die Abschnitte »Die Freiheit Jesu vom Gewaltdenken – seine Bereitschaft zur Feindesliebe und zum Leiden« und »Von der befreienden und erlösenden Kraft des Leidens – Aspekte zum Verstehen der Leidensgeschichte«.)

3. Zum Selbstmord

Dem Menschen wird das Töten verwehrt, weil alles Leben Gott gehört. Er gibt und nimmt das Leben in der Vollmacht des Schöpfers. Die Bibel sagt einem jeden: Gott verfügt über das Leben, nicht du! Gott ist der Richter. Er ist Herr über Leben und Tod. Dein Leben ist eine Leihgabe Gottes.
Die Schwierigkeit im Blick auf die Selbstmordgefährdeten besteht nun darin, daß sie diese Botschaft vielfach nicht mehr hören und hören wollen. Hier liegt wohl auch der Grund dafür, daß die Zahl der Selbstmorde steigt.
Neben den Menschen, die an der Frage nach dem Lebenssinn leiden, gibt es natürlich auch viele Selbstmorde und Selbstmordversuche, die aus dem Affekt, aus einer unmittelbaren Notsituation, als Reaktion des Trotzes oder der Verzweiflung entstehen.

Da ist ein begabter junger Mensch. Er wird vorzeitig zur Gesellenprüfung zugelassen. Aus der Zusammenstellung des Vorbereitungsmaterials schließt er, was in der Arbeitsprobe drankommen könnte, und erscheint dann mit einem vorbereiteten Werkstück zur Prüfung. Der Aufsichtführende stellt fest, daß er schon eine Vorlage gehabt haben muß, und läßt ihn an der weiteren Prüfung nicht mehr teilnehmen. Aber wenige Monate später könnte er auf alle Fälle die Prüfung ablegen. Der junge Mann ist verzweifelt und verbittert. Sein Ehrgeiz und sein Selbstwertgefühl sind tief getroffen. Diese Schande! Er geht hin und wirft sich vor einen Zug.

Ähnlich geht es zu bei vielen Kurzschlußreaktionen und Verzweiflungstaten junger Menschen, die eine Klasse wiederholen müssen oder eine Prüfung nicht bestehen und nun meinen, nicht mehr weiterleben zu können. Vielleicht gäbe es einen Auftritt zu Hause. Vielleicht würden »die Leute« eine Weile reden. Aber dann wäre Gras darüber gewachsen. Viele junge und ältere Menschen, die beim Selbstmordversuch gerettet worden sind, verstehen später überhaupt nicht, wie sie so etwas tun konnten, und sind für alle Zeiten von Wiederholungen geheilt.

Arthur Rubinstein erzählt, wie er einmal in Paris von dem Gedanken an Selbstmord umgetrieben und schließlich von ihm überwältigt wird. Er hat den Eindruck, in einer ausweglosen Situation zu sein und sterben zu müssen. An einem einsamen Mittag versucht er, sich zu erhängen. Aber der Strick reißt und er fällt zu Boden. Er sagt selbst: »Erlebte ich heute eine solche Szene auf dem Fernsehschirm, würde ich laut herauslachen, doch damals erlitt ich zunächst eine Art Nervenschock.« Er weint, bleibt eine Weile liegen, fühlt sich ganz erschlagen und schleppt sich dann an den Flügel, um in der Musik sein Herz auszuschütten. Schließlich verspürt er Hunger, geht auf die Straße, und auf der Straße überkommt ihn ein Gefühl, als wäre er neu geboren. Wie wenn er die Straße, die Bäume, die Häuser, die Männer und Frauen zum erstenmal sehen würde. Alles fasziniert ihn. »Das Leben schien mir jetzt so schön und lebenswert, sogar im Gefängnis, sogar im Krankenbett.« Er fühlt sich, wie wenn ihm das Leben neu geschenkt worden wäre, und unter allem, was ihn bewegt, wird der Gedanke ganz mächtig: »Liebe das Leben bedingungslos, im guten wie im schlechten.«

Aber nicht immer geht es mit den Selbstmordversuchen so gut aus. Wenn der Selbstmord »gelingt«, dann trifft es vor allem die Angehörigen mit einer ungeheuren Wucht und prägt und zeichnet oft ihr Leben bis ans Ende. Wir wollen diejenigen, die Selbstmord begehen, nicht richten, aber sie haben oft keine Vorstellung von dem, was sie gerade denjenigen antun und zufügen, die sie lieben. Mancher will durch den Selbstmord einen letzten Trumpf ausspielen. Andere werden mit einem Unrecht, das man ihnen zugefügt hat, nicht fertig und reiben sich an ihm wund. Wieder andere sehen keinen Ausweg aus verfahrenen familiären und beruflichen Verhältnissen und stehen unter dem Eindruck eines radikal verfehlten und verpfuschten Lebens. Manchmal müssen wir auch einfach sagen: Wir stehen vor einem unbegreiflichen Rästel.

Es gibt erschütternde Tiefen der Depression, der Schwermut. Da kann es geschehen, daß ein Mensch sich wie in einem langen Tunnel befindet und überhaupt kein Licht mehr sehen kann. Vor allem niederdrückend werden solche Depressionen, wenn sie nach kurzen »Zwischenaufheiterungen« wieder kommen und die Frage aufsteigen lassen: Soll es denn so weitergehen, soll es nie wieder gut werden? Warum muß gerade ich ein solches Ausgeliefertsein, eine solche deprimierende Ohnmacht und Antriebslosigkeit erfahren? Für gläubige Menschen ist es besonders schlimm, daß in dieser Depression auch die Beziehung zu Gott wie abgestorben zu sein scheint, daß ihnen das Gebet nichts bedeutet und sie das Wort nicht aufnehmen können.

Um so wichtiger ist es, daß diese Menschen die menschliche Tuchfühlung mit ihren Mitmenschen nicht verlieren. Sie müssen erfahren, daß sie nicht abgeschrieben, nicht aufgegeben und nicht als medizinischer »Krankheitsfall« betrachtet werden. Für den Verzweifelten ist es wichtig, daß er Menschen findet, deren Liebe er spürt, daß er aus sich selbst herausgeht und sagt, wie er dran ist, wie tief unten er sich befindet.

In der Zuwendung ihrer Mitmenschen sollen sie etwas erfahren von der Zuwendung Gottes, der in Jesus in die tiefsten Tiefen menschlicher Einsamkeit, Finsternis und Gottverlassenheit gekommen ist. Wir können in keine Finsternis gestoßen werden und keine Gottverlassenheit erfahren, die er nicht durchlitten hätte, der er nicht den bittersten Stachel genommen hätte. Einem, der mit Selbstmordgedanken umgeht, können, müssen und dürfen wir sagen: Du sagst zwar: Mein Leben ist verpfuscht! Mein Leben ist nicht wert, gelebt zu werden! Ich habe keine Freude. Ich habe keinen Menschen, der mich versteht. Ich habe versagt und bin ein Versager. Ich bin schuldig geworden. Ich kann es nicht ertragen, mit dieser Schuld, mit dieser Blamage, in dieser Finsternis weiterzuleben. Ich bin geliefert. – Das Wort Gottes sagt dir: Laß diese Selbstbeurteilung und Selbstverurteilung. Du bist nicht dein eigener Richter. Du bist auch nicht abhängig vom Urteil anderer Menschen. Laß den lebendigen Gott das Urteil über dein Leben fällen. Er kommt zu denen, »die zerschlagenen und demütigen Geistes« sind. Jesus ruft die »Mühseligen und Beladenen« und hat sich zum Bruder der Leidenden, Kranken, Betrübten, Aussätzigen gemacht. Lies im Gesangbuch oder in den Psalmen. Da findest du Menschen, die keine geringeren Tiefen des Menschseins und der Depression erlebt und erlitten haben, die auch am Verzweifeln waren und die dann doch in der Zuwendung zu dem in die Tiefe sich neigenden Gott den Weg ins Freie gefunden haben und ihr Lob aus der Tiefe aufsteigen lassen. Du muß dein Leben nicht wegwerfen. Du mußt dich nicht selbst vernichten. Du darfst aufstehen aus Schuld und Versagen. Du darfst leben und dich der Führung Gottes überlassen.

Das fünfte Gebot hat also gerade gegenüber dem Selbstmordgefährdeten die Funktion, daß es ihm »Mut zum Sein« macht und ihm die »Freiheit zum Leben« zuspricht. Auch für den, der von Selbstmordgedanken umgetrieben wird, ist es wichtig, daß er die Botschaft des ersten Gebotes hört: »Ich bin der Herr, dein Gott.«

4. Die Tötung im Straßenverkehr

Durch die technische Entwicklung, den Wohlstand und die unablässige Produktion von Millionen von Autos, Motorrädern und Mopeds ist auf die Menschheit und auf jeden Auto- und Motorradfahrer ein ganz neues Problem zugekommen.
Wir zitieren eine »Feldbeschreibung«, die am 28. Juni 1971 vom »Spiegel« geliefert worden ist unter der Überschrift: »Das Gemetzel, das wir Verkehr nennen«:

»Die Todesmaschinerie, genannt Straßenverkehr, arbeitet mit unbestrittener Präzision: Alle 27 Minuten, haben Statistiker ermittelt, stirbt auf westdeutschen Straßen ein Mensch – alle vier Stunden ein Kind. Doch wenn in den Ferienmonaten Juli/August die schier endlosen Urlauber-Trecks über Autobahnen und Fernstraßen rollen, müssen Unfallhelfer, Ärzte und Sargtischler Überstunden machen. Mehr als 4000 Menschen starben zwischen Anfang Juli und Ende August letzten Jahres auf Westdeutschlands Straßen. Mindestens ebenso viele Unfallopfer blieben am Ende der hektischen Urlaubssaison als Krüppel zurück... Ferienwochen und Feiertage wie Ostern und Pfingsten sind die verlustreichsten Materialschlachten in dem unaufhörlichen Krieg, der Jahr um Jahr, mitten im Frieden, auf westdeutschen Straßen ausgetragen wird. Allein im letzten Jahr forderte er 19000 Tote und 530000 Verletzte. In ›dem Gemetzel des Guerilla-Krieges, den wir euphemistisch ‚Verkehr' nennen‹ (so der Soziologe Helmut Schelsky), triumphiert das Gesetz des Dschungels, das Recht des Stärkeren: Fast die Hälfte aller tödlich verletzten Verkehrsopfer sind Fußgänger und Radfahrer; Kinder und Greise trifft es besonders hart – jeder achte Verkehrstote ist ein Kind, fast die Hälfte aller getöteten Fußgänger ist älter als 65 Jahre... Zehntausende jährlich kehren aus den Kliniken und Krankenhäusern als Versehrte zu ihren Familien zurück: querschnittgelähmt... erblindet... – jedes Jahr erleiden rund 60000 Westdeutsche, davon 5000 Kinder, bei Verkehrsunfällen solche Hirntraumen, die in vielen Fällen zu bleibenden Schädigungen führen. 540000 Schwerverletzte sind seit 1960 nach einem Unfall ganz oder teilweise erwerbsunfähig geblieben. Nahezu 176000 Tote wurden in diesem Zeitraum auf westdeutschen Straßen geborgen... Der Mensch, so dozierte der Wiener Verhaltensforscher Professor Otto Koenig, sei ›psychisch und physisch nach wie vor Steinzeitjäger‹; er jage, wie einst in freier Wildbahn, nun auf den Straßen ›Ersatzobjekten‹ nach. Wie vormals im Busch und auf der Steppe wolle er ›imponieren, jagend andere überholen‹... Eine Fortsetzung des Klassenkampfes mit anderen Mitteln sieht der Hamburger Soziologe Norbert Schmidt-Relenberg in den Hetzjagden auf Straßen und Autobahnen. In der Arena des Straßenverkehrs entladen sich nach Ansicht des Forschers angestaute Aggressionen gegen die Klassenfeinde von oben (im Mercedes) oder unten (im Volkswagen)... Verkehrsvergehen

– wie zu schnelles Fahren und selbst Trunkenheit am Steuer – gelten in der Bundesrepublik weithin noch als Kavaliersdelikte ...« (a.a.O., S. 32 ff.).

Dies ist die Situation, in der wir mittendrin stehen, an der wir selber Anteil haben. Jeder Auto- oder Motorradfahrer kann sich ausrechnen, daß die Wahrscheinlichkeit groß ist, daß er einmal schuldig wird an einem Verkehrsunfall, bei dem ein anderer Mensch verletzt, seiner Gesundheit und Lebensfreude beraubt oder gar getötet wird.
Was könnten wir tun, damit wir alle zu einem neuen Bewußtsein unserer großen Verantwortung kommen? Wenn wir uns hinter das Steuer setzen, haben wir wohl nichts anderes vor, als eine schöne Spazierfahrt oder Dienstfahrt, einen Besuch oder eine Besorgung zu machen. Und doch kann sich dieses Auto oder Motorrad, dessen Steuer wir in der Hand halten, in einem Augenblick zu einem furchtbaren Mord- oder Selbstmordinstrument verwandeln.
Wir müssen miteinander über Fragen des Straßenverkehrs, über Fahrverhalten und Fahrstil, über Geschwindigkeitsbegrenzung, über psychologische und wirtschaftliche Hintergründe reden.

Ergänzungen und Fragen zum Gespräch:

1. Jeder junge Mensch hat einen natürlichen Drang zum Motorrad oder Auto. Es verleiht ein erhöhtes Selbstwert- und ein neues Lebensgefühl. Die Maschinen üben eine Faszination auf uns aus. Man fühlt sich als Könner, wenn man schneidig oder lässig fährt. Man meint, man könne sich auf seine ruhige Hand, sein schnelles Reaktionsvermögen, seine scharfen Augen, seine guten Bremsen, seinen starken Motor verlassen. Fahren ist schön! Wie können wir uns aber bewußt machen, daß Fahren zugleich gefährlich ist, lebensgefährlich für uns und andere?
2. Die deutsche Gemütlichkeit ist oft mit dem relativ harmlosen Genuß von Bier und Wein verbunden. Viele Männer werden nicht ohne Berechtigung sagen, daß sie nach dem Genuß von zwei Flaschen Bier oder drei Viertel Wein noch sicherer und besser fahren als ihr alter Nachbar oder ihre nervöse Nachbarin. Genügt die Ermahnung zu verantwortlichem Verkehrsverhalten, oder sollte der Gesetzgeber grundsätzlich das Autofahren nach Alkoholgenuß verbieten?
3. Wie können wir uns schon im vorhinein auf eine Situation vorbereiten, bei der wir in einen Unfall verwickelt werden oder ihn selbst verschulden und in Gefahr sind, Unfallflucht zu begehen?
4. Wie stellen wir uns zu einer gesetzlichen Geschwindigkeitsbegrenzung auf den Straßen? Was ist zu der Losung zu sagen: »Freie Bürger fordern freie Fahrt«?

5. Der Schwangerschaftsabbruch

In den vergangenen Jahren hat es große Auseinandersetzungen um die neue Form und Gestalt des auf die Schwangerschaftsunterbrechung bezogenen § 218 des Strafgesetzbuches gegeben. Die alte Fassung des § 218 hat versucht, dem Gebot »Du sollst nicht töten« so gerecht zu werden, daß sie den Schwangerschaftsabbruch grundsätzlich untersagte und die Schwangere und erst recht den Kurpfuscher, aber auch den Arzt unter Strafe stellte. Schwangerschaftsabbruch wurde nur dann nicht bestraft, wenn absolute Gefahr für das Leben der schwangeren Frau bestand, wenn also Leben gegen Leben stand (medizinische Indikation).
Das strikte Verbot des Schwangerschaftsabbruchs durch die alte Fassung des § 218 konnte nicht verhindern, daß trotzdem Zehntausende von illegalen Schwangerschaftsabbrüchen vollzogen worden sind.
In einem öffentlichen Appell von 374 Frauen aus dem Jahr 1971 heißt es, der § 218 sei in seiner Auswirkung unmenschlich: »Hunderte sterben, Zehntausende bleiben krank und steril, weil der Eingriff von Laien vorgenommen wird... Frauen mit Geld können gefahrlos im In- und Ausland abtreiben, Frauen ohne Geld zwingt der § 218 auf die Küchentische der Kurpfuscher. Er stempelt sie zu Verbrecherinnen und droht ihnen mit Gefängnis bis zu fünf Jahren.«
Man wird nicht bestreiten können, daß diese harten Formulierungen die Situation unter der strengen Fassung des § 218 zutreffend beschrieben haben. Die Befürworter der strengen Fassung des § 218 können also auf keinen Fall so tun, als ob die Welt in Ordnung wäre, wenn der alte Zustand hergestellt würde und die abtreibungswilligen Frauen, die Kurpfuscher und die abtreibungsbereiten Ärzte schwer bestraft würden.
Der Gesetzgeber befindet sich in einem echten Dilemma, weil es ernstzunehmende Argumente auch dafür gibt, die reine medizinische Indikation auf die Gefährdung der körperlich-seelischen Gesundheit und Gesamtpersönlichkeit der Frau (personale Indikation) und auf verzweifelte, gesellschaftliche und soziale Notlagen (soziale Indikation) auszuweiten.
Außerdem erscheint es nicht sachgemäß, den Schwangerschaftsabbruch zu verbieten, wenn eine Frau verbrecherisch und wider Willen vergewaltigt wird oder wenn mit hoher Wahrscheinlichkeit verstümmelte oder erbkranke Kinder zu erwarten sind. Für die

neue, liberale Fassung des § 218 werden folgende Gesichtspunkte angeführt:

Eine harte Strafgesetzbestimmung ist erwiesenermaßen nicht dazu geeignet, der Gemeinschaft und den einzelnen in einer elementaren menschlichen Notsituation Hilfe zu bieten.

Wenn der Schwangerschaftsabbruch ein strafbares Delikt bleibt, drängt man ihn weiter in den kriminellen Untergrund und verhindert, daß die Frauen sich freimütig aussprechen, von einer angebotenen Beratung Gebrauch machen und so davon abgehalten werden können, aus einer ersten emotionalen Abwehr gegen die Schwangerschaft sofort die Abtreibung zu suchen.

Das Fehlverhalten der Männer ist juristisch ohnehin kaum zu fassen. Dabei liegt die Hauptschuld in der Mehrzahl der Fälle beim Mann.

Der Kurpfuscherei aus Gewinnsucht wird nur dann das Handwerk gelegt, wenn sich verantwortungsbewußte Ärzte der bedrängten Frauen annehmen und wenn niemand aus dem Schwangerschaftsabbruch ein finanzielles Geschäft machen kann.

Es läßt sich medizinisch und biologisch schwer festlegen, ab wann man von der Tötung menschlichen Lebens reden kann. Es handelt sich bei der Menschwerdung um einen gegliederten und gestuften Prozeß. Mit der Einnistung eines befruchteten Eis in der Gebärmutter beginnt ein neues Leben zu werden. Aber dieses ungeborene Leben hat eine lange Entwicklung vor sich. Vier Wochen nach der Empfängnis ist es etwa drei Millimeter groß, nach drei Monaten sind es fünf Zentimeter.

Hier ergeben sich Fragen, die auch für die ethische Beurteilung wesentlich sind: Von welchem Zeitpunkt an können wir von personaler Existenz reden? Sind die Bildung des Gehirns und die Fähigkeit zu ersten geistigen Reaktionen wesentliche Kriterien? Ist die Dreimonatsfrist ein wesentlicher Einschnitt, weil erst dann die Funktion des Gehirns und des Nervensystems beginnt und man erst dann von einem der Mutter gegenüber selbständigen Individualleben des Kindes reden kann?

Jedenfalls handelt es sich bei der Abtötung werdenden Lebens im frühen Stadium um etwas anderes als um Mord an einem Kind oder einem Erwachsenen.

Der Paragraph 218 in seiner alten Fassung war der unsozialste Paragraph des Strafgesetzbuches. Denn er traf nur die Armen, Verschüchterten und Hilflosen.

Vergehen gegen den § 218 hatten als Kettenreaktion andere Vergehen im Gefolge. Vor allem gab es dabei unzählige Meineide und Erpressungsversuche an Frauen und an Kurpfuschern, aber auch an Ärzten, die gegen das Abtreibungsverbot verstoßen haben.

Man fragt, ob es denn im Sinn christlicher Nächstenliebe sein kann, wenn absolut unerwünschte und ungeliebte Kinder zur Welt gebracht werden müssen. Auch kirchliche Heime und Anstalten können nicht Tausende von Kindern aufnehmen, die von ihren Müttern abgesetzt worden sind. Die unerwünschten, nicht angenommenen und verlassenen Kinder sind die wahren Leidtragenden einer harten Gesetzgebung.

Man sagt, Männer können kaum begreifen, in welche Zwangssituation die Frauen durch eine absolut unerwünschte Schwangerschaft versetzt werden, von welch schicksalhafter Bedeutung eine Schwangerschaft für unreife Mädchen, leiblich oder seelisch kranke Frauen in ungeborgenen Verhältnissen sein kann.

Ein angesehener Stuttgarter Jurist hat 1973 in einem Brief an den Verfasser geschrieben:

> »Ich war viele Jahre auf allen Gebieten des Rechts, auch auf dem Gebiet des Strafrechts, tätig. Ich hatte wiederholt Verteidigungen zu übernehmen, die durch den § 218 StGB ausgelöst wurden. Die Härte dieses Paragraphen, der eine Sonderregelung für Ausnahmefälle nicht vorsieht, kann nur der beurteilen, der praktisch mit solchen Problemen konfrontiert ist. Bei aller Zurückhaltung in der Beurteilung unseres Strafrechts muß ich doch aus lebenslanger Erfahrung feststellen, daß es sich beim § 218 um die unmenschlichste Bestimmung unseres ganzen Rechts handelt. Es ist mir unbegreiflich, daß diese erbarmungslose Bestimmung ausgerechnet von christlicher Seite verteidigt wird.«

Wer seelsorgerliche Erfahrungen und Lebenserfahrung hat und weiß, in was für Situationen manche Menschen kommen, wird nicht so tun, als ob es hier Patentlösungen gäbe. Man spricht zwar von Fristenlösung oder Indikationslösung, aber es gibt keine Lösungen, sondern nur Regelungen. Gesetzliche Festlegungen, Bestimmungen und Strafandrohungen sind höchstens Notmaßnahmen und können den vielen Problemen und den vielen persönlichen Situationen und Bedrängnissen nicht gerecht werden.

Zur Gewissensschärfung:

Schwangerschaftsabbruch ist dem Mord an geborenem, personhaftem menschlichen Leben nicht einfach gleichzusetzen. Trotzdem bewegen wir uns im Problemkreis des göttlichen Gebotes »Du sollst nicht töten«. Es geht auch hier grundsätzlich um das

Verständnis menschlichen Lebens. Menschliches Leben steht unter der Verfügungsgewalt Gottes und ist ein elementares Rechtsgut. Auch das noch nicht geborene, sich erst auf das Menschsein hin entwickelnde Leben darf nicht einfach menschlicher Willkür preisgegeben werden.

Hinter schönen Worten über Wunschkinder und über das Selbstbestimmungsrecht der Frau kann sich der Geist einer egoistischen Rücksichtslosigkeit verbergen. Das Ziel einer humanen, mündigen Welt wird sicher nicht dadurch erreicht, daß die als Last empfundenen werdenden Kinder massenweise beseitigt werden. Die Zukunft der Welt hängt wesentlich davon ab, ob wir wieder zur Ehrfurcht vor dem Leben finden. Die Ehrfurcht vor dem Leben schließt auch die Ehrfurcht vor werdendem Leben ein.

Abtreibung ist keine Bagatellfrage, kein Kavaliersdelikt und keine Form der Geburtenkontrolle. »Einen Embryo zu vernichten, kann nicht mit den gleichen Maßstäben bewertet werden, als gelte es, einen Blinddarm oder eine Geschwulst zu entfernen« (Ärzteverband).

Die Schwangerschaftsunterbrechung ist medizinisch nicht so harmlos, wie sie uns dargestellt wird. Sie bedeutet außerdem für viele Frauen eine schwere seelische Belastung.

Die Schwangerschaftsunterbrechung bringt den Arztberuf in eine Pflichtenkollision. Denn der Arzt ist ja verpflichtet, Leben zu erhalten und nicht zu zerstören. Frauenärzte wehren sich dagegen, zur »Gilde der Abtreiber« degradiert zu werden. Viele bezeichnen die Abtreibung als einen äußerst bedrückenden Eingriff.

Die Gefahr des Mißbrauchs einer freieren Fassung des § 218 muß klar gesehen werden. Es kann auch auf diesem Gebiet zu einem leichtfertigen und gewissenlosen Verhalten kommen, so daß Abtreibungen ohne jede ernste Notlage gesucht werden, weil es einem gerade nicht paßt oder weil man eine Urlaubsreise plant. Hier kommt es darauf an, daß sich die Ärzteschaft weigert, leichtsinniger Vernichtung werdenden Lebens Vorschub zu leisten. Mit Frauen, die die Empfängnis nicht regulieren können und wiederholt Abtreibungen verlangen, sollte in beratenden Gesprächen die Möglichkeit der Sterilisierung erörtert werden.

Die christliche Kirche sollte in dieser Sache nicht in erster Linie nach staatlichen Strafbestimmungen und Strafmaßnahmen rufen. Sie sollte glaubwürdig zeigen, daß uns das Evangelium Mut zum Leben machen will und Mut zur Zukunft zuspricht. Das Leben ist nicht als finsteres Schicksal, als Muß, als Geworfensein zu verstehen, sondern als Erlaubnis und Geschenk. Das Leben steht vor uns als Aufgabe, die im Vertrauen auf Gottes Wort und Hilfe übernommen werden darf und kann. Solche Verkündigung ist begleitet von der Erfahrung, daß viele zunächst abgelehnte Schwangerschaften nach einiger Zeit innerlich übernommen werden und auch solche Kinder später zur Freude für die Mütter und für die ganze Umgebung werden können.

Christliche Lebensgestaltung steht auf einer anderen Ebene als die staatliche Gesetzgebung. Das Gegenüber des Christen ist nicht das staatliche Gesetz, sondern das Gebot Gottes. Wie immer das staatliche Gesetz formuliert sein mag: Niemand wird zum Schwangerschaftsabbruch gezwungen und niemand muß sich zwingen lassen, sich an Schwangerschaftsabbrüchen zu beteiligen. Staatliche Gesetzgebung kann kein Ersatz sein für die christliche Verkündigung und für ein christliches Lebenszeugnis. Sie kann nur einen Rahmen schaffen, in dem immer noch der einzelne seine Entscheidung vor Gott zu fällen hat. Angesichts der Schwierigkeit des Problems halten wir die Formulierung der Änderung des § 218 vom 18.5.1976 für den respektablen Versuch einer menschlichen Rahmenordnung.

Jesus hat sich in besonderer Weise den Schwachen, Ohnmächtigen, Hilflosen und Leidenden zugewendet. Zu den Schwachen und Schutzbedürftigen, an die wir in der Nachfolge Jesu gewiesen sind, gehören zunächst die Kinder. Denn es gibt nichts Schwächeres als ungeborene Kinder. Zu ihnen gehören aber auch die angeschlagenen, kranken, verzweifelten, bedrängten, alleingelassenen Mütter, die durch ein weiteres Kind unter Umständen in größte Not und Bedrängnis geraten. Auch ihrer Not dürfen wir nicht mit unverbindlichen Reden, mit Achselzucken oder Strafandrohungen begegnen.

Im Johannesevangelium steht die denkwürdige Geschichte von der Begegnung Jesu mit der Ehebrecherin. Jesus befürwortet und rechtfertigt den Ehebruch in keiner Weise, aber er verurteilt auch nicht die Ehebrecherin, die nach dem Gesetz getötet worden wäre (Johannes 8,3–10). Die Moralisten und Gesetzesmenschen haben damals auf das Verhalten Jesu mit Empörung reagiert. Aber für Jesus ging es vorrangig nicht um die Bestrafung, sondern um die Vergebung und den neuen Anfang. Das muß auch für die Kirche wegweisend sein.

Wir müssen lernen, den unverheirateten Frauen mit ihren Kindern einen echten Lebensraum zu schaffen. Die Angehörigen dürfen

solche Frauen und ihre Kinder nicht allein lassen, sondern sollen sie unterstützen.
Bei der Einrichtung von kirchlichen Beratungsstellen für Problemschwangerschaften kann es sich nicht um eine kirchliche Pflichtübung handeln, sondern um die Bereitschaft zu echter Hilfe, Beratung und Begleitung von verzweifelten und vielfach alleingelassenen Frauen.

6. Euthanasie – Töten aus Mitleid?

Ein Rückblick: »Gnadentod« oder Mord an Wehrlosen?

Im Anschluß an *Nietzsche* und an Vorstellungen *Darwins* von dem in der Natur herrschenden »Kampf ums Dasein« hat *Adolf Hitler* schon in seinem Buch »Mein Kampf« angekündigt, ein stärkeres Geschlecht werde die Schwachen verjagen, von der Natur sei das Gesetz vorgezeichnet, daß die Schwäche vernichtet werde, um der Stärke Platz zu machen. *Alfred Rosenberg* hat der europäischen Gesellschaft vorgeworfen, sie habe sich als Hüterin der Minderwertigen, Kranken, Verkrüppelten, Verbrecherischen und Verfaulten entwickelt. Eine Nation, deren Mittelpunkt Ehre und Pflicht darstelle, werde Faule und Verbrecher nicht erhalten, sondern ausschalten. Aufgrund eines Geheimbefehls Hitlers wurden drei Tarnorganisationen mit schönen, harmlosen Namen gegründet: Reichsarbeitsgemeinschaft Heil- und Pflegeanstalten, Allgemeine Krankentransportgesellschaft und Gemeinnützige Stiftung für Anstaltspflege. Sie führten die Mordaktionen durch, unterstützt von dazu bereiten Ärzten, Pflegern und Krankenschwestern. In Württemberg wurde die Anstalt Grafeneck zum Zentrum der Vernichtung. Den Angehörigen wurde mitgeteilt, daß man das Familienmitglied aus kriegstechnischen Gründen verlegen müsse. Wenig später erhielten sie ein Schreiben etwa folgenden Inhalts (mit immer wieder veränderten Angaben über die Todesursache):

»Sehr geehrter Herr D., zu unserem Bedauern müssen wir Ihnen mitteilen, daß Ihr Sohn, Herr D., der inzwischen in unsere Anstalt verlegt werden mußte, am 17. Februar hier infolge Mandelabszeß unerwartet verstorben ist. Alle unsere ärztlichen Bemühungen waren leider vergebens. Er ist sanft und schmerzlos entschlafen. Bei seiner schweren, unheilbaren Erkrankung bedeutet sein Tod Erlösung für ihn. Infolge der hier bestehenden Seuchengefahr mußten wir auf polizeiliche Anweisung hin die Leiche des Entschlafenen sofort einäschern lassen. Wir bitten Sie um baldige Nachricht, ob Sie die Urne mit den sterblichen Überresten des Verblichenen auf einem bestimmten Friedhof beisetzen lassen wollen...«

Diese Mordaktionen wurden weiten Teilen des Volkes bekannt. 200000 Menschen verschwinden nicht spurlos. Die württembergische Arbeitsgemeinschaft evangelischer Seelsorger an Gemüts- und Nervenkranken hat zwar im Oktober 1940 in einem Schreiben an den Reichsminister des Inneren und an den Reichsgesundheitsführer Dr. *Conti* protestiert. Ebenso der württembergische Landesbischof *Wurm* in einem Schreiben an Innenminister *Frick*. Aber es war keineswegs so, daß über die beschriebenen Maßnahmen allgemein helle Empörung geherrscht hätte. Die Argumente, die heute wieder Eindruck machen, haben damals schon gewirkt.

Paläste für Geisteskranke und Alte?

Ein Kurzfilm der NS-Propaganda hatte den Titel »Paläste für Geisteskranke«. Über die Wirkung dieses und ähnlicher Filme heißt es in einer von den Franzosen nach 1945 herausgegebenen Schrift:

»Dem unbefangenen Zuschauer muß sich ja der Gedankengang geradezu aufdrängen: Warum das Leben dieses elenden Abschaums erhalten... Immer wieder legt sich der Zuschauer die Frage vor: ›Wozu diese überflüssigen Ausgaben?‹ Die tendenziöse Antwort lautet: Geisteskranke sind unheilbar, im Arbeitsprozeß des deutschen Volkes sind sie unproduktive und unnütze Esser, die die deutsche Wirtschaft belasten. Ein vernünftiger Arzt würde diese elenden Wesen von ihrem Leiden erlösen...«

Die Zeit solcher Filme und zynischer Lebenseinschätzung ist vorbei. Aber auch heute kann man Stimmen hören, die bedauern, daß unheilbar Kranke so viel Pflegekräfte binden, die anderswo besser eingesetzt würden. Hier ist grundsätzlich zu fragen: Wer ist der Mensch, daß er sich anmaßen kann, über den Wert und Unwert des Lebens eines anderen Menschen in irdisch letzter Instanz zu urteilen und zu richten?

Tötung auf Verlangen?

Man weist darauf hin, daß es Fälle schwerer, schmerzhafter Erkrankung gibt, bei denen praktisch keine Aussicht auf Heilung vorhanden ist, wo der Kranke selbst die Angehörigen und die Umwelt bedrängt und bittet, daß man ihm mit Tabletten oder Spritzen einen angenehmen – in wörtlicher Übersetzung von Euthanasie: einen »schönen« – Tod bereitet. Man fragt: Sollte der

Kranke im Einverständnis mit der Umwelt nicht die Freiheit haben, den Arzt um die »erlösende« Spritze zu bitten, wenn die Schwere der Krankheit über die Kraft der Angehörigen und über die seelische Kraft des Leidenden selbst geht? So human diese Begründung erscheint, so ist doch zu fragen, ob sie nicht letztlich von der gottlosen Vorstellung ausgeht, der Mensch sei der souveräne Herr seines eigenen Lebens und dürfe darüber nach eigenem Gutdünken verfügen.

Der Arzt als Richter und Henker?

Jede Bejahung der Euthanasie, der Vernichtung des nicht mehr als lebenswert betrachteten Lebens, bringt den Beruf des Arztes in ein gefährliches Zwielicht. In der Berufsordnung für die deutschen Ärzte von 1956 stehen die Worte: »Aufgabe des Arztes ist es, das Leben zu erhalten, die Gesundheit zu schützen und wiederherzustellen sowie die Leiden zu mildern.« Wenn die sogenannte Euthanasie freigegeben wäre, würde sich gegenüber den Ärzten, vor allem bei älteren Patienten, Mißtrauen und Angst verbreiten. Sie würden fragen: Was denkt der Arzt von mir? Hält er mein Leben nicht mehr für lebenswert? Steckt er vielleicht unter einer Decke mit meinen Angehörigen, denen ich zur Last falle und die an mein Erbe wollen? Der Arzt hätte ja die Feststellung zu treffen, ob ein Patient ein hoffnungsloser Fall sei. Er würde zum Richter über Leben und Tod und zugleich in die Rolle eines Henkers mit Glacéhandschuhen gedrängt.
Was vom ärztlichen Standpunkt als Grenzfrage allein in Betracht kommen kann, ist die Linderung der Schmerzen und die Bekämpfung des Leidens durch Medikamente, bei denen beabsichtigt ist, das Leiden erträglich zu machen, wobei aber zugleich auch eine das Leben verkürzende Wirkung in Kauf genommen werden muß. Es kann nicht der Sinn des ärztlichen Auftrags sein, das Sterben eines Menschen mit allen technischen und chemischen Mitteln zu verlängern und nur noch ein leidendes Dahinvegetieren künstlich aufrechtzuerhalten.

7. Zur Todesstrafe

In Artikel 102 des Grundgesetzes der Bundesrepublik heißt es elementar: »Die Todesstrafe ist abgeschafft.« In der Diskussion des Parlamentarischen Rates wurde gesagt, dieser Artikel sei nötig,

»weil die Abschaffung der Todesstrafe... grundsätzlich die Abkehr des deutschen Volkes von jedem Gewaltsystem und seinen Abscheu vor der Fülle vollstreckter Todesurteile in den letzten Jahren begründen soll«.

Der Abgeordnete *Wagner* (SPD) sagte:

»Wir haben eine Zeit der schwersten Barbarei und der tiefsten Erniedrigung des Menschentums hinter uns. Es scheint mir deshalb unerläßlich zu sein, hier einen Beweis dafür zu erbringen, daß das deutsche Volk sein Leben wirklich erneuern will und ein Recht, das Recht auf Leben, so hoch schätzt, daß der Staat nicht das Recht haben soll, das Leben – das er nicht gegeben hat – zu nehmen. Das ist eine grundsätzliche Frage... Wenn Sie mit dem Töten der Menschen, mit dem Töten von Mensch zu Mensch, ein Ende machen wollen, können Sie auch dem Staat nicht das Recht geben, Menschen zu töten.«

Immer wieder wird aber in der Öffentlichkeit die Forderung nach Wiedereinführung der Todesstrafe erhoben, vor allem dann, wenn extrem scheußliche und rohe Verbrechen begangen werden. Auch im Blick auf sogenannte Terroristen heißt es dann am Biertisch sofort: Rübe ab!

Argumente, wie sie für die Todesstrafe vorgebracht werden

Man sagt: Es gibt Verbrechen, für die jede andere Strafe zu mild ist. Schon in der Bibel heißt es: »Auge um Auge, Zahn um Zahn« (2. Mose 21,24) und »Wer Menschenblut vergießt, des Blut soll auch durch Menschen vergossen werden« (1. Mose 9,6).

Man sagt: Es gehört zur Würde und zum Wesen des Staates, daß er seine gottgegebene Autorität durch die Todesstrafe zeigt. In Römer 13 heißt es: »Die Obrigkeit trägt das Schwert nicht ohne Grund: sie ist Gottes Dienerin und vollzieht die Strafe an dem, der Böses tut« (Vers 4).

Man sagt: Die Todesstrafe hat eine abschreckende Wirkung. Wenn die Gangster wissen, daß sie einen Kopf kürzer gemacht werden, dann überlegen sie sich die Sache noch einmal!

Man sagt: Wozu soll ein Staat die Verbrecher, die sich gegen die Gemeinschaft vergangen haben, noch jahrzehntelang ernähren, wärmen und bewachen lassen?

Man sagt: Jeder Schwerverbrecher bedeutet für die Gesellschaft eine Gefahr, so lange er lebt. Er kann wieder ausbrechen und wieder morden. Er bekommt ja nur lebenslänglich.

Man sagt: Das Gewissen mancher Verbrecher ist so verhärtet und abgestumpft, daß sie erst unter dem Schock der Todesstrafe zur Einsicht und damit zur Reue und inneren Umkehr kommen können.

Warum wir die Todesstrafe ablehnen

Wir geben uns nicht der Illusion hin, der Mensch sei gut, und es seien allein die gesellschaftlichen Zustände, die ihn schlecht und kriminell machen. Wir wissen: Der Mensch ist gefährlich und gefährdet. Die Gesellschaft muß vor ihren ins Verbrechen abgleitenden Gliedern geschützt werden. Gute Polizei und zweckmäßige Strafverfolgung sind nötig. Aber: Es geht nicht an, mit alttestamentlichen Zitaten wie »Auge um Auge, Zahn um Zahn« die Forderung nach Einführung der Todesstrafe zu begründen. Das Alte Testament kennt die Todesstrafe nicht nur für vorsätzliche Tötung, sondern auch für Ehebruch, Unzucht, Verachtung der elterlichen Autorität, religiösen Abfall, Gotteslästerung, Zauberei und Sabbatschändung.

Es entspricht vorchristlichen Rechtsanschauungen oder menschlichen Rachegefühlen, aber keinesfalls christlichem Denken, wenn gesagt wird, allein der Tod könne gerechte Sühne für bestimmte Taten sein. Wenn sich menschliche Rechtsprechung an der Offenbarung Gottes in Jesus Christus orientieren will, dann kommt ihr gerade dort nicht eine »abstrakte Gerechtigkeit« und ein »göttliches Vergeltungsprinzip« vor Augen, das in der menschlichen Rechtsprechung nachzuahmen wäre. In der Heiligen Schrift wird sichtbar, daß Gott darin Recht schafft, daß er dem Sünder vergibt und neue Gemeinschaft stiftet. In der Mitte der Bibel steht die Botschaft von der Versöhnung Gottes mit dem sündigen Menschen:

»Gott versöhnte in Christus die Welt mit sich selber und rechnete ihnen ihre Sünden nicht an und hat unter uns das Wort von der Versöhnung aufgerichtet« (2. Korinther 5,19).

Dies heißt nun nicht, daß man von der christlichen Botschaft der Sündenvergebung her auf Strafverfolgung der Rechtsbrecher verzichten könnte. Aber es bedeutet, daß man jedenfalls für eine solche Bestrafung und einen solchen Strafvollzug eintreten muß, der auch dem Verbrecher noch die Möglichkeit zur Umkehr, zur Erkenntnis der Schuld, zur Reue und Besserung gibt.

Der Staat darf nicht zum Halbgott gemacht werden. Der Bibelabschnitt Römer 13 ist falsch bewertet, wenn man aus ihm eine allgemeine Lehre vom »Wesen« des Staates oder gar die christliche Verpflichtung ableitet, für die Todesstrafe einzutreten. Das Anliegen des Paulus ist darauf gerichtet, die Christen in Rom von Aufruhr, Staatsverachtung, Steuerverweigerung oder gar von kriminellen Untaten abzuhalten und ihnen das Tun des Guten im Rahmen der vorfindlichen politischen Verhältnisse ans Herz zu legen. In der Sicht der Bibel ist der Staat nicht Selbstzweck. Er ist um des Menschen willen gemacht. Nicht die Macht ist das höchste Kennzeichen des rechten Staates, sondern das Recht, und dieses Recht gründet im Lebensrecht des Menschen. Die Gewalt ist dem Staat nur dazu gegeben, dieses Recht durchzusetzen und zu erhalten. Das Töten ist dabei diejenige Form von Gewaltanwendung, die dem Zweck der Rechtswahrung am wenigsten dient.

Es ist unwahr und eine Irreführung der Bevölkerung, wenn der Eindruck erweckt wird, als würden durch die Einführung der Todesstrafe die Taximorde, Sexualmorde, Kindsentführungen und so weiter verringert. Die Erfahrungen in den Ländern, die die Todesstrafe abgeschafft haben, wieder einführten und wieder abschafften, zeigen, daß die Todesstrafe keine abschreckende Wirkung hat und daß in den Ländern ohne Todesstrafe nicht mehr Morde geschehen als in Staaten mit Todesstrafe. Der Verbrecher geht davon aus, daß er nicht gefaßt wird. Viele Verbrecher sind logischen Überlegungen nicht zugänglich. Als man in England Taschendiebe noch öffentlich hinrichtete, waren ihre Kollegen unter der gaffenden Menge »an der Arbeit«.

Es ist sehr bedenklich, wenn man die Todesstrafe aus finanziellen Erwägungen fordert. Man will also töten, weil man Geld sparen will. Immerhin ist der Verbrecher nicht nur ein Ergebnis seiner Erbanlagen, sondern auch ein Kind der Gesellschaft, mitgeprägt auch vom Geist und Ungeist der Gesellschaft.

Es ist richtig, daß ein toter Verbrecher nicht mehr ausbrechen kann. Auf der anderen Seite ist mit der Tötung eines Menschen ein nicht revidierbares Urteil gefällt und die grausige Möglichkeit gegeben, daß ein völlig Unschuldiger hingerichtet wird. Die Geschichte kennt genügend Beispiele solcher Justizirrtümer. Auch das Geständnis eines Menschen ist kein sicheres Beweismaterial. In besonderen Fällen werden die Verdächtigen oft tage- und nächtelang pausenlos verhört, wobei sich die Polizeibeamten abwechseln. In manchen Ländern werden die Verdächtigen auch von der Polizei geschlagen und mißhandelt oder mindestens mit grellen Scheinwerfern angestrahlt. Unter diesen Qualen haben schon viele Menschen »Untaten« gestanden, die sie nicht begangen haben. Auch der Wert der Zeugenaussagen ist problematisch. Zudem sind die Geschworenen nie unabhänig von Stimmungen, Vorurteilen und Beeinflussungen.

Die Todesstrafe unterscheidet sich von anderen Strafen darin, daß

sie absolut, unwiderruflich und irreparabel ist. Deshalb entsteht die Frage: Ist der Mensch, dessen eigenes Leben von Sünde, Ichsucht und Selbstbehauptungsdrang beherrscht ist, zu solchem absoluten und unwiderruflichen Richten befugt? In der Todesstrafe überschreitet der Mensch seine Befugnis. Denn Gott ist der Herr des Lebens.
»Die Todesstrafe bietet keine Gewähr für sittliche Einsicht. Verrohte und stumpfe Verbrecher besteigen oft ebenso stumpf und unbeeindruckt das Schafott. Dann aber wird mit dem Tod tatsächlich jede Möglichkeit zur Umkehr, zu Einsicht und Reue abgeschnitten« (*H. Vogt*).
Das staatliche Töten stellt sich weithin auf dieselbe Ebene wie das verbrecherische Töten. Der Staat begegnet dem Rechtsbrecher unter dem Aspekt der Rache. Er begegnet dem Verbrecher, indem er zur Bluttat des einzelnen die Bluttat der Gesellschaft hinzufügt. Wer die Einführung der Todesstrafe fordert, muß selber bereit sein, »im Namen der Gerechtigkeit« dem Hinzurichtenden ins Auge zu sehen und das Henkerswerk zu tun. Wenn der Staat töten darf, dann sind wir alle an diesem Töten beteiligt!

8. Das Töten im Krieg

Zur Geschichte des Problems

Im Verhältnis der Christen zum Krieg muß eine belastete und vielschichtige Vergangenheit aufgearbeitet werden. Die frühe Christenheit lebte in einer großen Distanz zur Welt des Krieges. Die Urgemeinde beteiligte sich nicht am bewaffneten Aufstand der jüdischen Volksgenossen gegen die Römer. Die Christen der ersten Jahrhunderte haben den Wehrdienst vor allem aus folgenden Gründen abgelehnt: Die christliche Botschaft verwarf Krieg und Blutvergießen. Die Offiziere mußten Todesurteile fällen, und die Gemeinen mußten alles ausführen, was ihnen befohlen wurde. Der unbedingte Soldateneid widersprach der unbedingten Verpflichtung gegenüber Gott. Die göttliche Verehrung des Kaisers war im Heer besonders stark. Die Verehrung der militärischen Feldzeichen erschien den Christen als Götzendienst (vgl. dazu *Adolf von Harnack,* »Militia Christi«, S. 146f.).

Es gab allerdings in dieser Zeit (und bis zur Französischen Revolution!) keine allgemeine Wehrpflicht. Das Heer bestand im allgemeinen aus freiwilligen Berufssoldaten. Das Problem stellte sich vor allem dann, wenn Berufssoldaten von der christlichen Verkündigung erfaßt wurden und dann den Kriegsdienst verweigern wollten. Viele von ihnen starben den Märtyrertod. Schließlich trachteten aber immer mehr Soldaten, Offiziere und Beamte des Staates danach, den Staats- und Kriegsdienst mit der Zugehörigkeit zur christlichen Kirche zu verbinden. In der Verfolgungszeit waren viele Christen mürbe und müde geworden. Sie waren auch alle möglichen Kompromisse eingegangen. Als dann der Kaiser Konstantin im Jahre 313 das Christentum duldete und anerkannte, war man dankbar und bereit zu Zugeständnissen an den Staat und seine Machtpolitik.

Später entwickelte *Augustin* die Grundzüge der »Lehre vom gerechten Krieg«. Sie wurde im Mittelalter von *Thomas von Aquin* und auch von *Martin Luther* übernommen und modifiziert. Man nannte ganz bestimmte Bedingungen, unter denen die Teilnahme von Christen an einem Krieg verantwortbar sein sollte. In der Praxis hat sich allerdings die Unterscheidung zwischen gerechten und ungerechten Kriegen als außerordentlich problematisch und wenig wirksam erwiesen.

Wer sich mit den Rechtfertigungsversuchen des Krieges befaßt, stößt auf viele Spielarten der Lehre vom gerechten Krieg. Außerdem trifft man auf Stimmen, die den Krieg als »geschichtliche Notwendigkeit« oder als »unabänderliches Schicksal« verstehen. Als besonders wirkungsvoll erweist sich die Ideologisierung des Krieges. Sie wird im Mittelalter in den Kreuzzügen deutlich. In der Neuzeit werden fast alle Kriege als »heilige« Kriege geführt: die Befreiungskriege gegen den »der Hölle entstiegenen Vatermördergeist Napoleon«, der Erste Weltkrieg gegen »das siebenköpfige Drachenungeheuer der Alliierten«, der Zweite Weltkrieg als »Hakenkreuzzug gegen den Bolschewismus«, das Weltjudentum und die Plutokratie. Aus amerikanischer Sicht war der Zweite Weltkrieg ein Kreuzzug für die Freiheit (*Eisenhower*). Selbst der Vietnamkrieg ist als »cruisade for freedom« gerechtfertigt worden. Auf der anderen Seite werden auch die sogenannten revolutionären Volkskriege als heilige Kriege proklamiert. Die Lehre vom gerechten Krieg findet ihre Parallele in der Lehre von der gerechten Revolution.

Alle diese Formen und Gestalten der Kriegstheorien sind einer kritischen Prüfung zu unterziehen. Vor allem aber müssen wir darstellen, wie bisher ernsthafte Christen versucht haben, das Töten im staatlichen Auftrag zu rechtfertigen.

Die seitherige Rechtfertigung des Tötens im Krieg

Wie hat man in der Christenheit die Übertretung des fünften Gebots im Krieg gerechtfertigt? Wie konnte man sich als Christ vom Staat zum Töten verpflichten lassen, wo doch das Gebot Gottes das Töten verbietet?

Man hat gesagt: Wir leben in einer »gefallenen«, sündigen Welt, in der man mit der Wirklichkeit des Bösen rechnen muß. In dieser von der Ichsucht des einzelnen geprägten bösen Welt ist der Staat als Ordnungsmacht von Gott eingesetzt. Er hat das Recht und die Pflicht, die Guten zu schützen und die Bösen zu bestrafen (Römer 13). Sonst terrorisieren die Bösen, Brutalen, Rücksichtslosen die andern. Es kommt zu einem furchtbaren Chaos.

In dieser Welt – so hat man gesagt – hat der Staat die Aufgabe, Gesetze zu erlassen und dafür zu sorgen, daß sie eingehalten werden. Das heißt: Die Vertreter und berufenen Organe des Staates müssen versuchen, mit Mitteln der Gewalt das Unrecht einzudämmen, um den Menschen ein Leben in Ruhe und Sicherheit zu ermöglichen. Diese gute, wichtige, nötige Aufgabe muß der Staat im Auftrag Gottes wahrnehmen. Wenn es den Christen ernst ist mit dem Wohl der Gemeinschaft, dann können und dürfen sie sich dieser Aufgabe nicht entziehen.

Es kann also nötig sein, daß ein Christ, um die Guten zu schützen und die Verbrecher zu bekämpfen, zur Waffe greift und im Kampf den Verbrecher tötet, obwohl das fünfte Gebot lautet: »Du sollst nicht töten.« Er tötet ja nicht aus Mordlust, Habgier, Geschlechtsgier oder anderen niederen Beweggründen. Er ist kein Mörder, sondern hilft nur dazu, daß die Gesetze eingehalten und die Schwachen vor den Brutalen geschützt werden. Er steht im Dienst der Nächstenliebe, auch wenn er zu Maßnahmen greifen muß, die der Liebe zu widersprechen scheinen. Er ist dann in derselben Lage wie ein Chirurg, der einem Kranken ein Bein abnehmen muß, um den ganzen Menschen zu retten und das Weiterleben zu ermöglichen.

In diesen Ausführungen haben wir die klassische Rechtfertigung der staatlichen Machtausübung und des Polizeidienstes. Diese Rechtfertigung des Polizeidienstes hat man dann auf den Kriegsdienst übertragen. Man sah im Krieger den Zwillingsbruder des Polizisten und sagte auch von ihm: Er steht im Dienst der Liebe, wenn er durch das kleinere Übel eines begrenzten und kurzen Krieges dem größeren Übel eines lange dauernden Zustandes der Rechtlosigkeit und Gewalttätigkeit wehrt. Damit wollte man nicht jeden Krieg rechtfertigen, sondern sagte: Der Christ darf nur dann im Dienst des Staates das fünfte Gebot übertreten, wenn der Staat angegriffen ist und es sich um einen Verteidigungskrieg handelt (gerechte Ursache). Er darf keine gemeinen und niederträchtigen Mittel anwenden (1215 wurde die Armbrust als hinterhältig und gemein mit dem Bann belegt!). Er darf den Gegner nicht vernichten wollen, sondern muß auf die Herstellung eines gerechten Friedens aus sein (gerechtes Ziel). Und er darf nicht im Auftrag jedes Raubritters, sondern nur im Dienst der »legitimen Obrigkeit« kämpfen.

Diese Rechtfertigungsversuche des Polizei- und Kriegsdienstes versuchte man auch durch biblische Hinweise zu stützen. Man wies darauf hin, daß das Gebot »Du sollst nicht töten« nur den sogenannten »gemeinen Mord« meine. Das Töten im staatlichen Auftrag und Dienst sei eben die große Ausnahmesituation. Man berief sich besonders auf das Alte Testament, das mit seinen Helden- und Kriegsgeschichten die Phantasie der christianisierten germanischen Leserschaft mächtig angeregt hat. Außerdem wurden der Hauptmann von Kapernaum und der Hauptmann Cornelius zu großen Vorbildgestalten. Weil Johannes der Täufer den Söldnern nicht geboten hat, die Waffen wegzuwerfen, und weil Jesus dem Hauptmann nicht gesagt hat, er müsse sofort seinen Dienst aufgeben, hat man gefolgert, daß »Kriegsleute in seligem Stande« (*Luther*) sein könnten. Den Anspruch der Bergpredigt Jesu hat man damit entschärft, daß man sagte, sie enthalte »Ratschläge«, die nur für Priester und Mönche verbindlich seien. *Luther* wollte sie nur für Privatpersonen, aber nicht für Amtspersonen gelten lassen. So konnte es zu den engen Verbindungen von Christentum, Nationalismus und Militarismus kommen.

Die neue Rechtfertigung des Waffendienstes

Die geschichtliche Wirklichkeit und die Information über die Entwicklung der Waffentechnik haben sichtbar gemacht, daß es im Grunde nicht mehr möglich ist, den Ernstfall des Krieges und die Beteiligung von Christen an einem Krieg, wie er in Mitteleuropa zu erwarten ist, mit den Argumenten für den Polizeidienst oder den Begriffen des gerechten Krieges zu rechtfertigen. Mindestens in der Evangelischen Theologie gibt es heutzutage keinen ernstzunehmenden Theologen mehr, der die Lehre vom gerechten Krieg vertritt.
Auch die Bundeswehr sagt: Wir sind nicht Soldaten für den Krieg, sondern Soldaten für den Frieden. Wir wollen durch unser Dasein gerade verhindern, daß es zum Krieg kommt. Wir wollen versuchen, jeden möglichen Gegner so abzuschrecken, daß er nicht wagt, mit uns Krieg anzufangen, sondern Frieden hält. Weil in dieser bösen Welt nur die Stärke imponiert, lautet unser Rezept: Friedenssicherung durch Abschreckung. Wenn wir abrüsten, dann würden wir vielleicht gerade dem Frieden nicht dienen, sondern den Krieg über unser Land bringen. Denn wir würden dann den Kriegsappetit der Diktatoren steigern, es entstünde ein militärisches Vakuum, auf das sich ein militärisch starker Gegner stürzen könnte.
Deshalb muß eine starke, schlagkräftige Armee auch unter Opfern

aufgebaut und erhalten werden, denn die alte Parole gilt immer noch: Wenn du den Frieden willst, dann rüste zum Krieg (si vis pacem para bellum).
Der Auftrag der Christen besteht darin, sich für den Frieden einzusetzen. Deshalb sollten sich auch die Christen bewußt für den Waffendienst ausbilden lassen, um die Abschreckung glaubwürdig zu machen und so den Frieden zu erhalten.

Zur Situationserhellung und Gewissensschärfung

Man hat einst den Krieg und das Schlachtfeld als Ort der Bewährung verstanden und gesagt: Nur »in Stahlgewittern« reifen Männer, nur »im Felde, da ist der Mann noch was wert«. Diesem Bild des Kriegshelden und diesem Elitebewußtsein, das sich heute noch bei manchen »Elite-Einheiten« findet, muß scharf widersprochen werden. Der eigentliche Ort der Bewährung ist der Frieden und nicht der Krieg.
Zur Schärfung der Gewissen haben wir darauf hinzuweisen, daß jeder Mensch und jeder Christ für alles, was er tut, selbst verantwortlich ist. Wir haben zu sagen: »Es ist deine Hand, die tötet.« Das Reden von der »abgestuften Verantwortung« kann nicht zur Ausflucht dienen. Der Soldat kann die Verantwortung für sein Tun nicht an militärische Vorgesetzte oder an Politiker abschieben und sich dann darauf berufen, er habe im »Befehlsnotstand« gehandelt. Die Frage nach der Verantwortlichkeit des einzelnen stellt sich deshalb sehr scharf, weil der Entscheidungsspielraum des einzelnen Soldaten, im Unterschied zu dem des Polizisten, überaus beschränkt und begrenzt ist. Der einzelne ist weithin ein Rädchen in einer unüberschaubaren Apparatur. Der Apparat will aber mit seinem bedingungslosen Funktionieren rechnen können.
Zur Schärfung der Gewissen muß auch darauf hingewiesen werden, daß die heutigen Waffen und die technischen Mittel dem Soldaten den Blick verstellen für das, was er im Ernstfall durch die Bedienung technischer Apparaturen anrichtet. Einst hatte der Soldat den Gegner im Visier. Er sah ihn. Er hörte sein Stöhnen und sah das Blut, wenn er ihm eine Lanze oder ein Seitengewehr in den Leib rannte. Wer in einem modernen Krieg Bombenschächte öffnet oder Raketen bedient, bekommt keine Beziehung zu den Folgen seiner Tat und wird so zum willfährigen Werkzeug der Menschenvernichtung.
Als Begründung für Aufrüstung, für militärische Ausgaben und

Führung eines Krieges haben die Machthaber meistens hohe ideale Werte angegeben. Es ist aber ein Gebot christlicher Nüchternheit, die Kriegsideologien zu entlarven und darauf hinzuweisen, daß die Kriege meist zur Durchsetzung von ganz massiven und primitiven wirtschaftlichen und machtpolitischen Interessen geführt werden.

Man vergißt es zwar immer wieder, aber man kann es heute wissen, daß es im Krieg, und zwar gerade in den von den großen Völkern und Völkergruppen geführten Kriegen eigentlich und im Grunde um Kohle und Kali, um Erz, Öl und Gummi geht, um Absatzgebiete und Kommunikationswege, um sichere Grenzen und Einflußsphären als Basis für weitere Machtentfaltungen zu weiterer Machtgewinnung ›wirtschaftlicher‹ Art« (*K. Barth*, K. D. III/4, S. 517).

Eine mächtige Rüstungsindustrie mit ihren vielen Unterlieferanten hält den Kreislauf von »Bedarfsweckung und Bedarfsdeckung« am Leben, indem sie die Rüstung auf den jeweils modernsten Stand der Technik bringt. Neue Probleme ergeben sich dadurch, daß Waffenhändler die veralteten Waffensysteme an die Entwicklungsländer verkaufen und damit eine verheerende »Entwicklungshilfe« betreiben. Angesichts dieser Sachlage ergibt sich die dringliche Frage: Wie kommen wir Christen eigentlich dazu, uns in diesem gruppenegoistischen, machtpolitischen Interessenkampf so einspannen zu lassen, als ob es sich hier um einen echten christlichen Kampfplatz handeln würde?!

Die Entwicklung der Waffentechnik hat dazu geführt, daß demokratische Kontrolle der Machtmittel immer mehr ausgeschaltet wird und sich die Verfügung über die entscheidenden Machtmittel auf ganz wenige Menschen konzentriert.

Früher war die Unterscheidung zwischen Angriffs- und Verteidigungskrieg von grundlegender sittlicher Bedeutung. Nur an einem Verteidigungskrieg sollte man mit gutem Gewissen teilnehmen können; die Teilnahme am Angriffskrieg sollte man verweigern. Diese Unterscheidung läßt sich deshalb kaum aufrechterhalten, weil die staatliche Propaganda alle Möglichkeiten der Vernebelung in der Hand hat. Selbst *Hitler* sprach von dem uns »aufgezwungenen« Krieg. Der Begriff der »Vorwärtsverteidigung« spricht Bände. Selbst wenn ganz klar wäre, woher ein Angriff erfolgt, ist nach Ausbruch des Krieges eine ethisch unterschiedliche Beurteilung kaum möglich, da zum Angriff wie zur Verteidigung dieselben aggressiven Waffen verwendet werden und die Folgen der Verteidigung nicht weniger fürchterlich sind als die Folgen eines Angriffs.

Früher war der Krieg eine Angelegenheit der Soldaten unter sich. Die Zivilpersonen wurden nach Möglichkeit geschont. Heute werden in einem Krieg die Zivilisten, die man ja schützen will, mehr bedroht und sind stärker gefährdet als die Soldaten. Im Koreakrieg waren die Opfer schon zu 84 Prozent Zivilisten und zu 16 Prozent Soldaten. Dabei konnte der Einsatz von Atomwaffen gerade noch vermieden werden. Die Vorstellungen von einer Front, an der der tapfere Soldat versucht, Weib und Kind in der Heimat zu beschützen, sind absolut veraltet.
Es gibt schlechterdings keinen Grund, der es rechtfertigen würde, daß ein Krieg – wie wir ihn in Mitteleuropa zu erwarten hätten – tatsächlich geführt würde. Weder die Verteidigung der »Freiheit« durch den Westen noch die Verteidigung der »sozialistischen Errungenschaften« durch den Osten kann durch einen Krieg geschehen. Denn ein mit modernen Waffen geführter Krieg würde die Substanz des deutschen Volkes vernichten. Er würde Deutschland in ein Leichenfeld und in eine radioaktiv verseuchte Mondlandschaft verwandeln. Ziel kann nur sein, den Ausbruch des Krieges zu verhindern. Ziel kann niemals sein, einen bereits ausgebrochenen Krieg führen und weiterführen zu wollen. Es gibt nur dann eine sittliche Rechtfertigung für den Beruf der Soldaten, wenn diese den Beruf des Kriegführens nie mehr ausüben, sondern verhindern können, daß es je wieder zum Krieg kommt!
Die Existenz einer Armee, die jedes Jahr Milliarden und Abermilliarden verschlingt, ist im Leben eines Volkes kein Neutrum. Das Vorhandensein einer Armee hat große innenpolitische und außenpolitische Auswirkungen. Die Armee begünstigt ein Klima, das der Entwicklung des Friedens und dem Ziel der Abrüstung entgegensteht. Die Bereitschaft zum bedingungslosen Waffeneinsatz kann man nur erzeugen, wenn man vom Gegner ein entsprechendes Feindbild zeichnet.

Eine christliche Anfrage an den »Friedensdienst mit Waffen«

Wir können – Gott sei Dank! – davon ausgehen, daß die Regierungen der Industriestaaten den Frieden nicht leichtfertig verspielen wollen. Aber wir müssen fragen: Ist die allgemeine Überzeugung von den friedlichen Absichten unserer Regierungen eine verläßliche Grundlage für uns Christen, so daß wir, auf diese Voraussetzungen bauend, uns zu dem schrecklichen Tötungsgeschäft ausbilden lassen und die Politiker und Militärs in dem Glauben lassen können: Wenn es je anders kommt als wir hoffen, wenn es je zum Ausbruch eines Krieges kommt, dann werden wir alles tun, was wir in der militärischen Apparatur gelernt haben? Wie werden wir uns verhalten? Müssen wir nicht von vornherein im Gehorsam gegen Gott den totalen Ungehorsam gegenüber allen menschlichen Befehlen ankündigen für den Fall, daß die Abschreckungstheorie nicht funktioniert?

Man sagt: Die Abschreckung funktioniert nur, wenn der Gegner mit unserer rückhaltlosen Einsatzbereitschaft, mit der festen Entschlossenheit rechnet, daß wir zum Völkermord und Selbstmord bereit sind. Aber nun lautet die Frage: Können wir in dieser Haltung demonstrativer Tötungsbereitschaft glaubwürdige Zeugen und Boten Jesu Christi sein? Wie soll der Gegner sich von der christlichen Botschaft bewegen und anstecken lassen, wie soll er etwas von der durch Christus bewirkten Versöhnung und dem durch Christus bewirkten Frieden erfahren, wenn er bei uns nur den bis an die Zähne bewaffneten, tötungsbereiten Menschen sieht, wenn er ein Christentum sieht, das meint, einen solchen Schutz zu brauchen und unter Umständen den Untergang der Menschheit in Kauf nehmen zu müssen?

Wenn die Menschheit überleben soll, wenn die Schaffung eines Friedenssystems Wirklichkeit werden soll, dann bedarf es eines weltweiten Umdenkens, einer außerordentlichen moralischen Anstrengung, einer Umwandlung der Außenpolitik der einzelnen Staaten in eine Weltinnenpolitik (Dr. Weizsäcker), einer Beendigung der Vergeudung kostbarster Güter und einer grundlegenden Neuorientierung der Wirtschaft, damit Milliarden von Hungernden und Unterernährten ein menschenwürdiges Leben finden.

Wir stehen in einem Wettlauf mit dem Tod. Obwohl die Analyse der bedrohlichen Situation der Menschheit kaum bestreitbar ist, sind die Politiker kaum in der Lage, in ihren Völkern neue Erkenntnisse durchzusetzen. Wäre es in dieser Situation nicht höchste Zeit, daß die Christen in allen Völkern, in Ost und West, in Nord und Süd zusammenstehen und sagen würden: Ihr könnt mit uns machen, was ihr wollt: Wir lassen uns nicht mehr gegeneinander bewaffnen. Wir machen nicht mehr mit beim ideologischen Welthader und in den Machtkämpfen der Völker?

Christen haben keine Patentrezepte für alle Fragen und Nöte im Zusammenleben der Völker. Aber sie haben einen Herrn, der ihnen seine Gegenwart zuspricht: »Ich bin der Herr, dein Gott.« Im Hören auf die Stimme dieses Herrn dürfen wir frei werden von der

Angst um unser eigenes Leben und eine gesicherte Zukunft, frei zum Vertrauen auf die Nähe Gottes, frei zu einem einfältigen Dienst am Mitmenschen und zu einer schlichten Nachfolge Jesu – auch wenn diese Nachfolge in einer Spannung steht zu den von der Selbstbehauptung diktierten vordergründigen Interessen der Machthaber.

Ergänzungen und Fragen zum Gespräch:

1. Ist die Bruderliebe, zu der uns das Neue Testament ruft, auf den Kreis der Jünger Jesu beschränkt?
Bezieht sich das Gebot der Feindesliebe nur auf den persönlichen Feind, aber nicht auf ein feindliches Volk? Kann das Töten im Krieg eine Form der Nächstenliebe sein?
2. Mose und Josua, David und Salomo haben Krieg geführt: Wollen die Kriegsdienstverweigerer frömmer sein als sie?
Besteht in der Frage des Kriegsdienstes ein Unterschied zwischen dem Alten und dem Neuen Testament?
3. Soll die Bergpredigt Jesu nur für den privaten Bereich gelten? Ist sie ein Programm zur politischen und sozialen Weltgestaltung?
4. Was bedeutet das Wort Jesu: »Gebt dem Kaiser, was des Kaisers ist« (Markus 12,13–17)?
Was bedeuten die Ausführungen des Paulus im 13. Kapitel des Römerbriefes? Auf welchem Hintergrund und mit welcher Zielrichtung sind sie formuliert?
5. Könnte es nicht Gottes Wille sein, es geschehen zu lassen, daß die ungehorsame Menschheit mit Hilfe der Massenvernichtungsmittel das Gericht an sich selbst vollzieht?
Christus hat sein Reich nicht mit Waffengewalt verteidigen oder ausdehnen wollen. Könnte es aber nicht doch legitim sein, mit militärischer Rüstung und Kriegsbereitschaft einen Freiraum für christliche Lebensgestaltung offenzuhalten?
6. Worin unterscheiden sich die individuelle Notwehr und die sogenannte staatliche Notwehr? Worin unterscheiden sich Polizeidienst und Militärdienst?
Ist es nicht Aufgabe des Christen, das Recht und die Freiheit zu verteidigen? Wie kann das aber geschehen?
7. Wie weit können Christen auf das Funktionieren der Abschreckung, auf den Wettlauf der Waffentechnik vertrauen? Was bedeutet die neue waffentechnische Situation für das Selbstverständnis der Soldaten?
8. Können Christen ihre Glaubensentscheidung einem Volk zumuten, das nicht aus lauter Christen besteht und zum Leiden und passiven Widerstand nicht bereit ist?
9. Was bedeutet der Satz von *C. F. v. Weizsäcker* »Der Friede ist die Lebensbedingung des technischen Zeitalters« für den einzelnen?

VI. Das sechste Gebot:

»Du sollst nicht ehebrechen.«

1. Das sechste Gebot als Wohltat und Hilfe

»Die sexuelle Verwirrung« lautet der Titel eines Buches von *Vance Packard*. Der Titel ist charakteristisch für unsere Zeit. Das Abwerfen von Tabus und der Kampf gegen sexuelle Verklemmung hat nicht Befreiung, sondern eher Verwirrung gebracht. In dieser Situation ist es wichtig, zu begreifen, daß das Gebot »Du sollst nicht ehebrechen« keine moralische Fessel ist und uns nicht in eine Zwangsjacke stecken will. Es stellt eine Konsequenz der Frohen Botschaft dar. Wer vom sechsten Gebot redet, muß auch davon reden, daß Gott seine Vergebung sündigen, schuldbeladenen Menschen zuwendet und ihnen einen neuen Anfang gewährt. Gott tut sein Werk nicht mit makellosen Vorbildgestalten, sondern je und je mit recht fragwürdigen Leuten. Das gilt auch im Blick auf deren geschlechtliches Verhalten: Schon im ersten Kapitel des Neuen Testaments, im sogenannten Stammbaum Jesu, werden fünf Frauen aufgeführt. Die erste ist jene Thamar, die sich als Hure verkleidet, um dann von ihrem Schwiegervater ein Kind zu bekommen. Die zweite ist Rahab, die bei der Eroberung der Stadt Jericho erwähnt wird. Sie ist eine gewerbsmäßige Prostituierte. Auch sie wird zu einer Ahnfrau Jesu Christi. Die dritte ist die Moabiterin Ruth. Sie ist eine Ausländerin und wird auch auf eigenartige Weise eine Ahnfrau Jesu Christi. Die vierte ist Bathseba, die Frau des Uria, die mit dem König David Ehebruch begeht. Ihr zweites Kind ist Salomo, der Vorfahre Christi. Erst als fünfte wird dann Maria, die Mutter Jesu, erwähnt.
Mit solchen Leuten baut Gott sein Reich! Es ist auch aufregend, in welcher Weise sich Jesus selber Menschen zuwendet, deren Verhalten auf geschlechtlichem Gebiet nicht vorbildhaft war. Er führt ein langes Gespräch mit einer samaritanischen Frau am Jakobs-

brunnen. Sie gehört nicht nur zu dem den Juden verhaßten Mischvolk der Samariter. Er muß ihr auch sagen: »Fünf Männer hast du gehabt, und der, den du nun hast, ist nicht dein Mann« (Johannes 4,18). Später berichtet Johannes, daß die Schriftgelehrten und Pharisäer eine Frau zu Jesus bringen und sagen: »Meister, diese Frau ist ergriffen auf frischer Tat im Ehebruch.« Auf Ehebruch steht die Todesstrafe durch Steinigung. Die Gegner Jesu wollen seine Gesetzestreue prüfen. Was tut er? »Aber Jesus bückte sich nieder und schrieb mit dem Finger auf die Erde... und sprach: Wer unter euch ohne Sünde ist, der werfe den ersten Stein auf sie. Dann bückte er sich wieder und schrieb auf die Erde. Als sie das hörten, gingen sie weg, einer nach dem andern, die Ältesten zuerst.« Jesus fragt schließlich die Frau: »Wo sind sie geblieben? Hat dich niemand verdammt?...Dann verdamme ich dich auch nicht; geh hin und sündige nicht mehr« (Johannes 8,1–11).
Aus welchen persönlichen Verhältnissen wir auch herkommen mögen: der Zuspruch der Vergebung steht am Anfang. Aber aus ihm folgt der Anspruch auf einen neuen Weg. Wir sind aufgefordert, aus der Vergebung Gottes zu leben und damit den Kampf gegen träges und gewissenloses Verhalten aufzunehmen und Verantwortungsbewußtsein zu bewähren.

2. Kein Rückzug auf die sogenannte gute alte Zeit

Angesichts sexueller Orientierungslosigkeit in der Gegenwart taucht die Versuchung auf, sich an der Vergangenheit so zu orientieren, daß man die gute alte Zeit als eine Zeit beschreibt, in der noch Ordnung, Anstand und Sitte herrschten und die Welt in Ordnung war. Dieser verklärenden Rückschau muß widersprochen werden. Denn die Sexwelle ist auch als Gegenschlag gegen eine Zeit ängstlichen und heuchlerischen Schweigens zu verstehen. Über Fragen der Geschlechtserziehung, über Eros und Sexus hat man früher wenig oder einseitig geredet. Viele junge Menschen wurden nie recht aufgeklärt. Sie haben sich ihr Wissen heimlich aus einem Lexikon zusammengesucht oder sich aus dem Geschwätz in der Schule, auf der Straße oder im Betrieb einiges zusammengereimt. Manche Christen haben auch so getan, als ob der Bereich des Geschlechtlichen fast der einzige oder jedenfalls der zentrale Bereich sei, in dem der Mensch sündigen könne, als ob es sich hier um das wichtigste, zentrale und erste Gebot handeln würde. Obwohl die sogenannte Selbstbefriedigung bei den jungen Männern eine fast normale Durchgangsphase in der Geschlechtsentwicklung ist, sind die Folgen dieses Abreagierens in dunkelsten Farben beschrieben worden. Das Ganze wurde mit dem schweren Wort »Sünde» belastet. Schuldgefühle wurden gezüchtet, Komplexe sind entstanden. Es ist zu Fehlhaltungen und Neurosen gekommen, die sich bis ins Körperliche hinein ausgewirkt haben. *Sigmund Freud* hat als Arzt so viele Problemfälle gefunden, daß er schließlich fast alle seelischen Entwicklungen auf die positive oder negative Entwicklung des Geschlechtstriebs zurückgeführt hat.

Die sogenannte gute alte Zeit war auch deshalb wenig vorbildhaft, weil in ihr das Prinzip der doppelten Moral galt. Die herrschende Männergesellschaft wollte das Verbot des Ehebruchs nur auf die Frauen angewendet wissen. Dementsprechend wurden in vielen Kulturkeisen nur die Frauen bestraft oder moralisch disqualifiziert, wenn sie beim Ehebruch ertappt wurden.

In früheren Zeiten gab es gewiß weniger Ehescheidungen. Das war von großer Bedeutung vor allem für die Kinder. Aber viele Frauen haben unter ihrer Ehe schwer gelitten. Sie wurden in geschlechtlicher Hinsicht, aber auch als unbezahlte Arbeitskräfte ausgebeutet. Es gab genug katastrophale Ehen. Allerdings gab es auch Heilungen gefährdeter Ehen und positive Entwicklungen, weil man sich nicht bei den ersten größeren Schwierigkeiten scheiden ließ.

Früher sind viele Ehen von den Eltern angebahnt und diktiert worden. Nach den Empfindungen der jungen Eheleute hat man nicht viel gefragt. Oft war die Frage entscheidend: Wieviel Geld und wie viele Äcker, Häuser oder andere Vermögenswerte kommen da zusammen? Was hat ein Mädchen oder ein junger Mann als Erbe zu erwarten?

Vergangene Zeiten können für das heutige Geschlechtsverhalten auch deshalb nicht Maßstab sein, weil das Zusammenleben der Geschlechter unter ganz anderen Bedingungen geführt werden mußte. Dies wird oft von den Kritikern der angeblich leibfeindlichen »christlichen« Vergangenheit total übersehen. Die medizinischen Erkenntnisse waren beschränkt. Es gab kaum pharmazeutische Hilfen, keine Errechnung der unfruchtbaren Tage der Frau, keine rechten Empfängnisverhütungsmittel, keine Wunschkind-Pille, nur wenig medizinische Hilfe bei der Schwangerschaft, bei der Geburt oder im Wochenbett. Fast jede geschlechtliche Begegnung stand unter der bangen Frage, ob die Frau nicht wieder schwanger wird. Jahr für Jahr mußten viele Frauen unter ungelinderten Schmerzen und Lebensgefahr Kinder gebären. Sie mußten mit Kindbettfieber und Brustentzündungen rechnen und damit, die so geborenen Kinder durch Krankheiten reihenweise zu verlieren. Man muß alte Kirchenbücher in die Hand nehmen, um einen Eindruck davon zu erhalten, wie viele Frauen von einem Dutzend geborener Kinder nur eins oder zwei davonbrachten und wie viele bei den Geburten oder an den Folgen der Schwangerschaft starben.

Aus heutiger Sicht solchen Leuten vorzuhalten, sie hätten kein freies Verhältnis zum Sex gefunden und zu wenig Lustgefühl entfaltet, zeugt mindestens von Unkenntnis und ungeschichtlichem Denken. Fazit: Die gute alte Zeit war nicht so gut und gibt als solche wenig Orientierungshilfe.

3. Biblisch-theologische Aspekte zum Verhältnis von Mann und Frau

Die Geschlechtlichkeit als gute Gabe Gottes

Die sogenannten Schöpfungsgeschichten (1. Mose 1 und 2) und das Glaubensbekenntnis zu Gott dem Schöpfer lassen keinen Zweifel daran, daß die Leiblichkeit und Geschlechtlichkeit des Menschen keineswegs als böse abgewertet werden darf.

Sie wird als gute Gabe des Schöpfers verstanden: »Gott schuf den Menschen zu seinem Bilde... und schuf sie als Mann und Weib. Und Gott segnete sie und sprach zu ihnen: Seid fruchtbar und mehret euch und füllet die Erde und machet sie euch untertan...« (1. Mose 1,27.28). Es kann kein Zweifel sein, daß hier auch die Geschlechtskraft des Menschen als etwas Positives verstanden und eingeordnet wird.

Das Gegenüber von Mann und Frau als Grundform der Menschlichkeit

Von besonderer Aussagekraft ist die Schöpfungsgeschichte des jahwistischen Erzählers. Er berichtet, daß Adam, der Erdenmann (Adamah heißt Erde), von Gott mit Odem versehen und zum Leben erweckt worden sei. Aber dieser Adam braucht offensichtlich noch eine Ergänzung: »Es ist nicht gut, daß Adam allein sei, ich will ihm eine Gehilfin machen, die um ihn sei« (1. Mose 2,18). So werden die Tiere erschaffen und dem Adam zugeführt. Er gibt ihnen einen Namen. »Aber für den Menschen ward keine Gehilfin gefunden, die um ihn wäre« (2,20). Die Tiere sind Mitgeschöpfe, aber nicht Partner des Adam. Daraufhin wird die Eva aus einem Stück des Adam gebildet (»als wär's ein Stück von mir«!), während Adam in einer Art Vollnarkose darniederliegt. »Da ließ Gott der Herr einen tiefen Schlaf fallen auf den Menschen, und er schlief ein. Und er nahm eine seiner Rippen und schloß die Stelle mit Fleisch. Und Gott der Herr baute ein Weib aus der Rippe... und brachte sie zu ihm« (2,21.22). Adam erwacht, und er hat dasselbe Erlebnis, das jeder Mann hat, der von der Liebe zu einer Frau ergriffen wird. Er erkennt: Die gehört zu mir! Wir beide gehören zusammen! Deshalb spricht Adam diese tiefe Zusammengehörigkeit aus in dem Satz: «Das ist doch Bein von meinem Bein und Fleisch von meinem Fleisch.« Adam hat sein Gegenüber gefunden, das zu ihm gehört und doch ein neues Wesen ist. Er hat das Du gefunden, das ihm die Begegnung mit den Tieren nicht bringen konnte.

Dieses Gegenüber von Mann und Frau, von Ich und Du ist die Grundform der Menschlichkeit. Wir leben als Männer oder als Frauen und sind in unserem Denken, Fühlen und Wesen mit dadurch bestimmt, ob wir Männer oder Frauen sind. Der Mensch existiert nicht als «Mensch an sich«, sondern im Gegenüber von Mann und Frau. Das heißt: Wir sind von vornherein auf Mitmenschlichkeit angelegt. Es handelt sich also nicht nur um die Verschiedenheiten des Körperbaus und der sogenannten Geschlechtsmerkmale, sondern um die Grundstruktur und die

Grundbestimmung unseres Daseins. Der Mensch ist nicht nur zu Gottes Bundesgenossen und Partner bestimmt, sondern er erfährt auch im geschöpflichen Bereich, im Gegenüber von Mann und Frau, was Partnerschaft bedeutet. Man kann das menschliche Miteinandersein als ein Abbild der Partnerschaft zwischen Gott und Mensch verstehen. Weil der Mensch im Gegenüber von Ich und Du lebt, ist er Ebenbild Gottes. Aus dieser Erkenntnis ergeben sich für das Verhältnis von Mann und Frau weitere Bestimmungen:

Dem Menschen ist von Gott geboten, »Mann oder Frau, recht und ganz zu sein, sich zu seinem Geschlecht zu bekennen, statt es in irgendeiner Form zu verleugnen, seiner froh zu sein, statt sich seiner zu schämen, seine Möglichkeiten fruchtbar zu machen, statt sie zu vernachlässigen, sich aber auch an seine Schranken zu halten, statt sie in irgendeiner Richtung transzendieren (überschreiten) zu wollen« (*K. Barth,* Kirchliche Dogmatik III/4, S. 165).
Grundsätzlich gilt die Verkündigung des Paulus von der Gleichwertigkeit und Gleichberechtigung von Mann und Frau im Blick auf das Gottesverhältnis (Galater 3,28). Zugleich wehrt aber Paulus in 1. Korinther 11 und 14 die Nachahmungsversuche ab, mit denen es die Frauen den Männern in Kleidung und Gebaren gleichtun wollen, anstatt gegenüber den Männern in Freiheit ihre eigene Bestimmung zu erfüllen. Es hat in der Geschichte nicht an krampfhaften Versuchen gefehlt, das je Eigene von Mann und Frau aufheben zu wollen. Es geht weder um eine Verweiblichung des Mannes noch um eine Vermännlichung der Frau, noch um eine Neutralisierung der Geschlechter. Die Polarität von Mann und Frau soll nicht aufgehoben werden.
»Im Gehorsam gegen Gottes Gebot gibt es kein in sich abgeschlossenes, sich selber genügendes Männerleben und so auch kein in sich abgeschlossenes, sich selber genügendes Frauenleben. Im Gehorsam gegen Gottes Gebot lebt der Mann in der Zuordnung, der Zugehörigkeit, der Zuwendung zur Frau und so die Frau in der Zuordnung, Zugehörigkeit und Zuwendung zum Manne« (*Barth,* K. D. III/4, S. 181; vgl. 1. Korinther 11,11). Von daher ist alle männliche oder weibliche Einsiedelei, jede religiöse oder weltliche Männer- oder Frauenvereinigung, in der man grundsätzlich unter sich sein und ein Eigenleben führen will, in Frage zu stellen. Es ist Zeichen einer Erkrankung, wenn der Mensch den Menschen des anderen Geschlechts, das heißt aber »die Urgestalt des Mitmenschen«, nicht mehr sehen, sich nicht mehr durch ihn gefragt wissen, sich ihm gegenüber nicht mehr verantworten will. Mann und Frau werden einander zum Rätsel, zu einer heilsamen Beunruhigung und Anfrage. Sie sollen sich voreinander verantworten und als Menschen erweisen. Dieses Gegenüber umfaßt alle Bereiche unseres Menschseins und schließt selbstverständlich auch die Unverheirateten ein. Denn die Erfahrung des Andersseins in der Begegnung geht über den Bereich der Ehe hinaus.
»Mann und Frau sind in ihrer geschlechtlichen Eigenart gleichwertig... Es gibt keine von Gott geschaffene Herrschaftsstruktur im Verhältnis der Geschlechter zueinander« (EKD-Denkschrift zu Fragen der Sexualethik, These 16). Aber die Zuordnung von Mann und Frau, ihrer beider geschlechtliche Selbständigkeit und Ausrichtung stehen unter einer von Gott gesetzten Ordnung. In Anlehnung an den Apostel Paulus beschreibt *Karl Barth* die Vorordnung des Mannes als »Primat des Dienstes und der Verantwortung«. Der Mann wird nicht aufgefordert, über die Frau zu herrschen. Er soll sie lieben. Mann und Frau sollen sich »einander gegenseitig

unterordnen« (Epheser 5,21). – Dem dienstbereiten und verantwortungsbewußten Mann entspricht die mündige Frau. Das Gegenbild ist der tyrannische Mann, der wie ein Pfau seine Federn spreizt und in feiner oder grober Gestalt das »Männlein« macht. Ihm entspricht die hörige und devote Frau, in der die Rebellin steckt, die sich für seine Tyrannei zu rächen weiß. Es ist die mündige Frau, die sich bescheidet, die den Mann zur Güte verpflichtet, seinen Respekt erwirbt und auch zur Erzieherin des Mannes werden darf.

Tierische und menschliche Sexualität

Beim Nachdenken über die Geschöpflichkeit des Menschen gilt es, die Eigenart menschlicher Sexualität im Vergleich zur tierischen zu erfassen. Auf die Frage nach der geschlechtlichen Erziehung junger Menschen auf dem Lande soll einmal jemand gesagt haben: »Das ist bei uns nicht nötig, das sehen die Kinder schon im Kuhstall.« Dies ist ein grundlegender Irrtum. Denn das Verhältnis von Mann und Frau wird nicht durch den Instinkt geregelt. Es erfordert eine ständige Gestaltung.

»Menschliche Sexualität ist anders als tierische. Sie ist nicht auf bestimmte Zeiten beschränkt, sondern sie ist ständig da... Sie ist... in ihrer Gestaltung offen, zu unendlich vielen Formen fähig, auch zu vielen Verkehrungen... Sexualität kann sich körperlich, aber auch geistig-seelisch äußern. Und das jeweils in unendlich vielen Spielarten, die nur dem Menschen möglich sind und die deutlich machen, daß die Sexualität eine Kraft ist, die erst kultiviert und humanisiert werden will. Eine natürliche Sexualität, wie sie häufig gefordert wird, gibt es also gar nicht. Die Kultur des Menschen ist seine zweite Natur geworden. Menschliche Sexualität ist immer der Regelung, der Erziehung, bestimmter Gewohnheiten, aber auch sittlicher Normen bedürftig« (*U. Beer*).

Zum Verständnis der Sündenfallgeschichte

Die Sexualität ist Gabe des Schöpfers. Sie kann wie jede Gabe mißbraucht und verkehrt verwendet werden. Sie ist durch die in 1. Mose 3 angesprochene Auflehnung des Menschen gegen Gott mitbetroffen. Aber es ist ein totales Mißverständnis, wenn es immer und immer wieder so dargestellt wird, als bestehe der Sündenfall darin, daß sich der Mensch als Geschlechtswesen entdeckt habe und Adam von der Eva sexuell verführt worden sei. In der Sicht der Bibel besteht die Ursünde des Menschen darin, daß er sich gegen Gott als seinen Herrn auflehnt, selbst sein will wie Gott und nach eigenem Gutdünken entscheiden will, was für ihn gut und böse ist (1. Mose 3,5). Die Sündenfallgeschichte berichtet nicht über ein geschichtliches Ereignis, sondern gibt eine Beschreibung unserer grundlegenden Situation: Wir begegnen dem guten Wort und Gebot Gottes mit Mißtrauen und versprechen uns aus dem Ungehorsam gegen Gott mehr Freiheit, Freude und Glück. Diese Auflehnung gegen den Schöpfer bringt uns aber nicht nur eine Störung der Gottesbeziehung. Sie verdirbt auch das Verhältnis zu unseren Mitmenschen. Nicht das Geschlechtliche ist böse und unrein, sondern dies, daß wir dem Mitmenschen nur noch in einem von der Ichhaftigkeit geprägten Verhältnis begegnen, ihn nicht als Person ernst nehmen und ihn bloß als Mittel zum Zweck eigenen Lustgewinns gebrauchen.

Wie sehr schon das Alte Testament die geschlechtliche Beziehung von Mann und Frau positiv zu werten versteht, wird daran sichtbar, daß der Jungverheiratete nicht mit dem Heerbann ausziehen muß: »Er soll frei in seinem Hause sein ein Jahr lang, daß er fröhlich sei mit seiner Frau, die er genommen hat« (5. Mose 24,5). Erst recht wird dies deutlich in den Liebesliedern des Hohen Liedes. In ihnen wird so erotisch, so erdhaft geredet, das Gegenüber von Freund und Freundin so persönlich besungen, daß dieses Buch vielen Bibellesern unheimlich wurde und nur in einer vergeistigten Übertragung auf das Verhältnis Gottes zu seinem Volk akzeptabel erschien.

Gottesbund und Ehebund im Alten Testament

Bei den Propheten wird der Bund Gottes mit seinem Volk immer wieder mit einem Ehebund verglichen. Gott hat mit dem Volke Israel einen Bund geschlossen. Er ist ihm treu. Das Volk kann sich auf ihn verlassen. Gott erwartet aber auch, daß das Volk ihm die Bundestreue hält und nicht anderen Göttern nachläuft, daß es nicht Unzucht treibt, nicht mit den trügerischen Götzen buhlt. Besonders in der Botschaft der Propheten Hosea und Hesekiel tritt das Motiv der Treue in den Vordergrund. Ist das Verhältnis Gottes mit Israel vergleichbar mit einem Ehebund, dann kommt als Gestalt der Ehe nicht mehr – wie bei den Erzvätern – eine Mehrehe, sondern nur noch die Einehe in Frage. Die Beziehung zwischen den Partnern ist bestimmt durch rückhaltlose Treue und personhafte Zuwendung. Als Folge dieses Treueverhältnisses ergibt sich Geborgenheit beim anderen und Vertrauen auf den anderen. So wie der Bund Gottes mit seinem Volk nichts Statisches und Starres, sondern eine lebendige Beziehung ist, so geht es auch im Ehebund um ein lebendiges Miteinander, um eine ganzheitliche, den Leib und die Seele umfassende Beziehung und um die Bereitschaft, durch dick und dünn aneinander festzuhalten und einander auf allen Wegen beizustehen.

Christus und die Gemeinde als Vorbild des Ehebundes

Im Neuen Testament wird das Verhältnis Gottes zu seinem Volk übertragen auf die Beziehung Jesu Christi zu seiner Gemeinde. Die Tiefe und Reichweite dieses Bundes wird noch plastischer und deutlicher; denn Christus blieb der Gemeinde treu bis in den Tod. Er hat sich für sie aufgeopfert. Er hat die Liebe in vollständiger und umfassender Treue bewährt und erwartet von der Gemeinde, daß sie seine Liebe und Treue aufgreift, widerspiegelt und ganz von ihr her lebt. Das Verhältnis von Christus zu seiner Gemeinde ist also das Vorbild des Verhältnisses von Mann und Frau. So wie Christus die Gemeinde geliebt und sich für sie geopfert hat, so sollen die Männer ihre Frauen lieben. So wie die Gemeinde auf die Liebe Christi antwortet, Treue bewährt und Christus dient, so sollen die Frauen für ihre Männer dasein, auf ihre Liebe antworten und ihnen beistehen. Mann und Frau gehören unzertrennlich zusammen. Sie sind ein Leib. »Wer seine Frau liebt, der liebt sich selbst« (vgl. Epheser 5,22–33).

In diese elementare Gemeinschaft ist auch die Sexualität hineingenommen und einbezogen. Sie ist Ausdruck dieser Einheit. Sie ist nichts, das ein Eigendasein führt und sich außerhalb der leib-seelischen Ganzheit entfalten oder gar die Verbindung zu einem Dritten suchen dürfte. Die personhafte Begegnung erfährt in der Sexualität ihre Erfüllung. Eine von dieser grundlegenden Ich-Du-Beziehung losgelöste Sexualität verfehlt ihren Sinn. Ichbezogene Sexualität wird im Grunde des mitmenschlichen Partners gar nicht ansichtig. Sie gebraucht ihn nur als Objekt eigener Lust. Auf diesem Hintergrund will das Gebot »Du sollst nicht ehebrechen« verstanden und in seiner Bedeutung für weitergreifende Bereiche bedacht werden.

Scheidung oder Vergebung

Die Haltung Jesu zu Ehe und Ehescheidung lernen wir vor allem in zwei Antithesen der Bergpredigt, Matthäus 5,27–32 und in Markus 10,2–12 kennen. Wir heben zunächst zwei Gesichtspunkte hervor:

Jesus widerspricht der doppelten Moral. In der zeitgenössischen Umwelt Jesu wurde für Ehebruch nur die Frau bestraft. Der Mann konnte seine Frau loswerden, indem er ihr einfach einen Scheidebrief gab und sie gleichsam in die Wüste schickte. Jesus sagt seinen männlichen Zuhörern, daß solches Fortschicken der Frau nichts anderes als Ehebruch und eheliche Untreue ist.

Jesus verwirft die Ehescheidung grundsätzlich. Die Radikalisierung des sechsten Gebots, wie Jesus sie vornimmt, ist erst da möglich und sinnvoll, wo man sich nicht auf den Buchstaben des Gesetzes beruft, sondern bereit ist, die Frohe Botschaft zu hören, daß die Liebe und Vergebung Gottes auch Vergebung unter Ehepartnern möglich macht.

Hier ist der Mittelpunkt, von dem die christliche Verkündigung und Seelsorge auszugehen hat. Das Wort von der Vergebung ist alles andere als wirklichkeitsfremd. Es greift mitten hinein in das Zusammenleben der Menschen. Wenn Ehen wirklich gefährdet und bedroht sind, wenn sie von Krisen geschüttelt werden, dann hilft es nichts, die Situation zu analysieren, gegeneinander die Schuld aufzurechnen, Unterlassungssünden, Lieblosigkeiten und ehewidriges Verhalten zusammenzuzählen. Dann geht es auch nicht darum, bessere sexuelle Technik zu lernen, um aus dem Geschlechtsakt mehr Befriedigung zu gewinnen. Dann wird die Frage vorrangig, ob sich die Eheleute an der Vergebung, Geduld, Menschenfreundlichkeit und Zuwendung Gottes orientieren wollen und können, ob sie bereit sind, in engstem persönlichen Bereich solche Vergebung gelten zu lassen und selber zu üben. Mit diesem Hinweis auf die wunderbare Möglichkeit der Heilung gefährdeter und kranker Ehen soll nicht bestritten werden, daß es echte Grenzfälle gibt, in denen eine Scheidung das menschlich und christlich Gebotene und Notwendige sein kann. Die Grundrichtung evangelischer Verkündigung und Seelsorge besteht aber in der Ermutigung zur Vergebung, zur Treue, zum Beieinanderbleiben und zum Neuanfang.

Das Wort Jesu »Wer eine Frau ansieht und sie begehrt, der hat in seinem Herzen schon mit ihr die Ehe gebrochen« (Matthäus 5,28) klingt übertrieben, radikal und könnte in moralische Verkrampfung führen. Aber Jesus zeigt mit diesem Wort, daß wir auch hier alle der Vergebung Gottes bedürfen. Zudem stellt er damit die sexuelle Selbstgerechtigkeit und das moralische Pharisäertum in Frage, das sich rühmt, das Gesetz zu halten, und sich in seiner Rechtschaffenheit selber bestätigen will. Jesus zeigt zugleich das Problem des geistigen Ehebruchs: Das Gebot und die Weisung Gottes sind noch nicht damit erfüllt, daß es nicht zum körperlichen Ehebruch kommt. Es hat schon genug grausame Ehemänner gegeben, die zwar ihren Geschlechtstrieb nur an einer Frau ausgelebt haben, aber ihren Frauen das gemeinsame Leben zur Hölle gemacht haben. Es gibt Frauen, die – in aller äußeren Legalität – von ihren Ehemännern vergewaltigt werden; und es gibt viele Formen des geistigen Ehebruchs. Ein Angriff auf unsere Ehe geschieht ja schon dann, wenn wir lieblos und gedankenlos leben, gefangen bleiben in unserem Egoismus, es an Verantwortungsbewußtsein, Geduld und Verstehensbereitschaft fehlen lassen. Es gibt Menschen, die ihren Ehepartner durch ihr Verhalten, ihre Rücksichtslosigkeit und

Lieblosigkeit mehr quälen als andere, die sich in einer besonderen Situation mit einem anderen Menschen geschlechtlich einlassen, aber im Grunde ihren Ehepartner nicht verachten und verraten, sondern ihm eigentlich treu sein wollen.
Schließlich das Wort: »Wenn dich aber dein rechtes Auge zum Bösen reizt, so reiß es heraus und wirf's von dir... Wenn dich deine rechte Hand zum Bösen reizt, so hau sie ab und wirf sie von dir...« (Matthäus 5,29.30). Mit diesen Bildworten weist Jesus darauf hin, daß es in der Sexualität zu echten inneren Auseinandersetzungen, zum Kampf des neuen gegen den alten Menschen kommen kann. »Sei hart gegen dich selbst«, meint Jesus, wenn er vom Ausreißen des Auges und vom Abhauen der Hand spricht. Es muß unter Umständen zu Entscheidungen kommen, die uns nicht leichtfallen, sondern weh tun, weil sie sich gegen unser eigenes Ich richten. Die Erkenntnis, daß wir allzumal Sünder sind, darf uns nicht träge machen. Als von Gott Geliebte werden wir von unserer Sünde getrennt und sind aufgefordert, gegen die Macht des Bösen in unserem Leben zu kämpfen. Dabei sind unter Umständen ganz konkrete Entscheidungen nötig. Da mag dann eine Frau in einem Betrieb sagen: »Das geht auf die Dauer nicht gut zwischen meinem Chef und mir. Der Mann ist verheiratet, und ich darf nicht in seine Ehe eindringen. Ich muß den Arbeitsplatz wechseln.«

Reich Gottes – Ehe – Ehelosigkeit – Kinderlosigkeit

Das Reich Gottes ist nahe herbeigekommen. Die Herrschaft Gottes hat mit dem Kommen Jesu angefangen. Wir gehen der endgültigen Offenbarung Gottes und der Vollendung seines Reiches entgegen. Das Wesen dieser Welt vergeht.
In dieser nahen Erwartung der Wiederkunft Christi hat Paulus das 7. Kapitel des 1. Korintherbriefes geschrieben. Er vertritt darin die Meinung, es sei für die Glieder der Gemeinde Jesu Christi besser, nicht zu heiraten, damit sie ganz im Dienste Jesu Christi arbeiten können und frei sind von den Sorgen, Bindungen und Verpflichtungen, denen man nicht entgehen kann, wenn man verheiratet ist. Der Verheiratete ist im Einsatz gehemmt und in der Handlungsfreiheit eingeschränkt. Er muß auf den Ehepartner und die Familie Rücksicht nehmen. Paulus meint: Wer sich nicht enthalten kann, soll heiraten, aber es ist besser, ledig zu bleiben. Diese Linie ist im Laufe der Kirchengeschichte völlig verwischt worden. Gegen die Mißstände unter den damaligen Priestern und Mönchen hat *Luther* die Bedeutung des Ehestandes betont und ihn überschwenglich als göttliche Stiftung gepriesen. Demgegenüber ist aus biblischer Sicht festzuhalten:
Der ehelose Stand hat eine eigene Würde. Weder Jesus noch Paulus war verheiratet. Niemand wird sagen können, sie seien deswegen keine vollwertigen Menschen gewesen. Der Einsatz für Gottes Sache kann es mit sich bringen, daß jemand ehelos bleiben will. Verheiratet sein ist nicht alles. Auch das Leben eines Menschen,

der keinen passenden Partner findet, ist nicht zur Unfruchtbarkeit, zum Schattendasein, zu Gefühlen der Minderwertigkeit verurteilt. Im Gegenteil: Vielfach bedeuten unverheiratete Frauen in sozialen Berufen, in der Schule, der Verwaltung oder der Industrie mehr für die Gesellschaft als verheiratete Frauen, die notwendigerweise stark hineingebunden sind in den von Ehe und Familie bestimmten Aufgabenkreis.
Aus der Sicht des Neuen Testaments ist die Kinderlosigkeit kein schreckliches Schicksal. Der Sinn der Ehe besteht auch nicht primär in der Erzeugung von Kindern. Es ist deshalb ein Unfug, eine kinderlose Ehe als »unfruchtbare« Ehe zu bezeichnen. Erfülltes Leben entscheidet sich nach dem Neuen Testament nicht an der Frage, ob man heiratet oder Kinder hat, sondern allein an der Frage, ob man sich auf die neue Lebensrichtung einläßt, die Jesus lehrt: Liebe als Hingabe an Gott und den Nächsten.

4. Grundsätzliches zum vorehelichen Geschlechtsverkehr

Sexuelle Freiheit?

Vorehelicher Geschlechtsverkehr wird heute mit den neuen Möglichkeiten gerechtfertigt, die durch die Empfängnisverhütungsmittel gegeben sind. Man sagt: Früher war der voreheliche Geschlechtsverkehr moralisch verwerflich, weil er unmenschliche Auswirkungen hatte. Denn es gab keine Geburtenkontrolle. Die Aufzucht möglicher Kinder und die wirtschaftliche Versorgung der Frau waren nur in einer bürgerlichen Ehe gewährleistet. Wer für eine humane Lenkung des Geschlechtstriebs eintrat, mußte unter diesen Voraussetzungen voreheliche Beziehungen ablehnen. Heutzutage sei aber durch die Geburtenkontrolle eine humane Entfaltung des Geschlechtstriebes in vorehelichen Verhältnissen durchaus möglich. Die Frau sei von der Furcht vor einer unerwünschten Schwangerschaft befreit, und ihre wirtschaftliche und soziale Existenz sei durch abgesicherten vorehelichen Geschlechtsverkehr keineswegs gefährdet. Verzicht auf ein Ausleben der Triebe könne nicht mehr menschlich-vernünftig, sondern nur noch ideologisch oder religiös-irrational begründet werden. Deshalb: »Freie Bürger verlangen freie Fahrt!«

Diese Argumentation enthält ein Wahrheitsmoment, das nicht zu übersehen ist. Gleichwohl ist zu fragen: Wie steht es mit diesem vorehelichen Geschlechtsverkehr, der bewußt spätere eheliche Gemeinschaft ausschließt? Wie ist es mit einem

Verhältnis, das sich gleichsam als freie »Vereinbarung zum gegenseitigen Gebrauch der Geschlechtsorgane« versteht? Gibt es im Normalfall diese Mädchen, die so weit versachlicht und geschlechtlich emanzipiert sind, daß sie sich – auch wenn sie sich fortschrittlich gebärden – nicht doch als Objekt der sexuellen Ausbeutung betrachten, wenn dieses Verhältnis von seiten des Mannes aufgelöst wird und der Wechsel zu einer anderen sexuellen Beziehung oder einer ernstgemeinten Bindung erfolgt? Warum zeigte der »Spiegel«-Bericht über die vorehelichen Beziehungen unter den Studenten nicht mehr von der Freude über die angebliche Befreiung? Wird in den häufig wechselnden Geschlechtsbeziehungen der andere Mensch – der ja Selbstzweck sein soll – nicht zum Objekt? Gehört zu einer echten menschlichen Begegnung nicht grundlegend das Moment des Vertrauens? Muß der Beobachter der Szenerie nicht doch feststellen, daß es sich hier um einen durch die Theorie verklärten »sexuellen Imperialismus des Mannes« handelt, bei dem die Mädchen vielfach nach wie vor die Betrogenen sind, die sich von den Männern als Lustobjekt mißbrauchen und je nach Laune ablegen lassen?

Triebverzicht aus Verantwortung

Worin besteht die Alternative zum vorehelichen Geschlechtsverkehr in einer Entwicklungsphase, in der vor allem von den jungen Männern die Macht des Geschlechtstriebs bedrängend erfahren wird, während es sich bei den Mädchen oft mehr um die Suche nach Bestätigung, Anerkennung und Erfolg, also um psychologische Faktoren handelt?

Zunächst ist damit zu rechnen, daß die meisten jungen Männer in der Entwicklungsphase die sogenannte Selbstbefriedigung kennenlernen und zeitweise praktizieren, ohne daß diese körperliche oder seelische Schäden hervorrufen würde. Es ist unmöglich, diesem Problem dadurch auszuweichen, daß man jungen Menschen Geschlechtsverkehr empfiehlt, ohne daß die übrigen körperlichen, geistigen, charakterlichen Fähigkeiten weiter ausgebildet wären. Wie sollen sich menschliche Qualitäten wie Rücksichtnahme, Fürsorge, Höflichkeit, Verantwortungsbewußtsein und Selbstbeherrschung ausformen, wenn Sex so billig zu haben ist? Wie soll Sex durch Eros verfeinert und kultiviert werden, wie sollen sich die Tugenden der Treue und Zuverlässigkeit bilden, wie soll die Sexualität in die Gesamtpersönlichkeit integriert werden, wie sollen Mann und Frau einander in Achtung begegnen, wenn menschliche Entwicklung durchgängig geprägt wird von einem frühen und unreifen Ausleben des Geschlechtstriebs?

Es soll nicht übersehen werden, daß es bei manchen jungen Menschen Liebesverhältnisse mit geschlechtlichen Beziehungen geben kann, in denen sich echte Zuneigung und Liebe ausdrücken, wo eins für das andere viel bedeuten und wo sich das Miteinander für beide positiv auswirken kann. Vielfach haben auch solche positiven Liebesverhältnisse von Heranwachsenden Bestand und führen später zu einem gemeinsamen Leben in der Ehe. Wo ein schönes Liebesverhältnis junger Menschen nach einiger Zeit aber wieder auseinandergeht, bleibt allerdings bei dem Partner, der verlassen wird, vielfach tiefe Verbitterung zurück. Es zeigt sich dann, daß es ein Selbstbetrug war, wenn man in der Zeit der gegenseitigen Liebe bewußt darauf verzichtet hat, nach der Zukunft zu fragen. Jedenfalls sollten sich junge Leute auch darüber klar werden: Triebverzicht kann keineswegs nur negativ beurteilt werden. Triebverzicht schafft Freiheit für vielfältige offene Begegnungen mit anderen jungen Menschen und führt nicht in die Isolierung und Abkapselung, die frühe Bindungen oft mit sich bringen.

»Triebverzicht produziert durch den Prozeß der Sublimierung, der Umsetzung und Verfeinerung von Kräften: Kultur. Schon fragen Psychologen und Soziologen, ob die Befreiung der Sexualität, die Abschaffung von Sextabus nicht eine Verflachung und Ermattung von kultureller Aktivität zur Folge haben müsse« (*Thilo Koch,* Die zehn Gebote heute, S. 167).

Verantwortliches Tun wird auch auf anderen Gebieten des Lebens von der Erreichung einer gewissen Altersgrenze abhängig gemacht, so das aktive und passive Wahlrecht, so die Möglichkeit, Schöffe oder Beisitzer zu werden, so das Recht, ein Kraftfahrzeug zu lenken. In der geschlechtlichen Begegnung handelt es sich nicht um die Bedienung einer technischen Apparatur, sondern um die Begegnung mit einem lebendigen, empfindsamen, verletzbaren Menschen. Körperliche Vereinigung ist intimste, rückhaltloseste und tiefste Preisgabe eines Menschen an den andern. Deshalb setzt diese Vereinigung das volle Vertrauen und die volle Geborgenheit des einen beim anderen voraus.

Frei vom Diktat der Masse

Junge Menschen brauchen echte Ziele, Aufgaben und Ideale. Sie brauchen auch gewisse Erfolgserlebnisse. Sie sollten nicht aus Langeweile in die Sexualität ausweichen müssen. Der vitale Idealismus und Erlebnishunger junger Menschen muß angesprochen und in Anspruch genommen werden. Die Gesellschaft, der Staat und die Kirchen, die bürgerlichen und kirchlichen Gemeinden sollten zum Einsatz für Gemeinschaftsaufgaben rufen und Möglichkeiten zum Dienst in Krankenhäusern, Jugendherbergen, Kinderheimen, Altenheimen, internationalen Arbeits- und Aufbaulagern, Friedensdiensten, ökumenischen Hilfs- und Notstandswerken schaffen. Auch sportliches Engagement hat auf diesem Gebiet eine wichtige Funktion.

Wenn junge Menschen eine gewisse geistige und charakterliche Reife erlangt haben, sollten sie auch dann heiraten können, wenn die berufliche Ausbildung noch nicht abgeschlossen ist. Die Angehörigen sollten nicht auf dem alten Standpunkt verharren: Man gründet erst dann eine Familie, wenn man etwas ist und etwas hat. Die allgegenwärtige Kommerzialisierung des Sexuellen hat es fertiggebracht, die heutigen jungen Menschen einem massiven sexuellen Leistungsdruck zu unterwerfen. Der Kapitalismus, in dem der Profit der höchste Maßstab ist und in dem sich vor allem Illustrierte, Filme und Schlager mit Sex gut verkaufen lassen, hat eine Atmosphäre geschaffen, in der der einzelne geradezu einem geistigen Terror ausgesetzt ist. Nur der ist etwas wert, der sexuelle Leistungen, Erfolge, Erlebnisse nachweisen kann.

»Der Jugendliche... begegnet... einer atemberaubenden Sexualisierung der Öffentlichkeit. Er wird heute schon so früh zur Jagd nach dem sexuellen Erfolg angetrieben, daß man nicht selten Mädchen begegnet, die mit 17 oder 18 Jahren schon Angst haben, keinen mehr abzubekommen, und darum zu Abenteuern bereit sind. Dieser Trend wird durch Film, Schlager und Bildpresse noch verstärkt, die den jungen Menschen Idole anbieten, die sie zur Identifikation herausfordern« (*U. Beer,* »Liebe contra Sex«, S. 17).

Es ist höchste Zeit, daß sich junge Menschen finden, die diesem Diktat der Masse widerstehen, sich in Freiheit zusammenschließen und sich für eine andere Lebenskonzeption, für ein wirklich »freies« voreheliches Verhalten entscheiden. Es geht um die Frage, ob sich mitten in der sexuellen Verwirrung unserer Zeit eine junge Gemeinde findet, die bereit ist, ohne Komplexe einen freieren Weg zu gehen.

5. Berufung zur Ehe als umfassender Lebensgemeinschaft

Geheiligter Eros: Liebe als Voraussetzung zur Ehe

Die dem Menschen zuteil werdende göttliche Berufung zur Ehe hat ihre menschliche Komponente, indem zwei Menschen einander erkennen, wählen und lieben und also zwischen ihnen ein qualifiziertes Rufen und Antworten stattfindet. Indem sich zwei junge Menschen begegnen und liebgewinnen, steht ihr Zusammenkommen unter der Frage, ob sie wohl von Gott füreinander bestimmt sind. Die menschlich-erotische Seite darf dabei nicht überspielt werden, denn eine tiefe menschliche Liebe und ein echtes Verstehen sind notwendige menschliche Voraussetzungen einer Ehe.

»Es kann die Begründung der Ehe in der Liebe schlechterdings durch keine andere ersetzt werden. Es geschieht also notorisch im Ungehorsam gegen Gottes Gebot, wenn jemand aus allgemeiner oder auch spezieller physischer Geschlechtslust in die Ehe tritt oder um sich zu versorgen oder zu bereichern oder aus Rücksicht auf elterliche oder andere familiäre Anliegen und Wünsche oder in der Erwartung gesellschaftlicher oder beruflicher Vorteile. Er tritt, wenn er das tut, nicht in, sondern neben die Ehe. Man kann aber auch nicht darum in die Ehe treten, weil man den Partner als Charakter hoch achtet oder weil man Mitleid mit ihm hat oder weil man in gewissen Neigungen und Bestrebungen mit ihm einig ist oder weil man ihn in gewissen Eigenschaften oder in seiner Rolle und Funktion interessant und bewundernswert findet. Man tritt auch dann nicht in, sondern neben die Ehe. Und ban bedenke wohl, daß auch christliche Motive die einfache, spezifische Liebe von Mann und Frau nicht ersetzen, nicht an die Stelle dieser Entscheidung treten können. Gerade wer in dieser Sache christlich denkt, wird hier Sauberkeit fordern« (*Barth*, K. D. III/4, S. 245.246).

Liebe ist mehr als Lust, Sympathie und Neigung. Sie ist etwas anderes als die Liebelei und der Flirt. Liebe kann nicht einseitig sein. Liebe läßt sich nicht erzwingen: »Alles Überrennen-, Erstürmen- und Gewinnenwollen des anderen kann dann, selbst wenn es gelingen sollte, zu keinem guten Ziel führen.« Der Glaube und die Einheit im Glauben kann zwar die Liebe eines Mannes und einer Frau weder schaffen noch ersetzen; es ist aber von grundlegendem Wert für die Ehe, wenn die Partner im Glauben einig und sich ihrer gemeinsamen Verantwortung vor Gott bewußt sind.

Ehe als Lebensgemeinschaft

Die große Aufgabe der Ehe ist die Bewährung der Liebe im Ernstfall. Der Dichter *Simon Dach* hat vor vielen Jahren diese Bewährung der Liebe in seinem Liebeslied »Ännchen von Tharau« so ausgedrückt:

»Käm alles Wetter gleich auf uns zu schlahn,
wir sind gesinnt, beieinander zu stahn.
Krankheit, Verfolgung, Betrübnis und Pein,
soll unsrer Liebe Verknotigung sein.
Recht als ein Palmenbaum über sich steigt,
je mehr ihn Hagel und Regen angreift:
So werd die Lieb in uns mächtig und groß,
durch Kreuz, durch Leiden, durch allerlei Not.«

Karl Barth sagt zu diesem Thema: »Ehe als Lebensgemeinschaft ist also die Bewährung der Liebe. In der Ehe als Lebensgemeinschaft geht es nämlich darum, das Ja der Liebe im Ernstfall zu bewähren. ›Im Ernstfall‹ heißt: in einem Leben, das nun eben ... Menschenleben ist: Arbeit und Sorge, Freude und Leid, Gesundheit und Krankheit, Jungsein und Altwerden, Auseinandersetzung mit den kleinen und großen, inneren und äußeren, individuellen und sozialen Fragen ... Alles in der besonderen Zuwendung des einen zum anderen, alles im Gleichschritt des einen mit dem anderen, den oder die man eben nun einmal dazu gewählt oder gewollt hat. ›Im Ernstfall‹ heißt: eben das alles in der Folge von unabsehbar vielen Tagen zu je 24 Stunden, von unabsehbar vielen Jahren zu je 52 Wochen – und eben das in der auf beiden Seiten alles aufdeckenden Intimität eines alltäglichen – sehr alltäglichen! – und auch allnächtlichen Zusammenseins, in welchem man sich bald genug erschreckend genau kennenlernt, in welchem das Größte erstaunlich klein, aber auch das Kleinste erstaunlich groß werden kann. ›Im Ernstfall‹ heißt: ein Kollektiv, ein Wir, ein Paar geworden sein und nun als solches existieren ... Dieser Ernstfall der Liebe ist die Ehe als Lebensgemeinschaft« (Barth, K. D. III/4, S. 209).

Das ist Ehe, wenn man in guten und bösen Tagen zusammensteht, wenn man immer wieder neu beginnt, sich einander zuzuwenden, und wenn man bereit ist, auch Leid, Schuld und Versagen des Partners mitzutragen.

Die Ausschließlichkeit der Ehe

Man hat versucht zu unterscheiden zwischen der sozialen Treue, in der zwei Menschen die Verwirklichung eines gemeinsamen Lebens versuchen, und der sexuellen Treue, die dann nicht unbedingt erforderlich sei.

Eine Illustrierte hat von einer Frau berichtet, die eine bürgerliche Ehe führt, ihren Mann schätzt und für mehrere Kinder eine gute Mutter ist. Nebenher geht sie allerdings immer wieder aus, um in der Begegnung mit anderen Männern weitergehende sexuelle Bedürfnisse zu befriedigen. Der Mann und die Familie scheinen dies akzeptieren zu können. Von einem anderen jungen Paar berichtete die Studentenzeitschrift »konkret«: Gerd und Helga bekommen ein Kind und heiraten einander. Aber sie wollen sich gegenseitig die sexuelle Freiheit lassen. Zwei Jahre lang leben sie glücklich und harmonisch. Sie haben Freude am Kind, und Gerd genießt die Geborgenheit des gemeinsamen Heimes. An einem Abend richtet sich Helga, geht weg und kehrt erst am nächsten Morgen, strahlend und ohne Schuldgefühl heim. Sie bewegte sich ja durchaus im Rahmen der getroffenen Vereinbarung, die Gerd theoretisch nach wie vor für richtig hält. Aber Gerd leidet unter der Situation. Als Helga wieder einmal fortgeht, findet er die ganze Nacht über keinen Schlaf. Es kommt zu Auseinandersetzungen und schließlich zur Scheidung. Gerd ist offensichtlich nicht in der Lage, die theoretische Unterscheidung von sozialer und sexueller Treue praktisch durchzuhalten.

Die Fragwürdigkeit dieser Unterscheidung besteht darin, daß die Ehe praktisch reduziert wird auf einen rationalen Zweckverband, bei dem es gemeinsame Wohnung, gemeinsame Haushaltsführung, gemeinsame Kindererziehung, gemeinsame geschlechtliche Begegnungen und Interessen geben kann. Aber echte Liebe beansprucht Ganzheit, Ausschließlichkeit und Treue, von der man sich nicht dispensieren kann.
Dies alles heißt nicht, daß sich Ehepaare in die Zweisamkeit zurückziehen und abkapseln sollen. Die Ehe muß nach außen wirken. Das Haus soll offen sein für andere Menschen. Aber dies alles auf dem Hintergrund, daß die Ehe der beiden eine exklusive Lebensgemeinschaft ist.

Ehe auf Dauer oder Ehe auf Zeit

Hier geht es um die Auseinandersetzung mit Leuten, die die »Ehe auf Zeit« propagieren. Christlich verstanden, hat die Ehe ihr Urbild

in der Liebe und Treue Gottes. In der Nachbildung dieser Treue ist sie eine dauernde Lebensgemeinschaft und nicht Ehe auf Zeit. Probeehe ist eine fragwürdige Sache. Wie lang soll diese Probezeit dauern? Wer entscheidet, ob der andere die Probezeit bestanden hat? Nach welchen Maßstäben ist da zu urteilen? Wie sind Ehepaare miteinander dran, wenn keiner weiß, ob er nicht bald entlassen und wieder auf die Reise geschickt wird, nachdem er seine Schuldigkeit getan hat? Wer wird sich da geborgen fühlen? Wer wird dem anderen wirklich vertrauen, wenn er denken muß, der sei vielleicht gerade dabei, mit einem anderen Verbindung aufzunehmen, um mit ihm eine neue Ehe auf Zeit vorzubereiten?
Es ist auch ein Unding, die Dauer der Ehe allein auf diejenige Zeit zu beschränken, in der Kinder erzogen werden müssen und die Einheitlichkeit des Elternhauses brauchen. Wie soll es menschlich verantwortbar sein, eine Frau, die ihre Lebens- und Nervenkraft für die Erziehung der Kinder eingesetzt und sich in dieser Aufgabe verzehrt hat, wegzuschicken, um sich einer jüngeren zuzuwenden?

Das Lob der unvollkommenen Ehe – Ehe als Aufgabe

Abschließend erscheint es wichtig, etwas zum Lob der unvollkommenen Ehe zu sagen. Es kann nicht sinnvoll sein, ein Idealbild der Ehe zu entwerfen, angesichts dessen sich viele Eheleute entmutigt fragen: Warum gibt es bei uns keine letzte Erfüllung? Warum steht der Alltag mit seinen Aufgaben und Problemen so sehr im Vordergrund unserer Ehe und Familie? Warum ist nicht jede geschlechtliche Vereinigung ein Fest mit umfassenden Glücksgefühlen?
Es geht in der Ehe nicht um Romantik, sondern um die Bewältigung der Wirklichkeit. Es geht in der Ehe allerdings um einen Ort der Geborgenheit, wo wir nicht ständigem Erfolgsdruck und Leistungszwang ausgesetzt sind, aber die Durchführung der Lebensgemeinschaft ist auch eine ständige Aufgabe und Arbeit, die auf keinen Fall nebenher zu erledigen ist.
Nur so kann die Ehe zu einem Mittelpunkt, einer Herberge und einem Zufluchtsort auch für andere werden, nach außen wirken, Ausstrahlungskraft haben – und für die kirchliche und bürgerliche Gemeinde, für den Bereich des Staates und der Gesellschaft Bedeutung gewinnen.

Ergänzungen und Fragen zum Gespräch:

1. Ist die Lebenslänglichkeit der Ehe nicht eine Überforderung des menschlichen Liebesvermögens?

2. Varietas delectat – Abwechslung erfreut: Wie lange hält in einem neuen Liebesverhältnis der Reiz der Neuheit an? Ist die freie Liebe nicht mindestens bei einem Partner begleitet von der Furcht, verlassen zu werden? Wechselseitige Liebesverhältnisse bringen psychische Belastungen: Sind diese Belastungen größer für die Frauen oder für die Männer?

3. In der Ehe geht es um die Bewährung der Treue gerade auch im Ernstfall. Wenn wir krank sind, wenn wir arbeitslos werden, wenn wir scheitern, brauchen wir jemand, auf den wir uns verlassen können. Wie weit sind Menschen bereit, Verantwortung füreinander zu übernehmen, wenn sie in freien Verhältnissen zusammenleben?

4. Muß die Kleinfamilie nicht überwunden werden durch neue Formen gemeinschaftlichen Zusammenlebens? Die sogenannten Kommunen haben einen schlechten Ruf bekommen, weil sich in ihnen vielfach jugendliche Abenteuerlust und sexuelle Freibeuterei ausgelebt haben. Gibt es aber nicht auch positiv zu beurteilende Kommunen? Können Großfamilien an die Stelle der herkömmlichen Ehe treten?

VII. Das siebte Gebot:

»Du sollst nicht stehlen.«

1. Formen und Gestalten des Diebstahls

Der einfache Diebstahl

Das siebte Gebot scheint sehr einfach zu sein. Wir denken zunächst an Taschendiebe, an Ladendiebstahl in »Selbstbedienungsläden«, an den Diebstahl im Betrieb, an Einbrecher, Räuber und Fassadenkletterer, an Milchpanscher und Weinfälscher, an falsche Waagen und falsche Maße, vielleicht auch an Wirtschaftskriminalität oder Wirtschaftsspionage. Wir wissen vielleicht auch etwas von der sogenannten Kleptomanie, dem Diebeswahn, wo Menschen geradezu einen inneren Drang zum Stehlen verspüren, obwohl sie keine Not leiden und keinen elementaren Hunger stillen müssen, wie dies beim Mundraub manchmal der Fall sein mag.

Der Betrug gegenüber den Organisationen und dem Staat

Besonders leicht nehmen wir den Betrug gegenüber dem unpersönlichen Staat und den Organisationen, den Umgang mit dem Eigentum der Gesellschaft. Im letzten Krieg hat man statt vom Stehlen vom »Organisieren« geredet. Wer gut »organisieren« konnte, war ein gemachter Mann. In allen Kriegen hat die Soldateska Beutegut verteilt. Wie haben wir Deutschen im letzten Krieg besetzte Länder direkt und indirekt ausgeraubt und geplündert! Nachher mußten wir umgekehrt die Raublust der Besatzungsarmeen und der Sieger erfahren.
Als Kavaliersdelikte gelten weithin die Steuerhinterziehung, die Bereicherung durch falsche Angaben gegenüber Versicherungen, Krankenkassen und sozialen Einrichtungen.

Der Staat als Dieb und Wohltäter

Die älteren Menschen unter uns haben in ihrem Leben zweimal erlebt, wie sie durch die Folgen des Ersten Weltkriegs und durch die Folgen eines politischen Irrweges unseres Volkes in der Gefolgschaft *Adolf Hitlers* (in der Inflation und in der Währungsreform) fast um alle finanziellen Ersparnisse gebracht worden sind. Sie haben den Staat als Dieb erlebt. Viele schlichte, ehrliche Menschen haben ein Leben lang hart gearbeitet und gespart, um im Alter etwas zu besitzen. Die Sozialgesetzgebung in der Bundesrepublik hat hier allerdings versucht, vieles gutzumachen und Alte und Kranke so abzusichern, wie dies nur in wenigen Ländern der Welt geschieht. Es ist Aufgabe des Staates und der politischen Führung, dem einzelnen Bürger seinen Lebensraum zu erhalten. Dabei ist es die Verpflichtung von Christen, das Augenmerk besonders auf die wirtschaftlich Schwachen zu richten: »Tue deinen Mund auf für die Stummen« (Sprüche 31,8).

Gerechter Lohn und Arbeitsmoral

Das siebte Gebot betrifft natürlich auch die wichtigen Fragen nach dem gerechten Lohn und nach der Arbeitsmoral der Arbeitnehmer. Wer als Fabrikant seine Arbeiter schlecht bezahlt, und wer als Geschäftsmann seine Kunden überfordert, begeht Diebstahl, ebenso der Arbeiter, Angestellte oder Beamte, der einen guten Lohn empfängt, aber nicht recht und gewissenhaft arbeitet. In diesen Bereich gehören auch die Fragen von Zins, Wucher und Bodenrecht. Wenn in der Nähe der Großstadt ein einziger Acker seinem Eigentümer eine Million einbringen kann, dann geht dies nicht mehr mit rechten Dingen zu. Dann hat dies nichts mehr zu tun mit dem »Recht auf Eigentum«.
Auf diesem Hintergrund ist der Angriff der Sozialisten auf das Privateigentum an Produktionsmitteln zu verstehen. Es geht dabei nicht um die radikale Kritik am persönlichen Eigentum, die im Mönchtum unternommen worden ist. Dort sind Habgier und Geiz so sehr als die Wurzel allen Übels angesehen worden, daß der einzelne Mönch nicht die geringsten Gegenstände als Eigentum besitzen durfte. Im Sozialismus soll der einzelne durchaus privates Eigentum (Fernseher, Auto, Eigentumswohnung, Privathaus) besitzen, aber er soll nicht über Produktionsmittel (Maschinen, Fabriken, Betriebe) verfügen und damit andere Menschen für seinen Profit arbeiten lassen können. Im Blick darauf hat schon der fran-

zösische Sozialist *Proudhon* ums Jahr 1850 den schockierenden Satz gesagt: Eigentum ist Diebstahl. Das Grundgesetz der BRD redet von der Sozialpflichtigkeit des Eigentums. Es wird gesehen, daß der Eigentumsbegriff dann problematisch wird, wenn der einzelne Bürger durch sein Eigentum andere Menschen seiner Herrschaft unterwerfen und sie in die Abhängigkeit zwingen kann. Hier ergeben sich weitreichende Fragen.

Ausbeutung und Menschenhandel

Es läßt sich leicht nachweisen, daß der Reichtum der reichen westlichen Industrienationen zu einem großen Teil aus dem Diebstahl stammt, den die Kolonialherren über drei Jahrhunderte hinweg in Afrika und Asien anhaltend und mit Erfolg praktiziert haben. Der Sklavenhandel ist nur ein Kapitel aus dieser Geschichte. Der amerikanische farbige Schriftsteller *Richard Wright* beschreibt diesen Vorgang folgendermaßen:

»Wir, die Millionen Schwarzen, die in den Vereinigten Staaten leben, sind auf eine unheimliche und dunkle Weise in die westliche Zivilisation hineingeboren worden. Die schlanken, hochgewachsenen blonden Männer aus England, Holland und Dänemark, die kleinen dunklen, unruhigen Männer aus Frankreich, Spanien und Portugal, alle die Männer, deren blaue und graue und braune Augen zukunftsfroh glänzten, sie anerkannten uns nicht als Menschen, sie rissen uns von unserem heimatlichen Boden, belasteten unsere Beine mit Ketten, stopften uns wie Klafterholz in die üblen Löcher ihrer Segelschiffe und schleuderten uns in ein anderes, in ein fremdes und feindliches Land, wo wir unter harten, rohen Umständen zum zweiten Male den langsamen, schmerzvollen Vorgang einer Geburt erlebten... Daß wir Menschen waren, rettete uns nicht. Die Puritaner Neu-Englands und die Imperialisten Europas machten aus dem Handel mit unseren Leibern die ›Großindustrie‹ des achtzehnten Jahrhunderts, und selten hat die Welt eine Industrie gesehen, die höhere Profite abwarf... Über 14 Millionen der Unseren wurden allein nach Amerika gebracht. Auf je hundert, die die furchtbare Fahrt über den Atlantik überlebten, gingen vierhundert von uns zugrunde. Während dreihundert Jahren – nämlich vom siebzehnten, achtzehnten und neunzehnten Jahrhundert – wurden über 100 Millionen der Unsern den afrikanischen Heimstätten entrissen. Bis zum Anbruch des neunzehnten Jahrhunderts war die Sklaverei in der ganzen Welt legal und erlaubt...« (Richard Wright, Schwarz unter Weiß, S. 7 ff.).

Diesem Umgang mit Menschen entspricht auch die Rücksichtslosigkeit, in der mit den Bodenschätzen und landwirtschaftlichen Erzeugnissen der Afrikaner und Asiaten umgegangen wurde. Vor vierzig Jahren hießen fast noch alle Lebensmittelgeschäfte »Kolonialwarenhandlung«. Wer wissen will, was Diebstahl und Ausbeutung im Großformat bedeutet, was man unter Imperialismus versteht und was die Vertreter der farbigen Völker heute uns Weißen und unserem allein am Profit ausgerichteten Wirtschaftssystem des Kapitalismus vorhalten, der muß sich über diese Vorgänge informieren.

2. Biblische Aspekte zum siebten Gebot

Über den ursprünglichen Sinn dieses Gebotes schreibt *H.-R. Müller-Schwefe*:

»Die Exegeten (Ausleger) sind sich heute einig, daß die Verordnung ›Du sollst nicht stehlen‹ in ihrem ursprünglichen Sinn bedeutet: Du sollst keinen Menschen zur Ware machen und Dir aneignen; Du sollst ihn weder stehlen noch rauben. Im Kommentar zu dem Gesetz des Mose steht 2. Mose 21,6: ›Wer einen Menschen stiehlt, sei es, daß er ihn verkauft oder daß man ihn bei ihm findet, der soll des Todes sterben.‹ Wir können auch noch aufdecken, wie die Juden auf diese harte Vorschrift gekommen sind. Zwei Wurzeln sind erkennbar: Einmal die Erinnerung daran, wie die Söhne Jakobs ihren Bruder Josef gegen Geld an die fremden Ismaeliter verkauften. Wer so über das Leben des Bruders wie über sein Eigentum verfügt, zerstört die Gemeinschaft. Die andere Wurzel ist mit der Erfahrung der Knechtschaft des Volkes in Ägypten und der Befreiung aus ihr verbunden. Das Volk schmeckte in den Arbeitslagern des Pharao die Bitternis der Sklaverei: sie waren Eigentum des Despoten, der über sie verfügte. Und als nun Gott das Volk aus der ägyptischen Gefangenschaft befreite, da zog es aus der Erlösung vom Joch die Konsequenz: niemand darf künftig ein Glied der Gemeinschaft als seinen Besitz betrachten, denn Gott hat alle befreit. Darum kann es heißen: ›Wenn jemand gefunden wird, der aus seinen Brüdern, aus den Kindern Israel, eine Seele stiehlt oder versetzt oder verkauft, solcher Dieb soll sterben‹ (5. Mose 24,7). Das also waren die Erfahrungen, die in dem Gebot ›Du sollst nicht stehlen‹ sich verdichteten. Ihm liegt die Erkenntnis zugrunde, daß der Mensch, den Gott befreit, in seiner Freiheit und Unverfügbarkeit geachtet werden muß. Und erst eine Folgerung aus diesem Ansatz ist die uns geläufige Wendung: Der Schutz des Eigentums« (Die Zehn Gebote, Stundenbuch Nr. 114, S. 93.94).

Die Grundaussage der Bibel zu unserem Problemkreis lautet: »Die Erde ist des Herrn und was darinnen ist, der Erdkreis und die darauf wohnen« (Psalm 24,1). Nicht nur das Land gehört Gott, sondern Israel selbst ist Gottes Eigentum: »Ihr seid mein Eigentum vor allen Völkern« (2. Mose 19,5). Wenn Menschen Land bearbeiten und besetzen, ist es ihnen nur als Lehen gegeben. Der wahre Eigentümer des Landes ist Gott. Deshalb wird im priesterlichen Gesetz das Halljahr oder Jubeljahr verkündet. Alle sieben mal sieben Jahre soll der Grundbesitz neu aufgeteilt beziehungsweise an den einstigen Besitzer oder dessen Nachkommen zurückgegeben werden. Jeder soll wieder die gleichen Chancen haben (3. Mose

25,10–55). Weil Gott der wahre Herr des Landes ist, deshalb treten die Propheten auf, um die Besitzgier zu geißeln und zurückzuweisen. Sie protestieren gegen ungerechte soziale Verhältnisse, gegen Bodenspekulanten, Wucher, Benachteiligung von Witwen und Waisen, gegen die Bestechung und Bestechlichkeit der Richter, gegen das Unrecht an den Armen, gegen Luxus und Genußsucht der Reichen und ihrer Frauen (vgl. Jesaja 3,14–26; Jesaja 5,8–23; Amos 4,1–3; 5,7.11.12.21–24; 6,1–6; 8,4–8).

Im Neuen Testament ist an das zu denken, was wir über die Freiheit Jesu vom Besitzdenken und vom Geiz (1. Teil) gesagt haben, an die Warnungen Jesu vor dem Mammonismus und an seinen Ruf in eine bedingungslose Nachfolge. Der Liebeskommunismus der Urgemeinde (Apostelgeschichte 2 und 4) ist eine Folge dieser Grundhaltung. Die Ermahnungen in Jakobus 2,1–16 und 1. Johannes 3,17 und 4,20.21 liegen auf derselben Linie.

3. Gesellschaftliche Probleme und Aufgaben

Das Evangelium entwickelt keine volkswirtschaftliche Theorie. Es ist nicht möglich, in den sich wandelnden Verhältnissen, wirtschaftlichen und technischen Revolutionen sich auf eine »christliche Wirtschaftstheorie« festzulegen. Die Bibel zeigt allerdings Grundlinien, die sehr wohl konkrete Entscheidungen und Parteinahmen in bestimmten geschichtlichen Situationen fordern. Im Blick auf die Beurteilung der wirtschaftlichen Fragen scheinen uns folgende Gesichtspunkte wichtig:

Christen müssen demagogischen Vereinfachungen der Wirtschaftsfragen widerstehen. Die Frage eines anderen Gesellschaftsmodells muß gestellt und offen diskutiert werden. Dabei darf man die Theorie des Sozialismus nicht mit der Praxis des Kapitalismus vergleichen oder umgekehrt.

Es kann nicht um eine grundsätzliche Verteufelung der Technik gehen, sondern die Gefahren und Fehlentwicklungen der Technik müssen aufgespürt, dargestellt und bekämpft werden. Rückkehr zu vortechnischer Lebensweise ist nicht möglich.

Kapitalansammlungen sind nötig, um die von der Technik geprägte Wirtschaft in Gang zu halten. Autos und Flugzeuge können rationell nur in riesigen Großbetrieben und nicht in Handwerksbetrieben hergestellt werden. Eine zentrale Frage lautet: Wer soll über dieses Vermögen verfügen und über seinen Einsatz entscheiden? Wirtschaftliche Macht bedeutet zugleich politische Macht. Ist große wirtschaftliche Macht in den Händen von einzelnen und von Aktionären nicht deshalb verwerflich, weil für sie der Gesichtspunkt des Gewinns und nicht des öffentlichen Bedürfnisses im Vordergrund steht? Führt die Übergabe der wirtschaftlichen Macht in die Hände der Politiker nicht zu einem Staatskapitalismus, der dem einzelnen erst recht keine Freiheit gewährt? Inwieweit kann die Arbeiterschaft selbst die Lenkung und Führung der Produktion verantwortlich übernehmen? Sind die bisher realisierten Wirtschaftssysteme überhaupt geeignet, die Überlebensprobleme der Menschheit zu lösen? Auf alle Fälle sind Leute dafür nötig, die nicht gefangen sind von Interessen, Vorurteilen und Eigentumsverhältnissen. Wir dürfen uns nicht in den privatreligiösen Bereich flüchten, so sehr uns auch ein nüchternes Bedenken der Weltprobleme zur Resignation veranlassen könnte. Aber sie wäre Unglaube und Absage an Gott. Die Erde ist ein Provisorium, und all unser Tun hat den Charakter des Provisorischen. Aber wir sind alle miteinander vor die Aufgabe provisorischer, verantwortlicher Weltgestaltung gestellt.

Ergänzungen und Fragen zum Gespräch:

1. Was bedeutet die Bestimmung des Grundgesetzes, daß das Eigentum verpflichtet (Artikel 14)?
Wie weit sind Enteignungen im Interesse der Allgemeinheit vertretbar?
2. Von welchen Grundlinien sollte ein neues Bodenrecht bestimmt sein?
3. Was hat das siebte Gebot mit der Steuergesetzgebung und der Erbgesetzgebung zu tun?
4. Wie muß das siebte Gebot im Blick auf den Welthandel und die Weltmarktpreisbildung formuliert werden?
5. »Wer es für in Ordnung hält, daß ein Drittel der Weltbevölkerung mehr als zwei Drittel des Welteinkommens verbraucht, daß die Verschuldung der Entwicklungsländer an die entwickelten Länder immer mehr zunimmt, daß der Abstand zwischen armen und reichen Völkern immer weiter wächst, wer nicht dazu beiträgt, daß die armen Völker dazu instand gesetzt werden, zu produzieren und zu exportieren wie wir, der stiehlt. Ich weiß, daß das ganze Gebiet schwierig ist. Aber so schwierig ist es wieder nicht, daß man nicht begreifen könnte: Das Gebot Gottes ist nicht nur ein Hinweis für die Armen, sondern auch für die Reichen. Wir werden nur alle zusammen leben können – oder überhaupt nicht« (*Horst Bannach,* in: »Chancen«, S. 64).
6. »Aufbau des Sozialismus scheint mir heute eine rationale und unbedingt zu bejahende Aufgabe der Menschheit zu sein, wenn menschliches und mitmenschliches Beieinanderleben überhaupt in Zukunft möglich sein sollen. Zu Beginn dieses halben Jahrhunderts, im Jahre 1950, lebten drei Milliarden Menschen auf der Erde; am Ende dieses Jahrhunderts werden es 7,5 Milliarden Menschen sein, das heißt, die Erdbevölkerung verdoppelt sich in 40 Jahren. Und diese Entwicklung geht noch

weiter. Das große Problem ist heute: Wie kann man diese Entwicklung abstoppen, damit nicht die ganze Menschheit verhungern muß, weil die Produktion von Lebensmitteln auf einer niedrigeren Kurve läuft als das Anwachsen der Bevölkerung? Das ist wohl das gesellschaftliche Problem, das eine Lösung und ein Eingreifen erfordert. Wie können wir 7,5 Milliarden Menschen auf der Erde ernähren, wenn wir nicht die Produktion gemeinsam planen und gemeinsam ausführen und auch die Verteilung entsprechend den Notwendigkeiten gemeinsam planen und gemeinsam durchführen? Das ist jedoch, jedenfalls wirtschaftlich gesehen: Sozialismus. Ich glaube, die Menschheit kommt an diesem Sozialismus in keiner Weise vorbei, und wir Christen haben vielleicht eine besondere Verpflichtung, eine auf Selbstinteresse aufgebaute wirtschaftliche und gesellschaftliche Ordnung noch rechtzeitig umstellen zu helfen, gerade weil wir wissen, daß Mitmenschlichkeit die eine unvermeidbare Seite unseres Menschseins ist und sein muß. Gott lieben und den Nächsten lieben: das heißt Menschsein; sich selber lieben: das heißt Sünde. Der Mensch wird nicht dadurch gut, daß er gut werden will, sondern daß er Gott liebt, daß er seinen Mitmenschen, seinen Nächsten liebt. Und das ist der Beitrag, den die Christenheit für den Aufbau des Sozialismus tatsächlich leisten muß. Von daher sage ich immer: Die Aufgabe der Christenheit ist in der Geschichte noch nie so klar und so evident gewesen wie heute, und es ist deshalb ein blödes Geschwätz, vom ›Ende des christlichen Zeitalters‹ zu reden. Entweder fängt das christliche Zeitalter jetzt an oder überhaupt nie. Was gewesen ist, ist zwar Kirchengeschichte gewesen, aber christliche Geschichte nur stellenweise« (*Martin Niemöller,* »Stimme der Gemeinde«, 15.1.1972).

7. Was versteht man unter einem »Sozialismus mit einem menschlichen Gesicht«?

Wie ist ein Sozialismus zu beurteilen, der marxistische Oppositionelle in den Untergrund drängt und eine vergleichsweise harmlose literarische oder religiöse Opposition so auszuschalten versucht, daß er ihre Vertreter in psychiatrische Heilanstalten einweist? Handelt es sich hier um diktatorische Wesenszüge, die zur geschichtlichen Gestalt des Sozialismus notwendig gehören, oder sind dies Pervertierungen eines echten Sozialismus, die überwunden und abgelöst werden müssen und können?

VIII. Das achte Gebot:

»Du sollst kein falsch Zeugnis reden wider deinen Nächsten.«

1. Von der Macht des Wortes

Biblische Texte zum Thema

»Wir alle sind fehlerhafte Menschen. Wenn jemand nie ein verkehrtes Wort redet, dann ist er geradezu vollkommen; dann hat er sich selbst ganz in der Gewalt. Wir legen den Pferden das Zaumzeug in das Maul, damit sie uns gehorchen; so lenken wir ihren ganzen Körper. Oder denkt an ein Schiff: es ist groß und wird von starken Winden getrieben; trotzdem wird es mit einem winzigen Ruder gesteuert, so wie es der Steuermann will. Genauso ist es mit der Zunge: sie ist nur klein und bringt doch gewaltige Dinge fertig.
Denkt daran, wie klein die Flamme sein kann, die einen großen Wald in Brand setzt! Mit der Zunge ist es wie mit dem Feuer. Sie ist eine Welt voller Unrecht und beschmutzt den ganzen Menschen. Sie setzt unser Leben von der Geburt bis zum Tod in Brand mit einem Feuer, das aus der Hölle selbst kommt. Der Mensch hat es fertiggebracht, alle Tiere zu bändigen: wilde Tiere, Vögel, Kriechtiere und Fische. Aber seine Zunge hat noch keiner bändigen können; sie läßt sich nicht unter Kontrolle bringen. Sie ist voll von tödlichem Gift. Mit ihr loben wir Gott, unsern Herrn und Vater, und mit ihr verfluchen wir unsere Mitmenschen, die nach Gottes Bild geschaffen sind. Aus demselben Mund kommen Segen und Fluch. Meine Brüder, das darf nicht sein! Keine Quelle läßt aus der gleichen Öffnung süßes und bitteres Wasser fließen. Auf einem Feigenbaum wachsen keine Oliven, an einem Weinstock hängen keine Feigen und eine salzige Quelle kann kein Süßwasser hervorbringen« (Jakobus 3,2–12; Übersetzung »Die Gute Nachricht«).
»Tod und Leben stehen in der Zunge Gewalt« (Sprüche 18,21).
»Wer seine Zunge hütet, bewahrt sein Leben; wer aber mit seinem Maul herausfährt, über den kommt Verderben« (Sprüche 13,3).
»Eine linde Antwort stillt den Zorn; aber ein hartes Wort erregt Grimm. Der Weisen Zunge bringt gute Erkennntnis; aber der Toren Mund speit nur Torheit... Eine linde Zunge ist ein Baum des Lebens; aber eine lügenhafte bringt Herzeleid« (Sprüche 15,1–4).
»Ein Böser achtet auf böse Mäuler, und ein Falscher hört gern auf schädliche Zungen. Wer den Armen verspottet, verhöhnt dessen Schöpfer, und wer sich über eines Unglück freut, wird nicht ungestraft bleiben« (Sprüche, 17,4.5).

Wir stellen fest: Das Wort hat eine ungeheure Macht und Bedeutung: Es kann Menschen trösten, aufrichten, zurechtbringen, glücklich machen, und es kann sie verletzen, verstoßen, beleidigen, in die Irre führen, vernichten und ihnen Leben und Glück rauben.

Klatschen, Tratschen, Schwätzen, Hetzen

Für Junge und Alte, Männer und Frauen ist die Versuchung groß, im Klatsch und Tratsch gewisse innere Bedürfnisse und Triebe zu befriedigen. Die Unterhaltung gewinnt an Spannung, wenn man über einen Abwesenden herziehen oder je nachdem auch einen Anwesenden der Lächerlichkeit preisgeben und fertig machen kann.
Nun gehört es ja zu unserem Leben, daß wir über andere reden und urteilen. Aber schon von *Sokrates* wird erzählt, er habe einen Freund, der ihm etwas über einen anderen erzählen wollte, gefragt, ob er das, was er erzählen wolle, durch drei Siebe gesiebt habe. Bei allem, was man erzähle, müsse man sich fragen, ob es wahr, gütig und notwendig sei. »Wenn das, was du mir erzählen willst, weder wahr noch gut, noch notwendig ist, so laß es begraben sein.« Das ist eine Frage an uns: In welcher Weise und in welchem Geiste reden wir über andere? An welchen Gesichtspunkten orientieren wir uns? Dienen wir der Wahrheit? Ist es notwendig? Hilft es jemand? Reden wir nur das nach, was wir irgendwo gehört haben? Lassen wir uns leicht aufhetzen und beeinflussen? Haben wir ein Interesse, eine Geschichte zu färben? Sind wir irgendwie neidisch und also nicht frei zu einem sachlichen und gerechten Urteil? Haben wir Angst vor dem, über den wir reden? Sehen wir in ihm eine Gefahr? Die Angst läßt die Schatten riesengroß werden. In der Angst wird uns der Nächste unheimlich, und alles, was er vielleicht wohlmeinend tut, wird ihm falsch ausgelegt. Reden wir über andere im Zustand des Verletztseins? Zeichnen wir ihre Gestalt dunkel, damit wir uns auf diesem dunklen Hintergrund um so positiver abheben? Jesus warnt uns vor dieser in uns lebenden Lust, über andere zu urteilen und sie »mit Worten hinzurichten«. Er sagt:

»Verurteilt nicht, damit ihr nicht verurteilt werdet. Denn mit dem Urteil, mit dem ihr verurteilt, werdet ihr verurteilt werden; und mit dem Maß, mit dem ihr meßt, werdet ihr gemessen werden. Was siehst du aber den Splitter im Auge deines Bruders und nimmst nicht den Balken in deinem Auge wahr? Oder wie kannst du zu deinem Bruder sagen: Halt, ich will dir den Splitter aus deinem Auge ziehen? Und siehe, ein Balken steckt in deinem Auge. Du Heuchler, zieh zuerst den Balken aus deinem Auge, danach sieh zu, wie du den Splitter aus dem Auge deines Bruders ziehst« (Matthäus 7,1–5).

Das heilsame und heilende Wort

Gott hat uns die Sprache dazu gegeben, daß wir einander aufrichten, ermahnen, trösten, loben, Frieden stiften und ermutigen. Unsere Mütter haben uns sprechen gelehrt, damit wir auf ihre Zuwendung mit einem Worte der Liebe und einem Ausdruck der Freude antworten. Wir leben vom Gespräch. Das Gespräch macht uns menschlich. Mit Hilfe des Wortes können wir uns äußern, unser Inneres erschließen und uns zu erkennen geben. Wortlosigkeit ist ein Zeichen tiefer Erschütterung oder tiefer Trostlosigkeit.
Johannes verkündet die Offenbarung Gottes, indem er sagt: »Das Wort ward Fleisch und wohnte unter uns.« Gott ist nicht stumm geblieben. Sein Reden ist Wohltat, Hilfe und Befreiung. Es bringt Licht in unsere menschliche Finsternis. Wir dürfen und sollen die Wahrheit reden. Wahrheit ist aber im Neuen Testament nicht ein abstrakter Begriff. Jesus kann sagen: »Ich bin die Wahrheit.« Wenn er aber die Wahrheit ist, und wenn wir jeden Menschen im Licht dieser Wahrheit sehen dürfen, dann auch im Zeichen der Vergebung. Jesus hat die Menschen nicht deshalb geliebt und aufgerichtet, damit wir sie hassen und zugrunde richten. Wir haben die Gabe der Sprache, um Gott loben und unsere Mitmenschen ermutigen zu können. Landauf, landab in den Familien und in den Schulen und Betrieben wird sträflich gegen die wesentliche Erkenntnis gesündigt: Das Lob ist eine ganz große Erziehungsmacht. Mit Loben stärken wir das Gute, machen Mut zu beherzten Taten und zu geduldigem Aushalten.
Sicher gibt es auch das andere: daß wir mahnen, warnen und schelten müssen. Weil dabei aber immer die Gefahr der Verstokkung droht, müssen wir lernen, Wahrheit und Liebe miteinander zu verbinden, die Wahrheit in Liebe zu sagen.

2. Problemkreise zum achten Gebot

Der Zeuge vor Gericht

Das achte Gebot erinnert in seiner Formulierung an die Situation im Gerichtssaal. Das Gericht geht davon aus, daß der Angeklagte selber zu seinen Gunsten redet. Deshalb bekommen die Aussagen der Zeugen ein für das Urteil entscheidendes Gewicht. Wie soll es zu einem gerechten Urteil kommen, wenn sich die Zeugen abgesprochen haben und die Unwahrheit sagen?

1. Könige 21 wird berichtet, daß der freie Israelit Naboth dem König Ahab seinen Weinberg nicht abtreten und verkaufen will. Er hat ihn von seinen Vätern geerbt und will ihn nicht für die Erweiterung des königlichen Parks hergeben. Ahab ärgert sich und trotzt. Seine Frau Isebel bestellt falsche Zeugen. Diese sagen aus, Naboth habe Gott gelästert und zum Aufruhr gegen den König anstiften wollen. Naboth wird verurteilt und gesteinigt. Der Weinberg des Hingerichteten fällt an den König. Er scheint also sein Ziel erreicht zu haben. Aber Gott schickt ihm den Propheten Elia und läßt ihm sein Gericht ankündigen.
Auch bei den Gerichtsverhandlungen gegen Jesus und Stephanus treten falsche Zeugen auf (Markus 14 und Apostelgeschichte 6).

Wer vor Gericht als Zeuge auftritt, sollte als Jünger Jesu statt des Eides nur eine Wahrheitsbeteuerung abgeben (vgl. dazu das zum Eid Gesagte – zweites Gebot). Er muß sich auf alle Fälle bemühen, nach bestem Wissen und Gewissen die Wahrheit zu sagen, ohne sich von Vorurteilen oder Emotionen beeinflussen zu lassen.

Die üble Nachrede

Besonders folgenschwer kann ein Gerücht oder eine üble Nachrede sein. Es gibt eine eindrückliche Zeichnung von *A. Paul Weber* »Das Gerücht«. Das Gerücht wird als ein schlangenartiges Ungeheuer dargestellt, das durch eine Straße schwebt mit riesigen Ohren, mit Augen, die in alle Richtungen gehen, und mit einem Leib, dem aus unzähligen Löchern neue Teile zuwachsen. Das Bild verdeutlicht die unheimliche Macht und Gefährlichkeit des Gerüchts. Es vergiftet und verdirbt unaufhörlich menschliche Beziehungen. Es ist unmöglich, eine bereits ausgestreute Verleumdung völlig ungeschehen zu machen: »Etwas bleibt immer hängen.«

Das Gutachten

Walter Lüthi sagt in einer Predigt zu unserem Gebot:

»Ich denke an die gewaltige Rolle, die heute das Auskunfteiwesen spielt, erinnere daran, daß wir im Zeitalter der ›Gutachten‹ stehen, vom flüchtigen Telefonanruf bis zur Schriftanalyse und bis zur psychiatrischen Begutachtung. Da fallen Urteile über Menschen, die auf Jahrzehnte, die lebenslänglich bestimmend werden können, Urteile, die für Ehen und ganze Familien Sein oder Nichtsein bedeuten ... Man hat oft geradezu den Eindruck, die Todesstrafe sei zwar in den zivilisierten Ländern abgeschafft, aber sie habe sich wieder eingeschlichen in der Form des ›Gutachtens‹. Ich hörte letzthin vom Telefongespräch eines einflußreichen Mannes, der über einen Ausländer Auskunft zu erteilen hatte. Darin hat er den Ausländer, einen hilflosen Mann, der sich nicht rechtfertigen konnte, erledigt. Es brauchte nicht einmal ein sechsminütiges Gespräch, um ein Menschenschicksal entscheidend zu treffen« (Die Zehn Gebote Gottes, Basel, S. 206f.).

Jeder, zu dessen Aufgabe es gehört, Menschen als Persönlichkeiten und nach ihren dienstlichen Tätigkeiten zu beurteilen, weiß, wie wichtig der Hinweis auf dieses Problem ist. Wenn wir über andere Menschen berichten, muß uns die Frage bewegen, wie wir ihnen gerecht werden. Vielleicht werden diese Berichte noch in vielen Jahren zu lesen sein, obwohl die Beurteilten inzwischen ganz anders geworden sind und obwohl die Berichterstatter bei der Abfassung ihrer Stellungnahmen nicht frei waren von Sympathie, von Animositäten und Vorurteilen.

Die sogenannte Notlüge

Jeder Lügner macht natürlich den Versuch, seine Lüge als notwendig zu rechtfertigen. Wäre er nicht in einer gewissen Verlegenheit, dann müßte er ja nicht lügen. Das Aussprechen der Wahrheit ist oft mit einem Risiko und einem Nachteil verbunden. Wer es aber mit Christus ernst nimmt und ihm nachfolgt, der wird von ihm auch die Kraft und den Mut erhalten, die Wahrheit zu sagen und es einzugestehen, wenn er unwahrhaftig gewesen ist. Ohne Wahrhaftigkeit gibt es kein Vertrauen im menschlichen Zusammenleben!
Es gibt freilich echte Grenzfälle, wo die Lüge im Dienst der Liebe stehen kann: So etwa im Dritten Reich, wenn es galt, das Leben jüdischer Menschen zu retten, sie zu verbergen, sie als »arisch« zu erklären oder für sie Pässe und Ausweise zu fälschen.

Die politische Lüge und die Propaganda

In den Bereich der politischen Lüge gehört vor allem, was mit der Propaganda zusammenhängt. Der raffinierteste Vertreter der politischen Propaganda (*Adolf Hitler* in »Mein Kampf«) schrieb:

»Was würde man über ein Plakat sagen, das eine neue Seife anpreisen soll, dabei jedoch auch andere Seifen als ›gut‹ bezeichnet? Man würde darüber nur den Kopf schütteln. Genauso verhält es sich aber auch mit politischer Reklame... Sowie durch die eigene Propaganda erst einmal nur der Schimmer eines Rechtes auch auf der anderen Seite zugegeben wird, ist der Grund zum Zweifel an das eigene Recht schon gelegt. Die Masse ist nicht in der Lage, zu unterscheiden, wo das fremde Unrecht endet und das eigene beginnt... Und noch dazu, bei einem Volke, das ohnehin so sehr am Objektivitätsfimmel leidet wie das deutsche... Das deutsche Volk ist in seiner überwiegenden Mehrheit so feminin veranlagt, daß weniger nüchterne Überlegung als vielmehr gefühlsmäßige Empfindung sein Denken und Handeln bestimmt... Alle Genialität der Aufmachung der Propaganda wird zu keinem Erfolg führen, wenn nicht ein fundamentaler Grundsatz immer gleich scharf berücksichtigt wird: sie hat sich auf wenig zu beschränken und dieses ewig zu wiederholen... Nur einer tausendfachen Wiederholung einfachster Begriffe wird die Masse endlich ihr Gedächtnis schenken. So muß das Schlagwort wohl von verschiedenen

Seiten aus beleuchtet werden, allein das Ende jeder Betrachtung hat immer von neuem beim Schlagwort selbst zu liegen. Dann aber wird man mit Staunen feststellen können, zu welch ungeheuren, kaum verständlichen Ergebnissen solch eine Beharrlichkeit führt.«

In diesen Sätzen hat *Hitler* sein Betriebsgeheimnis genannt. Nach diesen Grundsätzen haben er und seine Propagandisten ihre erstaunlichen Erfolge erzielt. Solche Art von Propaganda ist mit dem Zusammenbruch des Nationalsozialismus leider keineswegs verschwunden. Man denkt an manche Erzeugnisse der Massenpresse, wenn man die Sätze *Hitlers* liest:

»Jede Propaganda hat ihr geistiges Niveau einzustellen nach der Aufnahmefähigkeit des Beschränktesten unter denen, an die sie sich zu richten gedenkt, weshalb denn ihr Wirken auch immer mehr auf das Gefühl ausgerichtet sein muß und nur sehr bedingt auf den sogenannten Verstand.«

Es ist alarmierend, wenn der Verhaltensforscher *Konrad Lorenz* als Tatsache feststellt, daß die Massenbeeinflussung durch Presse, Rundfunk, Fernsehen und Werbung in der westlichen Welt nicht weniger wirkungsvoll ist als in den totalitären Staaten des Ostblocks. (Vgl. »Die acht Todsünden«.) Den »Griff nach dem Unbewußten in jedermann« und die Manipulierbarkeit des Bürgers hat der Amerikaner *Packard* eindrücklich dargestellt in seinem Buch »Die geheimen Verführer«.

Die Wahrheit am Krankenbett

Was bedeutet unser Gebot im Blick auf die sogenannte Wahrheit am Krankenbett? Zuerst muß gefragt werden, wie weit man den Verlauf einer Krankheit überhaupt sicher voraussagen kann. Sodann: Wahrheit und Liebe gehören auch hier zusammen. Man darf einem kranken Menschen nicht mit Aufklärungsfanatismus begegnen. Manchmal gehört es auch zum Krankheitsbild, daß der Kranke die Information über seinen Zustand abweist. Man kann hier keine allgemeine Regel aufstellen. Jedenfalls sollten der Arzt und die Angehörigen versuchen, ehrlich Antwort zu geben, wenn die Kranken selber fragen. Wir tun den Kranken keinen wirklichen Liebesdienst, wenn wir ihnen die Situation verschleiern. Andererseits ist sehr zu bedenken, was der körperlichen und seelischen Kraft des Kranken an Information zuzumuten ist. Eine brauchbare Regel ist: »Man muß nicht alles sagen, was wahr ist, aber was man sagt, muß wahr sein.«

Ergänzungen und Fragen zum Gespräch:

1. Ein Zitat von *Macchiavelli:* »Jedem ist es klar, daß es lobenswürdig ist, wenn ein Fürst sein Wort hält und mit Rechtschaffenheit und ohne Hinterlist seinen Weg geht. Allein die Erfahrung unserer Tage lehrt uns, daß nur jene Fürsten mächtig geworden sind, die es mit Treu und Glauben leicht nahmen und sich darauf verstanden, andere zu täuschen und zu betrügen, und daß es jenen, die redlich ihren Verbindlichkeiten nachkamen, am Ende übel erging. – Ein kluger Fürst darf daher sein Versprechen nie halten, wenn es ihm schädlich ist, oder die Umstände, unter denen er es gegeben hat, sich geändert haben.«
2. Zitate von *Karl Barth:* »Die Christengemeinde lebt von der Enthüllung des wahren Gottes und seiner Offenbarung, von ihm als dem Licht, das in Jesus Christus dazu aufgeleuchtet ist, damit es die Werke der Finsternis zerstöre... Die notwendige politische Entsprechung dieses Sachverhalts besteht darin, daß die Christengemeinde die abgesagte Gegnerin aller Geheimpolitik und Geheimdiplomatie ist... Die Staatskunst, die sich ins Dunkel hüllt, ist die Kunst des Staates, der als anarchischer oder tyrannischer Staat das böse Gewissen seiner Bürger oder seiner Funktionäre zu verbergen hat. Die Christengemeinde wird ihm darin auf keinen Fall Beistand leisten« (Christengemeinde und Bürgergemeinde, Stuttgart 1946, Abschnitt 22).
»Die Christengemeinde sieht sich begründet und genährt durch das freie... Wort Gottes... Sie muß das Gleichnis wagen, dem freien menschlichen Wort auch im Raum der Bürgergemeinde eine Verheißung, eine positive aufbauende Bedeutung zuzuschreiben... Sie wird mit aller Macht auf der Seite derjenigen sein, die mit allem Dirigieren, Kontrollieren und Zensurieren der öffentlichen Meinungsäußerung nichts zu tun haben wollen« (a.a.O., Abschnitt 23).
3. Frau *Alva Myrdal* aus Schweden hat auf dem Kirchentag in Hannover vorgeschlagen, die Kirche sollte versuchen, »Wahrheitszentren« (Truth-Centers) zu schaffen. Denn es sei eine entscheidende Aufgabe für die Zukunft, Informationen zu sammeln, zu prüfen und weiterzugeben, da die meisten sogenannten Informationen der Massenmedien zweckbestimmt und frisiert seien. Es gehe um die Immunisierung gegen falsche Auskunft und einseitige Bearbeitung unserer Gefühle.
4. Der ehemalige Regierende Bürgermeister von Berlin, Pfarrer *Albertz,* sagte in einem Vortrag über »Die Aufgabe der Kirche in einer großen Stadt«, es würde viel bedeuten, wenn wir anfangen würden, im persönlichen und im öffentlichen Leben das Gebot »Du sollst kein falsch Zeugnis reden wider deinen Nächsten« wieder ernst zu nehmen.

IX. Das neunte und zehnte Gebot:

**»Du sollst dich nicht lassen gelüsten
deines Nächsten Hauses.«**

**»Du sollst dich nicht lassen gelüsten
deines Nächsten Weibes noch seines Knechtes,
noch seiner Magd, noch seines Ochsen, noch seines Esels,
noch alles, was dein Nächster hat.«**

1. Die Macht der Triebe

Die Themen, die hier angesprochen werden, sind bereits in den Geboten »Du sollst nicht stehlen« und »Du sollst nicht ehebrechen« behandelt worden. Aus diesem Grunde können wir uns kurz fassen. Wenn hier gleichsam eine Wiederholung dieser Gebote stattfindet, dann wohl deshalb, weil der Geschlechtstrieb, der Machttrieb und die Gier nach größerem Reichtum so mächtig sind und so vielgestaltig auftreten können. *Luther* redet davon, daß wir das Eigentum unserer Mitmenschen »mit List« und »mit einem Schein des Rechtes« an uns bringen könnten. Wir könnten dem Nächsten auch auf raffinierte Weise seinen Ehepartner ausspannen oder ihm seine Angestellten und Arbeiter abwerben. Das »Begehren« und »Sich-gelüsten-Lassen« gehört offensichtlich zu unserer Natur. Wir sind neidisch auf andere, die es nach unserer Meinung besser haben als wir, die schöner, reicher, begabter, geschickter sind, die mehr Glück und Erfolg haben als wir, die sich mehr leisten können als wir, die eine bessere Karriere machen als wir. Dieses Vergleichen und Neiden macht uns unzufrieden und unglücklich. Es frißt uns auf, wenn wir uns ihm ausliefern: »Neid ist Eiter in den Gebeinen« (Sprüche 14,30). Jesus sagt: »Hütet euch vor dem Geiz« (Lukas 12,15), und Paulus schreibt sogar: »Geiz ist die Wurzel alles Übels« (1. Timotheus 6,10).

Wie es sich auswirken kann, wenn sich ein Mann »seines Nächsten Weibes gelüsten« läßt, wird in der Bibel an der Geschichte des Königs David gezeigt (2. Samuel 11). David geht auf dem flachen Dachgarten seines Palastes spazieren und sieht eine schöne Frau, die ihn fasziniert. Sie ist verheiratet. Ihr Mann ist sogar Soldat in seinem Heer und nimmt an einer Belagerung teil. David lädt die Frau ein. Bathseba kommt. Sie wird schwanger. Das ist peinlich. Der Mann Uria erhält Sonderurlaub. Aber er weigert sich, zu seiner Frau zu gehen, während seine Kameraden im Kampfe stehen. David schickt ihn wieder an die Front und läßt ihn so einsetzen, daß er fällt. Der Ablauf dieser Geschichte ist unheimlich: Aus dem Fasziniertsein von der Schönheit einer Frau wird das Begehren, aus dem Begehren ein Ehebruch, aus dem Ehebruch ein listenreicher Betrugsversuch, aus Lüge und Betrug wird ein kaltblütig inszenierter Verrat und Mord an einem treuen Gefolgsmann. Wirklich: »Das eben ist der Fluch der bösen Tat, daß sie fortzeugend immer Böses muß gebären« (*Schiller*). Über seinem Trieb und seiner List hat David Gott vergessen. Aber dieser sendet den Propheten Nathan, der ihm die Geschichte von einem reichen Mann erzählt, der einem Armen das einzige geliebte Schaf raubte. Nathan läßt den König über diesen Mann selbst das Todesurteil sprechen und sagt dann zu ihm: »Du bist der Mann!«

An dieser Geschichte ist nicht nur dies erstaunlich, daß ein Mann, von dem so viel Gutes zu sagen ist wie von David, sich so übel verhalten kann und durch sein Haben- und Besitzen-Wollen von einer Sünde in die andere geführt wird. Vor allem ist erstaunlich, daß die biblischen Erzähler diesen dunklen Punkt wahrheitsgetreu berichten, ihn in keiner Weise beschönigen, entschuldigen oder unterschlagen, obwohl doch aus David so etwas wie eine völkische und religiöse Ideal- und Symbolgestalt hätte gemacht werden können. Die Bibel zeigt den Menschen, wie er wirklich ist. Sie zeigt, wer der ist, mit dem sich Gott trotz allem einläßt, verbindet und ihm immer wieder einen neuen Anfang gewährt.

2. Licht in den Keller

Im Ansprechen des »Gelüstens« als der Wurzel der bösen Tat ist schon dies angedeutet, was Jesus in der Bergpredigt (Matthäus 5 bis 7) in der Auseinandersetzung mit den Geboten deutlich macht. Das Gelüsten zeigt: Schon in den Gedanken, tief im Herzen, im Bewußten, Unbewußten und Unterbewußten, im Keller der Seele sind Kräfte, die gemeinschaftszerstörend, lebensfeindlich und selbstzerstörerisch sind und nach außen drängen. Wie sollen wir dieser Situation begegnen? Soll man seine Triebe ausleben, die Schrankenlosigkeit, Hemmungslosigkeit und Schamlosigkeit zum Prinzip machen, wie es in manchen Theorien als Weg zur Überwindung aller Komplexe empfohlen wird? Nein! Es geht um eine klare Auseinandersetzung mit den in uns schlummernden Trieben und Sehnsüchten, um den Versuch, sich ihrer bewußt zu werden und so zur Selbstbeherrschung zu kommen. Dies ist etwas anderes als die Verdrängung der Triebe ins Unterbewußtsein.
In der Auseinandersetzung mit den jüdischen Reinigungsvorschriften zeigte Jesus, daß die entscheidenden Gefahren nicht von

außen, sondern von innen kommen: »Von innen, aus dem Herzen der Menschen, kommen die bösen Gedanken: Unzucht, Diebstahl, Mord, Ehebruch, Habgier, Schlechtigkeit, Arglist, Ausschweifung, Mißgunst, Gotteslästerung, Hochmut, Unvernunft« (Markus 7,21.22).
Wir sind vielfach nicht nur in äußerer Abhängigkeit und Unfreiheit. Wir sind nicht weniger gefangen durch innere Unfreiheit, Gebundenheit und Ohnmacht. Das Gelüsten in uns drängt zu Unersättlichkeit, zum Überschreiten der uns von Gott gesetzten Grenzen, zum Weglaufen aus dem »Vaterhaus«, aber Gottes Wort und Gebot wollen uns den Weg ins Leben und in die Freiheit zeigen.

Wir haben unseren Erläuterungen zu den zehn Geboten die Überschrift gegeben: »Einweisung in die Freiheit«. Freiheit ist nicht einfach ein Zustand, etwas Gegebenes und Festes. Sie ist ein Ziel, zu dem wir gerufen sind. Sie muß stets neu erstrebt, erkämpft, verwirklicht werden in der Nachfolge dessen, der gesagt hat: »Wenn euch der Sohn frei macht, so seid ihr recht frei« (Johannes 8,36). Die Freiheit eines Christenmenschen bewährt sich in der Liebe. Darum verstehen wir die Gebote nur dann recht, wenn wir in ihnen Einzelanweisungen und Konkretionen der Gottes- und Nächstenliebe sehen. Auf die Frage: Was ist der kurze Inhalt dieser zehn Gebote? gibt das sogenannte Doppelgebot der Liebe die Antwort: »Du sollst den Herrn, deinen Gott, lieben mit ganzem Herzen, mit ganzer Seele und mit all deinem Verstand. Dies ist das größte und wichtigste Gebot. Das andere aber ist dem gleich: Du sollst deinen Nächsten lieben wie dich selbst« (Matthäus 22,37–39).

Vierter Fragenkreis: Das Wort und die Zeichen

I. Gottesdienst und Predigt

1. Wir dürfen hören

Was bedeutet es, daß Sonntag für Sonntag in unzähligen Kirchen Menschen sich zum sogenannten Gottesdienst versammeln, miteinander singen und beten, eine Predigt anhören und ein Opfer geben?
Wozu ist der Gottesdienst gut?
Warum diese Regelmäßigkeit und warum die Aufforderung, möglichst jeden Sonntag an diesem Gottesdienst teilzunehmen?
Mitten im Kirchenkampf ist eine kleine Schrift mit Predigten von *Helmut Gollwitzer* erschienen. Sie trug den Titel: »Wir dürfen hören!« Der Nationalsozialismus bedrängte die Kirche. Am Horizont zeichnete sich ein Krieg und Weltenbrand ab. Aufrechte Menschen und standhafte Christen wurden in Konzentrationslager gesteckt und mit dem Tode bedroht. Ein junger Theologe aber veröffentlichte Predigten mit dem Titel: »Wir dürfen hören!« Er meinte offensichtlich, daß es trotz der finsteren Zeit und der schwierigen Verhältnisse ein Anlaß zur Freude und Dankbarkeit, eine Quelle der Ermutigung und Kraft war, daß Menschen Ohren hatten und hören durften und daß ein Wort und eine Botschaft da war, die zu hören sich lohnte.
Es ist die Voraussetzung und der Grund alles evangelischen Gottesdienstes: Gott hat die Welt und uns nicht sich selber überlassen. Wir sind nicht allein. Wir sind zur Bewältigung unseres Lebens nicht auf unsere eigene Weisheit und Lebenskunst angewiesen. Gott ist nicht stumm geblieben. Er hat sich offenbart und bekanntgemacht. Im Zeugnis der Apostel und Propheten hat Gott zur Menschheit geredet und redet durch ihr Zeugnis auch heute. Er hat sich selbst in Jesus von Nazareth mit uns Menschen verbunden. Er ist uns in ihm väterlich nahegekommen und hat uns zu seinen

Bundesgenossen gemacht. Deshalb ist es ein solches Geschenk, daß wir diese Botschaft hören können. Und wir sollen sie weitersagen, weitergeben, miteinander bedenken, sie einander zusprechen, von ihr singen und sagen und für sie danken.

2. Wir sind geliebt

Ein anderes Predigtbuch stammt von dem Berliner Professor *Heinrich Vogel* und hat den Titel »Wir sind geliebt«. Mit diesem Titel ist der Inhalt der Botschaft bezeichnet, die es zu hören gilt. Das göttliche Wort, das uns im Zeugnis der Propheten und Apostel begegnet, ist ein Wort der Liebe. Dieses Wort der Liebe Gottes ist etwas anderes als unsere Rede vom »lieben Gott«. »Wir wissen nicht, was Liebe ist. Wir haben es zu lernen, indem wir Gott zu erkennen lernen. Seine Liebe ist eine andere als menschliche Liebe ... Das Fleisch verlangt nach dem ›lieben Gott‹, der Geist sagt uns das Wort« (*K. Barth*). Was Gottes Liebe ist, wird in dem Wort der biblischen Zeugen in verschiedene Richtungen entfaltet. Da wird uns gesagt: Mitten in der Welt des Hasses, des Neides, der Mißgunst, der Selbstsucht, Selbstrechtfertigung und Selbsterhöhung ist die göttliche Liebe erschienen in der Gestalt des Menschen Jesus von Nazareth. Was immer von den Menschen zu erwarten ist, wie sehr uns Menschen enttäuschen mögen: Gott, der ewige Grund und Herr der Welt, hat uns Menschen in Jesus von Nazareth seine Liebe zugewendet. Von dieser Liebe kann nicht oft genug, nicht kräftig und ermutigend und befreiend genug geredet werden. Diese göttliche Liebe ist unter uns Menschen immer wieder das Neue und Unbekannte. Sie widerfährt gerade auch den Unwürdigen, Nicht-Liebenswerten. Sie rechnet mit Schuld und Versagen und überwindet die Schuld durch Vergebung. Die göttliche Liebe ist nicht kurzatmig und egoistisch wie unsere menschliche Liebe. Sie ist »langmütig und freundlich«, sie läßt sich nicht erbittern, sie antwortet auf Bosheit und Haß mit Vergebung und überwindet das Böse mit Gutem. Gottes Liebe ist Trost und Ermutigung für alle, die an ihrem Leben, an ihrer Veranlagung, an ihrem Versagen, an ihrer Reizbarkeit und ihrem Egoismus leiden. Gott wendet seine Liebe dem Sünder, dem Unsympathischen, dem Kontaktarmen, dem Vereinsamten, Verbitterten, Verstörten zu. Sie wird ihm im Wort Gottes angeboten. Von dieser Liebe Gottes zu singen und zu sagen, sie zu preisen und zu bedenken, sie anzunehmen und sich

zusprechen zu lassen ist der Sinn und Zweck des evangelischen Gottesdienstes.
Traurige und Betrübte sollen getröstet, Verhärmte, Verbitterte, Entgleiste sollen zurechtgebracht, Niedergeschlagene, Verzagte, Angefochtene sollen aufgerichtet werden. Die im Dunkel leben, sollen ins Licht kommen, die Lahmen sollen gehen, die Blinden sehen, die Aussätzigen rein werden, die Tauben hören und den Armen und Entrechteten soll frohe Botschaft ausgerichtet werden. Unter dem guten Wort von der Liebe Gottes darf es zu einem Aufatmen kommen. Der Gottesdienst ist der Ort, wo Menschen, die von vielfachen bösen Erfahrungen der Welt und ihres Lebens herkommen, aufatmen dürfen.

3. Zuspruch und Anspruch

Zwei spätere Predigtbände von *Helmut Gollwitzer* haben den Titel »Zuspruch und Anspruch«. Dieser Titel will deutlich machen, daß es im Evangelium und im Gottesdienst nicht nur um den Zuspruch der Vergebung und das Trostwort der Liebe Gottes geht, sondern auch um den Anspruch, den der lebendige Gott in seinem Wort auf unser ganzes Leben erhebt. Die Liebe Gottes will ja Gestalt gewinnen in unserem Leben. Sie will uns in unserem Verhalten leiten und regieren.
Im evangelischen Gottesdienst geht es also darum, daß wir uns von Jesus in die Nachfolge rufen, uns von seiner Liebe in Anspruch nehmen lassen und darüber nachdenken, wie Nachfolge in den politischen, gesellschaftlichen, familiären und persönlichen Entscheidungen unseres Alltages geschehen kann. Denn wir haben da nicht einfach ein Patentrezept für alle Fälle und Probleme. Die Zeit wandelt sich. Die Geschichte ist im Fluß. Neue Fragen, Nöte, Gefährdungen, Probleme tauchen auf. So muß stets neu gefragt werden: Wie sieht solche Nachfolge heute aus?
Im Christentum geht es nicht um ein System von Lehrsätzen und Prinzipien, selbst wenn diese Prinzipien die zehn Gebote wären. Es geht vielmehr um den Weg, der in der Nachfolge Jesu zu gehen ist. Die alttestamentliche Gottesgemeinde ist als das wandernde Gottesvolk einen Weg geführt worden und hatte sich auf diesem Weg, der teilweise durch die Wüste ging, zu bewähren.
Das neutestamentliche Gottesvolk wird in der Nachfolge Jesu

ebenfalls einen Weg durch die Geschichte geführt, und auch auf diesem Weg gibt es Höhen und Tiefen, leichtere Zeiten und Zeiten größter Bedrängnis. So wird auch jeder einzelne von uns einen Weg geführt. Auf diesem Lebensweg des einzelnen und auf dem Weg der Gemeinde ist es von höchster Bedeutung, daß uns das Wort Jesu begleitet, uns erreicht und anspricht und führt.

Wir haben dabei ein Zweifaches zu bedenken:

Einmal: Der geschichtliche Wandel bringt jeweils andere Probleme und Aufgaben. Der Einsatz für Arme, Entrechtete, an die Wand Gedrückte hat immer wieder eine andere Gestalt und fordert immer wieder neue Entscheidungen von uns. Unsere Einsatzmöglichkeiten und Verantwortungsbereiche sind verschieden. Wir müssen immer wieder fragen: Herr, was sollen wir heute tun? Wofür haben wir uns einzusetzen? Wo haben wir Widerstand zu leisten?

Zum anderen: Unser Glaube ist oft schwankend. Wir sind hin- und hergerissen, heute mutig und morgen verzagt. Einmal können wir andere trösten und aufrichten, ein andermal brauchen wir selber Trost und Ermunterung. Wir brauchen das Wort Gottes, das Wort der Liebe, den Zuspruch und Anspruch so nötig wie das tägliche Brot. Deshalb brauchen wir den regelmäßigen Gottesdienst, in dem wir angesprochen, ermutigt, inspiriert und zurechtgewiesen werden in der Gemeinschaft von Brüdern und Schwestern, die mit uns auf dem Wege sind und mit uns um den Geist beten und singen und mit uns Verantwortung wahrnehmen, mit uns feiern und sich mit uns freuen.

Es gibt in unserem Leben Zeiten, in denen unser Lebensschifflein ruhig dahinfährt, ja wo wir frisch und fröhlich hinausfahren auf hohe See; Zeiten, in denen wir voll Vitalität und Selbstvertrauen meinen, unser Lebensschifflein selber steuern und führen zu können! Und dann gibt es Zeiten, in denen wir von wilden Wassern erfaßt werden, wo wir wie der Psalmist rufen möchten: »Das Wasser geht mir bis an die Kehle. Ich versinke in tiefem Schlamm, wo kein Grund ist; ich bin in tiefe Wasser geraten, und die Flut will mich ersäufen« (Psalm 69,2f.). Es gibt Zeiten, in denen wir unsere Ohnmacht erfahren und uns den Wellen preisgegeben fühlen, Zeiten der Anfechtung, Angst und Einsamkeit.

Und dann kommt für jeden von uns die Zeit, in der unser Boot dem dunklen Tor des Todes zutreibt, in der wir von den Krankheiten, den Vorboten des Todes, erfaßt werden und ein letztes Ausgeliefertsein erfahren.

Wir sind geschichtliche Wesen. Wir leben im Auf und Ab der Stimmungen und der Gefühle. Wir haben die Kraft nicht in uns selber. Wir tragen das Licht nicht in uns. Wir sind auf das Wort und auf den Geist Gottes angewiesen. Das zeigt uns die Bibel auf Schritt und Tritt an eindrücklichen Beispielen:

Elia ist zum Propheten und Diener Gottes berufen. Er tritt dem König Ahab und seiner Frau mutig entgegen. Er erlebt Gottes Hilfe geradezu handgreiflich. Aber dann kommt die Stunde, wo ihn der Mut verläßt. Die Angst kommt über ihn. Er fühlt sich einsam und verlassen. Er flieht in die Wüste. Dort möchte er sterben. Aber das Wort des Herrn ergeht an ihn. Er erhält Brot und den Befehl: »Steh auf und iß!« Aus seiner Verzweiflung wird er durch Gott selbst herausgerufen und neu in den Dienst gestellt (1. Könige 19).
Ähnlich ist es bei anderen Propheten, zum Beispiel bei Jeremia. Auch er ist zum Propheten berufen. Aber er muß erfahren, daß er tauben Ohren predigt. Er findet kein Gehör und kein Vertrauen. Seine ehemaligen Freunde wenden sich von ihm ab. Seine Feinde stellen ihm nach und machen ihm das Leben schwer. Er kommt so weit, daß er den Tag seiner Geburt verflucht. Aber Gott läßt ihn nicht in seiner Verzweiflung. Er ruft ihn aufs neue, richtet ihn auf und holt ihn ins Freie (Jeremia 15 bis 20).
Denken wir an Abraham, den »Vater des Glaubens«. Er wird gerufen, den Schritt aus dem Vaterland und aus dem Bereich der schützenden Sippe in Mesopotamien zu tun. Er wagt diesen großen Schritt. Aber auch dann wird er nicht sich selber überlassen. Er ist darauf angewiesen, daß er immer wieder aufs neue angesprochen, ermutigt, zurechtgewiesen und aufgerichtet wird. Der Unglaube seiner Frau setzt ihm zu. Die Angst vor dem Pharao überwältigt ihn, so daß er meint, seine eigene List einsetzen zu müssen. Er geht einen schweren Weg, bis er lernt, dem Wort zu vertrauen und einen Weg zu gehen, dessen Ende er nicht absieht und dessen Ausgang er in die Hand Gottes stellen muß (1. Mose 12 bis 22).
Schließlich wollen wir noch von Petrus, dem »Felsenmann«, reden. Er war der Sprecher der Jünger und hat in vielen Situationen sein Format und seine Einsatzbereitschaft bewiesen. Aber in der Stunde der Verurteilung Jesu versagt er. Er verliert sein ganzes Selbstvertrauen. Ist er damit erledigt? Kann Gott auch noch solche Leute brauchen? Jesus gibt ihn nicht auf. Er spricht ihn aufs neue an und schafft ihm Zukunft (Johannes 21).

Diese Beispielgeschichten sind von grundsätzlicher Bedeutung: Sie zeigen, wie wir alle dran sind. Wir alle brauchen das Wort, den Zuspruch und Anspruch. Wir können nicht aus dem Eigenen leben, und deshalb brauchen wir das »Brotholen«, das »Essenfassen«, das »Auftanken« im Gottesdienst. Deshalb schaden wir uns selbst, wenn wir die Predigt und das Wort verachten.

4. Der Prediger und die Gemeinde

Die Wanderung der Gemeinde hat einen Anfang und ein Ziel. Den Anfang des durch das Weltgeschehen wandernden Gottesvolkes hat Gott gesetzt in der Erwählung des Volkes Israel und in der Erwählung Jesu von Nazareth. Aber die Vollendung, die volle Verwirklichung und sichtbare Machtergreifung Gottes steht noch aus.

Wir leben alle in der Zwischenzeit. In dieser Zwischenzeit hat der Prediger die Aufgabe, die Gemeinde daran zu erinnern, daß sie von diesem besonderen Anfang herkommt, der durch Jesus Christus gesetzt worden ist, und daß sie auf das Ziel der Wanderung zugeht, auf das Ziel der endgültigen Offenbarung Gottes und der Vollendung seines Reiches. Auf diesem Weg braucht die Gemeinde die Stärkung, Ermutigung und Tröstung und zugleich die Sendung und den Auftrag zum Dienst. Denn die Erwählung ist ja nicht Selbstzweck. Die Gemeinde hat den Auftrag, Salz der Erde und Licht der Welt zu sein.

Das ist der Rahmen, in dem die Verkündigung und Predigt geschieht. Von diesem Hintergrund her ist jeder Text der Bibel zu verstehen und auszulegen. Die einzelnen Abschnitte der Bibel, über die gepredigt wird und die erklärt und ausgelegt werden, sind nicht losgelöste, in sich abgeschlossene Einheiten. Sie stehen in dem oben genannten Gesamtrahmen und haben deshalb ein Gefälle. Sie sind Zeugnisse von dem durch Christus erschienenen Heil und weisen hin auf die noch ausstehende Vollendung. Es gibt dabei für den Prediger kein Patentrezept für die Auslegung. Vielmehr kommt es darauf an, daß der Prediger in größtmöglicher Konzentration auf die Aussage des besonderen Textes hört und zugleich die Fragen und Probleme seiner Gegenwart besonders intensiv miterlebt und miterleidet.

Die Entstehung einer rechten Predigt hat also zweierlei zur Voraussetzung:

Der Prediger kommt her von persönlichen Erfahrungen mit sich selbst, mit seinen Angehörigen und Freunden. Er begegnet vielen verschiedenen Menschen mit ihren Hoffnungen und Sehnsüchten, in der Situation der Freude, der Trauer und der Verzweiflung, in Gesundheit und Krankheit, im Leiden und im Sterben. Er steht mitten drin im Zeitgeschehen, nimmt geistige Strömungen, politische, gesellschaftliche, wirtschaftliche Entwicklungen, Gefährdungen, Hoffnungen zur Kenntnis, achtet auf soziale Spannungen und militärische Bedrohungen. Er ist bedrängt von der Frage, ob es gelingt, den Frieden zu erhalten, die Probleme der Welternährung zu bewältigen, die Manipulation der Massen zu verhindern. Wenn Juden verfolgt und Neger diskriminiert werden, wenn Unrecht in Recht verkehrt wird, wenn der Krieg verharmlost wird, wenn die Politiker lügen, wenn ein Kennedy und ein Martin Luther King ermordet werden, wenn ein Krieg zwischen Israel und den Arabern ausbricht, wenn die Russen in Prag einmarschieren und die Amerikaner in Vietnam morden, wenn es um die Versöhnung geht oder um die Todesstrafe, oder um den Schwangerschaftsabbruch, wenn die Redefreiheit und Meinungsfreiheit eingeengt werden: all das ist dem Prediger nicht gleichgültig, sondern geht ihm unter die Haut; all das prägt und beschäftigt den Prediger und treibt ihn um.

Als ein derart Umgetriebener liest er die Bibel, achtet auf Zusammenhänge, versucht in einen Schriftabschnitt einzudringen und ihn zu verstehen, und dann versucht er zu erheben, was der Inhalt dieses Textes für die konkrete Gemeinde bedeuten kann, in welcher Weise diese Schar von Menschen durch die zielgerichtete Auslegung des Schriftwortes ermuntert, getröstet und zugleich zum Einsatz gerufen und in Dienst genommen werden soll durch den Herrn der Kirche, den Herrn des Wortes, der zuerst zu ihm und durch ihn hindurch zur Gemeinde reden will.

Der Prediger hat es nicht in der Hand, daß die Hörer in seinem Menschenwort das Wort Gottes selbst hören. Er ist nur der Knecht, der ankündigen, hinweisen, anzeigen soll. Aber über seinem Dienst steht die Verheißung, daß Gott selbst sein armes Menschenwort mit Leben und Kraft erfüllen und zu seinem eigenen Wort machen kann, so daß der Hörer in, mit und unter dem Menschenwort den Zuspruch und Anspruch Gottes hört.

Man hat an der herkömmlichen Predigtform schon oft kritisiert, daß der Pfarrer einen »Monolog« hält, weil er allein redet und die anderen bloß zuhören. Dieser Vorwurf ist nur bedingt richtig. Denn dem Halten der Predigt muß ein Gespräch in zweifacher Hinsicht vorausgehen: ein inneres Gespräch mit dem Hörer (in manchen Fällen mag der Prediger bei der Formulierung der Predigt geradezu einzelne Gemeindeglieder vor Augen haben) und ein inneres Gespräch mit dem Text beziehungsweise mit dem »Herrn des Textes«. Es ist also nicht sachgemäß, die Predigt dadurch ersetzen zu wollen, daß zwei Menschen einen öffentlichen Dialog führen. Dagegen ist darauf hinzuarbeiten, daß in unseren Gottesdiensten nicht nur beamtete Theologen reden. Ihr Wort und Zeugnis soll ergänzt werden durch das Wort anderer Gemeindeglieder, von dem selbstverständlich dasselbe gilt, was über die Predigt gesagt worden ist.

Außerdem sollte die Predigt in unseren Gottesdiensten auch dadurch ergänzt werden, daß Gemeindeglieder die Freiheit gewinnen, Fragen zu stellen und Probleme zu nennen, die ihnen zu schaffen machen und die dann im Gemeindegottesdienst durchaus besprochen werden können. Die steife Förmlichkeit sollte zurücktreten und der Gottesdienst stärker den Charakter einer Gemeindeversammlung erhalten, in der man einander herzlich begrüßt und wo sich der einzelne hineingenommen fühlt in die Gemeinschaft der Gläubigen. Auch im Stil der gottesdienstlichen Zusammenkunft soll deutlich werden: Hier ist jeder willkommen. Hier ist ein offener Kreis, in den du dich einfügen kannst, ohne komisch angesehen zu werden.

Im Gottesdienst und danach darf etwas zu spüren sein von der ungezwungenen Freude und Freiheit der Kinder Gottes, vom Charakter des Festes und der Feier. Man braucht nicht in Feierlichkeit zu erstarren und braucht nicht eine Lehrveranstaltung abzusitzen. Man darf sich auch nicht gegen andere verschließen, um dann allein nach Hause zu gehen. Wo Jünger Jesu sind, gibt es die Tuchfühlung und das Gespräch, lernt man einander anzusprechen und einander zuzuhören, nicht in Neugier und Schwatzhaftigkeit, sondern in der Bereitschaft, an der Freude und am Leid des anderen Anteil zu nehmen, einander zu ermutigen und zu stärken. Die Botschaft von der Liebe Gottes will sich in Erfahrungen von Gemeinschaft auswirken.

II. Die Taufe

1. Die Formen und Ordnungen der Taufe

Die Kindertaufe

Seit Jahrhunderten wird in den evangelischen Kirchen in Deutschland die Taufe als Säuglingstaufe praktiziert. Die Reformatoren haben diese Sitte von der römisch-katholischen Kirche übernommen und beibehalten. Wir verzichten hier darauf, die Auseinandersetzung mit dem römisch-katholischen Verständnis des Taufsakramentes darzustellen und auf alle Argumente einzugehen, mit denen die Kindertaufe begründet worden ist. Vor allem hat man immer wieder darauf hingewiesen, daß in der Kindertaufe eine wesentliche evangelische Erkenntnis besonders deutlich zum Ausdruck komme: Wir sind ohne alles eigene Verdienst als Gottes Kinder angenommen. Bevor wir uns für Gott entscheiden können, hat er bereits zu unseren Gunsten entschieden. Wir leben in der Gnade Gottes, die all unserem menschlichen Tun vorangeht! *Paul Gerhardt* hat dies in einem Weihnachtslied folgendermaßen ausgedrückt:

»Da ich noch nicht geboren war,
da bist du mir geboren
und hast mich dir zu eigen gar,
eh ich dich kannt, erkoren.
Eh ich durch deine Hand gemacht,
da hast du schon bei dir bedacht,
wie du mein wolltest werden.« (EGK 28,2)

Auf dieses Geschehen will uns die Taufe hinweisen. Alles, was zu unserem Heil nötig ist, ist bereits geschehen. Wir sind gerettet von der Macht der Finsternis. Christus ist unser Bruder geworden. Wir gehören Gott.

Allerdings hat man in der evangelischen Kirche dann bald erkannt, daß die Kindertaufe eine Ergänzung braucht, weil ja die Getauften einmal erfahren sollen, was die Taufe bedeutet. So sind der Konfirmandenunterricht und die Konfirmation eingeführt worden. Die Konfirmation ist als »Erneuerung des Taufbundes« verstanden worden, bei der der Getaufte zu seiner Erwählung und Berufung selber ja sagen sollte.

Die Erwachsenen- oder Bekenntnistaufe

Schon in der Reformationszeit hat es Christen gegeben, die die Reformation auch auf die Taufordnung und das Taufverständnis ausgedehnt haben wollten. Man hat diese Christen »Täufer« genannt. Sie wurden weder von den entsprechenden evangelischen Landeskirchen noch von der römisch-katholischen Kirche anerkannt, sondern vielfach in übler Weise verfolgt.

Trotzdem hat sich eine »Täuferbewegung« ausgebreitet. In Amerika ist es dann zur Bildung der Baptistenkirche gekommen. Sie stellt heute die größte protestantische Freikirche Amerikas dar und ist mit den anderen protestantischen Kirchen im Weltrat der Kirchen verbunden.
An die Stelle der Kindertaufe tritt bei den Baptisten eine »Kindersegnung« oder »Darbringung« in einem »Darbringungsgottesdienst«. Der Pfarrer segnet das Kind und nimmt es in die Kirche auf, damit es in der christlichen Wahrheit unterwiesen werde und eines Tages selbst die Taufe verlange. Die Eltern verpflichten sich, das Kind auf dieses Ziel hin zu erziehen. Die Taufe erfolgt dann erst nach Jahren. Ein genaues Alter kann natürlich nicht festgelegt werden. Voraussetzung der Taufe ist, daß der Taufbewerber vor der Gemeinde ein Bekenntnis ablegt, von Gottes Wegen in seinem Leben berichtet und meistens mit einfachen Worten sagt, wie er zum Glauben gekommen ist. Grundsätzlich hat dann jedes Gemeindeglied das Recht, an den Taufbewerber Fragen zu stellen. Dann entscheidet die Gemeinde, ob er zur Taufe zugelassen werden soll. Beim Taufgottesdienst stehen die Täuflinge in weißer Kleidung vor der Gemeinde und werden noch einmal gefragt, ob sie zur Nachfolge Christi bereit sind. Dann geschieht die Taufe durch ein einmaliges Untertauchen im Taufbecken, das in baptistischen Gemeinden in die Kirche eingebaut ist. Anschließend werden die Neugetauften unter Handauflegung und Gebet in einer Abendmahlsfeier als Glieder der Gemeinde Jesu bestätigt.
Auch bei den Baptisten wird die Taufe als ein Zeichen verstanden. Nicht die Taufe, sondern nur Christus selber ist der wahre Trost der Gläubigen.

Christ werde ich nicht durch die Taufe, sondern allein durch den Glauben, durch ein persönliches Verhältnis zu Jesus Christus.

Das Nebeneinander von Bekenntnistaufe und Kindertaufe

Schon seit langer Zeit ist die übliche Kindertaufpraxis in den Landeskirchen immer wieder in Frage gestellt worden, und zwar nicht so sehr von der Baptistenkirche oder von Gegnern des christlichen Glaubens als gerade von ernsthaften Christen.

Schon ums Jahr 1855 hat der dänische Schriftsteller und Theologe *Sören Kierkegaard* in einem Flugblatt die Kindertaufpraxis scharf angegriffen. Er hat vor allem kritisiert, daß die Kindertaufe Millionen von Menschen die Illusion gibt, sie seien Christen, obwohl sie doch nichts von den radikalen Forderungen und den hohen Ansprüchen des Christentums begriffen haben. Kierkegaard entwirft das Bild eines gebildeten und erfolgreichen jungen Mannes und sagt dann von ihm:

»Was Religion betrifft, so ist seine Religion die, daß er gar keine hat. An Gott zu denken, fällt ihm nie ein, die Kirche zu besuchen ebensowenig, und daß er dies unterläßt, hat gewiß kein religiöses Motiv; daheim Gottes Wort zu lesen: damit fürchtete er sich fast lächerlich zu machen. Da es sich einmal so fügt, daß er durch die Verhältnisse veranlaßt wird, in einem etwas gefährlichen Fall sich über die Religion zu äußern, so wählt er den Ausweg, daß er der Wahrheit gemäß sagt: ›Ich habe in Sachen der Religion überhaupt keine Meinung; derlei hat mich nie beschäftigt.‹ Selbiger junge Mann, der kein religiöses Bedürfnis verspürt, verspürt dagegen ein Bedürfnis, Vater zu werden. Er verheiratet sich; nun hat er ein Kind; er ist Kindsvater; und was geschieht? Ja, unser junger Mann ist, wie man sagt, wegen dieses Kindes ›im Verlag‹; er wird genötigt, als Kindsvater eine Religion zu haben. Und es ergibt sich, daß er die evangelisch-lutherische Religion hat. Wie kläglich, auf diese Weise Religion zu haben! Als Mann hat man keine Religion; wo es mit Gefahr verbunden sein könnte, auch nur eine Meinung über Religion zu haben, da hat man keine Religion; allein als Kindsvater hat man die christliche Religion, die just den ehelosen Stand empfiehlt. So schickt man denn nach dem Geistlichen; die Hebamme rückt mit dem Kindlein an; eine junge Dame hält kokett das Häubchen, etliche junge Männer, die auch keine Religion haben, erweisen dem Vater den Dienst, als Gevatter die evangelisch-christliche Religion zu haben und die Bürgschaft für die christliche Erziehung des Kindes zu übernehmen... Und das wagt man unter dem Namen ›christliche Taufe‹ Gott zu bieten. Die Taufe! Durch diese heilige Handlung wurde der Heiland der Welt zu seinem Lebenswerk geweiht, und nach ihm die Jünger, Männer, die längst die Unterscheidungsjahre erreicht hatten und in gutem Alter waren und die nun, diesem Leben abgestorben (daher tauchten sie dreimal unter, zum Zeichen, daß sie zur Todesgemeinschaft mit Christo getauft wurden), gelobten, in dieser falschen und argen Welt als Geopferte leben zu wollen.«

Das Flugblatt steht unter der Überschrift »Was man so einen Christen nennt« und zeigt, wie kläglich es ist, »unter diesen Umständen« Religion zu haben. Aber nicht nur von Kierkegaard ist die Kindertaufpraxis der Kirche angegriffen worden, sondern auch von Vertretern des Pietismus. Sie haben immer wieder betont, daß man nicht durch die Taufe, sondern nur durch die persönliche Bekehrung ein Verhältnis zu Christus findet.

In den letzten Jahrzehnten hat vor allem *Karl Barth* in das Gespräch um die Taufe, ihre Ordnung und ihre Bedeutung eingegriffen. Er unterscheidet zwischen der »Geistestaufe« und der »Wassertaufe«. Dabei zeigt er, daß die »Geistestaufe«, also die persönliche Erkenntnis und das Ergriffenwerden durch den Geist Jesu Christi, der »Wassertaufe«, das heißt dem Bekenntnis des Täuflings vor der Gemeinde, vorausgeht. Nach dem Neuen Testament steht die Verkündigung der Frohen Botschaft von Jesus Christus am Anfang. Diese Verkündigung wird von einem Menschen gehört. Christus tut ihm das Herz auf und gibt ihm Erkenntnis und Glauben. Dann erst läßt sich der Glaubende taufen und bekennt sich mit der Taufe zu seiner Berufung.

Diese Reihenfolge weist eindeutig darauf hin, daß die Erwachsenen- beziehungsweise Bekenntnistaufe gegenüber der Kindertaufe sachlich den Vorrang hat.

Zusammenfassend ergeben sich für die Taufordnung folgende Gesichtspunkte:

1. Im Neuen Testament wird die Taufe in der Regel an Erwachsenen vollzogen. Diejenigen, die getauft werden, sind Menschen, die zuerst die Verkündigung der Frohen Botschaft gehört haben, von dieser Botschaft ergriffen worden sind und sich erst dann haben taufen lassen.
2. Die Kindertaufe ist zwar keine Irrlehre, aber sie verdunkelt die Tatsache, daß die Taufe und der Glaube zusammengehören. Christen werden wir nicht durch einen magisch wirkenden Taufvorgang, sondern dadurch, daß uns der Ruf Jesu in die Nachfolge erreicht und wir diesem Jesus als dem Herrn unseres Lebens vertrauen.
3. Es ist deshalb ein Fortschritt, daß in den meisten evangelischen Landeskirchen in Deutschland die Bekenntnistaufe als gleichwertige Möglichkeit neben die Kindertaufe getreten ist. Für die Eltern soll beides möglich sein.
Unter dem Aspekt der »Kindertaufe« können sie ihre Kinder von der geschehenen Taufe her erziehen. Sie sollen dabei die Verpflichtung ernst nehmen, daß sie, soweit es ihnen möglich ist, dafür sorgen, daß die Kinder erfahren, was die Taufe bedeutet, und dann in die Nachfolge Jesu eintreten.
Unter dem Aspekt der »Bekenntnistaufe« sollen die Eltern ihre Kinder auf die Taufe hin erziehen, ebenfalls in dem Bemühen, die Heranwachsenden auf Jesus Christus hinzuweisen als auf den Herrn, in dessen Nachfolge das Leben sinnvoll wird.
4. Eltern, die aus einem neuen Ernstnehmen der Taufe Taufaufschub begehren und ihre Kinder nur segnen, aber nicht als Säuglinge taufen lassen, dürfen in keiner Weise diskriminiert werden. Sie sollten für ihre Haltung gerade bei ernsten Christen Verständnis finden. Denn sie weisen mit ihrem Verständnis der Taufe in die rechte Richtung.
5. In der gebotenen Nüchternheit werden wir aber nicht meinen, daß die Belehrung über die »Bekenntnistaufe« die große reformatorische Tat der Gegenwart ist und alle Probleme der Kirche und der Welt lösen wird.

Die Erfahrung der Kirchengeschichte zeigt, daß die Kirche durch eine andere Taufpraxis allein noch nicht zur »bekennenden Kirche« wird. Es geht grundsätzlich um ein tieferes Verständnis der christlichen Botschaft. Für die als Kinder und für die als Erwachsene getauften Menschen geht es immer wieder darum, daß sie die Bedeutung des Zeichens der Taufe recht verstehen und lernen, als Getaufte, Berufene und Erwählte zu leben.

2. Die Bedeutung der Taufe

Die Taufe ist ein Zeichen für die Reinigung und Erneuerung des Menschen durch den Geist Gottes.

Die christliche Taufe ist aus der Taufpraxis Johannes des Täufers abgeleitet. Dieser gewaltige Prediger stand am Ufer des Jordan und hat verkündigt, daß Gott kommen werde, um die Macht zu ergreifen und seine Herrschaft aufzurichten, und daß sich deshalb die Menschen vorbereiten, ändern, reinigen und erneuern müßten. Er hat seine Verkündigung damit symbolisch bekräftigt, daß er Menschen in den Jordanfluß hineingestellt hat, damit aller Schmutz und alles Unreine abgewaschen werde.
Auch im christlichen Verständnis macht uns die Taufe deutlich, daß wir Menschen sind, denen das Böse anhaftet. Wir müssen gereinigt und erneuert werden, nicht nur durch Wasser, sondern durch den Geist Gottes.

Die Taufe ist ein Zeichen dafür, daß es im Leben eines Christen um ein Sterben und Auferstehen geht.

Bei der Kindertaufe wird die Stirn des Täuflings mit Wasser begossen. Diese symbolhafte Handlung ist nicht sehr eindrücklich. Bei der Erwachsenentaufe hat man früher die ganzen Menschen untergetaucht. Noch im Mittelalter hat man die Säuglinge in die tiefen Taufbecken ganz eingetaucht, um sie sofort wieder »herauszuretten« als Gleichnis dafür, daß der alte, böse, ichsüchtige Mensch ersäuft und ertötet werden und der Sünde absterben soll. Auch in unserem Leben sollen das Sterben und der Tod Christi die Wirkung haben, daß wir unserem alten Leben in Ichsucht und Selbstbehauptung absterben. Dadurch werden wir frei, in einem neuen Leben zu wandeln, in welchem wir nur Gott gehören. So dient die Auferstehung Christi uns dazu, daß wir auch aus unseren Sünden aufstehen und ein neues Leben des Glaubens, der Hoffnung und der Liebe führen. Sterben und auferstehen: das ist die Grundbewegung des christlichen Lebens.

Die Taufe ist ein Zeichen dafür, daß wir Eigentum Gottes sind.

Die entscheidende Frage unseres Lebens lautet: Wem gehören wir? Auf wen hören wir? Wer soll uns leiten? Die Taufe sagt, daß wir im Grunde nicht unseren Eltern, sondern Gott gehören. Unseren Eltern sind wir nur anvertraut. Wir gehören auch nicht uns selber. Wir gehören nicht dem Bösen und nicht den menschlichen Führern und Mächten.
So wie die Herdenbesitzer ihre Tiere zeichnen, damit sie als ihr Eigentum erkennbar sind, so ist die Taufe ein Zeichen dafür, daß wir unter der guten Herrschaft Gottes leben und ihm gehören.
Die Angehörigen der nationalsozialistischen Waffen-SS waren von ihren eigenen Führern am Arm mit dem Blutgruppenzeichen gezeichnet worden, damit sie bis zuletzt kämpfen und sich auf keinen Fall ergeben sollten. Beim Zusammenbruch mußte jeder SS-Mann befürchten, an diesem Zeichen erkannt und besonders hart bestraft zu werden.
Die Taufe dagegen ist ein gnädiges, tröstliches, gutes Zeichen, dessen wir uns uneingeschränkt freuen dürfen.

Die Taufe nimmt uns für ein neues Leben in Anspruch.

In der Alten Kirche wurden die Taufbewerber nach dem Abschluß des Taufunterrichts in der Osternacht getauft. Sie erhielten dann ein weißes Gewand, das sie zum Zeichen des neuen Lebens eine Woche lang bis zum sogenannten »weißen Sonntag« trugen. In den Tauffeiern der Mission legen die Täuflinge bei der Taufe oft ihre alten Namen ab und erhalten neue Namen zum Zeichen dafür, daß sie ein neues Leben beginnen. Der Tauftag wird wichtiger als der Geburtstag, weil es bei der Taufe um die Geburt zu einem neuen Leben geht.
Wer sich taufen läßt, muß in manchen Ländern und Kulturkreisen damit rechnen, daß er aus der Sippe, aus dem Stamm oder aus der Kaste ausgestoßen und völlig enterbt wird.
Die Taufe als das Bekenntnis zur Herrschaft Jesu Christi will sich in unserem Leben auswirken. Du bist getauft. So lebe als einer, der Gott gehört! Du bist erwählt. So lebe als ein Erwählter!

Die Taufe ist ein Zeichen der Treue Gottes in Zeiten der Anfechtung, Verzweiflung und inneren Leere.

Der Mensch ist ein geschichtliches Wesen, das heißt, wir sind dauernd in Bewegung und in Entwicklung, dauernd in Gefahr und

in Anfechtung. Wir sind als Menschen nie fertig, nie abgeschlossen, nie abgerundet, sondern ständig in Auseinandersetzung mit unserem eigenen Wesen und mit Gedanken und Mächten, die von außen an uns herantreten. Das gilt auch für den Glauben.
Im früheren Konfirmandenbüchlein hieß es: »Der Glaube ist bald groß und stark, voll Zuversicht und Freudigkeit, bald klein und schwach, da viel Zweifel, Furcht und Kleinmütigkeit mit unterläuft.« Wir können uns nicht an unserem eigenen Glauben festhalten. Deshalb hat uns Gott in der Taufe ein Zeichen seiner Treue und seiner Zuwendung gegeben, an das wir uns auch dann halten sollen und können, wenn wir über uns selber verzweifelt sind. Von Martin Luther wird erzählt, er habe in Stunden tiefster Anfechtung mit Kreide vor sich auf den Tisch geschrieben: »baptizatus sum = ich bin getauft!« Ich bin nicht verworfen. Ich bin angenommen, erwählt und geliebt trotz allem, was dagegen zu sprechen scheint.

Die Taufe ist ein Zeichen der Absage an die Einsamkeit und der Aufnahme in eine alle Schranken überwindende Gemeinschaft.

Wir Menschen sind vielfältig damit beschäftigt, uns selber zu erhöhen und zu behaupten. Dies sieht man im Verhältnis zwischen Jungen und Alten, Eltern und Kindern, Männern und Frauen, Reichen und Armen, Hauptschülern, Realschülern und Gymnasiasten, Akademikern und Nichtakademikern, Hausbesitzern und Mietern, Schwarzen, Braunen, Gelben und Weißen. Wir stellen uns gegeneinander und richten Schranken zwischen uns auf, um uns selber als die Besseren zu fühlen. So kommt es zum Klassen- und Rassenhaß, zu Furcht und Streit, zu Unverständnis und Spaltung. Wer aber die Taufe ernst nimmt, der kann bei diesem ganzen fürchterlichen Spiel nicht mehr mitmachen, der sieht sich hineingestellt in eine Gemeinschaft von Brüdern und Schwestern, die mit ihm getauft sind.
Der Apostel Paulus schreibt: »Man kann die Gemeinde Christi mit einem Leib vergleichen, der viele Glieder hat. Obwohl er aus so vielen Teilen besteht, ist der Leib doch einer. Denn wir alle, Juden und Nichtjuden, Sklaven und Freie, sind in der Taufe durch denselben Geist zu einem einzigen Körper verbunden worden, und wir haben alle an demselben Geist Anteil bekommen« (1. Korinther 12,12–23).
»Es hat darum nichts mehr zu sagen, ob einer Jude ist oder Nicht-

Jude, Sklave oder frei, Mann oder Frau. Durch Jesus Christus seid ihr alle zusammen eins geworden« (Galater 3,28).
Wenn wir diese Worte bedenken und dabei vor Augen haben, wie zerspalten die Gesellschaft und die Völker sind, dann merken wir, daß wir uns in ganz anderer Weise einsetzen müssen für die Überwindung der Spaltungen und Schranken, für den Abbau von Vorurteilen und die Schaffung einer Welt, in der Brüderlichkeit nicht nur eine schöne Losung ist, sondern Gestalt gewinnt. Denn Jesus ist der Bruder aller Menschen.

III. Das Abendmahl

1. Vom Sinn der Beichte

Die Beichte ist keineswegs ein Sondergut der römischen Kirche. Was die Reformatoren seinerzeit abgeschafft haben, war nicht die Beichte, sondern nur der Zwang zur »Ohrenbeichte«, zur »Einzelbeichte«. Wir verkennen dabei nicht Sinn und Recht der Einzelbeichte. Wer bedrückt ist durch eine besondere Last oder durch ein begangenes Unrecht, soll durchaus ermuntert werden, einen Pfarrer oder Seelsorger oder einen reifen Christen aufzusuchen. Er soll nicht nur vor Gott seine Schuld bekennen. Er darf sein Versagen auch vor einem Mitmenschen aussprechen, um durch den persönlichen Zuspruch der Vergebung der Sünden getröstet und ermutigt zu werden, mit seinem Seelsorger die nächsten Schritte zu überlegen.

Wir haben heute als Teil der Abendmahlsfeier nur die sogenannte »allgemeine Beichte«. Sie steht am Anfang der Feier vor dem Zuspruch der Vergebung und der Austeilung des Abendmahles. Aber auch bei dieser »allgemeinen Beichte« geht es um die Selbstprüfung vor dem heiligen Wort und Willen Gottes und um einfache, aber wesentliche Fragen:

Was liegt bei mir im argen?

Inwiefern ist mein Verhältnis zu Gott nicht in Ordnung?

Lasse ich mich treiben und beherrschen vom sogenannten Alltag, von den Verpflichtungen, vom Verlangen nach Zeitvertreib und Unterhaltung?

Habe ich für so viele Dinge Zeit, aber keine Zeit für die Selbstbesinnung und Selbstprüfung, für die Stille vor Gott, für das Gebet, für den Gottesdienst der Gemeinde und für ein tieferes Eindringen in die Bibel?

Was muß bei mir anders werden, damit es besser wird in meiner

Ehe, in meiner Familie, in meinem Wohnbereich und Arbeitsbereich? Wie kann ich einen neuen Anfang gewinnen?
Wo kann ich neu das Gespräch aufnehmen?
Was bedeutet die Botschaft von der Vergebung Gottes für meine Vergebungsbereitschaft gegenüber meinen Mitmenschen?
Wie kann ich meine Trägheit, Verantwortungsscheu und Bequemlichkeit überwinden? Was hindert mich daran, mich in der kirchlichen Gemeinde oder im politischen Bereich einzusetzen?
Wie kann ich für meine Mitmenschen etwas bedeuten?
Wie kann ich ihnen zur Freude leben?
Wir werden ja nicht in erster Linie dadurch schuldig, daß wir fürchterliche Untaten tun und mit den Strafgesetzen in Konflikt kommen. Unsere Schuld besteht vor allem darin, daß wir soviel Gutes, das wir tun könnten, unterlassen, daß wir zu wenig Geduld, Liebe, Bereitschaft zum Verzicht und zu guten Taten aufbringen. Unsere schlimmsten Sünden sind also die sogenannten »Unterlassungssünden«. Wir unterlassen es, Gutes zu tun, Hilfe zu bringen, den Kreis der Selbstsucht zu sprengen.
In der Beichte geht es um die Erinnerung an diesen ganzen Bereich. Es geht um die Erkenntnis vielfachen Versagens, um das Eingeständnis dieses Versagens, um die Bitte um Vergebung und um die Bitte, daß Gott uns einen neuen Anfang finden lasse. Die Beichte ist also nichts Altmodisches, Überholtes und Unnötiges.

2. Die Bedeutung des Abendmahls

Das Abendmahl ist von seinem Ursprung im Passahmahl her ein Mahl der Befreiung.

Jesus hat im letzten Mahl mit seinen Jüngern den Sinn des Passahmahles aufgegriffen und verwandelt.
Bis zum heutigen Tage feiern fromme Juden das Passahmahl als Erinnerung an die große Befreiung des Volkes Israel aus der Knechtschaft Ägyptens. Das Passahlamm wird zubereitet und mit symbolischen Speisen gereicht. Zerstoßene Nüsse werden mit Rotwein zu einem Brei vermischt, und dieser Brei soll auf die Tonerde hinweisen, mit der die Israeliten in der Zeit der Knechtschaft in Ägypten Ziegel brennen und als Sklaven Städte bauen mußten. Eine bittere Kräuterspeise wird gereicht. Sie soll an das bittere Schicksal der Gefangenschaft erinnern. Brotfladen, ungesäuertes Brot, das nicht mit Sauerteig oder Hefe schmackhaft gemacht wurde, soll an

die Hast des Auszuges erinnern. Dann wird Wein gereicht. Und eines der jüdischen Kinder muß fragen, was diese Nacht von allen anderen Nächten unterscheidet, was der Sinn dieser sonderbaren Speisen sei. Als Antwort auf die Fragen des Kindes wird dann die alte Geschichte von der Unterdrückung und vom Auszug aus Ägypten erzählt. Schon diese Geschichte vom Auszug aus Ägypten hat Modellcharakter: Der Jude, das heißt der Mensch, ist ein Fremdling, ist nur ein Gast auf dieser Erde. Der Mensch kommt in vielfältige Abhängigkeit und Unfreiheit. Aber Gott schafft seinem Volk einen Freiraum, eine Befreiung und eine Zukunft.
Als Jesus mit seinen Jüngern dieses Passahfest feiert, greift er die Zeichen des Brotes und des Weines auf, gibt sie seinen Jüngern und sagt: Ich bin das Lamm, das unschuldige, reine Opfer, das an der Stelle des Schuldigen und Verworfenen getötet wird. Wenn ihr dieses Brot eßt und diesen Wein trinkt, dann soll das Opfer meines Lebens vor euch stehen, und dann sollt ihr wissen, daß durch das Opfer meines Lebens Vergebung eurer Schuld und Befreiung aus der Knechtschaft entsteht. Es geht um eine Befreiung nicht nur aus äußerer Knechtschaft und Abhängigkeit, sondern vor allem auch um die Befreiung aus der inneren Gebundenheit und Unfreiheit, um die Befreiung zu einem neuen Leben.

Im Abendmahl wird die Situation des Menschen vor Gott deutlich: Wir sind Beschenkte.

Wir sind ganz auf das Empfangen, auf die Gabe Gottes angewiesen. Brot und Wein, die uns dargereicht werden, weisen uns darauf hin, daß wir immer wieder nur von dem Beschenktwerden durch Gott leben können. Wir sind nicht die Herren unseres Lebens. Wir haben dieses Leben als Leihgabe empfangen. Das Entscheidende verdanken wir uns nicht selber und können wir nicht unserer eigenen Tüchtigkeit, Kraft, Weisheit und Gerechtigkeit zuschreiben. Essen und Trinken bezeugen uns, daß wir die Gaben Gottes wie das tägliche Brot stets neu empfangen müssen.

Das Abendmahl verkündigt uns Jesus.

Es ist eine Handlung, die uns den Weg, das Wort, die Bedeutung Jesu vor Augen stellt. »Solches tut zum Gedenken an mich.« Da wird unserem natürlichen, egoistischen Leben ein ganz anderes Leben gegenübergestellt. Wir sind auf Selbstbehauptung und Selbsterhöhung, auf das Verdienen und Herrschen eingestellt.

Aber das Abendmahl zeigt uns Jesus, wie er sich opfert, wie er sich preisgibt, wie er sich ganz hingibt an den Willen Gottes. Das Abendmahl verkündet uns Jesus, wie er sich selbst erniedrigt und gerade darin der wahre, große, freie, königliche, von Gott geliebte Mensch ist.
Zum Umkreis der Abendmahlsgeschichte gehört auch die Geschichte von der Fußwaschung: Der Meister bedient die Schüler, der Herr erniedrigt sich und macht die Knechtsarbeit, die Dreckarbeit. Aber dann sagt er zu seinen Jüngern: »Ein Beispiel habe ich euch gegeben, daß ihr tut, wie ich euch getan habe« (Johannes 13,15). So ist das Abendmahl eine Aufforderung an uns, daß wir uns aus unserem egoistischen Leben hinüberziehen lassen in ein Leben der Hingabe an Gott und die Mitmenschen, in ein Leben des Dienstes und der Nachfolge Jesu.

Das Abendmahl stellt uns ein bedeutungsvolles und heilwirkendes Sterben vor Augen.

Vielleicht hängt die Scheu vor dem Abendmahl, die viele Menschen empfinden, auch damit zusammen, daß wir heutigen Menschen eine so tiefe Scheu vor allem haben, was mit dem Sterben, mit dem Tod und den Toten zusammenhängt. Aber wir dürfen den grundlegenden Tatsachen, die zu unserem Leben gehören, nicht ausweichen! Zum anderen geht es ja im Leiden, Sterben und Tod Jesu Christi um ein Ereignis, das für uns tröstlich und lichtvoll ist. Denn es ist das Zentrum der Jesusgeschichte, daß Jesus Christus an unserer Statt, für uns, gelitten hat und gestorben ist. Jesus hat in seinem Leiden und Sterben das Gericht Gottes getragen und auf sich genommen, das eigentlich uns treffen und vernichten, das uns Verwerfung und Verdammnis bringen müßte.
Jesus ist an unsere Stelle getreten und hat das Gericht über unsere Schuld und unser Versagen auf sich genommen. Deshalb ist unser Sterben entlastet. Deshalb ist unser Sterben nicht die Strafe und das Gericht Gottes über unsere Schuld und unser vielfältiges Versagen (vgl. EKG 66,1.3.4.5).

Das Abendmahl ist ein Mahl der Stärkung.

Menschsein heißt in eine Welt hineingestellt sein, in der die Wege nicht einfach geebnet sind. Wir leben in einer Welt, welche manchmal voller Widrigkeiten, Schwierigkeiten und Probleme ist, die bewältigt, überwunden und niedergerungen werden müssen.

Wir verstehen das Leben oft als Kampf. Wenn jemand stirbt, dann sagen wir: »Nun hat er seinen Kampf ausgekämpft.« So stark ist dieser Sachverhalt des Kampfmotives, daß es in der Biologie, in der Philosophie und in der Gesellschaftslehre seinen Niederschlag gefunden hat. Wir denken an Charles Darwin, der die Lehre vom »Kampf ums Dasein« als Grundprinzip allen Lebens entwikkelt hat. Wir denken an Friedrich Nietzsche, der den Kampf des Starken gegen das Schwache proklamiert hat. Und wir denken an die Erkenntnis, daß die Geschichte der Menschheit geprägt ist von einem tiefgreifenden Klassenkampf. In der Weltgeschichte, zwischen den Völkern und militärischen Blöcken, zwischen den Wirtschaftssystemen, den Interessengruppen, Konzernen, Firmen und Parteien ist ein ständiger Kampf im Gang, und es ist eine trübe Aussicht für die Menschheit, daß dieser Kampf aller gegen alle immer mörderischer und selbstmörderischer wird.
Auch die Bibel redet vielfältig vom »Kampf, der uns verordnet ist«. Denn solange wir leben, sind wir Widrigkeiten, Bedrohungen und Anfechtungen ausgesetzt. Das Abendmahl ist ein Mahl der Stärkung in diesem Kampf des Glaubens und im Kampf des Lebens. Denn noch ist der Sieg Gottes »verborgen unter Anfechtung und Leiden. Darum speist uns der Herr durch sein Mahl, um uns zu stärken in dem Kampf, in den er die Seinen sendet, und uns zu wappnen gegen alle Schwärmerei und Schlaffheit, damit wir nicht entweder im Träumen das Künftige vorwegnehmen oder verzagt die Hand sinken lassen« (Arnoldshainer Abendmahlsthesen). Der Weg des einzelnen und der Gemeinde gleicht oft der Wanderung des Volkes Israel durch die Wüste. Er ist von vielen Seiten bedroht und gefährdet. Auf diesem beschwerlichen Weg will uns das Abendmahl ermutigen und stärken (EKG 223,1–2).

Das Abendmahl ist ein Mahl der Freude, die gerade dem einzelnen höchst persönlich widerfahren soll.

Der angefochtene Mensch erhält ein sichtbares, fühlbares, eßbares Zeichen dafür, daß Gott ihn annimmt, ihn liebt und sucht, ihm die Schuld vergibt, ihn von der Last der Vergangenheit befreit, ihm einen neuen Anfang gewährt und ihn zu einem neuen Leben im Glauben, in der Liebe und in der Hoffnung befreit. Dabei geht es beim Abendmahl nicht um magische Wirkungen und Wandlungsvorgänge. Die Zeichen von Brot und Wein stehen ganz im Dienst der Botschaft, die hier verkündigt wird. Da wird dir gesagt: So wahrhaftig und wirklich gilt es für dich:

»Dir sind deine Sünden vergeben.«
»Sei getrost und unverzagt.«
»Was gewesen ist, soll dich nicht mehr beschweren.«
»Freue dich und sei getrost. Der Herr ist dir nahe.«

Das Abendmahl ist ein Mahl brüderlicher Gemeinschaft.

Es hat Zeiten gegeben, in denen das Christuszeugnis so sehr vom nationalistischen Denken überlagert war, daß zum Beispiel der junge Dichter Walter Flex im Ersten Weltkrieg schreiben konnte: »Das Wort ›Bruder‹ hat zu tiefen Klang für mich, als daß ich's an Südfranzosen und Kosaken vergeuden möchte.« Walter Flex wollte Christ sein. Aber er hat nicht gemerkt, daß er mit diesen Worten den weltweiten Charakter der Kirche Jesu Christi geleugnet hat.
Es ist uns verwehrt, die Unterschiede der Nation, der Rasse und Hautfarbe, der sozialen Herkunft oder des Geschlechtes über die Gemeinsamkeit zu stellen, die unser Herr geschaffen hat. Diese neue Gemeinschaft in Christus findet ihren stärksten Ausdruck im Abendmahl. Die Tischgemeinschaft, die Jesus nicht nur den Jüngern, sondern auch den Zöllern gewährte, war für sein Wesen und Wirken besonders bezeichnend. Hier erlebten die Menschen, wie er sich ihrer leiblichen und geistlichen Not annahm, wie er sie beschenkte, mit ihnen teilte und sich für sie Zeit nahm. Mit Jesus am selben Tisch sitzen, ihm zuhören, mit ihm essen und sich von ihm bedienen lassen dürfen (Fußwaschung!): das machte fröhlich, glücklich und getrost. In dieser Tischgemeinschaft mit Jesus fanden Menschen den Weg zu Gott, erfuhren sie, daß Gott sie nicht abgeschrieben hat, sondern sich ihrer annimmt. Die Tischgemeinschaft wird so zum Sinnbild, ja zum »Vorläufer« der endgültigen Gemeinschaft mit Gott.
Im Abendmahl geht es also nicht nur um die Gemeinschaft des einzelnen mit Jesus und die eigene innere Stärkung. Es ist vielmehr der stärkste Ausdruck für die Zusammengehörigkeit der »Glieder am Leibe Jesu Christi«.

»Das sollt ihr, Jesu Jünger, nie vergessen:
wir sind, die wir von einem Brote essen,
aus einem Kelche trinken,
alle Brüder und Jesu Glieder.« (EKG 159,1)

Diese Gemeinschaft und Bruderschaft soll bis in die materiellen, sozialen und politischen Fragen ernst genommen werden. Wer

dies nicht verwirklicht, von dem gilt es, daß er »unwürdig isset und trinket«, wie die Korinther, die nicht warten wollten, bis die Sklaven auch dabeisein konnten (vgl. 1. Korinther 11,17ff.).
Wer vom Abendmahl herkommt, steht im Dienst der Versöhnung. Er sieht im Krieg die Selbstzerfleischung des Leibes Jesu Christi. Der katholische Schriftsteller *Hans Wirtz* berichtet über ein Erlebnis, das er im Ersten Weltkrieg hatte:

»Dann kam das Schlimmste: ein Erlebnis, das mich aus allen Bahnen bisher geglaubter und gelebter katholischer Kirchlichkeit warf... Ich hatte mit meiner Kompanie ein von den Franzosen genommenes Grabenstück wieder zu besetzen. Das wurde zu einem blutigen Gemetzel. Meine Kompanie bestand fast nur aus katholischen Soldaten. Da man wußte, was uns blühte, hatte uns der Feldprediger die Generalabsolution erteilt. Die meisten waren dann zur Kommunion (Abendmahl) gegangen. Wir besetzten das Grabenstück nach einem scheußlichen Nahkampf. Dann erfuhr ich von einem Gefangenen, daß auch die Franzosen beinahe alle kurz vorher kommuniziert hatten. Auch die da von uns Erschlagenen. Da erwachte etwas in mir, für das ich keinen Namen habe: Ich sah uns – Deutsche und Franzosen – an der gleichen Kommunionbank. Sah uns auf den Tod des Herrn Getaufte in seinem Sakrament der Liebe gnadenhaft vereinigt. Kaum eine Stunde später mußten wir uns auf militärisches Kommando gegenseitig den Schädel einschlagen, das Seitengewehr in den Leib rennen, mit Handgranaten die Glieder vom Leib reißen... Es traf mich – ähnlich wie damals Saulus vor Damaskus – wie ein greller Blitz. Da ist in mir eine Welt zerbrochen, in der bisher Christus und Krieg freundnachbarlich Tür an Tür gehaust hatten...« (*H. Wirtz,* Brief an einen Pfarrer).

Das Abendmahl ist ein Mahl der Hoffnung und Verheißung.

Es weist über dieses Leben und diese Welt hinaus. Es weist hinaus über das, was wir vor Augen haben. Es ist nicht nur Wegzehrung auf dem Weg durch Freude und Leid, durch Erfolg und Bedrängnis, durch Krisen und Krankheiten, durch Schuld und Versagen. Das Abendmahl zeigt nach vorne. Es weist hinaus über diese vergehende Welt, hinaus über unser Grab und unsere Verwesung, hin auf die Vollendung und Offenbarung der Herrschaft Gottes. Deshalb hat es einen guten Sinn, wenn Leidende und Sterbende im Angesicht des Todes sich das Abendmahl als Zeichen der Hoffnung geben lassen. Aber es ist ein Mißbrauch, wenn das Abendmahl vor allem als »Sterbeabendmahl« verstanden wird, das erst kurz vor dem Tod in Anspruch genommen wird. Gerade dem Kranken, der sich bewußt auf den Tod vorbereitet, oder dem Kranken, der die Frage der Genesung ganz in die Hand Gottes stellt, will das Abendmahl ein tröstliches, aufrichtendes Zeichen dafür sein, daß der Tod zwar unsere absolute Grenze, aber nicht die Grenze Gottes ist.

Fünfter Fragenkreis: Die christliche Hoffnung

I. Mitten im Leben vom Tode umfangen

Nach einer Meinungsumfrage gibt es in der Bundesrepublik sehr viele Menschen, die noch nie darüber nachgedacht haben, daß sie selber sterben müssen. Dies ist nur so verstehbar, daß hier ein bedenklicher Verdrängungsprozeß stattgefunden hat. Der Tod und die Toten werden verwaltet und versteckt. Zunehmend werden auch bei uns wie in den USA von Bestattungsinstituten die Leichen behandelt, aufgeputzt und geschminkt. In Hamburg sind die Leichenautos nicht mehr schwarz, sondern als normale Gebrauchsautos getarnt. Das Sterben geschieht isoliert im Krankenhaus, in Sonderräumen. Damit wird es aus dem Lebens- und Erfahrungsbereich der Gesunden und Vitalen verbannt. Es ist geradezu eine kirchliche Aufgabe, darauf hinzuweisen, daß der Tod zu den großen Realitäten unseres Lebens gehört und wir ihn nicht aus unserem Bewußtsein verdrängen dürfen.
In der öffentlichen Selbstdarstellung der Menschen in den Illustrierten, in der kommerziellen Werbung und in der staatlichen Propaganda wird uns der gesunde, vitale, jugendliche Erfolgsmensch als Leitbild gezeigt. Darstellungen alternder, kranker, sterbender, verletzter und verstümmelter Menschen werden als Attraktion und Nervenkitzel angeboten.
In der christlichen Botschaft steht die Gestalt des Gekreuzigten im Mittelpunkt. Wir haben der Huldigung vor dem Leistungsprinzip, der Vertuschung von Schwachheit, Alter und Tod zu widerstehen. Krankheit, Versagen, Schuld, Altwerden gehören zum menschlichen Leben und haben in ihm je ihre eigene Bedeutung. In seinem Buch »Wahres Leben« schreibt der Theologe *Ludwig Köhler:*

»Kein Mensch bleibt nach Gottes Ordnung davor verschont, daß er durch die bittre Schule des Schmerzes und der Trauer hindurch muß. Das Leid ist der unablösbare

Schatten des Lebens. ›Das sind die, welche aus der großen Trübsal kommen‹, dieses Wort der Offenbarung gilt für alle Menschen.
Alle Dinge und selbst die liebsten Menschen, unser Ehegefährte, unsre Eltern und unsre Kinder, sind uns von Gott nur auf Zeit gegeben. Eines Tages gehen wir von ihnen, oder sie gehen von uns. Weil uns denn die Dinge und die Menschen lieb sind, so weinen wir und sind traurig, wenn wir sie hingeben müssen. Das ist recht so. Wer um nichts weint, hat nichts lieb. Wer nichts liebt, ist kein Mensch, sondern ein Unmensch. Aber fraglich ist, wie weit unser Leid gehen darf und was es aus uns macht. Es ist eine große Aufgabe unsres Lebens, daß wir fähig werden, durch Trauer und Leid und Enttäuschung hindurchzugehen und daß wir dabei aufrecht bleiben und dadurch innerlich nicht abdorren, sondern reicher werden. Erst das Leid macht aus dem werdenden Menschen den reifen Menschen; und nur, wer viel gelitten hat, kann große Liebe haben.«

Stoische Seelenruhe, Gleichmut und zur Schau getragene Gleichgültigkeit oder Überlegenheit sind nicht Ausdruck christlicher Haltung. Gerade als Christen dürfen wir starke Gefühle haben, dürfen uns rühren, bewegen und erschüttern lassen von menschlicher Not und menschlichem Leid. Die biblische Losung lautet: »Freuet euch mit den Fröhlichen und weinet mit den Weinenden« (Römer, 12,15). Sie fordert uns zu einer starken Anteilnahme an der Freude, aber auch am Leid anderer Menschen auf.
Es ist ein Verlust an Wirklichkeitserfahrung, wenn wir den Schmerz betäuben und uns Tiefenerfahrungen des Leides und des Mitleidens durch Medikamente, Betäubung oder Zerstreuung ersparen wollen. Niemand soll sich schämen, seinen Schmerz, seine Ohnmacht, sein Leid, seine Angst vor dem Tode einzugestehen und auszusprechen. Wir haben einen Herrn, der einen bitteren Todeskampf im Garten Gethsemane ausgefochten hat, der mit Gott gerungen hat, bis er zur völligen Übergabe und Hingabe an Gott gelangte und sagen konnte: »Nicht mein, sondern dein Wille geschehe« (Lukas 22,42).
Der Schriftsteller *Willy Kramp* hat die Krebserkrankung und das Sterben seines Bruders, des Pfarrers Erich Kramp, in seinem Buch »Der letzte Feind« beschrieben. Der Leidens- und Sterbensweg des Pfarrers wird darin nicht als heroische Geschichte dargestellt. Es wird vielmehr das ganze Auf und Ab von Hoffnung und Angst gezeigt. Erich Kramp hatte 1961 einen schweren Herzinfarkt. Ende 1963 wurde eine nicht operierbare bösartige Geschwulst an den Bronchien festgestellt. In einem Rundbrief an seine Mitarbeiter schreibt er in großer Redlichkeit über seine innere Lage:

»Sie können sich denken, daß bei aller Gelassenheit, die mir sonst geschenkt ist, dieser Befund ein harter Schlag war. Mancherlei Gedanken kamen auf, so etwa, ob es denn mit dem schweren Herzinfarkt nicht genug gewesen sei. Ich hörte aber auch unwillkürlich aus der Erinnerung die Stimme an den todkranken Hiskia (2. Könige 20): ›Bestelle dein Haus, denn du wirst sterben‹ ... Ich schäme mich nicht, zu gestehen, daß ich mich – wie Hiskia – in der Stille des Krankenhauses zur Wand gedreht und geweint habe. Vielleicht noch mehr und öfter als jener königliche Genosse des Leidens.

Wenn ich früher an meinen eigenen Tod gedacht habe, dann habe ich mir immer gewünscht, nicht plötzlich sterben zu müssen, sondern Zeit zu haben, um mich auf das Ende vorzubereiten. Dieser Wunsch ist mir erfüllt worden. Ich bin jetzt wirklich darauf vorbereitet – durch viel Tränen, viel Gebet, viel Zuspruch, aber vor allem durch die Gewißheit der Nähe Gottes. Ich habe mancherlei Gedanken und Gebete frommer Männer und Frauen im Angesicht des Todes gelesen und stimme mit ihnen überein: Es ist nicht viel, was wir über den Ausgang wissen. Aber eines ist gewiß: Jesus lebt, und er wird mich nicht allein lassen. Wir brauchen einen, der uns seine Hand unter den Kopf hält, wenn es soweit ist. Mit Schrecken stellen wir am Zerfall des eigenen Körpers fest, daß wir von der Zerstörung nicht ausgenommen sind. Und daß auch für uns ›der Tod der Sünde Sold ist‹. Wiederum hören und erfahren wir dankbar die Wahrheit des Wortes: ›Tod, wo ist dein Stachel? Hölle, wo ist dein Sieg?‹ Mein Gebet ist immer von neuem, daß Gott mir diesen Glauben bis ans Ende bewahren möge; aber auch, daß er die Freude auf die neue Schöpfung, auf die uns bereitete Herrlichkeit immer größer werden lasse.«

II. Die Heilsgeschichte Gottes in der Unheilsgeschichte der Menschen

Wer über die christliche Hoffnung angesichts des Todes nachdenkt, muß den weiten Rahmen sehen, in den die Bibel ihre Aussagen über den einzelnen Menschen hineinstellt.
Die biblische Urgeschichte beschreibt die Geschichte der Menschen als eine Geschichte der Selbstherrlichkeit und Eigenmächtigkeit und des menschlichen Hochmuts, der selbst sein will wie Gott. Wir Menschen finden uns immer vor in einer Situation, in der wir nach eigenem Gutdünken und eigenen Maßstäben leben wollen und nicht bereit und frei sind, auf Gottes Weisung und Wort zu hören. So ist die Geschichte der Menschheit geprägt von der Gottesferne, von Verwirrung, Angst und Unheil.
Die Botschaft der Bibel sagt aber in ihrem Kern und Zentrum, daß Gott diese von Sünde und Ohnmacht, Tod und Verderben geprägte Welt nicht sich selber überläßt. Der »Unheilsgeschichte der Menschen« steht sein Plan zum Heil, zur Freude und Rettung der Menschen gegenüber.
Die Verderbens-, Sünden- und Todesgeschichte ist durchbrochen und durchzogen von der Geschichte der suchenden, befreienden, erlösenden Liebe Gottes. Die Geschichte der Sünde und des Todes wird von der göttlichen Geschichte des Heils und Lebens durchkreuzt: Gott erwählt sich unter den Völkern das Volk Israel und macht es zu seinem Zeugnis und Zeichen. An diesem Israel offenbart sich Gott. Es wird deutlich, wer der erwählte Mensch und wer der erwählende Gott ist. Der Mensch wird sichtbar in seiner Halsstarrigkeit und Untreue, in seinem Schwanken und seiner Unbeständigkeit. Ebenso wird an der Erwählung Israels deutlich, daß die Treue Gottes durch alle Untreue der Menschen nicht beendet und zunichte gemacht wird.

Die Erwählung Israels wird nicht aufgehoben, sondern erfüllt in der Erwählung Jesu von Nazareth. Sie enthält die Erwählung und Berufung aller Menschen. Jeder Mensch ist zur Bundesgenossenschaft mit Gott, zu seinem Gegenüber und Partner bestimmt. In der christlichen Botschaft geht es also nicht um erhabene Gedanken religiös veranlagter Menschen, sondern um die Kunde von dem in der Geschichte handelnden Gott. Der Gott Abrahams, Isaaks und Jakobs, der Gott und Vater Jesu Christi gibt der Menschheit Zukunft. Obwohl wir mitten drin in der Unheils-, Verderbens- und Todesgeschichte der Menschen stehen und an ihr Anteil haben, sind wir durch das Wort des Lebens gerufen, mit der Macht göttlicher Liebe geliebt und mit Zukunft beschenkt. Auf unserem menschlichen Leben liegt der »Morgenglanz der Ewigkeit«, das Licht der Auferstehung.

Wie groß auch die Macht der Sünde und des Todes ist, sie kann die Zuwendung Gottes nicht aufheben und nicht besiegen: Die Liebe wird siegen, nicht der Haß. Das Leben wird siegen, nicht der Tod. Die Wahrheit wird siegen, nicht die Lüge. Das Licht wird siegen, nicht die Finsternis. Am Ende wird nicht ein Klagelied stehen, sondern der Lobpreis. »Und Gott wird abwischen alle Tränen von ihren Augen« (Offenbarung 7,17). Das ist die Zukunft, der wir entgegengehen.

Noch steht das Kreuz an unserem Wege. Noch müssen wir durch Anfechtungen und Verfolgungen, durch Leiden, Not und Tod hindurch. Noch ist unser Leben überschattet von der Vergänglichkeit und von der Sünde. Aber im Wort des Lebens empfangen wir Zeichen der Hoffnung auf dem Weg durch finstere Täler. Im Tal des Todes hat der Auferstandene das Lied des Lebens angestimmt. Es ist die Aufgabe der Kirche und jedes einzelnen Christen, dieses Lied des Lebens weiterzusagen und weiterzusingen.

Kreuz und Auferstehung, Tod und Leben Jesu haben dem Lebenskampf des Apostels Paulus das Gepräge gegeben. Was er von sich selber sagt, ist typisch für alle, die Jesus nachfolgen:

»Wir sind von allen Seiten bedrängt, aber wir ängstigen uns nicht.
Wir sind ratlos, aber wir verzagen nicht.
Wir leiden Verfolgung, aber wir werden nicht verlassen.
Wir werden unterdrückt, aber wir kommen nicht um.
Wir tragen allezeit das Sterben Jesu an unserem Leibe,
damit auch das Leben Jesu an unserem Leibe offenbar wird«
(2. Korinther 4,8–10).

III. Grenzen der Sprachgestalt und Ausdrucksform christlicher Hoffnung

1. Die Ankündigung des »Unsagbaren«

Christliche Hoffnung angesichts des Todes ist Hoffnung auf das Kommen des Reiches und der Herrschaft Gottes. Solche Hoffnung befindet sich in einer grundsätzlichen Schwierigkeit. Sie soll sich aussprechen über das, was kommen wird, aber noch nicht ist. Ausgehend von Erfahrungen des Glaubens, die in dieser menschlichen Zeit gemacht worden sind, soll sie das ankündigen, was jenseits aller menschlich-irdischen Erfahrbarkeit und Nachprüfbarkeit steht. Eingebunden in den Rahmen von Raum und Zeit und in die Grundbegriffe und Kategorien des menschlichen Denkens, ist christliche Hoffnung ihrem Wesen nach darauf ausgerichtet, mit den Möglichkeiten Gottes zu rechnen, die eben nicht durch den Rahmen menschlichen Denkens und das Schema von Raum und Zeit begrenzt und beschränkt sind.

So ist es kein Wunder, daß die Ankündigung des Reiches Gottes in bildhafter Sprache geschieht. Mit Bildern und Gleichnissen wird das beschrieben, was hinausgeht über unseren menschlichen Erfahrungsbereich.

Die theologische Kommission der *Weltkirchenkonferenz von Evanston* (1954) schreibt in ihrem Bericht zum Thema »Christus unsere Hoffnung« über die Art des kommenden Reiches Gottes:

»Im kommenden Reich wird Gottes Heilswille für alle Zeiten erfüllt werden. Dies ist eine Erfüllung, die der Natur der Sache nach jeder unmittelbaren Aussage in schlichter Sprache spottet, eine Erfüllung, für die erhabene Sprache geisterfüllter Phantasie, wie sie in der Heiligen Schrift verwandt wird, allein naturgemäß ist; denn dies sind Dinge, die nur im Geiste erkannt und mitgeteilt werden können. Wer reines Herzens ist, soll Gott sehen, wie Er ist, und Ihn erkennen, wie er von Ihm erkannt ist. Die jetzt Kinder Gottes sind, werden als Miterben Christi die Fülle ihres Erbes empfangen. Es wird ein neuer Himmel und eine neue Erde sein. Wir werden alle verwandelt werden. Die Toten werden auferstehen unverweslich und einen

Leib himmlischer Herrlichkeit empfangen. Das Seufzen der geschaffenen Welt wird als die Not des Gebärens erkannt werden. Blinde Augen werden sehen, taube Ohren werden hören, der Lahme wird vor Freude springen, der Gefangene wird frei werden. Die Erkenntnis Gottes wird die Erde bedecken. Die Heilige Stadt wird erscheinen, bereitet als eine geschmückte Braut ihrem Mann. Der Chor, den niemand zählen kann, wird zum Preise des Ewigen seine Hallelujas singen. Gottes Volk wird in seine Sabbatruhe eingehen, und alles Geschaffene wird in der vollkommenen Gemeinschaft Gottes mit Seinem Volk versöhnt werden. In Bildern wie diesen setzt uns der Geist in den Stand, auf den unvergänglichen Glanz des Heils hinzuweisen, das da bereitet ist, offenbar zu werden in den letzten Tagen. Zu diesem Heil leitet uns Gott in Hoffnung. Diese Hoffnung kann man nicht sehen, sonst wäre sie nicht Hoffnung; aber sie ist uns, den leidenden, sündigen, sterbenden und glaubenden Menschen verheißen. Deshalb warten wir ihrer mit Geduld.«

Die Bibel redet in Bildern. Aber die Folgerung aus dieser Erkenntnis kann nicht darin bestehen, daß man alles in den Bereich menschlicher Phantasie verweist und das in den Bildern Gesagte nicht ernst nimmt.

Im Blick auf die Verkündigung des Paulus sagt *Helmut Gollwitzer* von der jungen Christengemeinde in Thessalonich (zu 1. Thessalonicher 4,13–18):

»Das war eine Zeit, in der man noch in Bildern denken konnte, in der man noch nicht unserem Aberglauben huldigte, daß die bilderlose Rede der Wahrheit näher sei als die in Bildern malende. Die Kinder, die Dichter und die Bibel sprechen von den tiefsten Dingen in anschaulicher Weise, und gerade dadurch kommen sie ihnen näher und graben tiefer, als wir es mit den abstrakten Begriffen der wissenschaftlichen Sprache vermögen ... bei den Worten des Apostel Paulus handelt es sich um Bilder, weil die Wirklichkeit, auf die sie deuten, über die Maßen herrlich ist, als daß wir sie mit irdischen Worten aussagen könnten. Daß auch Paulus über den bildhaften, also nicht buchstäblich zu nehmenden Charakter seiner Worte im klaren ist, kann man daran sehen, daß er sich nicht auf sie festlegt, sondern in anderen Briefen auf andere Weise von der gleichen Sache spricht, zum Beispiel im großen Auferstehungskapitel des 1. Korinther 15 und Philipper 1. Er ändert auch im einzelnen seine Meinung; so ist er in diesem ersten Brief, den wir von ihm haben und der vielleicht nur wenige Monate nach der Gründung der ersten europäischen Christengemeinde in Thessalonich im Jahre 50 geschrieben ist, noch des Glaubens, die Wiederkunft des Herrn werde so bald erfolgen, daß er selbst sie noch als irdisch Lebender erleben werde; in späteren Briefen rechnet er nicht mehr damit, und doch hat sich für ihn damit nichts Wesentliches geändert.
Was ist denn nun das Wesentliche? Was sagen diese großartigen Bilder? Klar ist: Sie weisen weit über alles Gegenwärtige, vor Augen Liegende hinaus auf eine Zukunft voller Glanz und Leben, auf eine wunderbare Erfüllung von allem, was hier auf Erden nur Ansatz, Versprechen, unzulänglicher Anfang geblieben ist. Klar ist weiter: Diese göttliche Fülle und Erfüllung kommt nicht von selbst, sie entwickelt sich nicht zwangsläufig; sie wird auch nicht von unten her herbeigezwungen und bewerkstelligt, sondern sie kommt, indem Er kommt, ein freier Herr, der in Freiheit beschließt, zu kommen zu seiner Zeit und Stunde. Und schließlich klar ist auch: in der Mitte aller Bilder steht er, der kein Bild ist, der wirklich ist und alle Wirklichkeit beherrscht« (Zuspruch und Anspruch II, München 1968, S. 62.63).

2. Prophetie und Apokalyptik sind keine Wahrsagerei

Ein besonderes Problem biblischer Prophetie und Apokalyptik besteht darin, daß es immer wieder Gruppen von Christen und einzelne Persönlichkeiten gibt, die die prophetische und apokalyptische Verkündigung, wie sie in den Wiederkunftsreden Jesu und ganz massiv im letzten Buch der Bibel (in der Offenbarung des Johannes) vorhanden ist, dazu benützen, bestimmte Bildelemente und bestimmte Zeiterscheinungen miteinander zu verbinden. Sie leiten dann daraus einen Geschichtsfahrplan Gottes ab und kommen meistens zu dem Ergebnis: Die Wiederkunft Christi steht unmittelbar bevor. Die Uhr der Weltgeschichte zeigt fünf Minuten vor zwölf. Die »Zeichen der Zeit« deuten darauf hin, daß wir in der »Endzeit« leben. Es ist höchste Zeit, daß sich die Endzeitgemeinde sammelt, denn die große Entscheidungsschlacht (Offenbarung 16,16) steht unmittelbar bevor. So etwa sieht das Schema aus, das in vielen Sekten und in manchen kirchlichen Gemeinschaften gelehrt wird. Besonders in Amerika sind im Laufe der letzten 150 Jahre immer wieder religiöse Führer aufgetreten, die den Termin der Wiederkunft Christi genau festgelegt haben. Scharen von Menschen haben sich von ihnen faszinieren lassen. Für das Nichteintreffen der Voraussage wurden dann allerlei Begründungen gefunden. Die »Zeugen Jehovas» nennen alle paar Jahre einen neuen Termin. Der neuapostolische Stammapostel hatte sich Anfang der sechziger Jahre mit Leib und Seele dafür verbürgt, die Wiederkunft Christi werde noch zu seinen Lebzeiten geschehen.

Auch im Bereich der evangelischen Kirche haben solche Berechnungen und Spekulationen immer wieder Nahrung gefunden. *Johann Albrecht Bengel* und die Vertreter der Korntaler Brüdergemeinde haben sich dazu verführen lassen, Termine zu errechnen und festzulegen. In unserer Zeit spielen die atomaren Massenvernichtungsmittel, die Umweltverschmutzung, die Gründung des Staates Israel eine große Rolle bei denen, die das Endgericht ansagen. Sie selber empfinden die Welt als eine unheimliche und unheilvolle Durchgangsstation und sprechen mit ihren Zukunftsvisionen das Gefühl der Unbehaustheit des Menschen an.

Diese Art des Schriftgebrauchs verwechselt aber Prophetie und Apokalyptik mit Wahrsagerei. Sie übersieht, was der Sinn und das Ziel der Johannesoffenbarung war und was sie bei den bedrängten Gemeinden bewirken wollte, für die sie zunächst geschrieben

wurde. Wenn christliche Prophetie und prophetische Weissagung von der Zukunft und von zukünftigen Geschehnissen sprechen, dann wollen sie damit die Gegenwart beeinflussen und dazu beitragen, daß die gegenwärtigen Menschen ihr Verhalten ändern, damit die Zukunft anders und besser wird.
Es geht der christlichen Verkündigung auch da, wo sie mit drastischen und eindrücklichen Bildern die Zukunft beschreibt, nicht um Vermittlung von wahrsagerischem Geheimwissen. Sie will mit dem, was sie über die Zukunft sagt, mahnen und warnen oder trösten, aufrichten und zum Ausharren ermuntern.
Die *theologische Kommission für die Weltkirchenkonferenz von Evanston* fragte:

»Was hat Gott seiner Kirche im Blick auf die Zeit der Vollendung offenbart?«

Antwort:

»Er hat der Kirche geboten, mit gegürteten Lenden und brennenden Lampen zu leben wie Knechte, die auf ihres Herrn Heimkehr warten, und Tag für Tag treu zu dienen wie ein Haushalter, den es nicht anficht, wenn sein Herr verzieht. Unsere Hoffnung trägt deshalb die Zeichen der Geduld und des Eifers, des Vertrauens und der Dringlichkeit, des Wartens und des Eilens. Gott hat uns nicht enthüllt, wann sein Reich in Herrlichkeit kommen wird. Ja, wenn wir versuchen, Nähe oder Ferne des Reiches zu errechnen, dann verwirren wir jene Hoffnung, deren klares Bild Jesus selbst bietet. Sein ganzes Interesse galt der Erfüllung von Gottes Heilsziel, nicht der Befriedigung menschlicher Neugier. Er begegnete seinen ungeduldigen Jüngern mit dem Befehl: ›Sehet zu, wachet und betet, denn ihr wisset nicht, wann es Zeit ist‹ (Markus 13,32–33).... Wir wissen nicht, welches die Grenzen sind, über die der Mensch nicht hinauskommt, die Grenzen unserer persönlichen Geschichte oder der Menschheitsgeschichte. Wir wissen nicht, welche Möglichkeiten noch auf uns warten oder welche Zeit noch vor uns liegt. Wir wissen indes, daß es eine Grenze gibt, denn wir müssen alle sterben.«

IV. Zukunftshoffnung und Gegenwartsverantwortung

1. Kein detailliertes Geheimwissen und kein lückenloses dogmatisches System

Die Bibel gibt nicht Antwort auf alle Fragen, die wir angesichts unseres Sterbens und im Blick auf die Überwindung des Todes haben. Es ist auch nicht möglich, alle Aussagen der Apostel zusammenzustellen und aus ihnen ein lückenloses Lehrsystem zu bilden. Es gibt – wie wir gesehen haben – bei Paulus selbst eine Entwicklung und eine gewisse Spannung in den Aussagen. Erst recht gibt es Fragen, wenn man den zeitlichen Ablauf dessen festlegen will, was nach dem Tod mit dem einzelnen geschieht. Unser Denken in Raum und Zeit stößt auf Schwierigkeiten. Unsere Vorstellungskraft von Totenauferstehung und ewigem Leben ist begrenzt. Wir müssen bedenken, daß die Bibel nicht nur vom Anfang, sondern auch vom Ende der Geschichte unhistorisch reden muß. Sowenig die biblischen Urgeschichten von der Erschaffung der Welt und des Menschen, vom Sündenfall, von Kain und Abel und Noah als historische Berichte und Reportagen zu verstehen sind, sowenig sind auch die Reden über die Wiederkunft, über das tausendjährige Reich und über den Kampf Gottes mit dem Drachen als direkte Beschreibungen historischen Geschehens zu verstehen.
Dies alles heißt nicht, daß wir zur völligen Sprachlosigkeit verurteilt sind. Wir können Grundlinien zeigen für eine christliche Hoffnung, die verantwortliches Handeln in der Gegenwart erzeugt und gestaltet.

2. Grundlinien christlicher Hoffnung

Christliche Hoffnung angesichts des Todes ist begründet im Glauben an die Treue Gottes.

Die Bibel ist ein Dokument der Treue Gottes, die den treulosen Menschen festhält und ihn auch noch im Gericht seine Zuwendung und Treue erfahren läßt. Die Geschichte Israels ist eine einzige Illustration dieser göttlichen Treue. Sie bewährt sich auch angesichts des Todes.
Schon im Alten Testament reift die Erkenntnis, daß die Treue Gottes den Tod und das Sterben des Bundesgenossen umfaßt:

»Wenn mir gleich Leib und Seele verschmachten,
so bist du doch, Gott, allezeit meines Herzens
Trost und mein Teil« (Psalm 73,26).
»Ihn allein werden anbeten alle,
die in der Erde schlafen;
vor ihm werden die Knie beugen alle,
die zum Staube hinabfuhren
und ihr Leben nicht konnten erhalten.
Er wird Nachkommen haben, die ihm dienen;
vom Herrn wird man verkündigen Kind und Kindeskind«
(Psalm 22,30.31).

Die Bibel ist zugleich das Dokument des ewigen göttlichen Lebens, welches das menschliche Leben in jedem Augenblick begleitet und leitet, durchbricht und durchkreuzt und über das Ende dieser Erde und das Ende unseres Lebens hinausweist. Die Wirklichkeit des Handeln Gottes im Rahmen der Geschichte wird getragen von der transzendenten Wirklichkeit Gottes jenseits von Raum und Zeit.
Die Auferweckung Jesu ist Tat und Ausdruck sowohl der Treue Gottes als auch der Zukunft des ewigen Lebens, das über das Ende der Welt und der irdischen Geschichte hinausgeht und in dem die Geschichte und das menschliche Leben ihr göttliches Ziel finden. *Paul Tillich* sagt:

»Irgendwann in der Entwicklung des Kosmos werden die menschliche Geschichte, das Leben auf dieser Erde und die Erde selbst ein Ende nehmen; sie alle werden aufhören, in Raum und Zeit zu existieren... Das ›Ziel‹ der Geschichte aber geht weit über das ›Ende‹ hinaus; es ist nicht eins mit dem Ende der Geschichte im physikalischen und biologischen Sinn... Die Geschichte bewegt sich auf das unbedingt Neue zu« (Systematische Theologie III, S. 446.448).

Christliche Hoffnung angesichts des Todes hat ihre Wurzeln in der Treue Gottes, die sich in der Auferweckung Jesu erwiesen hat. Solche Hoffnung bewährt sich darin, daß wir mit der Treue Gottes nicht nur in guten Zeiten rechnen, sondern gerade dann, wenn wir an Leib und Seele bedrängt sind, verspottet, angefochten und verfolgt von außen, bedrängt durch Zweifel und Anfechtung von innen.

Das ganze Leben der Propheten, der Apostel und Jesu selbst ist ein durchgehender Versuch, in allem äußeren Zerbrechen und aller inneren Schwachheit an der Treue Gottes festzuhalten. Weil Gott treu ist, haben der Kampf des Lebens und der Kampf des Glaubens einen Sinn und ist die Zukunft offen. Die Christenheit ist heute nicht weniger als je aufgerufen, mitten in einem von Nihilismus, Diesseitsdenken und Resignation geprägten Geschlecht Zeichen der Ermutigung zu setzen und zum Vertrauen auf die Zukunft schaffende Treue Gottes zu rufen.

Christliche Hoffnung angesichts des Todes ist begründet in der Einladung Jesu, dem väterlichen Gott zu vertrauen, der auch der Herr über den Tod ist.

Wo immer das Evangelium verkündet wird, werden wir eingeladen, unser Leben in die Hand Gottes zu übergeben. Bei ihm sind wir geborgen, auch dann, wenn es hineingeht in das finstere Tal des Todes. Jesus verwendet dabei die Bildrede vom guten Hirten:

»Ich bin der gute Hirte...
Meine Schafe hören meine Stimme,
und ich kenne sie, und sie folgen mir;
ich gebe ihnen das ewige Leben,
und niemals werden sie umkommen,
und niemand wird sie mir aus meiner Hand reißen«
(Johannes 10,12.27.28).

Wo sich ein Mensch in der Hand Gottes weiß, verliert der Tod seine Schrecken. Die Todesangst wird überwunden. Im Tod begegnet uns nicht das Nichts oder ein finsteres Schicksal oder eine Rachegottheit. Im Tod begegnet uns Gott, der uns in Jesus Christus seine Liebe gezeigt hat.

Solche Hoffnung bewährt sich darin, daß die Jünger der Macht Gottes mehr zutrauen als der Macht der Menschen. Sie nehmen die Gebote Gottes ernster als die Gebote der Menschen.

Weil sie frei werden von der Todesfurcht, werden sie auch von der

Menschenfurcht befreit. Sie müssen keine »Heidenangst« mehr haben (vgl. das erste Gebot und die Haltung der Propheten). Deshalb können sie den Machthabern wiederstehen (vgl. Matthäus 10,16–42). Sie können für Wahrheit, Gerechtigkeit, Menschlichkeit und Frieden eintreten, auch wo dies Nachteile für sie bringt. In besonders eindrücklicher Weise wird dies deutlich an der inneren Freiheit, die dem Sekretär des Christlichen Versöhnungsbundes, *Dr. Hermann Stöhr,* gegeben wurde. Er hatte seine Lebenskraft der Versöhnung zwischen den Völkern gewidmet. Als er zum Krieg Hitlers eingezogen wurde, verweigerte er den Kriegsdienst und wurde am 21. Juni 1940 wegen »Zersetzung der Wehrkraft« hingerichtet.

Am 19. März 1940 schrieb er aus der Haft an seine Mutter:

»Wo noch etwas Todesscheu ist, da stimmt irgend etwas nicht. Darüber habe ich letzthin viel nachgedacht und an Hand von Bibel und Gesangbuch studiert. Rein weltlich gesehen ist ja die Todesstrafe das Ärgste, was uns hier auf Erden widerfahren kann. Vom Standpunkt des Glaubens aus aber heißt es: Was können uns Menschen tun? Da weiß man sich sicher geborgen in der Hand des Allmächtigen« (Du hast mich heimgesucht bei Nacht, München 1954, S. 355).

Am 20. Juni 1940 schrieb er an seine Schwester:

»Heute abend wurde mir mitgeteilt, daß mein Gnadengesuch abschlägig beschieden ist, und morgen, also am 21. Juni gegen 6 Uhr früh, wird das Urteil vollstreckt sein. – Das ist somit der Wille Gottes, der uns alle liebt, und uns, die wir Ihn wiederlieben, muß auch dies zum Besten dienen. Es dient uns zum Besten. Und soweit es Dir oder einem anderen zunächst unverständlich zu sein scheint, bitten wir den Herrn, daß Er es uns bald offenbare. – Für mich wie auch für andere gilt, daß Christus uns von der Furcht des Todes erlöst hat, und daß die völlige Liebe die Furcht austreibt. Die völlige Liebe, das ist Er. Und Er möge uns alle hineinziehen in diese Liebe. Und wenn wir darin stehen, muß uns alles Leid schwinden, dann wird uns große Freude zuteil ...« (a.a.O., S. 356).

Biblische Hoffnung angesichts des Todes ist begründet in der göttlichen Liebe, die in Jesus Christus Gestalt angenommen und den Tod überwunden hat.

Dieser Sieg Jesu über die Sünde und über den Tod ist ein Werk göttlicher Liebe. Um unseretwillen ist Jesus seinen Weg ins menschliche Leben, Leiden und Sterben gegangen. Er hat sein Geschick mit unserem Schicksal verbunden. Er ist den Opferweg der Liebe gegangen, um uns Zukunft zu eröffnen. Der Prediger *Friedrich Kohlbrügge* hat gesagt:

»Darum, wenn ich sterbe – ich sterbe aber nicht mehr – und es findet jemand meinen Schädel, so predige es ihm dieser Schädel noch: Ich habe keine Augen, dennoch schaue ich ihn, ich habe kein Gehirn noch Verstand, dennoch umfasse ich ihn; ich habe keine Lippen, dennoch küsse ich ihn. Ich habe keine Zunge, dennoch lobsinge ich ihm mit euch allen, die ihr seinen Namen anruft. Ich bin ein harter Schädel, dennoch bin ich ganz erweicht und zerschmolzen in seiner Liebe; ich liege hier draußen auf dem Gottesacker, dennoch bin ich drinnen im Paradies! Alles Leiden ist vergessen! Das hat uns seine große Liebe getan, da er für uns sein Kreuz trug und hinausging nach Golgatha.«

Solche Hoffnung bewährt sich darin, daß sie die widerfahrene Liebe aufnimmt und weiterzugeben versucht. Wenn Menschen ihre liebsten Angehörigen verlieren, wenn etwa Eltern ihr einziges Kind verlieren, sind sie in Gefahr, sich abzukapseln, im Leid zu versteinern und den Jammer zu verewigen. Die Liebe, die in Jesus Christus erschienen ist und die der Inhalt seines Lebens war, will uns aber frei machen von diesen Banden der Schwermut. Die Liebe, die vormals dem Verstorbenen gegolten hat, soll sich nun anderen Menschen zuwenden. Unser Leben wird nicht sinnlos, wenn wir einen geliebten Menschen verlieren. Andere warten auf uns und unsere Zuwendung.

Biblische Hoffnung angesichts des Todes ist begründet im Zeugnis vom schöpferischen Handeln Gottes.

Die Korinther konnten sich eine Auferstehung der Toten nicht vorstellen. Deshalb versuchten sie, die Botschaft von der Auferstehung der Toten in einen geistigen Vorgang umzudeuten. Sie sagten: Wer glaubt und zu einer tieferen Erkenntnis gelangt, der ist schon geistig auferstanden. Paulus weist (in 1. Korinther 15) die Korinther darauf hin, daß wir mit der Mannigfaltigkeit und Unbegrenztheit des schöpferischen Handelns Gottes rechnen sollten. Wir können Gott nicht in den Rahmen des uns Bekannten einspannen. Der Tod ist wohl unsere Grenze, aber nicht die Grenze und das Ende der Möglichkeiten Gottes. »Fleisch und Blut können das Reich Gottes nicht erben, auch wird das Verwesliche nicht erben die Unverweslichkeit« (1. Korinther 15,50). Es gibt also keine Verlängerung unserer natürlichen Menschenart und unseres Menschenwesens. Aber Gott wird in geheimnisvoller schöpferischer Kraft das unvorstellbare, unverwesliche Neue schaffen. Der Tod wird besiegt durch Jesus Christus, »damit Gott sei alles in allem« (1. Korinther 15,28). Christliche Hoffnung richtet sich also nicht darauf, daß wir in einem Schlaraffenland ein angenehmes Leben führen, sondern darauf, daß wir Gemeinschaft mit Gott haben, daß wir in Gott und bei Gott geborgen sind. Unser bisher begrenz-

tes irdisches Leben darf am unbegrenzten göttlichen Leben teilhaben. Unsere begrenzte, befristete Lebenszeit wird aufgenommen in Gottes Ewigkeit. Unser von Schuld, Verwüstung und Sünde geprägtes Leben darf Anteil haben an Gottes Klarheit.
Solche Hoffnung bewährt sich darin, daß wir nicht nur für uns selbst, sondern für jeden Mitmenschen, dem wir begegnen, Hoffnung haben dürfen. Wir sollen mit den unbegrenzten Möglichkeiten Gottes auch im Blick auf unsere Mitmenschen rechnen. Was wir jetzt von ihnen wissen, sehen und erfahren, ist noch nicht alles. Dies gilt auch dann, wenn wir an das Sterbe- oder Totenbett eines Menschen treten, dessen Leben allenthalben verpfuscht und verfehlt erscheint. Anstatt auf das Versagen der Menschen zu starren, sollen wir immer wieder neu auf die Macht des erbarmenden Gottes vertrauen.

Biblische Hoffnung angesichts des Todes ist begründet in der Verheißung, daß unser fragmentarisches Leben über all unser Können und Wollen hinaus eine Vollendung und Erfüllung in Gott finden wird.

Die Bibel zeigt uns, daß uns die Erfüllung unserer Bestimmung in diesem Leben nur fragmentarisch gelingt. Unser Leben ist auch im besten Fall Stückwerk und Flickwerk. Es ist geprägt von viel Halbheit und Stümperei. Auch unser Glaubensleben ist höchstens ein Anfang. Paulus sagt im sogenannten Hohenlied der Liebe:
»Unser Wissen ist Stückwerk, und unsere Prophetie ist Stückwerk. Wenn aber kommen wird das Vollkommene, so wird das Stückwerk aufhören... Nun aber bleiben Glaube, Hoffnung, Liebe, diese drei. Aber die Liebe ist die größte unter ihnen« (1. Korinther 13,9.10.13).
»Was kein Auge gesehen hat und kein Ohr gehört hat, und in keines Menschen Herz gekommen ist, das hat Gott bereitet denen, die ihn lieben« (1. Korinther 2,9).
Unser unvollkommenes Leben und unser unvollkommener Glaube werden vollendet werden. Es muß nicht beim Stückwerk bleiben.
Solche Hoffnung bewährt sich in der Bereitschaft zum Ausharren und Ertragen von Spannungen und Konflikten, von Ereignissen und Nöten, die unser Leben schwer belasten können. Aus solcher Hoffnung bekommen wir die Kraft zum Tragen dessen, was uns auferlegt wird. Solche Hoffnung auf die Vollendung unseres

bruchstückhaften Lebens bewährt sich aber gerade auch in geduldiger Bereitschaft zum Tun des Unvollkommenen und Vorläufigen.

Biblische Hoffnung angesichts des Todes ist begründet in der Verheißung, daß Gott aus unserem abgebrochenen, zerbrechlichen, irdischen Leben etwas Neues und Besseres, etwas Unvergängliches und Ewiges schaffen will.

Paulus schreibt: »Wir wissen: wenn unsere irdische Hütte abgebrochen wird, dann haben wir einen Bau, von Gott erbaut, ein ewiges Haus im Himmel, das nicht mit Händen gemacht ist« (2. Korinther 5,1).
Dieses Bild will sagen:
1. Das Zerbrechen ist nur der erste Schritt zum Bauen. Die alte Hütte, die alte Baracke wird abgerissen. Der göttliche Baumeister will ein neues und besseres Haus bauen, von göttlichem Material, von göttlichem Leben durchzogen, zur Gotteswelt gehörend und nicht zur Todeswelt.
2. Das Abbrechen tut weh. Aber im Schmerz über das abgebrochene Leben sollt ihr euch dem lebendigen Baumeister zuwenden. Ihr könnt ihm vertrauen, daß er kein Kaputtmacher ist, sondern abbricht, um Neues und Besseres zu bauen.
Solche Hoffnung bewährt sich darin, daß wir frei werden zum Hergeben. Wir müssen nicht in verkrampfter Todesangst verharren. Wir müssen uns nicht in Genußsucht stürzen. Wir müssen nicht versuchen, selbstsüchtig das Letzte aus dem Leben herauszuholen, »solange noch das Lämpchen glüht«. Wir sind eingeladen, dem Baumeister zu vertrauen. Er hat die Grundmaße und Grundlagen des Neubaus hier schon bekanntgegeben und angezeigt, unter welchen Aspekten sich menschliches Tun, menschlicher Einsatz lohnen.

Christliche Hoffnung angesichts des Todes ist begründet in der Botschaft, daß eines Tages Gott seine Herrschaft offenbaren und vor aller Welt als Herr und Richter sichtbar werden wird.

Im apostolischen Glaubensbekenntnis heißt es von Christus, daß er »kommen wird, zu richten die Lebenden und die Toten«. Paulus sagte: »Wir müssen alle vor dem Richterstuhl Christi offenbar werden, damit jeder seinen Lohn empfängt für das, was er bei Lebzeiten getan hat, es sei gut oder böse« (2. Korinther 5,10).

Die Weltgeschichte wird ein Ende und ein Ziel haben. Sie ist nicht als solche das Weltgericht. Da ist ein Herr, der das letzte Urteil sprechen wird. Wir Menschen sind immer wieder auf der Flucht vor Gott. Wir versuchen mindestens, ihn an den Rand unseres Lebens zu drängen. Aber wir können Gott nicht davonlaufen. Gott wird alle Masken abnehmen. Vor ihm gibt es kein Ansehen der Person. Alles wird an das Licht kommen und im Licht sein: unser ganzes Leben und die ganze Weltgeschichte.

Es wird sichtbar werden, daß die Henker, die Brutalen, die Geldmenschen, die Machtmenschen nicht das letzte Wort haben werden. Wo werden sie sein: Herodes und Pilatus, Hitler und Stalin, Truman und Nixon? Und wie werden wir selber dran sein? Worauf werden wir uns berufen wollen?

Es geht freilich auch hier nicht darum, daß man sich an der Vorstellung erlabt, wie die Gottlosen bestraft werden. Es geht auch bei dieser Seite der Botschaft nicht um den Triumph der Rache, sondern um den Triumph der Gnade. Sie macht den Ruf zur Verantwortung erst recht bedrängend und läßt dieses Leben als Ort der Bewährung erkennen.

Solche Hoffnung bewährt sich in der Erkenntnis, daß wir mit unserem ganzen Leben Antwort geben sollen und dürfen auf das Wort Gottes, das an uns ergangen ist. Worauf es dabei ankommt, zeigt die Rede Jesu vom Weltgericht (Matthäus 25,31–46). Maßstab des Gerichts ist, wie wir mit den geringsten Brüdern Jesu, mit den Hungrigen, Durstigen, Fremdlingen, Nackten, Kranken und Gefangenen, umgehen und umgegangen sind. Dies erfordert allerdings auch einen Einsatz, der sich nicht im Persönlich-Karitativen erschöpft, sondern die Gestaltung der gesellschaftlichen Verhältnisse einschließt.

Philippe Maury schrieb im Jahre 1959:

»Wir heißen uns Christen, Jünger dessen, der die Kranken geheilt, die Hungrigen gespeist und die Leidenden geliebt hat... Wir leben in einer Zeit, in der die Leiden, die von der Politik verursacht werden, nur durch Hilfsmaßnahmen politischer Art behoben werden können. Wollen wir wirklich ›die Hungrigen speisen, die Nackten bekleiden und die Fremdlinge beherbergen‹? Dann nehmen wir uns doch der Opfer der rassischen Diskriminierung und der wirtschaftlichen Ausbeutung an! Dann beschäftigen wir uns doch mit den Völkern, die der Fremdherrschaft unterworfen sind! Geben wir uns doch ab mit den Gefangenen, den Flüchtlingen und den Deportierten! Befassen wir uns doch mit den Menschen, die durch politische Propaganda ihrer geistlichen Freiheit beraubt werden! Lassen wir doch jene Mitmenschen nicht allein, die man in ihrer Unwissenheit festhält, um aus ihnen gefügige Werkzeuge eines totalitären Staates oder billige Arbeitskräfte für private Interessen zu machen! Denken wir doch an den Skandal, daß zwei Drittel der Menschheit hungern, während eine bevorrechtete Minderheit danach strebt, immer mehr Überfluß und Luxus zu erwerben! Nur tiefgreifende politische und soziale Reformen, nur eine Umwälzung unseres Wirtschaftsgefüges und die Errichtung neuer internationaler Organisationen könnten das Los all dieser Opfer bessern und sie von der Angst vor der Zukunft befreien« (Politik und christliche Verkündigung, Stuttgart 1959, S. 69).

Die christliche Hoffnung angesichts des Todes ist darin begründet, daß der von Jesus geschaffene Anfang des Reiches und der Herrschaft Gottes unter den Menschen allen Widrigkeiten zum Trotz vollendet werden wird.

Jesus hat verkündet, daß Gott seine Herrschaft auf Erden aufrichten will. Er hat sich mit seinem ganzen Leben diesem Ziel zur Verfügung gestellt und die Jünger in die Nachfolge gerufen. Jesus wußte: sein Kommen ist erst ein Anfang. Die Bitten des Vaterunsers und die Verheißungen der Propheten werden erfüllt werden: Gott wird als Vater erkannt werden. Der Name Gottes wird geheiligt werden. Der Wille Gottes wird geschehen. Menschen werden die Vergebung Gottes empfangen. Sie werden aus der Macht des Bösen befreit werden. Das Unrecht wird aufhören. Armut und Ausbeutung werden ein Ende finden. Die Unterdrückten werden befreit werden. Die Menschen werden zum Frieden mit Gott kommen und heimfinden aus ihrer Verlorenheit und Einsamkeit. Die Erkenntnis Gottes wird die Erde bedecken.

Im Buch der Offenbarung heißt es: »Und Gott wird bei ihnen wohnen, und sie werden sein Volk sein, und Gott selbst wird bei ihnen sein; und Gott wird abwischen alle Tränen von ihren Augen, und der Tod wird nicht mehr sein, noch Leid, noch Geschrei, noch Schmerz wird mehr sein; denn das Alte ist vergangen« (Offenbarung 21,3.4).

Solche Hoffnung auf die Vollendung des Reiches Gottes bewährt sich darin, daß wir jetzt schon unser Tun und Wirken vom Inhalt dieser Hoffnung bestimmen lassen.

Es ist Verrat an der christlichen Hoffnung, wenn wir den Glauben in der Innerlichkeit vergraben, statt ihn äußerlich sichtbar in der Liebe zu bewähren, wenn wir dem Ringen Gottes um seine Welt nur untätig in Zuschauerhaltung zusehen, anstatt uns hineinreißen zu lassen in das große Werk Gottes, bei dem er uns als Mitarbeiter, als Mitleidende und Mitstreitende dabeihaben will.

In der Hoffnung auf das Reich Gottes können Christen dem Leid, dem Geschrei, dem Schmerz, den Tränen der Menschen gegenüber nicht mehr gleichgültig sein. Jetzt schon sollen und können wir im Lichte der großen Hoffnung für die kleinen Zeichen der Hoffnung eintreten und für eine bessere Welt, für mehr Gerechtigkeit, mehr Frieden, mehr Freiheit, mehr Freude, mehr Brüderlichkeit unter den Menschen kämpfen. Denn Beten und Arbeiten, Hoffen und Kämpfen, Glauben und Handeln gehören zusammen. Paulus schließt sein großes Auferstehungskapitel 1. Korinther 15 mit den Worten:

»Gott aber sei Dank, der uns den Sieg gibt durch unsern Herrn Jesus Christus! Darum, meine lieben Brüder, seid fest und unerschütterlich und nehmt immer zu im Werk des Herrn, weil ihr wißt, daß eure Arbeit nicht vergeblich ist im Herrn« (1. Korinther 15,57.58).

Leseratschläge zur Weiterarbeit

1. Einführungen in die Bibel

Hans Walter Wolff: Bibel – Das Alte Testament. Eine Einführung in seine Schriften und in die Methoden ihrer Erforschung. Bibliothek Themen der Theologie Band 7
Günther Bornkamm: Bibel – Das Neue Testament. Eine Einführung in seine Schriften im Rahmen der Geschichte des Urchristentums. Bibliothek Themen der Theologie Band 9
Claus Westermann: Umstrittene Bibel
Claus Westermann/Gerhard Gloege: Tausend Jahre und ein Tag. Einführung in die Bibel. Ungekürzte Sonderausgabe von Claus Westermann »Tausend Jahre und ein Tag« und Gerhard Gloege »Aller Tage Tag« in einem Band

2. Bücher über Jesus Christus

Günther Bornkamm: Jesus von Nazareth (Urban-Taschenbuch Nr. 19)
Milan Machovec: Jesus für Atheisten
Eduard Schweizer: Jesus Christus im vielfältigen Zeugnis des Neuen Testaments (GTB-Siebenstern Nr. 126 S)

3. Bibelübersetzungen

Das Alte Testament. Ausgewählt, übertragen und in geschichtlicher Folge angeordnet von **Jörg Zink**
Das Neue Testament. Übertragen von **Jörg Zink**
Das Neue Testament. Übersetzt und kommentiert von **Ulrich Wilckens**
Walter Jens: Am Anfang der Stall – am Ende der Galgen. Jesus von Nazareth, seine Geschichte nach Matthäus.

4. Nachschlagewerke

Theologie für Nichttheologen. ABC protestantischen Denkens. Herausgegeben von **Hans Jürgen Schultz**
Arbeitsbuch Religion und Theologie. VI x 12 Hauptbegriffe. Herausgegeben von **Claus Westermann**
Familien- und Lebensberatung. Ein Handbuch. Herausgegeben von **Siegfried Keil**

Auf dieser und der folgenden Seite empfehlen wir Ihnen zwei Werke, die Sie, gerade als Leser dieses Buches, mit Sicherheit interessieren werden:

Gerhard O. Forde

Wo Gott den Menschen trifft

Luthers Botschaft vom nahen Gott

Mit einem Vorwort von Bischof D. Eduard Lohse
Aus dem Amerikanischen von Klaus Schwarzwäller
189 Seiten, kart.

»Forde will mit seinem schmalen, sehr engagiert geschriebenen Bändchen nicht die große Zahl wissenschaftlicher Untersuchungen zu Luthers Theologie vermehren, sondern in allgemeinverständlicher Sprache einen Zugang zu ihr öffnen. Daß er es sich dabei nicht leichtmachen will, beweist sein Einsatz im Zentrum lutherischer Theologie, bei der für Luther grundlegenden Unterscheidung von Gesetz und Evangelium und der Rede vom verborgenen und offenbaren Gott. Es ist dem Verfasser zweifellos gelungen, wesentliche Punkte lutherischer Theologie knapp wiederzugeben, wobei sich zuweilen scharf zupackende, einprägsame Formulierungen finden.«

Sonntagsblatt für die Evang.-Luth. Kirche in Bayern

»Der Autor, der als Professor am Luther Theological Seminary in St. Paul/USA lehrt, hat die schwierige Aufgabe, ohne Verzicht auf Genauigkeit die Botschaft der Reformation in verständlicher Weise darzulegen, hervorragend gelöst. Man kann aus seiner Darlegung nicht nur für sich selbst größere Klarheit über Luthers Lehre gewinnen, sondern das Buch auch interessierten Gemeindegliedern weitergeben.«

Landesbischof D. Eduard Lohse